近代的历程
jindai de licheng

杨东梁 著

·广州·

版权所有　翻印必究

图书在版编目（CIP）数据

近代的历程/杨东梁著. —广州：中山大学出版社，2020.4
ISBN 978 - 7 - 306 - 07126 - 2

Ⅰ. ①近… Ⅱ. ①杨… Ⅲ. ①中国历史—近代史—文集
Ⅳ. ①K250.7 - 53

中国版本图书馆 CIP 数据核字（2021）第 027654 号

出 版 人：王天琪
策划编辑：徐　劲　李　文
责任编辑：王延红
封面设计：曾　婷
责任校对：吴政希
责任技编：何雅涛
出版发行：中山大学出版社
电　　话：编辑部 020 - 84111946，84113349，84111997，84110779，84110776
　　　　　发行部 020 - 84111998，84111981，84111160
地　　址：广州市新港西路 135 号
邮　　编：510275　　　　传　真：020 - 84036565
网　　址：http://www.zsup.com.cn
　　　　　E-mail：zdcbs@ mail.sysu.edu.cn
印 刷 者：恒美印务（广州）有限公司
规　　格：787mm×1092mm　1/16　24.75 印张　460 千字
版次印次：2021 年 4 月第 1 版　2021 年 4 月第 1 次印刷
定　　价：68.00 元

如发现本书因印装质量影响阅读，请与出版社发行部联系调换

序

我国史学向称发达，代有史家出。诸如二十五史编撰者、载入史籍中的史家，不知凡几！举凡史家，各有学术独创，其著作传之久远而不衰，可谓不朽。

今之史学，受业者众，而真正成史家者，不过寥若晨星。何以至此？才识先天不足，后学不深，无真知灼见，流于人云亦云，故其学术难以行远。

近日，东梁先生将其自选文集《近代的历程》示我。饱读之后，可见上之所言不虚。

我与东梁先生交往，积于今，已逾二十载，彼此知之甚深。他的学术，专攻中国近代史。早在读初中时，东梁就与众不同，酷爱历史，特别是中国近代史。他刚初中毕业，就以《甲午中日战争（1894—1895）》为题，写成一篇长文；后又以一年的时间，修改两次，然后定稿，全文为3万余字。我手捧这份保存60余年已发黄的手稿，密集而工整的钢笔字，依然清晰可见。再观其文，引证史料，娓娓道来，详叙战争过程，分析这场战争中各个战役的胜败得失。文中洋溢着爱国主义的热情，给予日本军国主义猛烈的抨击。文章最后写道："中国的今天，与近百年来中国人民同帝国主义、封建势力、官僚资本主义的英勇斗争是分不开的，这些先烈们用血和泪写成的历史，换来了今天的人民中国。"真是神来之笔！一个初中生，竟然能写出一篇如此有分析、有见地的长文！以今天的学术水平来衡量，如本科生如硕士生，也不过如此！

少年东梁颇有勇气，他把文章寄给了著名历史学家范文澜先生。想不到范老托他的秘书王忠给他回了信，大加称赞，并提出意见，给予热情鼓励。此文虽未发表，东梁的史学才华却得以崭露，不同凡响。初中毕业后，东梁更有件"趣事"值得一提。在选择升学意向时，他填报了"北京电力学校"（中专）和普通高中两个志愿。由于当时中专为单独招生，且录取在前，结果竟"误打误撞"地被电校电厂化学专业录取，这对一心一意要攻读历史专业的东梁来说，无疑是段痛苦的经历。这个倔强的少年不甘就此放弃自己学习历史、研究历史的强烈愿望，竟上书当时的北京市市长彭真，要求转学到普通高中就读。市委办公室将此信转到电校的上级部门电力工业部，几经周折，东梁居然如愿以偿。在一般人认为办不到的事，东梁却办到了，这无疑为他后来登上历史研究的殿堂开辟了路径，也应了"有志者事竟成"这句格言。

果如所料，东梁直入大学历史专业本科，"文革"后再读研究生，专攻中国近代人物研究。中学时的梦想，终于如愿以偿。读研期间，他的史学才华大放异彩。1979年12月11日，他作为第一作者，与王俊义先生合写《评戚本禹的〈爱国主义还是卖国主义〉》，以一整版的篇幅发表在《光明日报》上。当天，中央人民广播电台早晨"新闻与报纸摘要"节目予以播发，随后《人民日报》摘要介绍，香港《新晚报》加按语摘要转载，《新华月刊》在要目栏转发，日本《每日新闻》撰文评介。一个在读的硕士研究生，与老师合写合发大块文章，而且署名第一，无须解释，可知东梁少年时之初露才华，至此得以真正展示出来。

很快，东梁的学术成就又引来震动。1981年2月10日，《光明日报》发表了他的一篇论文《〈海防与塞防之争〉浅析》。所谓"海防"与"塞防"之争，实际是李鸿章与左宗棠的国防战略之争，两人各执一见，变成清廷重大的战略抉择之争。今之学者对左李之争有不同观点。东梁就是针对学界不同观点而发，阐明左李之争，"实质上是爱国与卖国的斗争"。不料，此文一发表，却惊动了美国！他们欲从此文的发表去推断中国高层决策的动向。美驻华使馆一定要约谈东梁，一探究竟！几经商量，美国驻华使馆一秘马丁奉命携翻译于1981年6月12日来中国人民大学与东梁晤谈。原来，美国国务院有人认为东梁此文系受"有关领导部门事先组织"而成。在澄清事实（即此文系纯学术论文，并非政论、政策文章）后，美国外交官才恍然大悟：原来他们有些人仍"习惯于从中国报刊上来分析中国政策"！

尽管这篇文章之发表，出乎意料地引起美国官方的重视，可谓阴差阳错，但也足以说明东梁的学术成就已在国外产生影响。此文堪称东梁读研期间的又一杰作，其学术论文频频"出手"，引发的反响之大，是同期乃至以后攻读硕、博学位的学生无可比拟的！

东梁在学术道路上继续疾驰。他成功地完成硕士学位论文《左宗棠研究》，竟又带来了一次学术奇遇。左宗棠是晚清政坛的一位重要人物，与曾国藩、李鸿章并列为支撑朝局的关键人物。特别是在新疆被沙俄与阿古柏外来势力侵占的危机中，他坚决主张出兵，强调必须收回失地；他驳斥李鸿章以加强海防为借口放弃新疆大片国土的谬论，自担大任，率部进疆，扫荡入侵者，保全占中国疆域六分之一的国土。其功绩之大，无与伦比！如无左的这番壮举，如按弃疆论者的主张，新疆早已不为我有了！可惜，这样一位杰出的爱国英雄，却未得到应有的肯定，只因其镇压过太平军、捻军与西北回民起事，而被打入"另册"。

东梁的贡献就在于，他不囿于以往之"定见"，也不理会学术界"一边倒"的倾向，敢于碰硬！他研究左宗棠，给予全新的评价，结论为"杰出的爱国者"。无疑，这是对20世纪50年代后有关左宗棠研究的全盘颠覆，用毛主席的话说，就是敢于"反潮流"！

如同当年向范老求教，东梁在其课题研究之始，即致书对左宗棠研究颇有心得的兰州大学杜经国教授，请求指点。杜先生热情复函鼓励，并欢迎他赴兰州做学术考察。后来，东梁又把他刚刚完成的硕士学位论文《左宗棠研究》，寄给著名的近代史专家余绳武先生，诚恳向他求教。余先生热心关怀晚辈，通读论文后，于1981年7月25日致函东梁："大作不乏理论勇气，甚佩！"这是说，东梁敢于否定以往成说，是需要"理论勇气"的，余先生表示很钦佩，给予完全肯定，高度赞扬。可见余先生胸怀博大，不以权威自居，平等对待晚辈，尤其支持学术创新，破除旧观念，更是难得！余先生还建议：将来可在此文的基础上，"加以充实，扩大成一本学术性的《左宗棠传》"。

将此论文扩充为一部左宗棠传记，余先生的这一指导性建议至关重要。因为此前还未有一本全新观点的左氏传记，余先生虽说是建议，却也给东梁指明未来的研究方向，堪称他学术道路上的指路人！更令人难以置信的是，余先生竟建议将此文寄给时任国家领导人之一的王震同志"审阅"。据他所知，"王震同志对左宗棠问题颇感兴趣"，应"争取得到他老人家的指导"。余先生明知一个普通的研究生是很难与国家高层领导人取得联系的，就主动表示："我可以托人转呈。"随后，余先生携中国社会科学院近代史研究所刘存宽先生，通过当时供职外交部的鲁桂成同志将此文呈给王老。

王震于新中国成立之初率部进军新疆，并主持新疆工作多年。也许王震与当年左宗棠收复新疆有着近似的经历，果如余先生所言，对左宗棠研究"颇感兴趣"，收下东梁的论文，至于是否审阅，是否提出意见，只有等待结果了。

余先生与东梁彼此并不相识，东梁还是凭当年一股勇气，慕余先生之名，把这篇硕士学位论文投向余先生求教。东梁万万没有想到，余先生把他的论文推荐给国家领导人之一的王震同志。

恰在此时，麻烦也来了。是时，我国改革开放正在起步，人们包括学术界还未完全从旧观念、旧思想、旧传统的束缚中解放出来，因此，对东梁充分肯定左宗棠的评价难以接受。他所在的研究所领导委托三位老师共同约他谈话，明确指出：论文对左宗棠评价太高，示意如不修正，答辩很难通过，这就意味着不能按时毕业。实在说，他们的劝告也是出于好意。因为左宗棠早已被定为"反动人物"，改革开放后，对这位历史人物的评价虽有所松动，但东梁一反传统观念，给予充分肯定，无异是颠覆性翻案，这是否会涉及政治立场问题呢？领导与老师们劝告甚至是警告，大抵是要保护学生不犯错误，能顺利毕业。

在改与不改的两难之际，突然来了一个大转机：王震的批阅意见来了！他在送呈的论文上密密麻麻地写了很多批注,表达了想法与具体意见。王震作为国家领导人之一,在日理万机之暇,还这么认真地读完这篇数万字的长文,边读边写下他的看法,感人至深。不仅如此,王震老还在论文的扉页上写了一段文字:"我深觉杨东梁同志写得好,读后甚获教益。"他鼓励东梁在"获硕士学位后",继续深造,"为社会主义祖国、中华民族文明"做出应有的贡献。在文末,王震签署自己的名字,日期是:1981年9月10日。

研究生毕业后,东梁被留在人大历史系任教,教授中国近代史,这为他未来的发展开辟了广阔前景。他一方面教书育人,一方面著书立说,成一家之言。他在学习阶段,尽管提出了一些新观点,但还不够系统和全面。而今,东梁已为莘莘学子之师,唯努力勤奋耕耘,不断阐释学术新见,学术才有望独树一帜,始成一代新史家。

东梁正是循此路奋发有为,为其学术生涯开拓出一片新天地。他接受余绳武先生的建议,在硕士学位论文的基础上,加以充实、增补,考订史实,润色文字,终于完成一部专著,定名《左宗棠评传》,于1985年交左宗棠故乡(也是东梁的故乡)的湖南人民出版社正式出版。书一出版,东梁首先想到热忱关注他学术成长的王震老,并寄送一册。不久,王震老致信东梁:

> 您送我的《左宗棠评传》一书,已收到,谢谢。我先读的序言、后记,而后把正文粗略读了一遍,感到您治学态度严谨,搜集史料丰富,很好。……我特推荐中央党校图书馆、各教研室、新疆维吾尔自治区、新疆生产建设兵团各学校、企业单位购买一些,供学习。

一位国家领导人如此重视历史,率先示范,带头读史,又号召党员、干部、战士、学生等,都来读史,以资治世,把国家建设得更美好!王震作为老一辈无产阶级革命家,这样殷切关怀年轻一代的成长,堪称典范!

东梁与王震的交往,真是一桩人生的奇遇!王震的关怀与期望没有白费,东梁学术的快速进展,就是对革命前辈的最好回报!

《左宗棠评传》应是东梁的成名作。这是国内第一部系统梳理、史料翔实且观点新颖的左宗棠传记。难能可贵的是,该书一反以往我国学界将左视为"反动人物"的评价,将其定位为一代民族英雄。一句话,把被颠倒的历史再颠倒过来。该书在社会上产生了广泛影响:1986年2月17日《人民日报》为其发表了书评(作者为中国人民大学清史研究所教授王俊义),并获北京市哲学社会科学优秀成果奖。1985年,湖南省召开左宗棠研讨会,此书成为大会推荐的学术专著。他还应邀在湘阴(左宗棠的祖籍)做左宗棠收复新疆的学术报告。2013年,人民文学出版社又邀请他另写一部新的《左宗棠传》,可见他的学术卓见在30余年后，影响依然不减不衰！

东梁不仅有两部研究左宗棠的专著问世，还为"近代中国思想家文库"编辑了左宗棠卷，于2012年由中国人民大学出版社出版。此外，他还在《光明日报》《求索》《人物》《军事历史》《社会科学战线》等报纸、杂志上发表了十余篇专论左宗棠的论文。在著述撰文之余，东梁还应新闻媒体、国家机关、高等院校、社会团体之邀，做过多场关于左宗棠研究的学术报告。邀请方包括中央电视台、北京电视台、香港凤凰卫视、湖南电视台、陕西电视台、天津电视台等机构，以及中国人民大学、中国传媒大学、中国政法大学、西安解放军政治学院等院校。这些都充分表明，东梁是研究左宗棠的真正权威专家、学者，迄今，国内尚无人可以企及！时至2014年，研究左宗棠的军旅作家陈明福在其《湖南出了个左宗棠》一书"后记"中写道："早在1985年便著识出众、震动史界的《左宗棠评传》的作者杨东梁教授，当然是我仰慕已久之人！"

此外，东梁还怀抱中学时代的夙愿，把对甲午中日战争的研究继续下去。20世纪80年代，北京图书馆、北京历史学会、中国历史博物馆联合举办"伟大祖国"历史讲座，东梁应邀承担"气壮山河的甲午海战"一讲。事后，书目文献出版社将讲稿以单行本形式出版，此书成为东梁研究甲午战争成果的第一次公开问世。1994年，时值甲午战争爆发100周年，东梁又与著名清史专家戴逸先生合作，撰成《甲午战争与东亚政治》一书，由中国社会科学出版社出版。时隔40余年，东梁初试锋芒的文稿，几经磨砺，终于以一种成熟的方式展现在读者面前。此书出版后，引起日本学界的关注，日本友人岩田诚一先生以八旬高龄，在中国学者的协助下，费时三年，将该书译成日文，在日本正式出版，这对日本学界和民众了解中国学者研究甲午战争的观点与视角是有好处的。

大概是东梁与"甲午"结下了不解之缘，用他的话说，他有"甲午情结"，思绪中总不断浮现"甲午"惨败的历史场景，这些场景不断警醒着我辈：不忘国耻，发奋图强！2014年，时值甲午战争爆发120年之际，"甲午情结"再一次激励了他，他遂奋笔疾书，独立完成一部"甲午"新著《甲午较量》，到第二年即2015年，也是甲午中日战争结束120年时，由中国青年出版社正式出版。从东梁翩翩少年时试著《甲午中日战争》，到独立发表专著，其间历经坎坷，这段距离，他花了60余年的漫长时间才走过来。从少年的梦想，到梦想的最终实现，经历了多少个寒暑交替，付出了多少倍的努力！这正应了人们常说的一句话：有志者事竟成！东梁的人生实践，正是对这一真理的最好诠释！

从踏入高校，亦即正式进入学术殿堂，以正式出版《左宗棠评传》为标志，可以认为，东梁已进入当代中国史家行列。几十年来，东梁已撰写、出版史学著作10部（包括合著），发表学术论文、文章近200篇（包括合著），并主编（或共同主编）丛书、文集7部，可谓成果丰硕。当然，是否称为"史家"，不必以著作多少为标准，也不以头衔大小为条件。著作虽多，不过是过眼烟云、转瞬消失；头衔再多再大，不过是职业的标识。关键是著作中有多少真实的学术含量！东梁对左氏的研究，包括发表的相关论文，是对左氏及其时代研究的一个新开端，从某种角度来说，具有划清此一研究领域的时代意义。他对左氏的重新定位，从理论上说，确立了一个新的评价标准，同时，给予左的实践活动以新的科学解释，因而完全真实地揭示了这一阶段历史的真相。这才是一个史家的本色！

继《左宗棠评传》出版之后，东梁对甲午中日战争的研究，出版研究成果，确已跳出以往的研究模式，摆脱窠臼，以新思维、新理念，重新揭示这场战争的面面观，令人耳目一新。进一步说，也为未来继续研究开启了新思路、新路径。所称史家，必立一家之言，而且必为社会所公认，行之久，用之远。不仅如此，还要引领学界继续前行，其观点及研究方法为学界所借鉴。一句话，创新的学术在社会、在学界产生广泛而积极的影响。

东梁以其学术实践及其取得的成就，被称为史家，名副其实，当之无愧。

东梁是在我国伟大的改革开放中成长起来的一代史家。他发表的第一篇批判戚本禹的大文章，正是我国实行改革开放的第二年，他顺应时代的变革而崛起，他的一切成就都是在40余年的改革历程中创造的，因而才成为一代新史家。如果没有这场改革，包括东梁及我本人，还有千万同龄同业的人，就不可能成长起来，不过平庸无为而已。

应当说，这场改革，的确培育出来一批史家，东梁是其中的佼佼者。他的独特之处，在于他与范文澜、余绳武、戴逸等"泰斗级"学者有过从，特别是与国家领导人王震有两次文字交往！这些学术经历在当今同龄人中，恐怕难找出第二个！由此，我便想到，东梁的勇敢精神过人！他敢于向权威挑战，其胆识为常人所不及。同时，他又善于向同行专家求教，他们的指点迷津，使东梁的思想豁然开朗，智慧之门顿开。他敢于主动表达意愿，不仅如愿以偿，重要的是，他终获得意想不到的千载难逢的机遇！

东梁的学术经历给予我们宝贵的人生启示，即：凡事要敢想、敢干，抓住机遇，积极进取，这样才能成就事业，服务人民。

东梁求学、治学，锲而不舍，始终如一，这就是成功之道。他少年写长文，访名师；中年勤著述，结学友；直至退休后，仍孜孜不倦，埋头学问，矢志不渝。在治学的同时，东梁还不忘一名人民教师的本分，在工作岗位上奖掖后辈，成就人才。作为中国人民大学的历史学博士生导师，他培养出了20多名博士、硕士，这些学生现均已获得学位，分布于全国各地科研、教学、文博和国家行政部门，堪称桃李满天下。

东梁也因在教学上的成就，获中国人民大学"优秀教学成果奖"，被评为"优秀博士生指导教师"。并于1991年荣获国家授予的"做出突出贡献的博士、硕士学位获得者"荣誉称号，享受国务院颁发的"政府特殊津贴"。

在学校的教学、科研任务之外，东梁还承担着繁重的行政和社会工作。他从1986年起，任中国人民大学图书馆常务副馆长，主持馆务，协助戴逸馆长工作。后又任馆长十余年，为中国人民大学图书馆建设做出了重要贡献。此外，他还任中国图书馆学会常务理事、教育部图书情报指导委员会委员、北京地区高校图工委副主任兼秘书长、北京历史学会理事等社会兼职，并担任过国家社科基金同行评议专家、社科基金通讯评审专家、教育部学科博士点评审专家、北京市学科评议组成员等职务。

这些繁重的行政与社会工作，当然会牵扯他研究学问的时间和精力。但东梁仍初心不改、矢志不渝、孜孜不倦、见缝插针地搏击在历史学研究的汪洋大海中。

任何有成就的学者、史家，无不始于勤奋，刻苦用功，不惧艰难，不舍昼夜。诚然，即使做到了勤奋，也未必就能成功，因为还要有正确的指导思想、科学的治学方法。勤奋加方法，可望成大功！在这方面，东梁又是一个榜样。据我观察，退休后，他在国家清史编委会工作，交给他的任务，不论多累，他必在规定的时间内完成。退休后尚勤奋如此，可想其青年、中年时多么勤奋！因为思想端正，实事求是，摒弃感情的纠结，用理性思考，故其著作与论文所论，持平务实，实而不虚，公正而不偏狭。今之学风不善，有待努力改善。不妨读读东梁的文集、著作，学风重归大道，学术才有希望。

以我所见，东梁大致如此。当然，可说的话，何止这些？总结他的治学人生，又非上面的话所能概括。但得其精要，足资借鉴。

最后，再说几句东梁的文集。其实，以上所议，就是对这部文集的深入解释。具体说，选入文集的近70篇论文，应是东梁学术的精华，有对晚清重大史事的解读、对人物的评论、对理论的阐释，还有对当前已出著作的评论，等等。这些论文，基本反映了他数十年近代史研究的方方面面。可以说，此书在手，近代史全有。有初学近代史者，可以此书为"入门读物"；有同专业的学者，可将其作为重要参考。即使一般读者，要知道近代史知识，本书同样可提供帮助。

本文集可适应各个层次的读者阅读，一个重要的条件，就是本文集的文章可读性强。东梁的文风朴实，通俗易懂，行文流畅，是纯粹的中国文风，故读起来十分舒服。

东梁的代表作无疑是《左宗棠评传》。如果读者还未读到这部传记，可以看看本书中有关左氏的论文，计有十余篇。读了这些文章，就等于读了左氏的传记，就会认识到一个新的左宗棠！

东梁的这部自选集得以出版，是一件大好事，可喜可贺！谨在此向东梁表达祝贺之意！

受东梁之邀作序，盛情难却，不由得回顾他的治学之路，叹赏他的学术成就，有感而发，是为序。

李治亭[①]

2019 年 12 月 8 日夜

于北京

---

① 李治亭，国家清史编纂委员会委员、研究员。曾任吉林省社会科学院历史研究所所长。

自 序
——我的半部"清史"缘

我自幼对历史有一种癖好,这种癖好的源头是中国古典小说。记得七八岁时,随父亲去长沙近郊探访他的一位朋友。大人们在客厅谈话,我则被安顿在主人的书房。踏进书房门,扑面而来的书香令人陶醉,我就像一头小牛犊冲入绿油油的菜园,尽情享受着其中的美味佳肴。突然,一部绣像本《三国演义》让我眼睛一亮,当时虽然认字不多(大约上小学三四年级),但大致还能读下来,不认得的字就一瞥而过。瞬间,就沉浸在古人金戈铁马、斗智斗勇的轰轰烈烈场面中,直到午饭时分,阅读才被叫停,条件是可以借回去慢慢细看。自此,在我幼小的心灵里留下了这样的印象:原来历史这样有趣。

当然,《三国演义》只是一部古典历史小说,离真正的历史还有相当距离,却激起了我对历史的兴趣。以后,又读了《水浒传》《西游记》《薛家将》《隋唐演义》等小说。20世纪50年代初,举家北迁,我在北京读书,眼界更加开阔了。一套爱国历史小丛书,让我如获至宝,它使我的思绪超越教科书的内容,徜徉在更加广阔而又生动有趣的历史画卷中。上初中时,我又读了范文澜著的《中国近代史(上编)》、《中国通史简编》(修订本第一编)以及吕振羽著的《简明中国通史》,开始步入较为系统地学习中国历史之门。从初中三年级到高中阶段,我开始接触《史记》《三国志》《资治通鉴》等我国古代史学名著。其时,中国史学会陆续组织编写、出版了"中国近代史资料丛刊",这在我面前开拓出一片学习、钻研中国近代史的新天地。我认真阅读了其中的《中日战争》全七册,并读了当时出版的有关甲午战争的著作(如贾逸君的《甲午中日战争》、郑昌淦的《中日甲午战争》),在此基础上,通过自己的思考,写了一篇长约三万字的文章《中日甲午战争(1894—1895)》,几易其稿后,寄给了著名历史学家范文澜先生,请求指教。幸运的是,范老在百忙中委托他的秘书工忠先生审阅了全文,还写了回信,这给了少年时代的我以热情的支持和鼓励。我也下定决心要学习历史,研究历史,特别是中国近代史。从此,我和中国近代史研究结下了不解之缘。

我上大学,读的是历史系,少年时代的学史志向可谓如愿以偿。毕业后,分配到中学工作。"文革"结束,国家拨乱反正,恢复了研究生招生制度,我有幸进入中国人民大学清史研究所深造，受业于戴逸、袁定中诸先生。读研期间，又承蒙余绳武、胡绳武、牟安世、刘存宽等知名学者指教。其中特别要提到的是，革命前辈王震老对我的关怀和鼓励，真有"久旱逢甘霖"之慨。研究生毕业后留校工作，主要从事中国近代史、清史的教学和研究，从而开启了我研究清史（偏重于中国近代史）近四十年的学术生涯。

清朝是我国历史上最后一个封建王朝，政治上高度统一，大体奠定了现代中国的版图，并促进了各民族的融合，其经济、文化的发展也达到了中国历史上的最高水平。但是，从18世纪开始，当西方国家已迈向近代化时代时，由于清朝统治者采取闭关锁国政策，导致中国远远落后于世界潮流，始终未能适时跨进近代化的门槛。1840年爆发的鸦片战争中，西方侵略者用军舰和大炮敲开了中国的大门，开始把中国一步步推向半殖民地半封建社会，中国人民从此开始了反对外国资本主义和封建势力的斗争。同时，中国社会内部也产生了近代化因素，洋务运动（或称"同光新政"）就是中国人向西方学习、走向近代化的第一步。但由于封建传统势力和西方列强的干扰，成效甚少。甲午战后，中国面临亡国灭种的危机，政治改革与民主革命风潮叠起，一部分忧国忧民之士真正觉悟起来，戊戌变法和义和团运动相继而起。尽管"百日维新"昙花一现，义和团被中外反动势力联合剿杀，但真正意义上的民主革命应运而生。中国民主革命的先行者孙中山先生和一批与其同时代的革命志士奋然而起，下决心推翻这个封建专制的腐朽王朝。武昌起义的枪炮声终于敲响了清王朝267年统治的丧钟。

一部清朝历史兴盛、衰亡，起伏跌宕，波澜壮阔，丰富多彩。认真研究它，总结其经验教训，对于我们今天实现中华民族的伟大复兴，建设一个繁荣、富强的社会主义中国，仍然有着重要的借鉴意义。

几十年来，我就是在这一片清史研究园地中耕耘，从中获取知识，汲取营养，领会心得，收获果实。学习、研究中如有所得，则加以记录，整理成篇，长短共得百余，但多分散在各种报纸和刊物上。时过境迁，有些文章甚至至今已难寻觅，颇为遗憾。多年来，总想将这些分散的文章结集付梓，终因种种原因，未能如愿。2019年，承蒙中山大学出版社盛情赞助，成就此举。徐劲总编辑大力支持，资深编辑李文先生负责落实，责任编辑王延红女士精心编辑，还有我不知名的编校人员、出版人员在出版本书的过程中所做的贡献，这都是我要衷心感谢的。此外，我的挚友、著名清史专家李治亭教授通读文集后欣然赐序，为本书增光添彩；我的学生谭绍兵、刘进炎及另一位青年朋友杨玘在整理文稿、形成电子文本方面做了大量工作，这些都是要特别感谢的。

本文集中，还收录了与戴逸、李文海、王俊义、李治亭诸先生分别合写的几篇文章。在治学道路上，我也曾受益于他们的帮助，在此一并致谢。

至于这部文集名曰《近代的历程》，主要有两层意思：一是说它所收文章大部分内容属于中国近代史范畴，阐述了中国人民在近代为争取国家独立、民族富强、人民幸福所经历的艰辛路程；二是说，我大半生学术研究的对象与晚清史有关，本书集结的研究心得也展示了我研究中国近代史走过的道路。

杨东梁
2020 年 9 月

《评戚本禹的〈爱国主义还是卖国主义〉》（与王俊义合作）发表于1979年12月11日的《光明日报》

《〈海防与塞防之争〉浅析》发表于1981年2月10日的《光明日报》

与美国驻华使馆一秘马丁谈话
内容概述

1981年6月12日

接校长办公室通知：六月十二日（星期五）上午九点，美国驻华使馆一等秘书马丁将来人民大学找我晤谈，望我接待一下。

谈话从上午九点十五分开始，十点半左右结束。参加者除我和马丁外，还有一名使馆中国翻译。

首先，马丁对上次（四月十日）临时取消来访表示歉意，声明原因是身体不适。然后询问了一般情况，接着进入实质性谈话。

马丁说：我们对你81年2月10日在《光明日报》上发表的"海防与塞防之争浅析"一文很感兴趣，希望你谈谈为什么要写这篇文章？

我回答：我的专题是"左宗棠研究"，该文是我研究范围内的一部分内容。

马丁又问：写文章前，材料从那里找的？

我答：从北京图书馆、"人大"图书馆和明清档案部。

马丁问：这篇文章是不是有关领导部门事先组织的？是不是编辑部予约的？

我答：是根据我自己的研究成果撰写后送给报社的。

马丁说：《光明日报》是很有影响的报纸，它的政治性是强的。

我答：据我所知，《光明日报》是很有学术特色的，它辟有哲学、经济学、文学、史学、科学技术、教育科学等专栏，我的文章就是在史

— 1 —

1981年6月12日，杨东梁与美国驻华使馆一秘马丁谈话内容概述（首页）

中共中央办公厅

杨东梁同志：

您送我的《左宗棠评传》一书，已收到。谢谢。我先读你的序言、后记，而后把正文粗略读了一遍。感到您治学态度严谨，蒐获史料丰富，很好。您文中摘引的马克思、恩格斯、列宁、毛泽东著作中的一些论述，尤可引发人们读这些原著的兴趣。我将推荐中央党校图书馆、各教研室，新疆维吾尔自治区、新疆生产建设兵团各学校、企业单位购买一些，供学习。

左宗棠的晚年是其一生最光亮的部分。他六十余岁为中国要富国强兵，抵御外来侵略的愿望，引进西方机器设备他多年毅然率军西征，收复

中共中央办公厅

新疆失地。他七十余岁，又转战海防，病死福建。所以，我建议您，或为此评传的作序的胡绳武同志，就左氏晚年的爱国主义思想写专文发表，以飨励人们，特别是青年人为振兴中华，统一祖国，实现四化而努力奋斗。

致以
革命敬礼！

王震
一九八六年
三月十日

王震收到《左宗棠评传》后致作者的信

目　录

史事解读

"九门提督"与清廷政争 …………………………………………（2）
"师夷长技"与"全盘西化" ……………………………………（5）
晚清东南社会变迁与近代化智力资源积累 ……………………（9）
略论马尾船政局 …………………………………………………（19）
马尾船政局在我国近代海军发展史上的地位 …………………（29）
试析同治年间陕西回民起义的复杂性 …………………………（40）
试评左宗棠对陕甘回军的镇压 …………………………………（49）
晚清海权观的萌发与滞后 ………………………………………（58）
"海防与塞防之争"浅析 …………………………………………（67）
论中国近代的海防与塞防 ………………………………………（72）
试论左宗棠收复新疆 ……………………………………………（78）
近代史上各族人民为收复新疆共同战斗 ………………………（95）
"赶大营"是中国近代天津人民为保卫新疆、建设新疆做出的重大贡献
　　……………………………………………………………（97）
马江风云的反思 …………………………………………………（99）
北洋水师与"长崎事件" ………………………………………（103）
甲午战争与东亚政治格局的演变 ………………………………（106）
略论甲午战争中的主战与主和 …………………………………（113）
甲午 120 年祭 ……………………………………………………（121）
日本侵占钓鱼岛始末 ……………………………………………（124）
清代的中国与琉球 ………………………………………………（127）
晚清两则精准的政治预言 ………………………………………（131）
1890 年的《中英会议藏印条约》 ………………………………（135）
爱国精神光照后人
　　——纪念义和团运动爆发 100 周年 ………………………（139）

人物评论

清朝"盛世"的两位"强项"官员……………………………………（144）
略论陶澍的改革思想与活动……………………………………（147）
林则徐与陶澍治苏刍议……………………………………………（153）
林则徐与左宗棠的经世思想之比较………………………………（161）
曾国藩与左宗棠……………………………………………………（168）
左宗棠爱国思想的形成……………………………………………（175）
左宗棠办洋务的出发点是"富国强民"…………………………（180）
左宗棠与晚清边疆危机……………………………………………（183）
左宗棠"舆榇出关"………………………………………………（191）
左宗棠"舆榇出关"说不应摒弃…………………………………（197）
左宗棠曾想投太平军吗……………………………………………（199）
左宗棠：追求近代中国富强的奋斗者……………………………（203）
"千秋独有左文襄"：历史上的左宗棠及其功绩…………………（211）
刘锦棠与新疆建省…………………………………………………（217）
从郑成功到刘铭传…………………………………………………（220）
关于刘铭传的史与剧………………………………………………（223）
张之洞与海南岛开发………………………………………………（226）
张之洞与汉阳铁厂…………………………………………………（233）
"亦官亦商"的盛宣怀………………………………………………（236）
回族爱国将领左宝贵………………………………………………（239）
谭嗣同的献身精神…………………………………………………（243）
光绪帝死因探析……………………………………………………（246）
略论张謇的政治追求………………………………………………（250）
杨毓麟与《新湖南》………………………………………………（261）

近代史论

评戚本禹的《爱国主义还是卖国主义？》………………………（268）
近代爱国主义与民族虚无主义……………………………………（274）
认识近代国情的几个重大历史是非………………………………（287）
历史文化遗产与社会主义精神文明建设…………………………（294）

儒家伦理在近代中国历史命运之反思……………………………（303）
弘扬传统美德与建设有中国特色的社会主义文化………………（307）
左宗棠研究的回顾…………………………………………………（310）

史著序评

《清代法律视野中的商人社会角色》序言………………………（316）
《应变与困境：清末新政时期的意识形态控制》序言…………（319）
《外债与晚清政局》序言…………………………………………（320）
《一八七六年的新疆》序言………………………………………（322）
《中国近代中央官制改革研究》序言……………………………（326）
"辛亥百年——名家经典导读""强国之梦——近代名文导读"丛书序言………
………………………………………………………………………（328）
《左宗棠研究文选》导言…………………………………………（331）
《中国近代思想家文库·左宗棠卷》导言………………………（339）
为"中国梦"注入正能量
　　——《左宗棠：帝国最后的鹰派》序…………………（356）
《湖南出了个左宗棠》序言………………………………………（360）
"红花绿叶，相得益彰"
　　——谈《清代诗文集汇编》作者小传的撰写………………（365）
梁启超《李鸿章传》（语体本）序………………………………（367）
《一代廉吏王鼎研究文集》前言…………………………………（369）

编后记…………………………………………………………………（371）

史事解读

"九门提督"与清廷政争

清代，京师的卫戍、警备和治安保卫机构叫"提督九门步军巡捕五营统领衙门"，通称"步军统领衙门"。长官简称"步军统领"，俗称"九门提督"（京师内城共有城门九座，分别为：正阳、崇文、宣武、朝阳、东直、阜成、西直、德胜、安定）。九门提督统领满、蒙、汉军八旗步兵和京师绿营的马步兵（即"巡捕营"），所部的具体任务是分汛驻守（"汛"是基层的军队编制）、稽查城门、缉捕盗贼、申禁巡夜等。

步军统领创设于清初，后经历了数次变迁，由原来只统辖八旗的步兵营，到康熙十三年（1674），始兼提督京城九门事务（原由兵部管理），康熙三十年（1691），又兼管巡捕三营事务，官衔全称遂改为"提督九门步军巡捕三营统领"。雍正七年（1729），官署定名为"步军统领衙门"，十二年（1734），在宣武门内京畿道正式建立衙署，9年后迁至北城帽儿胡同，又称"北衙门"（同为负责审案的刑部因设在南城称"南衙门"）。乾隆四十六年（1781），巡捕增设左、右两营，变成中、南、北、左、右五营，故该衙门的主官改称"提督九门步军巡捕五营统领"。

九门提督负责京师的警卫、治安，初为正二品，嘉庆四年（1799）改为从一品。其部众长期保持在3万人左右，且人员精干，装备精良。

从机构、人员、职掌看，步军统领衙门除衙门本部外，还下设八旗步军营、巡捕五营、内外城十六门管理机构和白塔山信炮管理部门。

步军统领之下，设有左、右翼总兵各一人，与步军统领同堂办公；八旗步兵营则设有左、右翼尉各一人（秩正三品）。八旗步兵营主要驻守内城。

巡捕五营分布于外城和四郊。中营驻扎于圆明园一带，由副将（从二品，隶属于总兵）一员带领，下分五汛（每汛有官兵370人至580人不等）；南营分防外城及南郊，下辖六汛；北营分防北郊，左营分防东郊，右营分防西郊，以上三营均各辖四汛。巡捕五营总计二十三汛。南、北、左、右四营设参将一人，游击一人。嘉庆四年（1799），又添设左、右翼总兵各一人，左翼总兵节制南营、左营，右翼总兵统辖北营、右营。

顺治十年（1653），于白塔山（今北京市北海公园琼华岛）设置信炮五位，若京城发生暴乱、敌情、火灾、爆炸，则凭金牌"奉旨发炮"；内九门也各设信炮五位。白塔发炮，则内九门的信炮齐鸣。京城驻防官兵闻炮声后，立即分区集合待命。乾隆八年（1743），信炮及其管理系统移交步军统领衙门。

京师有内城九门，外城七门，内外各城门均派官兵驻守，负责门禁。顺治初年，守门军官称门千总。康熙十三年（1674），又设城门尉、城门校。乾隆十九年（1754），城门尉改名城门领（正四品），城门校改名城门吏（正七品），内城九门，每门设城门领二人、城门吏二人、门千总二人。外城七门，每门设城门领一人，城门吏一人，门千总二人。

正是由于步军统领衙门所承担的任务关系着清朝皇帝的安全和政局的稳定，可以说，九门提督是一个至关重要的职位。从某种意义上说，它甚至可以影响到皇帝的废立。唯其如此，九门提督在清代历次宫廷争权斗争中均扮演着举足轻重的角色。清朝最高统治者对九门提督的人选极为重视，非满人、非心腹重臣，不能担任此职。

清圣祖玄烨在位 61 年，皇子间展开了激烈的储位之争。皇太子两立两废，争储斗争错综复杂。康熙六十一年十一月十三日（1722 年 12 月 20 日），康熙帝病危，是日寅刻（凌晨三点至五点），急召诸皇子及理藩院尚书兼步军统领（即九门提督）隆科多（皇四子胤禛的舅父）至畅春园病榻前，谕令胤禛（即位后为雍正皇帝）即位。时胤禛正奉命去斋所致斋，准备代皇帝主持十五日的南郊大祀。当他闻讯赶到畅春园时，已是巳刻（上午九点至十一点）。戌刻（晚上七点到九点），康熙帝去世。隆科多立即进言，让胤禛"先定大事"（即帝位），再办丧仪。为防止发生变故，时任步军统领的隆科多立命铁骑四出，自十四日至十九日关闭京师九门，全城实行戒严，直至二十日胤禛正式即皇帝位，步军统领衙门才解除了京师戒严。

过了一百多年后，清政府的统治已进入衰世，内忧外患纷至沓来。一方面，国内农民起义烽火连天，太平天国运动席卷了东南半壁；另一方面，英法联军攻陷天津，逼近北京，咸丰帝的六弟恭亲王奕䜣被授予钦差便宜行事全权大臣，留京负责与英法侵略军议和。议和期间，奕䜣的主要得力助手就是时任军机大臣、户部左侍郎的文祥。文祥还兼署步军统领，被委以办理城防、维持秩序的重任。但当时的权力中心位于被称为"行在"的热河（今河北承德），一切政令都由实际操控大权的肃顺等人发出。不久，步军统领一职就落到了肃顺集团的核心人物——郑亲王端华（肃顺之同父异母兄长）的身上。

咸丰十一年七月（1861 年 8 月），咸丰帝病死，载垣、端华、肃顺等八大臣受遗命辅政。当时肃顺集团与两宫皇太后（主要是慈禧太后并联合恭亲王奕䜣）围绕是"赞襄政务"还是"垂帘听政"展开了激烈斗争。在这场你死我活的权力斗争中，"步军统领"一职显然又是势在必争的关键职位。由于谁也不能占据绝对优势，双方只能暂时达成妥协：九月初四日（10 月 7 日），端华让出步军统领一职，改由留守京师的瑞常（曾于咸丰八年以理藩院尚书署步军统领）担任，而端华则"暂署行在步军统领"，仍统率热河行宫的禁军。经过第一阶段的较量,慈禧太后和奕䜣决定回到北京后再发动政变。之所以做出这个决定,是因为热河行宫完全在肃顺集团的掌控下,而新任的步军统领瑞常则是由奕䜣、文祥举荐的,这意味着京师的警卫大权落到了慈禧太后、奕䜣集团的掌控中。果然,在回銮后的第二天,两宫与恭亲王便联手扳倒了以肃顺为核心的辅政大臣。

慈禧太后一生中发动过两次政变,第一次是上文讲到的"辛酉政变",即联合恭亲王奕䜣一举推翻八大臣辅政体制;第二次则是于光绪二十四年(1898)发动的镇压维新派的"戊戌政变"。这两次政变都借助了由九门提督统率的禁军。

光绪二十四年四月二十三日(1898年6月11日),光绪帝经慈禧太后同意颁布了《明定国是诏》,维新变法正式开始。但是,维新变法的措施触动了守旧官僚的利益,慈禧太后随即加快了政变的部署。其亲信荣禄早在光绪元年(1875)就兼任步军统领,二十年(1894)再授步军统领,并任兵部尚书、协办大学士。至戊戌年四月二十七日(1898年6月15日),荣禄署直隶总督,几天后又拜文渊阁大学士,节制北洋各军。慈禧太后又命刑部尚书崇礼接过步军统领的职务,指挥京师禁军,命怀塔布管理圆明园护军,派刚毅管理健锐营(常驻香山)。经过这番布置,慈禧太后已将京畿地区以及京师内外、宫禁要地的军队都牢牢控制在自己手中。特别是新任九门提督崇礼素为慈禧太后赏识,是反对维新变法的清廷元老,他所指挥的京城禁卫军成了直接镇压维新派的刽子手。

八月初六(9月21日),慈禧太后宣布重新"训政",不经过军机处,直接给刑部尚书兼步军统领崇礼下达密旨,令锁拿康有为。时康有为已离京南下。八月初八(9月23日),逮捕了杨锐、刘光第、谭嗣同,初九又逮捕林旭。同一天,慈禧太后向步军统领衙门发出"上谕":"张荫桓、徐致靖、杨深秀、杨锐、林旭、谭嗣同、刘光第,均著先行革职,交步军统领衙门拿解刑部审讯。"也就是由步军统领衙门捕人,交刑部收监审问。在政变过程中,步军统领是镇压维新派的直接执行者。

(载《清史参考》第19期,总第190期,国家清史纂修领导小组、国家清史编纂委员会办公室主办,2010年6月21日)

"师夷长技"与"全盘西化"

在中国近代史上,"师夷长技"与"全盘西化"是不同时期提出的探寻中国前途的两个命题。鸦片战争后,魏源在总结失败的惨痛教训基础上,提出了"师夷长技以制夷"的精辟论断。而大约过了半个世纪后,"全盘西化"说才开始在中国露头,到20世纪二三十年代,成为一种流行的社会思潮。这两种主张在中国近代都曾产生过较大影响。那么它们是在一种什么背景下提出的呢?各自的特点和实质又如何呢?这需要在比较中做进一步探讨。

一

清政府在甲午中日战争中的惨败,使"洋务派"所标榜的"自强新政"在人们心目中的地位一落千丈,"自强""求富"的口号在冷酷的现实面前也受到质疑。民族危机的加剧,使越来越多的爱国知识分子更加迫切地去探索救国真理,如谭嗣同所说:"平日于中外事虽稍稍究心,终不能得其要领。经此创痛巨深,乃始摒弃一切,专精致思,酷嗜西学。"① 1895年至1898年间,报馆风起,学会林立,介绍西方资产阶级文化的著作被广泛译成中文,变法维新成了社会舆论的中心议题,有人形容是:"家家言时务,人人谈西学。"② 正是在这样的背景下,"全盘西化"论在近代中国出现了。

光绪二十四年(1898),《湘报》先后发表过两篇文章,一篇是樊锥的《开诚篇》,提出:"革从前,搜索无剩,唯泰西是效";另一篇是易鼐的《中国宜以弱为强说》,它的一个主要论点是:"若欲毅然自立于五洲之间,则必改正朔,易服色,一切制度悉从泰西。"这两则文字可算有关"全盘西化"论的最早表述。"全盘西化"成为时髦的社会思潮,那是20世纪二三十年代的事,胡适、陈序经对西方文化盲目崇拜,声称只有"全盘西化",中国才有出路。蒋廷黻在1938年出版的《中国近代史》一书中也说,中国"非全盘接受西洋文化不可"。如果说,戊戌变法维新时期刚刚冒头的"全盘西化"论主要是出于爱国动机而走上极端的话,那么,五四时期和20世纪30年代的"全盘西化"论,则是要阻挠马克思主义在中国的传播,实质上是在维护中国的半殖民地、殖民地统治秩序。

---

① 中国史学会主编:中国近代史资料丛刊《戊戌变法》第二册第566页,神州国光社1953年版。
② 中国史学会主编:中国近代史资料丛刊《戊戌变法》第三册第156页。

二

与"全盘西化"论相比,"师夷长技"的主张有什么特点呢?

第一个特点,"师夷长技以制夷"口号的提出是从实际出发的。当时的实际是什么?第一,鸦片战争把清军装备的落后、简陋暴露无遗。通过战争实践,中国人目睹了西方枪炮、船舰的威力,用魏源的话说,要学习的"夷之长技"是"一战舰,二火器,三养兵练兵之法"①。第二,能不能从中国古代智慧中去寻找御敌良方呢?事实证明办不到。不仅儒家经典中的"微言大义"无济于事,就是嘉、道时期被称为"经世致用"的思想和方略也无能为力。第三,是当时清政府现行对外政策的实际。长期以来,清政府坐井观天,昧于世界大势。结果是走私的鸦片大量输入,一些有利于增强国力的"长技"却被拒之门外,魏源曾批评过这一政策。魏源、林则徐等按照当时的国情和世界形势,提出了他们认为应该学习的内容。

"全盘西化"论者则对本国实际不做认真细致研究,对自己的国情,只站在远处、高处粗粗地一瞥,就把目光全部注到他们朝思暮想的西方"极乐世界"去了。

"师夷长技"主张的第二个特点在于它的目的是"制夷",这是关键所在,它的进步性和生命力也主要体现在这一点上。在近代中国,帝国主义和中华民族的矛盾、封建主义和人民大众的矛盾是社会的主要矛盾,因此,制不制"夷",或说抵不抵抗列强的侵略就是关系到中华民族生死存亡的根本问题、原则问题。伟大的爱国者林则徐在鸦片战争中,不但采取了"师夷"的措施,而且也初步取得了"制夷"的效果。他曾经派人去澳门、新加坡,"购西洋各国洋炮二百余位,增排两岸"②,并从美商处购置了一艘千吨级的英制军舰"剑桥"号,又组织人力翻译了一些国外造船、制炮的技术资料。林则徐的活动曾使西方殖民者感到恐慌,也使战争初期英军在广东未能得手。

主张"全盘接受西洋文化"的蒋廷黻却一方面说"鸦片战争以前,英国全无处心积虑以谋中国的事情",美化投降派琦善下了一番"知己知彼"的功夫,说"在外交方面,他实在是远超时人";另一方面,却大肆攻击林则徐"于中外的形势不及琦善那样的明白",甚至说"林败则中国会速和,速和则损失可减少,是中国的维新或可提早二十年"③,功过是非完全颠倒。

第三个特点是从思想方法上看,"师夷长技以制夷"的主张打破了僵化的传

---

① 魏源:《海国图志》卷二《筹海篇三议战》。
② 杨国桢编:《林则徐书简》(增订本)第179页,福建人民出版社1985年版。
③ 蒋廷黻:《中国近代史》(外三种)第114、133、124页,岳麓书社1987年版。

统意识，对己对彼都注意了克服片面性，这确实是中国思想界的一个了不起的变化。"师长"论者的可贵之处还在于他们看到了彼长己短之后，并没有失去自尊和自信，从而对"夷人"顶礼膜拜。相反，他们对自己国家和民族的前途充满信心，相信经过"师夷长技"一定能达到"制夷"的目的，使国家面目得到改观。魏源对中国的悠久文化和中国人的聪明才智表现出一种强烈的自豪感，他说："中国智慧无所不有，历算则日月薄蚀，闰余消息，不爽秒毫；仪器则钟表晷（日影）刻，不亚西土；至罗针壶漏，则创自中国而后西行；穿札扛鼎，则无论水陆，皆擅勇力。"这样的民族，如再能虚心学习别人的长处，"因其所长而用之"，就一定会"风气日开，智慧日出，方见东海之民，犹西海之民"。①

"全盘西化"论者则并非如此。他们鼓吹"要彻底的崇洋"，在五四运动后，有一本名为《中国文化的出路》的书，公开宣扬"中国的一切都不如西方"，必须"把西方的一切都接受过来，好的坏的都要，不仅要民主与科学，也要军国主义和金力主义"，其崇洋心理的膨胀几乎到了无以复加的地步，它的片面性也达到了荒谬绝伦的程度。

有些论者在评述"师夷长技以制夷"时，总是不无遗憾地认为，林、魏等人"只是学习西方文化的表层而非文化的根本"，说他们对西方文化认识肤浅。须知，人们对事物的认识总有一个由浅入深、由表及里的过程，这是符合认识规律的。但不管如何"浅"，都掩盖不住他们爱国主义精神的熠熠光辉，这是那些以西方殖民奴化思想为特征的"全盘西化"论者不能望其项背的。鲁迅先生在论及刘半农时曾说，"但他的浅，却如一条清溪，清澈见底，纵有多少沉渣和腐草，也不掩其大体的清。……如果是烂泥的深渊呢，那就更不如浅一点的好"。②林、魏的认识虽"浅"，却是一条"清溪"，比起"全盘西化"的"烂泥深渊"来，很容易让人赞同"不如浅一点的好"的呼唤。

三

"师夷长技"与"全盘西化"，不仅表现出对待西方文化的两种态度，实质上也反映了对民族传统文化的两种评价。先进的中国人在西方侵略者面前并没有苟安昏睡，屈服于侵略者的坚船利炮，而是不甘落后，积极探索，追求新知。但是，"师夷长技"论者并不菲薄民族文化传统，他们强调以我为主，有着强烈的民族自尊心和自信心，他们相信中国智慧"不亚西土"，要"制夷"却不为"夷"所制。"我有铸造之局，则人习其技巧，一二载后，不必仰赖于外夷"，这

---

① 魏源：《海国图志》卷二《筹海篇三议战》。
② 《鲁迅全集》第六卷，第72页，人民文学出版社1981年版。

种勇于放眼世界,"师夷长技"为我所用,又不仰"夷人"鼻息的主张,正是晚清以来中国人民宝贵的性格和优秀的思想。而"全盘西化"论者则割裂民族传统,他们唯西洋马首是瞻的主张是不切实际的,是违反科学的,终究要为历史潮流所淹没。

(载《清史参考》第17期,总第139期,2009年5月11日)

晚清东南社会变迁与近代化智力资源积累

所谓晚清社会变迁，实质上指的是晚清时期（1840—1911）中国由传统社会向现代社会演化的过程，这种变迁的总趋向就是近代化。一位美国学者曾这样叙述这个过程在西欧的发生："对于西欧社会来说，传统制度是指存在于中世纪的制度，现代性对传统制度的挑战发生在12至18世纪。"① 在西欧，这种挑战持续了600年之久，社会才由封建形态逐步过渡到资本主义形态；而在中国，明清之际社会也发生了某些变化，明朝中叶江南地区丝织业已出现了资本主义萌芽性质的手工工场，清朝"到鸦片战争前，已在二十个手工业行业中有资本主义生产关系的萌芽出现，它们的产品，差不多都有长距离运销"②。但是，这种发展相当缓慢，直至19世纪中叶，在西方资本主义的坚船利炮胁迫下，才中断自身发展的历史进程，被动移入资本主义生产方式，开始由传统向近代过渡，这一过渡的界标就是1840年的鸦片战争。

晚清的社会变迁首先是从东南地区开始的，这种变迁涉及社会的方方面面。本文拟从近代化智力资源积累这一角度探讨其与东南地区社会变迁的关系。

一、中西文化在东南地区的冲突与融合推进了这个地区的近代化进程

16世纪末，西方文化开始传入中国，这次"西学东渐"对中国文化乃至社会历史都产生了深远影响。至雍、乾之后，由于统治者推行日益严格限制中外交往的政策，③"西学东渐"中断，直到鸦片战争爆发，中西关系始发生剧变。

19世纪三四十年代，西方资本主义侵略者大举入侵，封建的、严格控制对外交流的中国被迫对外开放，"西学东渐"在一种新的、特殊的历史条件下复苏了。

中国最早的近代工业是西方列强利用特权在东南沿海地区开办的船舶修造厂和出口加工厂。1845年（道光二十五年），苏格兰人柯拜（John Couper）在广州

---

① ［美］布莱克：《现代化的动力——一个比较史的研究》，浙江人民出版社1989年版。
② 吴承明：《论清代前期我国国内市场》，《历史研究》1983年第1期。
③ 过去习惯称之为"闭关政策"，其实是不确切的。乾隆帝宣布中西贸易限定广州一口，并非"闭关"，只不过是缩小了开放口岸的范围。萧致治主编的《鸦片战争史》（福建人民出版社1996年版）第二章第三节对此曾有较为详细的论述。

黄埔修建了"柯拜船坞",雇佣中国工人修理船舶。大约20年后,在东南沿海地区(香港、广州、厦门、福州、上海)已有大小船厂40余家。随后又出现了一些外资开办的茶厂,1878年(光绪四年)时已有9家之多。至甲午战争前夕,外国资本先后在中国开办了191家工业企业,这些企业大部分集中在上海和广州。

外资企业的出现对中国民族资本无疑是排斥的,具有破坏性的,但不能不看到它对中国的近代化在客观上也起了一定的刺激作用。农业文明与工业文明的竞争突出地表现在中外商品的竞争上,表现在农业、手工业产品和工业产品的竞争上。两种不同的商品生产差距是如此之大,"外国用机制,故工细而价廉,且成功亦易;中国用人工,故工笨而价费,且成功亦难"①。机器生产的威力使中国人感到震惊,外资在中国开办的工厂,其近代化的示范作用自然也更直接、更具体。最突出的例子是美查洋行在上海办了个火柴厂(燧昌自来火局)后,短短三四年内,就出现了三家华商火柴厂。

中国真正意义上的近代化首先是从军工领域开始的。1861年1月(咸丰十年十二月),曾国藩在安庆设立了内军械所,这是国内最早生产近代武器的工厂。接着又有上海、苏州洋炮局的设立,至1865年(同治四年),在上海办起了中国第一个真正的近代化工厂——江南机器制造总局。翌年,我国专门的近代造船厂在福建马尾诞生。19世纪60年代,一批军工企业在东南沿海地区的创建标志着中国产业技术革命和中国近代化的开端。进入70年代后,民用工业逐渐兴办,并居于显著位置。1872年(同治十一年),广东南海商人陈启源办了继昌隆缫丝厂。1873年年初,官督商办的轮船招商局在上海成立,这为中国近代航运业奠定了基础。此后20年内,民用企业已有一定发展,至1895年(光绪二十一年),民用企业已达117家,其中商办企业为87家。而商办企业的发展又是与地域经济的发展及中外接触的频繁紧密相连的,因,90%的商办企业集中在广东、上海等东南沿海地区。1895至1898年创办的较大规模的民族资本企业有49家,也多集中于广东、上海、江浙一带。

在近代工业奠基的同时,近代科学技术知识也开始得到传播。这一传播的进程始于明末清初,至19世纪下半叶出现了一个高潮。正如一位自然科学史学者所说:"推行洋务运动以来,在三十多年的时间里,中国开始出现了数以百计的大小工厂和矿山,西方近代的科学技术知识,大量传入我国。从日心说到进化论,从造船、造炮到机器碾米和磨面,数量之多,范围之广,都是过去任何一个历史时期所不能与之相比的。"②近代科学技术的传播从翻译西书开始。19世纪

---

① 郑观应:《盛世危言》卷七。
② 杜石然:《中国科学技术史稿》下册第289页,科学出版社1982年版。

60年代，北京同文馆、上海广方言馆、广州同文馆，江南机器制造总局译书馆等机构都陆续翻译出版了一些自然科学、工程技术方面的书籍。1853年（咸丰三年）至1911年（宣统三年）近60年间，共翻译出版了468部西方科学著作，包括数学、物理学、化学、天文学、地质学、生物学等门类。此外，在19世纪70年代中期还创立了格致书院，举办科学讲座或讨论会，该书院出版的《格致汇编》可谓我国最早的综合性科学杂志。这些近代科学技术知识被介绍到中国，不仅培养造就了我国早期的近代科技工作者，奠定了我国近代科学的基础，也为我国近代的维新变法提供了思想武器。

19世纪下半叶，几乎在西方自然科学传入中国的同时，西方社会政治学说（即"西政"）也陆续传入，至80年代后，逐渐为世人注目。一些关于西方法律（特别是国际法）、史地、经济、文化教育等方面的"西书"被大量翻译出版，如丁韪良翻译的《万国公法》，汪凤藻、汪凤仪译的《公法便览》，傅兰雅、汪振声译的《公法总论》等。外国史地方面的译著也有数十部之多。至戊戌维新时期，西方社会科学开始被系统引进，如进化论思想，虽从洋务运动时期已开始传入，但中国人真正认识它却是从严复开始的。严复翻译出版了《天演论》，系统介绍了这一学说，并产生了重大社会影响。戊戌时期传入中国的还有西方资产阶级的政治学说和经济学说，如卢梭的天赋人权论（最早见于1895年出版的《泰西新史揽要》）；亚当·斯密的《国富论》（严复译，书名《原富》，1902年版）等。严复还译著了《穆勒名学》，介绍归纳法、演绎法等新的科学方法。至辛亥时期，更形成了译介西方政治学说的热潮，从《理想国》到《共产党宣言》，真可谓包罗万象。

这一时期，中国还陆续兴办了一批新式学堂，对"西学"的输入和传播也起到了积极的推动作用。

鸦片战争后，随着西方文化的逐步输入，中西文化发生了全面冲突，其表现为：传统的农业、手工业与近代工业、近代科学技术的冲突；封建君主专制与近代民主政体（立宪与共和）的冲突；纲常伦理与自由、平等、博爱的冲突；等等。这种冲突的实质是农业文明与工业文明之争。但是冲突之外，"西学东渐"也必然促进中西文化的融合，正如魏源所预言："天地气运自西北而东南将中外一家。"① 戊戌时期的维新派更是"冥思苦索，欲以构成一种不中不西即中即西之新学派"②。

中西文化的冲突与融合，推动了中国近代社会的巨大历史变迁，也加速了中国社会走向近代化的进程。而东南地区本身曾经是商品经济相对发达的地区，在

---

① 魏源：《海国图志》后叙。
② 梁启超：《清代学术概论》第88页，东方出版社1996年版。

西方殖民者入侵过程中又首当其冲，五口通商后最早被迫"开放"，接触西方文化、工业文明要早于其他地区，因此，这一地区的近代化步伐显然比中国其他地区要迈得更快一些。

二、社会变迁促进了东南地区近代化智力资源的积累

晚清时期，东南地区社会变迁显著，这种变迁对近代化智力资源积累所起的促进作用是不言而喻的。近代化智力资源积累主要表现为近代绅商阶层和近代知识分子群体的形成。

"绅商"一词在19世纪中叶已频频出现于文献中，当时主要是指绅士和商人，并无其他含义，后来才逐渐形成一个固定概念，专指亦绅亦商、绅商合流后出现的特殊社会阶层。

近代绅商中，相当一部分人是由买办转化而来的。买办则是随着西方资本主义对华经济渗透而出现的，原先只是为外商经管杂务，鸦片战争后才取代行商充当中外贸易中介人的角色。随着"贸易限制政策"的破产，外商在华贸易扩大，买办人数也不断增长，1854年（咸丰四年）只有250人，半个世纪后（1902年）已达2万人。[①] 在当时社会中，买办已是一个相当富有的阶层，据有的学者估计，1890—1913年的24年中，"全国买办阶层共获利润六亿二千多万关两之多"[②]。因此，手握巨资的买办投资近代企业，进而以捐纳方式跻身绅士行列已是势所必然的了。这些买办型绅商，一般是既通晓外国语言文字，了解西方商业制度，又熟悉国内商机，并善于把握商机的。下面对14位著名买办绅商列表略做介绍[③]：

表1　14位著名买办绅商的情况

姓名	籍贯	充任买办之外资单位	开办或投资之企业	投资城市
祝大椿	江苏无锡	怡和洋行、上海电气电车有限公司	源昌丝厂、华兴面粉厂、源昌碾米厂、公益纱厂等	上海
席立功	江苏苏州	汇丰银行	公益纱厂	上海
朱志尧	浙江奉化	东方汇理银行	同昌榨油厂、中西书室、申大面粉公司、求新铁厂、大通轮船公司、大达轮船公司、同昌协记纱厂等	上海

---

① 郝延平：《二十世纪中国的买办：东西方之间的桥梁》第102－105页。
② 严中平：《中国棉纺织史稿》第155页，科学出版社1955年版。
③ 汪敬虞：《中国近代工业史资料》第二辑下册第958－976页，科学出版社1957年版。

续表1

姓名	籍贯	充任买办之外资单位	开办或投资之企业	投资城市
荣敬修	—	上海泰和洋行	金陵自来水厂、南洋兄弟烟草公司	上海
叶明斋	上海	横滨正金银行	龙华制革厂、振华纱厂、公平人寿保险公司等	上海
荣瑞馨	江苏无锡	鸿源纱厂	上海振华纱厂、无锡茂新面粉厂、无锡茂新碾米厂	上海、无锡
陈可良	广东香山	太古轮船公司、太古洋行	面粉厂	上海
王一亭	浙江吴兴	太古人寿保险公司、大阪轮船公司、日清轮船公司	沈阳地产公司、上海义清地产公司、苏州河立大面粉厂、华通水火险公司、华兴火险公司、上海内地电灯厂、苏州河上海纺织株式会社、上海信成商业信贷储蓄银行	上海
朱佩珍	浙江定海	平和洋行	新裕商行、华安人寿保险公司、华兴水火保险公司、通商银行、法国东方航业公司、中兴面粉厂等	上海
徐润、徐叔平父子	广东香山	宝顺洋行	宝源丝茶土号、顺兴川汉货号、轮船招商局、仁和水险公司、济和水险公司	上海
郑官应（观应）	广东香山	宝顺洋行、太古轮船公司	轮船招商局、开平矿务局、上海机器织布局、津沪电线	上海、唐山
唐茂枝、唐杰臣父子	广东香山	怡和洋行	内地自来水公司、广肇公所	上海
唐廷枢、唐玉田父子	广东香山	怡和洋行	协和机器轮船公司、华海机器轮船公司、轮船招商局	上海
吴少卿	上海	瑞记洋行	瑞纶丝厂、德商瑞记纱厂、万隆铁工厂、东方制冰厂	上海

由买办转化而来的绅商属于早期民族资本家,他们是东南地区早期近代化的一批重要智力资源。李鸿章在兴办近代企业时,罗致了一些买办出身的人,对他们评价甚高,称其"熟精洋情""殷实明干",是"极一时之选"的人物。[1] 其中如唐廷枢、徐润长期主持我国第一家民办的大型近代企业——轮船招商局,以后,唐廷枢还主办过开平煤矿;当过买办的丁日昌(广东丰顺人)受命总办了中国第一个近代工厂——江南机器制造总局,官衔也由苏松太道直升至江苏巡抚,成为洋务大员。丁日昌热心建立民族工业,同时还提出创建近代海军及开源求富等一系列主张,又力主废"八股",试"八科",派遣留学生,促进教育近代化,他的一生与中国近代化密不可分。此外,还有一些买办出身者如杨坊、王槐山、穆炳元、叶成忠、虞洽卿等(均浙江籍),既投资新式企业,又以捐纳跻身士绅,更捐资兴办各种社会事业,在经营企业及社会活动中,不自觉地成为新思想的传播工具,对当时启迪民智、政治革新产生了无形的影响。

近代绅商中,除买办型绅商外,还包括"官僚型绅商"(一部分买办型绅商亦向官僚型绅商转化)和"士人型绅商"。[2] 所谓"官僚型绅商"是指集官、绅、商于一体,一身而三任者,如盛宣怀(江苏武进人)、周学熙(安徽至德人)等人。他们既从事近代企业的经营管理,又涉足政治,官运亨通。盛宣怀任过轮船招商局会办,以后又插手乃至控制银行、铁路、煤矿、纺织等业。同时,其官阶也扶摇直上,由道员、少卿直至尚书。周学熙则既创办了北洋官营实业,又创办了多项民营企业,被袁世凯评为"当代奇才"[3]。周在官场上也是春风得意,由清朝的道台、按察使一直做到民国的财政总长。退隐之后,又热心桑梓,颇具绅士之风。

士人型绅商的代表人物是张謇(江苏南通人),甲午战败,民族危机异常严重,他"夙夜忧惧","不胜耻愤",遂走上"实业救国"之路,成就中国近代史上的一大奇闻——出了个"状元资本家"。张謇崇尚实事,淡泊仕途,志在救国、利民,他致力实业,振兴教育,成绩显著,在中国近代化事业中功不可没。

绅商队伍的壮大还表现在商会团体之盛。据有的学者统计,庚子(1900)之后,辛亥(1911)之前,全国共有商会227个,而江苏(71个,占31.3%)、浙江(34个,占15%)位居前列。[4]

近代绅商不仅本身是一种近代化智力资源,而且推动了这种资源的进一步积

---

[1] 《李文忠公全书》,朋僚函稿,卷十三。
[2] 本文对"绅商"及知识分子群体的分析参阅了章开沅等著《中国近代史上的官绅商学》(湖北人民出版社2000年版)一书。
[3] 周叔媜:《周止庵(学熙)先生别传》第11页,台湾文海出版社1969年版。
[4] 张玉法:《清季的立宪团体》第102-108页,台湾"中央研究院"近代史研究所专刊,1971年版。

累。此现象在东南地区尤为显著。1912年以前,全国捐资千元以上兴学者共117人,其中江苏居首位(占32.48%),浙江紧随其后(占16.24%);以兴学资金计算,则浙江居首,达219400元(占35.32%),江苏第二。①

近代化智力资源积累的另一种表现是近代知识分子群体的形成。在封建社会中,宗族制度的支柱是旧式士绅和士子,但随着西方近代文化的传入,在"救亡"的大旗下,"新学"兴起成为势不可挡的潮流。由于新式教育的哺育,资本主义社会制度和社会政治理想成为知识精英们的执着追求,一个近代知识分子群体随之形成。

近代知识分子群体是逐步形成的,这个群体大致由四部分人构成,即:传统士人学习"西学"转化而来;中国自办新式学堂的毕业生;在华教会学校的毕业生(19世纪末外国教会已在中国办学校1000余所,学生2万人);留学归国人员。我国的近代教育是随着洋务运动的兴起而肇始的。从19世纪60年代起,一批新式学堂开始创办,到甲午战争前后,全国已有各类新式学堂37所,东南地区则有18所,占到将近一半(48.6%)。其中像上海广方言馆(1863年创办)、广州同文馆(1863年创办)都属于最早一批创办的外国语言学校;而福州船政学堂(1866年创办)则是中国最早专门学习造船和驾驶技术的学校。这些学校造就了一批掌握西方文化和近代科学技术的知识分子。

我国派遣留学生出洋始于1872年(同治十一年),创议者容闳是留学美国的第一个中国毕业生。容闳出生在中国最早接触西方近代文化的地区——广东,1854年(咸丰四年)毕业于美国耶鲁大学。他在《西学东渐记》中叙述自己的志向时说:要"以西方之学术灌输于中国,使中国日趋于文明富强之境"②。1872年,他与陈兰彬带领第一批留学生30人赴美留学,以后又连续有三批学生赴美,总共120名。这120名赴美留学生几乎全部来自东南沿海地区,从籍贯看,广东84人(占70%),江苏21人(占17.5%),浙江8人(占6.7%),安徽4人(占3.3%),福建2人,山东1人。之后,又派遣了三批留欧学生共88人,这些留欧学生也是福建人占多数,以学习海军驾驶和造船技术为主,回国后成为中国第一代近代海军军官和造船工程师。其中的佼佼者严复更成为先进中国人向西方追求真理的代表人物之一,在近代中西文化交流史上做出了巨大而杰出的贡献,为整整一代人提供了宝贵的精神食粮。

甲午战争后,中国人见日本人学习西方成效显著,一跃成为东亚强国;加之中日两国一衣带水,来往方便,遂多赴日留学。1899年(光绪二十五年),公费留日学生有26人,其中江苏、浙江、广东三省人数同居第一位(每省6人),共

---

① 李国祁:《中国近代化的区域研究(闽浙地区1860—1916)》,(台北)1982年版。
② 容闳:《西学东渐记》第62页,岳麓书社1985年版。

18人，约占这批留日学生的70%。以后华中地区留日学生逐渐增多，1904年（光绪三十年）留日学生达8620人，江苏占13%，人数不如湖南（17%），但仍居全国前列。① 大批青年官费留美则起于庚子赔款后，1909年（宣统元年），在全国范围内招考了官费生47名，而江苏占21名，达45%，足见江苏新学之盛。

近代知识分子的队伍随着社会变动、新式教育创办而逐步扩大，但毕竟增长缓慢，直至进入20世纪，形势才为之一变。1901年，清廷谕令将各级书院改为大、中、小学堂，考试内容也以策论代替八股文。1906年（光绪三十二年）又正式废止科举考试制度，从此，读书人都必须由新式学堂出身，这就切断了旧式士人的进身之路，士人除研习新学外，别无他途，这对近代知识分子群体的形成影响极大。

三、智力资源积累加速了社会变迁

社会变迁促进了近代化智力资源的积累，反过来，近代化智力资源的积累又加速了社会变迁，这一点在东南地区表现得相当突出。

近代化智力资源的积累首先是推进了近代经济、近代文化及意识形态的发展。就东南地区来说，在近代社会的各个时期，都有一批社会精英为近代经济、文化及意识形态的发展做出了贡献。在举办近代企业方面，有唐廷枢（1832—1892，广东香山人）、徐润（1838—1911，广东香山人）、郑观应（1842—1922，广东香山人）、盛宣怀（1844—1916，江苏武进人）、张謇（1853—1926，江苏南通人）等；在引进近代科学文化方面，有李善兰（1813—1884，浙江海宁人）、华蘅芳（1833—1902，江苏无锡人）、徐寿（1818—1884，江苏无锡人）和徐建寅（1845—1901）父子。另外，像东南地区的一些早期维新派人物还对西方"政教义理"做了研究介绍，如王韬（1828—1890，江苏长洲人）、马建忠（1844—1900，江苏丹徒人）、郑观应、薛福成（1838—1894，江苏无锡人）等人。王韬介绍了西方议会制度，明确表示了对君主立宪的向往；马建忠曾赴法国攻读政治，主张大力发展对外贸易，并肯定西方国家的代议制；而郑观应在《盛世危言》（1894年出版）中更进一步强调了议院的优越性，宪政思想更趋成熟。特别是郑氏第一次明确提出，西学不仅包括自然科学、工程技术，还包括"政教刑法"等社会政治学说，把重点引进西方社会科学的任务提上了日程；薛福成曾任驻英、法、比、意四国公使，他以自己的亲身经历对西方议院做了详细记载。提出设议院以改革中国政治体制的早期维新思想家还有陈炽（江西瑞金人）、陈虬（浙江乐清人）、汤震（浙江山阴人）、何启（广东南海人）等人。

---

① "Chinese Students in Japan", *North China Herald*, March 16, 1906.

同时，近代化智力资源的积累，也促进了中国社会结构的变化，推动了社会改良和革命。我国近代著名的改良维新派和民主革命派的领袖人物、中坚分子多出自东南地区，这绝非一种偶然现象，它正是东南地区近代化智力资源宽厚积累的必然反映。

广东是中国近代最先"开风气"的地区，也是晚清近代化智力资源的重要储备库之一。当英国割占香港后，广东便紧邻着一个西方资本主义在中国大门口的橱窗，一些有志于救国的仁人志士正是从这个近在咫尺的殖民地城市去感受"西方文明"的。毛泽东举出的在中国共产党出世前向西方寻找真理的四个代表人物（洪秀全、康有为、严复、孙中山）中，有三位就出自广东。

洪秀全（广东花县人）是一位具有向西方学习朦胧意识的农民革命领袖，他从西方基督教教义中借来一个"革命的上帝"倡导革命，并取得一定程度的成功。他后期的主要辅佐者洪仁玕在香港生活了较长时间，向外国传教士学习教义及西方资本主义的科学、文化，成为那个时代"最开通的中国人"①。洪仁玕提出的《资政新篇》经洪秀全批准颁行，这是一个意在推行资本主义近代化的改革方案，虽然未能实行，但洪仁玕仍不愧是近代中国向西方寻找真理的先进思想家。

康有为（广东南海人）注重经世致用之学，"以经营天下为志"。1879年（光绪五年）路经香港，"始知西人治国有法度，不得以古旧之夷狄视之"。三年后返粤途经上海，购买了大量翻译之西书，从此，"大讲西学，始尽释故见"②，立志维新改良事业。他的得意弟子梁启超（广东新会人），在维新运动中与乃师并称"康梁"，是一位为中国近代化事业做出过重大贡献的思想家和政治活动家。当时的青年学子们，不论其政治倾向如何，"可以说没有一个没有受过他的思想或文字洗礼的"（郭沫若语）。

孙中山（广东香山人）是伟大的民主主义革命的先行者，早年在檀香山读书，"有慕西学之心"，后在香港西医书院攻读五年，接触了西方的政治、哲学思想，萌发了改革中国的想法。因痛心清王朝之腐败，深知不以革命手段推翻清朝统治，绝无中国近代化之日，"始决倾覆清廷，创建民国之志"③。

近代另一位向西方寻求真理的代表人物——严复则是福建侯官人。福州是福建的文化、经济及政治重心，明季以来是中国与东洋贸易的枢纽，福州商人被称为"商贾中之公正人"。19世纪上半叶，就从这里走出了"睁眼看世界的第一人"林则徐，正是在学习西方第一人的故乡诞生了"中国西学第一"（康有为语）的严复。严复毕业于福州船政学堂，1877年（光绪三年）赴英国学习海军

---

① ［英］富礼赐著，简又文译：《天京游记》，见杨家骆玉编：《太平天国文献汇编》第五一六册。
② 中国史学会编：《戊戌变法》（四）第116页，上海人民出版社1957年版。
③ 《孙中山选集》上卷第168页，人民出版社1956年版。

两年，广泛涉猎西方社会科学名著，学识大进。他最早向中国人介绍了进化论思想，其译著《天演论》在中国产生了巨大影响，正如《民报》所言，《天演论》使"物竞天择之理，厘然当于人心，中国民气为之一变。即所谓言合群、言排外、言排满者，固为风潮所激发者多，而严氏之功，盖亦匪细"①。《天演论》为主张维新和倡导革命的志士提供了最新的思想武器，辛亥时期的黄兴、胡汉民、朱执信、陈天华、邹容等革命家都深受其影响。

  浙江为文风鼎盛之区，鸦片战争后，宁波成为最早对外开放的口岸之一，对外贸易兴盛，经济、文化发展很快。以学会的创办为例，从1897年（光绪二十三年）到1911年（宣统三年），浙籍人士在省内外创办的学会有37个，约占全国学会总数（211个）的17.54%。1897年，杭州又设求是学堂，讲求实用之学。从此，各地多设新式学堂，浙省风气大开，至1902年（光绪二十八年），浙江共有官立学堂34所，当年毕业生32人，两项指标均居全国第一位。②

  浙江籍近代士绅和近代学人于维新与革命之运动中均有突出表现，成为国内民主运动的骨干力量。戊戌时期，钱塘汪康年（1860—1911）、海盐张元济（1866—1959）与康、梁相唱和，鼓吹维新，前者是上海强学会的主要负责人，后者则为北京浙籍人士之代表，戊戌时屡蒙光绪帝召见。辛亥时期，余杭章炳麟（号太炎，1869—1936）、山阴（今绍兴）蔡元培（1868—1940）、秋瑾（1875—1907）均倡导革命，成为革命组织光复会的主要领导人。

  江苏地区富裕，文教发达，其社会精英虽多主张革新，行动却颇谨慎。上海成立强学会，江苏只有张謇一人参加；北京成立保国会，列名会员185人，江苏只有17人，居陕西（34人）、广东（27人）、浙江（19人）之后；辛亥时期，光复会为江浙一带主要革命团体，早期会员171人中，浙江104人，安徽12人，江苏只有10人。

  如果说在推进中国经济、文化近代化方面，江苏的智能之士是走在前面的话，那么，在推动政治的改良与革命方面，广东与浙江的知识精英则遥遥领先。

  总之，东南地区近代化智力资源的积累，对促进我国社会结构的变革，对社会改良与革命的推动，对加速中国社会的变迁都起了非常积极的作用。

（载《史学月刊》2002年第11期）

---

① 胡汉民：《述侯官严氏最近政见》，《民报》第2号。
② 学部总务司：《光绪三十三年分第一次教育统计图表》第37页、第39页。

略论马尾船政局

马尾船政局（亦称福州船政局）是洋务运动时期创办的重要企业之一。这家造船厂从 1866 年创设到 1907 年停办，经营达 40 年之久（后来又曾恢复生产）。无论从投资、规模和成效来看，它在当时都具有一定的典型意义。下面拟对船政局创办的目的、企业的控制权以及它的经营管理、作用、教训等做些具体分析。

一

马尾船政局的创办者是左宗棠。早在 1864 年 1 月（同治二年十二月），他就提出了自造轮船的设想，在给宁绍道台史致谔的一封信中提出："轮舟为海战利器，岛人每以傲我，将来必须仿制为防洋缉盗之用，中土智慧岂逊西人？如果留心仿造，自然愈推愈精"，"意十年之后，彼人所恃以傲我者，我亦有以应之矣！"①就在这一年，左宗棠在杭州招募匠人试制了一艘小火轮，"形模粗具，试之西湖"②。1856 年，左宗棠又上书总理衙门，强调"至中国自强之策，除修明政事、精练兵勇外，必须仿造轮船，以夺彼族之所恃"③。可见，左宗棠自造轮船的目的，虽有"缉盗"的一面，但侧重点始终在"防洋"——抵抗外来侵略。

仿造轮船的主张并非左宗棠所创议，鸦片战争时期，魏源就曾提出"师夷长技以制夷"的主张。他认为"夷"之长技有三："一战舰，二火器，三养兵练兵之法"，并具体提出"请于广东虎门外之沙角、大角二处置造船厂一，火器局一，行取法兰西、美利坚二国各来夷目一二人，分携西洋工匠至粤，司造船械，并延西洋船师，教行船演炮之法，如钦天监之例，而选闽、粤巧匠、精兵以习之，工匠习其制造，精兵习其驾驶攻击……。所费不过二百五十万，而尽得西人之长技为中国之长技"④。对于魏源的见识和主张，左宗棠推崇备至，认为"切实而有条理"，"伟为不可及"⑤；并在为魏源的《海国图志》（重版）所写叙中疾呼："策士之言曰：'师其长以制之'，是矣！一惭之忍，为数十百年之安，计

---

① 史耔孙辑：《湘阴相国左文襄公致史公士良手札》。
② 《左文襄公全集》奏稿，卷一八，第 5 页。
③ 《左文襄公全集》书牍，卷七，第 25 页。
④ 魏源：《海国图志》卷一，筹海篇三，第 39—40 页。
⑤ 《左文襄公全集》书牍，卷二四，第 7 页。

亦良得，孰如浅见自封也！"①

1866年春，左宗棠在镇压了太平天国余部后，由广东回到福州。当时清廷正考虑购雇轮船，他立即给总理衙门写信说："就局势而言，借不如雇，雇不如买，买不如自造。"② 这年夏天，左宗棠又明确阐述了自造轮船的两个目的：一是加强海防，抵抗外侮。所谓"巡洋缉盗"只是一笔带过，强调的是"自海上用兵以来，泰西各国火轮兵船直达天津，藩篱竟成虚设，星驰飙举无足当之"。二是发展运输，以敌洋商。"自洋船准载北路行销各口，北地货价腾贵。江浙大商以海船为业者，往北置货，价本愈增，比及回南，费重行迟，不能减价以敌洋商，日久销耗愈甚，不惟亏折货本，寖至歇其旧业。"③ 到1872年，左宗棠还曾在一份奏折中追述自己创办马尾船政局的意图说："臣于闽浙总督任内请易购雇为制造，实以西洋各国恃其船炮横行海上，每以其所有傲我所无，不得不师其长以制之。"④ 在大规模的农民革命风暴过去之后，左宗棠这样强调"海防"，大讲收海之利，就是要继承林、龚、魏的遗志，把"师夷长技以制夷"的思想付诸实践。

中国自己创办现代造船工业，加强海防，发展运输，当然不符合西方列强的意愿，对此，左宗棠曾预计："外国多方阻挠，乃意中必有之事。"⑤。果然，"自造轮船"之说一出，外国侵略者就以种种方式竞相刁难，"其时，英人威妥玛、赫德有借新法自强之说，思借购雇而专其利；美里登、有雅芝等亦扬言制造耗费，购雇省事，冀以阻挠成议"⑥。但是，左宗棠从民族长远利益出发，坚持自造原则，创办了马尾船政局。他搞的是"拿来主义"，绝非什么"洋奴哲学"。

二

马尾船政局的实际控制者究竟是谁？过去往往认为非法国人莫属。当时就有人指出："凡船政巨细事体，一惟日意格所指挥，沈葆桢拱手事之为师"⑦；后来的研究者们多认为该局"长期而又牢固地为法国势力所把持"，"外国势力在船局具有左右一切的作用"⑧，并由此得出结论说：马尾船政局具有浓厚的买办性。

马尾船政局是否自始至终都具有买办性？首先要看它办企业的方针是什么。

---

① 《左文襄公全集》文集，卷二，第11页。
② 《左文襄公全集》书牍，卷八，第47页。
③ 《左文襄公全集》奏稿，卷一八，第1页。
④ 《左文襄公全集》奏稿，卷四一，第31页。
⑤ 《左文襄公全集》奏稿，卷一八，第1页。
⑥ 《左文襄公全集》奏稿，卷四一，第31页。
⑦ 钟德祥：《奏请整顿船政疏》。
⑧ 张国辉：《洋务运动与中国近代企业》第14页，中国社会科学出版社1979年版。

左宗棠是很有民族自尊心的，其创办船政局的方针也很明确。他曾毫不含糊地指出："所以必欲自造轮船者，欲得其造轮机之法，为中国永远之利"①"夫习造轮船，非为造轮船也，欲尽其制造、驾驶之术耳"②。左宗棠这样强调自造和自驾，就是为了摆脱外国控制，"惟既能造船，必期能自驾驶，方不至授人以柄"③。他的接办人沈葆桢也说："船厂根本在于学堂"④，"当时创始之意，不重在造而重在学。臣与监督日意格约，限满之日，洋匠必尽数遣散，不得以船工未毕，酌留数人。如中国匠徒实能按图仿造，虽轮船未尽下水，即为教导成功，奖励优加，犒金如数，必不负其苦心。倘洋匠西归，中国匠徒仍复茫然，就令如数成船，究于中国何益？则调度无方，教导不力，臣与该监督均难辞其咎。"⑤ 事实证明，这一自造、自驾的方针在某种程度上是贯彻执行了的。1869年6月10日（同治八年五月初一），船政局制造的第一艘轮船"万年青"号下水，"该轮船自管驾官游击贝锦泉以下，正、副管轮、管队、舵工、水手、管水气表，头、二等升水各色人等，均系浙江宁波府人居多，无一洋人在内"⑥，而且以后"所造诸船，俱用华人驾驶"，"管驾、掌轮均渐熟悉，并无洋人羼杂其间"。再从制造看，1872年，船局与日意格约限将满，沈葆桢"力催洋员、洋匠认真教导中国匠徒，刻意讲求"⑦。从1873年7月起，在中国方面催促下，日意格"逐厂考校，挑出中国工匠、艺徒之精熟技艺，通晓图说者为正匠头，次者为副匠头，洋师傅与全图即不复入厂，一任中国匠头督率中国匠徒放手自造，并令前学堂、绘事院之画童分厂监之，数月以来，验其工程，均能一一吻合"⑧。到这年年底，遂将所雇洋匠一律遣散回国，日意格本人也离开了马尾船政局，船政局完全在中国当局管理下，中国工程师和技术工人完全独自承担了造船任务。左宗棠在给友人的一封信中曾说："东南之有船局，惟沪与闽。沪非洋匠、洋人不可，闽则可不用洋匠而能造，不用洋人而能驾。"⑨ 这是基本符合事实的。1876年4月，一个英国海军军官寿尔在参观了马尾船政局后也说："这里最近造的一只船——船引擎及一切部分，在建筑过程中，未曾有任何外国人帮忙"，"现在船政局的管理实际上是在中国人手中"⑩。后为改进技术，制造"康邦"轮机和"铁胁"兵船，才又

---

① 《左文襄公全集》奏稿，卷一八，第1页。
② 中国史学会主编：中国近代史资料丛刊《洋务运动》（以下称《洋务运动》）（五）第28页，上海人民出版社2000年版。
③ 《左文襄公全集》书牍，卷八，第56页。
④ 《船政奏议汇编》卷三，第4页。
⑤ 《沈文肃公政书》卷四，第59页。
⑥ 《海防档》（乙），《福州船厂上》第3页，台湾"中央研究院"近代史研究所，1957年。
⑦ 《洋务运动》（五）第139页。
⑧ 《沈文肃公政书》卷四，第66页。
⑨ 《左文襄公全集》书牍，卷一二，第39页。
⑩ 《洋务运动》（八）第373页。

重新聘请外国技术人员。但他们纯属雇员，根本不能左右船局，而且随着中国工程技术人员的成长，续聘的少量洋匠在合同到期后立即回国，"向之用洋员者，今皆以学成、艺成之学生、艺徒代之"①。

下面再具体考察一下欧洲雇员在船政局的身份和地位。

在船政局开创之始，左宗棠即与日意格、德克碑拟订了"保约"一件，"条议"一份（十八条），"合同规约"一份（十四条）。"条议"明确规定承办期限为五年，如在限期内，"俾中国员匠能自监造、驾驶"，则重赏雇员，否则不给奖金②。"规约"是日意格代表左宗棠与外国工匠签订的雇佣合同，第一条即指出，创办船政局（包括学堂）是为了"以便华人学习外国语言文字及造船、驶船法度及一切算法、绘法等事"③；第三条规定："如三年之后中国员匠已能监造驾驶，应听中国大宪酌量裁撤"；第四条规定，受雇洋员"务各实心认真办事，各尽所长，悉心教导各局厂华人制作迅速精熟，并应细心工作，安分守法，不得懒惰滋事"④。

"当左宗棠之议立船政也，中国无一人曾身历其事者，不得不问之洋将"⑤，只好任日意格、德克碑两人为"监督"，"一切事务，均责成两员承办"⑥。（1870年3月，德克碑因与日意格闹矛盾离开船政局去甘肃找左宗棠，监督由日意格一人担任。）"监督"的职责是负责通盘设计、制造，权限虽大，却不是随心所欲、独断独行的"太上皇"。沈葆桢曾明确谈到监督的权限："监督为船政而设，船政为中国工程，中国有大臣主之。"⑦ 日意格自己也承认："中国创造船政，派钦宪为总理大臣，盖总中国、外国员匠而理之也。总理之下设立监督，固有约束洋员匠，督工教造之任。然每事必请示钦宪而后行，盖以钦宪膺船政之重责也。"⑧

1871年春，船政局因已造轮船炮位少、马力小（最多不过150马力，配炮最多6门），要求日意格改变原来计划，"以仿照外国兵船式样制造轮机，马力似宜增拓"⑨，日意格遂按要求制造了一艘250马力、配炮31尊的巡洋舰——第七号船"扬武"号。船政大臣在船厂的权威还表现在他握有外籍人员去留的决定权。沈葆桢因洋员格里那随意"滋事"而照会日意格"立予撤退"，虽经日意格"再四求情"，终归无效。沈葆桢严正指出："法之所在，不可私也。若谓撤退收

---

① 《船政奏议汇编》卷三六，第16页。
② 《洋务运动》（五）第39页。
③ 《洋务运动》（五）第43页。
④ 《洋务运动》（五）第44页。
⑤ 《洋务运动》（五）第99页。
⑥ 《左文襄公全集》奏稿，卷二〇，第64页。
⑦ 《海防档》（乙）《福州船厂上》第213页。
⑧ 《海防档》（乙）《福州船厂上》第211页。
⑨ 《洋务运动》（五）第37页。

回，监督可以随便主张，然则本大臣所司何事耶!"① 1869年，法籍总监工达士博因"遇事刁难"，"语涉挟制"被辞退，日意格要求给银三千两"以酬其劳"，沈葆桢当即驳道："若减将来有功之赏以与现在有过之人，于情于理顺乎？否乎？""所请碍难准行。"②

当然，马尾船政局同法国有着较深的关系。因为船局的正、副监督和主要雇员是法国人，机器设备从法国进口，法国驻上海总领事白来尼还曾直接参与了《条议》和《合同规约》的商订，并"钤印画押"③。1867年年初，日意格回到法国，准备购买机器，雇佣工匠，当天即向法国海军部长就中国创办船厂一事做了汇报，6月初，获法国官方正式批准，7月25日，法皇拿破仑三世召见了日意格。法国侵略势力妄图利用其特殊地位一手控制马尾船政局，早已不是什么秘密。可是随着侵略者野心的日益暴露，船政局的负责人也有所警惕，沈葆桢就曾多次指出："外人之垂涎船厂也非一日矣，我朝弃则彼夕取始也"④，"鹊巢鸠居，异族之垂涎尤为可虑"⑤。

1867年12月30日，船厂第一座船台竣工，次年1月18日，正式开始制造第一艘轮船。随着工程的顺利进展，法国更是加快控制船局的步伐。他们认为日意格、德克碑未能起到代理人的作用，法国驻华外交官决定亲自出马。1869年，在没有征得中国政府同意的情况下，法国驻宁波领事席孟、副领事巴世栋竟擅自移驻福州，"且详问船政一切章程，并极力搜求两监督短处"，甚至"求将法文告示贴船厂中"。对于这种干涉中国内政的无理要求，船政大臣沈葆桢当即予以驳斥，指出"领事为通商而设，与船政两不相涉"，"船厂非领事管辖之地"，⑥更不能任其张贴告示。

在碰壁之后，法国侵略者并不就此歇手。1869年6月1日，第一艘轮船"万年青"号下水，巴世栋又以"贺喜"为名来到船厂，声称要为被解聘的法国雇员"讲情"，妄图煽动外籍雇员起来闹事。原来这年5月底，法籍工匠白尔思拔因不服从工作调度，多次辱骂匠头，擅离工作岗位，被日意格除名。巴世栋借此口实，居然以领事身份受理白尔思拔的所谓"控告"，并行文船局，要提日意格、博士忙（船政局法籍匠头）和中国工人张维新等六人到领事住地"候讯"，最后竟勾结福州税务司法国人美理登"坐堂会审"，"断罚三千五百元"。对此，沈葆桢断然拒绝，指出这一无理干涉"越分妄为，令人发指"，揭露法国领事

---

① 《海防档》（乙）《福州船厂上》。
② 《海防档》（乙）《福州船厂上》。
③ 《洋务运动》（五），第37页。
④ 《洋务运动》（五），第116页。
⑤ 《洋务运动》（五）第140页。
⑥ 《海防档》（乙）《福州船厂上》。

"狼子野心，意别有在"，"我所急者船工，彼总以构煽洋匠居奇为长策"。但巴士栋不仅没有收敛，反而加紧阴谋活动，"不掀翻全局不止"，他利用德克碑与日意格争权的矛盾以及美理登想当船政监督的野心，"居中鼓煽，彼三人通同一气以挤日意格"。在巴士栋的挑唆、怂恿下，"各洋匠已有恃无恐，相率刁难，入夏来，洋匠皆卯正到，今则辰正始到，华匠不能停工以待，则又任意挑剔，以为做不如法"。后来船政当局将德克碑调开，改派教练工作，以缓和德、日矛盾。巴士栋又暗中煽动总监工达士博，达士博"心有所恃"，遂"语涉挟制"，"事事刁难"。沈葆桢考虑到"若再姑容，则洋匠尤而效之，势将令出不行，船政半途而废"，决定采取断然措施，解雇达士博。此时，巴世栋又出面干预，沈葆桢当即批示日意格："撤退员匠之事，不特不应向贵监督查问，非领事官责成所在，亦不应向中国官长查问也"，并严正声明中国决心捍卫船厂主权，不怕任何威胁："假令法国竟将贵监督及各员匠一并撤回，本大臣纵万分为难，亦自当另行设法办理"。最后，达士博只得"帖耳归国"。自此"洋匠颇知敬惧，工程较胜于前"，法国控制船局的阴谋终于未能得逞。①

以后，船政局的经营又几经周折：1897年，再度聘用法国人杜业尔为监督，使外国势力重新控制了船厂；1903年，"会办船政"魏瀚（船政学堂毕业生）因杜业尔"滥用洋员，淆乱厂章"②，将其撤职，以法籍监工柏奥铿继任，并"重订规约，减径权限"③；直到1907年，由于资金枯竭，厂务混乱，船政局不得不宣布停办，诚为船政局的创办人始料不及。

三

马尾船政局虽然雇用了大量工人，装配有各种机器，按现代企业的形式组织生产，带有资本主义性质，但它又是清政府直接投资的官办军事企业，在经营和管理上都带有浓厚的封建色彩。这种封建主义的经营方式是船政局发展道路上不可逾越的障碍。

首先，在资金来源方面，船政局创办伊始，清廷按左宗棠的建议从闽海关结款中拨出四十万两银子作为经费，以后则由闽海关六成关税项下每月拨给船政局五万两为造船专款。由于经费不足，从同治十二年（1873）正月起，又每月由福建税厘局茶税项下拨银二万两。以后闽海关六成关税项款因开支项目过多无法保证，到十三年（1874）十一月，闽海关已无款可拨，清政府只好于光绪元年（1875）将"不准截留"的四成洋税项下所余四十万两"尽数拨抵船费，不足者

---

① 《海防档》（乙）《福州船厂上》。
② 《洋务运动》（八）第373页。
③ 《洋务运动》（八）第517页。

再由六成匀拨，俾符原数"①。从光绪二年（1876）正月起，又重新规定船政经费每月从六成关税项下内拨三万两，从四成洋税内拨二万两，但积欠数仍与日俱增，光绪四五年后，六成关税项下的积欠竟达二百余万两之多。② 船政局的资金积累几乎完全依靠国家拨款，而清政府的财政又极为困难，这就决定了船政局只能是一个先天不足的贫血儿。

与资金来源密切联系的另一个问题是产品分配。船政局生产的船只，除建成了一支"福建水师"外，还"筹备沿海七省"，完全是一种无偿的调拨，"并不索取原价分文"，③ 因此，企业没有从利润转化而来的资金积累。

对封建经营方式与近代企业扩大再生产之间不可克服的矛盾，某些办洋务的官僚和部分具有改良主义思想的知识分子虽不能正确理解，却现实地感觉到了，并且在寻求解决办法。早在1866年，左宗棠就建议把造船和办运输结合起来，使船政局逐步走上商业化道路。1873年，他又重申这一主张，提出"与现设之招商船局所议略同"的设想。1872年6月，李鸿章也曾指出："闽厂似亦可间造商船，以资华商领雇"，不久又说："若从此中国轮船畅行闽、沪，各厂造成商船亦得随时租领。"1873年2月，沈葆桢因"经费支绌异常"，决定将第十二号轮船到第十五号轮船（即永保、海镜、琛航、大雅四艘）"照外洋商舶规制"改造成商船，"以备招商试行领运"，并请示清政府"嗣后闽厂每岁续造船二只，未知招商轮船局是否合用，能否陆续租领？"④ 具有早期改良主义思想的薛福成更明确指出，必须改变靠国家拨款维持生产的局面，"欲谋持久，莫如经营商务"⑤。但马尾船政局从1873年8月至1874年2月先后下水的四艘商船中，实际上只有一艘（"海镜"号）交付轮船招商局使用，是否"租领"尚不得而知。

所谓"租领"的办法，只能是纸上谈兵，很难付诸实现。由于外资和本国封建势力的排挤、打击，民族资本发展十分艰难。"租领"首先就缺乏雇主，加之自造轮船成本太高，使欲购者望而却步，"自招商局外，无商人在厂租造轮船者"⑥。从1885年起，船政局"专造兵轮，永不准再造商船"⑦。"租领"办法遂束之高阁。

为了筹措经费、维持生产，船政局又稍做变通，从1882年起，以"协造"形式承诺为南洋、广东制造军舰，后者则应允支付船政局一定数目的造舰费。但

---

① 《洋务运动》（五）第170页。
② 《洋务运动》（五）第373页。
③ 《洋务运动》（五），第374页。
④ 《洋务运动》（五），第144页。
⑤ 孔光德：《普天忠愤集》卷四，第10页。
⑥ 孔光德：《普天忠愤集》卷四，第10页。
⑦ 《船政奏议汇编》卷三〇，第5页。

"协价仅而得半",连成本都不够(据最后核算,南洋与广东支付的造舰费分别占成本的83.3%和52.1%),"其不敷工料,即由船政官款开支协办"。其中,广东的"协款"是由张之洞出面,"由官绅捐办"①,并非出自官款。可以说,从某种意义上讲,船政局产品已开始半商品化。1907年,船政局造成一艘二千吨级商轮,售予"宁绍公司",命名"宁绍"轮,行驶于宁波、上海之间。②这或许是船政局第一次真正意义上的商品生产。也就在这一年,由于种种不可克服的矛盾,马尾船政局终于停办。

马尾船政局封建主义的经营方式还表现在管理上的衙门化,以及由此而产生的贪污、腐化、冗员多、效率低等种种弊端。船政局初办之时,就已形成一个庞大的官僚行政机构,"委派员绅近增至百余"③,那些擅长钻营的冗员虽于业务一窍不通,营私舞弊却不乏其术。1876年,福州将军文煜承认,船政局官吏"平日于洋情不甚讲求,以致经手采办军火之劣员,串同洋人,多所欺蔽"④。曾任督办船政的黎兆棠谈到船政局弊病时也说,"闻管驾数年,即有坐拥厚资者","财可通神,意至如此,能不令人寒心!"⑤

四

由于本身不可克服的矛盾,马尾船政局必然走上衰败道路。但要全面评价这个企业,却不能简单地用兴衰成败作为唯一标准。列宁有一句名言:"在分析任何一个社会问题时,马克思主义理论的绝对要求,就是要把问题提到一定的历史范围之内。"⑥对于马尾船政局也应以实事求是的态度做具体的、历史的分析。它在当时的历史条件下,还是起过一些积极作用的。

首先,船政局建立本身就是一件有意义的事。马尾船政局是在经过一场造船还是买船的激烈争论后诞生的,这场争论的实质在于把海防建设放在什么样的基础上,是自己掌握造船技术,还是完全依靠外国军火商。当时一些侵略者的代理人千方百计反对中国自造轮船,而左宗棠则认为代造和购雇"皆未为了局",他指出:"谓我之长不如外国,借外国导其先,可也;谓我之长不如外国,让外国擅其能,不可也。""纵令所制不及各国之工,究之慰情胜无,仓卒较有所恃。且由钝而巧,由粗而精,尚可期诸异日,孰如羡鱼而无网也!"⑦

---

① 《洋务运动》(五),第373页。
② 《福建船政考》,《地学杂志》第一年第五号。
③ 《洋务运动》(五),第78页。
④ 《洋务运动》(一)第216页。
⑤ 《海防档》(乙)《福州船厂下》第857页。
⑥ 《列宁全集》(中文版)第二十卷,第401页。
⑦ 《左文襄公全集》奏稿,卷一八,第4—5页。

其次，关于船政局所造船舰的质量，以往论者贬词不绝于耳，其实也应做全面分析。技术水平落后，船舰质量不高，对外依赖性大确系实情。但也应看到，由于爱国技术人员和工人的努力，船厂的造船技术还是在进步的，产品也并非一无是处。开始，船厂还不能制造轮机，前四艘轮船轮机都购自外国。从同治八年（1869）年底起开始仿造，第五号轮船"安澜"号下水时，"所配轮机、汽炉系一百五十匹马力，均由厂中自制"①。1876年，英国海军军官寿尔谈参观船政局观感时说："我到时，人们正在把两对一百五十匹马力的船用引擎放到一块儿去。它们是本船政局制造的，它们的技艺与最后的细工可以和我们英国自己的机械工厂的任何出品相媲美而无愧色。"②船政局所造轮船的质地、功率、吨位也在不断进步。前19艘都是木胁轮船，1876年4月，船政局建成铁胁厂以制造铁胁船（即木质军舰外添铁甲）。就在这年，船政局还开始仿造新式的"康邦"轮机（即复式蒸汽机）。1881年1月，船政局试制二千吨级巡洋舰"开济"号，"机件之繁重，马力之猛烈，皆闽厂创设以来目所未睹"。1885年12月和1886年12月，另两艘巡洋舰"镜清"号、"寰泰"号相继下水。1891年，刘坤一比较南洋的主力军舰时说："内惟寰泰、镜清、开济三号工料坚致，驾驶甚灵，保民次之，南琛、南瑞又次之。"③"南琛""南瑞"都是1883年购自德国的巡洋舰，可见当时的舶来品不见得都比马尾船厂的产品强。以后，船政局又试造双机钢甲舰，于1888年1月29日下水，命名"龙威"号，后改名"平远"号，编入北洋舰队成为该舰队"八大远"之一，在甲午黄海大战中经受了实战考验。

再次，马尾船政局所造船舰在反侵略斗争中发挥了重要作用。1874年，发生了日本侵台事件，清政府命沈葆桢亲率三艘轮船赴台湾布防，又派其余军舰驻扎澎湖、台北、厦门、福州，并调商轮三艘运送援台淮军（唐定奎部）和装载军火。经过一番部署，大大加强了台湾防卫力量，遏制了侵略者的气焰。当时调用的军舰和商船都是由马尾船政局制造的。1884年，法国侵略者挑起了中法战争，由马尾船政局生产的船舰装备起来的福建水师是海战主力（只有两艘军舰购自美国）。马尾海战的结果，福建水师虽全军覆没，但主要责任在于指挥失当和双方力量对比悬殊，不能因此而全盘否定船政局在海防建设上的作用。

最后，船政局在培养造就人才方面也发挥了一定作用。船政局附设的前、后船政学堂（前学堂学制造，后学堂学驾驶）和"艺圃"（技工学校）成了造就近代海军军官、造船专家和技术工人的摇篮。从这里培养出682名航海、造船、蒸汽机制造方面的管理和技术人员，为发展中国造船业和创建海军做出了贡献。特

---

① 《船政奏议汇编》卷七，第9页。
② 《洋务运动》（八）第370页。
③ 《刘坤一奏集》（一）第753页，岳麓书社2013年版。

别应指出，在船政学堂的毕业生中，曾涌现出像邓世昌、林永升等为保卫祖国壮烈牺牲的民族英雄，像严复那样为传播西方文化做了杰出贡献的启蒙思想家，杰出的铁道工程师詹天佑也曾就学于船政学堂。

（载《求索》1983年第6期）

马尾船政局在我国近代海军发展史上的地位

一

我国是世界上最早开始航海活动的国家之一，也是最早将舟师用于海上作战的国家之一。在历史上，中国的造船和航海技术曾长期处于领先地位。但是，到了近代，由于经济和科学技术发展水平的落后以及封建统治阶级实行海禁政策，我国的造船业一落千丈，不但不能向前发展，反而从原有水平上向后倒退。相反，西方资本主义国家在工业革命后，造船和航海技术都发生了重大变革：在动力方面，蒸汽机取代了风力、人力推进系统；在造船材料上，钢铁结构代替了木结构。这样，我国的造船、航海技术被远远抛在后面，直到19世纪50年代，国内还没有近代工业，没有近代造船厂，也没有一支近代海军。因此，当西方侵略者凭借"船坚炮利"的优势胁迫腐朽的清王朝签订可耻的"城下之盟"，使中华民族蒙受亘古未有的灾难时，一些有识之士才深深感到：有海无防是一种多么可怕、多么可悲的局面！

还在鸦片战争期间，林则徐为与英军交锋海上，曾于1839年从美国商人手中购进一艘1080吨的商船，以后又"捐资仿造西船"[1]。他精心搜集了中外战船资料，并于1840年4月底建成二三只双桅船，"这些船都是按欧洲船式修建的"[2]，但由于林则徐主持广东防务时间很短，且经费难筹，这项工作终于半途而废。

19世纪50年代中期和60年代初，清廷为对付太平军，在江浙一带曾先后向外国购买轮船作为"出洋巡缉"和"转运兵饷"之用。时任两江总督的曾国藩也力主购买西方船炮，他上奏清廷说："果能购买外国船炮，剿贼必能得力"，"购买外洋船炮，则为今日救时第一要务"[3]。清政府目睹火轮船的威力，认为"果能购买外洋船炮，剿贼必可得力，实于大局有益"[4]。他们在英国人赫德（Robert Hart）帮助下，用80万两银子买了7艘小军舰（分三次拨给），而经手

---

[1] 《林则徐集·奏稿》第86页，中华书局1965年版。
[2] 《中国丛报》（Chinese Repository），1840年4月号。
[3] 《曾文正公全集》，奏稿二，第二册第281页。
[4] 中国史学会主编：中国近代史资料丛刊《洋务运动》（下文简称《洋务运动》）（二）第246页，上海人民出版社2000年版。

买船的海关总税务司英人李泰国（Horatio Nelson Lay）竟在船价之外勒索了经费27万两，还擅自招募英国军官、水兵，任命英国海军上校阿思本（Sherrard Osborn）为舰队司令。这支受外国人指挥，由外国人驾驶的舰队理所当然地被清政府解散了，结果只收回部分经费，却白白损失了近90万两银子，清政府创办海军的首次尝试落了空。

同治二年（1863）和三年（1864），曾国藩和左宗棠分别在安庆和杭州仿造过小轮船。安庆内军械所制造的木壳轮船"黄鹄"号是中国自造的第一艘轮船（由徐寿等利用外国图纸制成，轮机亦购自外国），但"行驶迟缓，不甚得法"①；左宗棠在杭州聘请一位花甲之年的中国工匠也造了一只小轮船，日意格（Prosper Marie Giquel）曾在1864年10月16日的日记里说：左宗棠骄傲地向他展示那艘中国人造的轮船。② 结果呢？西湖试航，"驶行不速"。由于试造的轮船基本上是手工作坊的产物，制作技术落后，产品实用价值不高，洋务派遂下决心向外国购买机器设备，引进先进技术以发展近代造船工业。

同治三年六月十六日（1864年7月19日），太平天国的政治中心——天京（今南京）被清军攻陷，同治四年十二月（1866年2月），南部太平军在嘉应州（今广东梅县）被消灭，太平天国起义基本失败（长江以北还有赖文光、张宗禹领导的新捻军）。国内阶级斗争暂时趋于缓和，以防海御侮为目的的创建海军计划再一次被提上议事日程，马尾船政局就是在这样的背景下诞生的。

同治五年（1866）春，左宗棠在镇压了太平军余部后，由广东回到福州，五月十三日（6月25日）即上疏清廷说："欲防海之害而收其利，非整理水师不可；欲整理水师，非设局监造轮船不可。泰西巧而中国不必安于拙也，泰西有而中国不能傲以无也"③，又说："防海必用海船，海船不敌轮船之灵捷。西洋各国与俄罗斯、咪利坚数十年来，讲求轮船之制，互相师法，制作日精。东洋日本始购轮船，拆视仿造未成。近乃遣人赴英吉利学其文字，究其象数，为仿制轮船张本，不数年后，东洋轮船必有成。独中国因频年军务繁兴，未暇议及，虽此前有代造之举，现复奉谕购雇轮船，然皆未为了局。彼此同以大海为利，彼有所挟，我独无之，譬犹渡河，人操舟而我结筏；譬犹使马，人跨骏而我骑驴，可乎？"④ 左宗棠的答案是：要加强海防，就必须建设海军（"整理水师"），而建设海军又必须发展近代造船业（"设局监造"）。向外国租赁和购买船舰可解燃眉之急，但从发展观点看，把自己的海防计划附着于外国军火商身上，终非长远之策。

同治六年十二月初五日（1867年12月30日），马尾船政局第一座船台竣

---

① 《曾文正公手书日记》（同治二年十二月十二日）。
② 史蒂文·A. 莱博：《太平天国起义与法国人的关系：普鲁斯帕·日意格1864年的日记》。
③ 《洋务运动》（五）第6页。
④ 《左文襄公全集》卷十八，第2页。

工，十二月二十四日（1868年1月18日），正式开始制造第一艘轮船，同治八年五月初一（1869年6月10日），第一艘木质轮船"万年青"号下水。以后一年半内，"湄云""福星""伏波"等相继下水。以上四艘轮船的主机都购自外国，船政局只制造船体。但从同治八年（1869）年底起，船政局开始"起造一百五十匹轮机，先由画厂绘图以定其度，次由模厂刻木以肖其形，然后照模逐渐锤铸刮磨，斗合成副"①。同治十年五月初一（1871年6月18日），第五号轮船"安澜"号（排水量1258吨，马力580匹）下水，"所配轮机、汽炉系一百五十匹马力，均由厂中自制"②。"安澜"号装备了第一台国产蒸汽机（仿造），这在我国造船史和机械制造史上都有重要意义。光绪二年（1876），一位英国海军军官参观船政局时，曾这样评价船政局自制的150匹马力船用蒸汽机："它们的技艺与最后的细工可以和我们英国自己的机械工厂的任何出品相媲美而无愧色"③。光绪二年夏，船政局用了半年时间建成铁胁厂。七月十五日（9月2日），第一号铁胁轮船（木壳护以铁板）安上龙骨，使我国近代造船业开始告别木船时代，进入铁木合构时期（同年，江南制造总局亦制成铁甲兵船"金瓯"号，但马力很小，不能出海）。也就在这一年，船政局首次仿造新式省煤的"康邦"轮机（复式蒸汽机）。光绪三年四月（1877年5月），第二艘铁胁兵船"超武"号下水，船上"所有铁胁、铁梁、铁牵、铁龙骨、斗鲸及所配轮机，均系华工按图仿造"④。从光绪七年九月（1881年11月）起，又开始试制两千吨级的巡洋舰，马力达2400匹。五年后，船政局更进一步向外国购买钢料、钢板以试制双机钢甲战舰。钢甲舰于光绪十五年（1889）四月建成，命名"龙威"号，合编入北洋舰队，改名"平远"。对这艘军舰，荣禄在光绪二十四年（1898）请购洋舰的奏折中虽多有微词，但事实胜于雄辩，如《船政厂建造钢甲船模说明书》所说："平远"，"甲午之役与日人交战，屡受巨弹，毫无损伤，较之外购之'超勇''扬威''济远'似有过之，即较之'镇''定''致''靖''经''来'六远，亦无不及也。后为日人所得，日俄之战，该船颇著战绩。"⑤

从同治八年（1869）到光绪二十年（1894），马尾船政局共造各种轮船34艘（见表1），总计排水量约4万吨。这些船舰中的大部分被编进了福建水师、南洋水师和北洋水师。到中法战争前，福建、南洋、北洋三支海军初具规模：福建水师拥有军舰11艘，有9艘是马尾船政局建造的（两艘购自美国）；南洋海军拥有军舰18艘，其中8艘为闽厂建造（4艘为沪厂造，其他购自英、德）；北洋

---

① 《洋务运动》（五）第93页。
② 《船政奏议汇编》卷七，第9页。
③ 《洋务运动资料》（八）第370页。
④ 《洋务运动》（五）第370页。
⑤ 转引自张侠等编《清末海军史料》（上）第152页，海洋出版社1982年版。

海军拥有军舰14艘,其中5艘为闽厂造(8艘为英国造,一艘为沪厂造)。以后北洋海军不断扩充,陆续购进铁甲舰、较新式的巡洋舰和鱼雷艇,到光绪十四年(1888)正式成军,共有各类舰船28艘,鱼雷艇13艘,成为远东一支大舰队。在这28艘舰船中,有10艘是由马尾船政局建造的(包括下水最晚的钢制巡洋舰"平远"号)。以上情况说明,马尾船政局的设计水平和造船能力在逐步提高,它在中国近代海军建设中的作用是显而易见的。

几乎与马尾船政局创办的同时,李鸿章在江南制造总局(亦称"沪局")内也设立了轮船厂和船坞,制造兵轮。从同治七年(1868)到光绪十一年(1885)只建造了兵轮8艘(还有7艘其他小型船只),总排水量不过万吨左右,此后停止造船,转成船舶修理。据李鸿章光绪元年(1875)说:"沪局各船虽系自造,而大宗物料无非购自外洋,制造工作亦系洋匠主持,与购买外洋船只略同"①。可见,无论从船厂规模、机器设备、技术水平、自力程度、制造历史、实际效果来看,江南制造总局的造船水平都不能同马尾船政局相比,因此,有人说,马尾船政局的设立"是为中国海军萌芽之始"②。事实上,它确为中国近代造船业和近代海军的嚆矢。

表1 1869—1894年马尾船政局承造船舰一览

舰船名称	船型	排水量(吨)	轮机马力(匹)	下水日期
万年青	运输舰	1450(一说1370)	580	1869.6.10
湄云	炮舰	515	320	1869.12.6
福星	炮舰	515	320	1870.5.30
伏波	炮舰	1258	580	1870.12.22
安澜	炮舰	1005(一说1258)	580	1871.6.18
镇海	炮舰	572	350	1871.11.28
扬威	巡洋舰	1393(一说1560)	1130	1872.4.23
飞云	炮舰	1258	580	1872.6.3
靖远	炮舰	572	350	1872.8.21
振威	炮舰	572	350	1872.12.11
济安	炮舰	1258	580	1873.1.2
永保	商船	1391	580	1873.8.10
海镜	商船	1391	580	1873.11.8

① 《洋务运动》(四)第33页。
② 《洋务运动》(八)第481页。

续表1

舰船名称	船型	排水量（吨）	轮机马力（匹）	下水日期
琛航	商船	1391	580	1873.12
大雅	商船	1391	580	1874.5.16
元凯	炮舰	1258	580	1875.6.4
艺新	炮舰	245	200	1876.3.28
登瀛洲	炮舰	1258	580	1976.6.23
泰安	炮舰	1258	580	1876.12.2
威远	炮舰	1268	750	1877.5.15
超武	炮舰	1268	750	1878.6.19
康济	商船	1310	750	1978.7.21
澄庆	炮舰	1268	750	1880.10.22
开济	巡洋舰	2200	2400	1883.1.11
镜清	巡洋舰	2200	2400	1885.12.23
横海	巡洋舰	1230	2400	1884.12.18
寰泰	巡洋舰	2200	2400	1886.10.15
广甲	巡洋舰	1300	2400	1887.8.6
平远	巡洋舰	2100	2400	1888.1.29
广庚	炮舰	316	1600	1889.5.30
广乙	鱼雷舰	1030	2400	1889.8.23
广丙	鱼雷舰	1030	2400	1892.1.2
福靖	鱼雷舰	1030	2400	1893.1.20
通济	练习舰	1900	1600	1895.4.12

二

　　建立一支近代海军是一项很艰巨的事业，除了要拥有（建造或购置）近代船舰和较先进的作战手段外，还必须培养出自己的造船工程师、技师和技术工人，训练出掌握近代科技知识，能熟练操纵战舰的海军军官。左宗棠和沈葆桢在创办马尾船政局时，是注意到这一点的。当然，由于对近代科学技术孤陋寡闻，他们并不懂得近代造船工业必须建立在大工业的基础上。

　　早在同治五年五月十三日（1866年6月25日）要求创办船政局的奏折中，

左宗棠就指出:"定议之初,即先与订明教习制造即兼教习驾驶,或即随同出洋,周历各海口"①。同年十一月初五,左宗棠去闽在即,又上疏清廷特别强调要设立"求是堂艺局"以培养人才:"夫习造轮船,非为造轮船也,欲尽其制造、驾驶之术耳!非徒求一二人能制造、驾驶也,欲广其传,使中国才艺日进,制造、驾驶展转授受,传习无穷耳。故必开艺局,选少年颖悟子弟习其语言文字,诵其书,通其算学,而后西法可衍于中国"②,"学成而后督造有人,管驾有人,轮船之事始为一了百了"③。他还制定了《艺局章程》,规定了学习年限、学习纪律、学生待遇、考核办法等,对这个"选就人才之地"表现出极大的热情。

左宗棠调任陕甘总督后,主持船政局的船政大臣沈葆桢坚持把培养人才放在首位,他提出:"船厂根本在于学堂"④,并根据实际需要,进一步扩大了学校规模和招生人数,"原议学堂两所,后添绘事院、驾驶学堂、管轮学堂、艺圃四所","原议两学堂艺童六十人,今则艺童、艺徒合三百余人"⑤。"绘事院"创设于同治七年十二月初一(1869年1月13日),实际是附属于前学堂的制图班,专门培养绘制船图、机器图的制图员;"艺圃"创设于同治七年正月二十四日(1869年2月17日),是培养初级技术和管理人员的技工学校,带有半工半读性质(白天劳动,晚上学习);所谓"驾驶学堂"和"管轮学堂"不过是后学堂的两个科,如张佩纶所说:"前学堂学制造,后学堂学驾驶、管轮"⑥,并非独立的专门学校。

船政学堂的毕业生既是福建水师、北洋水师、南洋水师等舰队军官的骨干力量,也是活跃在我国当时造船工业中的一支训练有素的工程技术队伍。李鸿章曾把船政学堂视为中国海军学校的鼻祖,他说:"闽堂是开山之祖","此间学堂(指天津水师学堂——引者)略仿闽前、后学堂规式"⑦。

船政学堂造就了我国第一代近代海军军官。从1872年起,船政学堂毕业生开始进入海军服役,到1875年,已有六名毕业生任船舰管驾(舰长),两名毕业生任轮船管轮。

1884年8月23日,"马江之役"爆发,参战的11艘中国军舰中,"扬威"(旗舰)、"振威"、"福胜"、"建胜"、"福星"五艘的管驾以及营务处负责人(舰队指挥官)和"福胜""建胜"的督带(编队指挥官)等六人分别是船政后学堂第一、二、三届的毕业生。而且有16名从船政学堂毕业的青年军官在这一

---

① 《洋务运动》(五) 第208页。
② 《洋务运动》(五) 第7页。
③ 《左文襄公全集》书牍,卷八,第62页。
④ 《船政奏议汇编》卷三,第4页。
⑤ 《船政奏议汇编》卷八,第8页。
⑥ 《洋务运动》(五) 第28页。
⑦ 转引自《清末海军史料》(下) 第605-606页。

战役中为国捐躯（见表2）：

表2　马汉之役中为国捐躯的船政学堂毕业的军官

姓名	班次	届次	职务	军级
吕瀚	驾驶班	1	"福胜""建胜"督带	都司
许寿山	驾驶班	1	"振威"管驾	守备
梁梓芳	驾驶班	1	"扬威"副管驾	千总
叶琛	驾驶班	2	"福胜"管驾	千总
林森林	驾驶班	3	"建胜"管驾	五品军功
陈英	驾驶班	3	"福星"管驾	五品军功
谢润德	驾驶班	4	"飞云"大副	六品军功
丁兆中	驾驶班	4	"建胜"大副	六品军功
梁祖勋	驾驶班	4	"振威"大副	六品军功
王涟	驾驶班	5	"福星"三副	五品军功
翁守正	驾驶班	7	"福胜"大副	五品军功
杨兆楠	驾驶班	8	"扬武"练生	六品军功
薛有福	驾驶班	8	"扬武"练生	六品军功
黄季良	驾驶班	8	"扬武"练生	七品军功
潘锡基	管轮班	2	"飞云"正管轮	五品军功
庞廷桢	管轮班	2	"扬武"三管轮	七品军功

船政学堂的毕业生不但是福建水师的骨干力量，而且也输送人才到南洋水师和北洋水师，其中不少人还留学英国，专修海军。在南洋水师中，"澄庆"号管带（舰长）蒋超英、"开济"号管带何心川都是船政学堂驾驶班第一届毕业生。如李鸿章所说："北洋前购蚊船，所需管驾、大副、二副、管理轮机炮位人员，皆借才于闽省"①。以后北洋海军正式成军，其中许多高级和中级军官都曾在船政学堂学习过（见表3）。

表3　服役北洋海军的船政学堂毕业生

姓名	届期	职务	职衔	备考
刘步蟾	驾驶1期	"定远"管带	右翼总兵	在威海自杀殉国
林泰曾	驾驶1期	"镇远"管带	左翼总兵	因撞舰愤而自杀
邓世昌	驾驶1期	"致远"管带	中军中营副将	在黄海海战中牺牲

---

① 《洋务运动》（二）第2260-2261页。

续表3

姓名	届期	职务	职衔	备考
叶祖珪	驾驶1期	"靖远"管带	中军右营副将	
方伯谦	驾驶1期	"济远"管带	中军左营副将	
林永升	驾驶1期	"经远"管带	左翼左营副将	在黄海海战中牺牲
邱宝仁	驾驶1期	"来远"管带	右翼左营副将	
黄建勋	驾驶1期	"超勇"管带	左翼右营参将	在黄海海战中牺牲
林履中	驾驶3期	"扬威"管带	右翼右营参将	在黄海海战中牺牲
李和	驾驶1期	"平远"管带	后军前营都司	
林颖启	驾驶2期	"威远"管带	精练前营游击	
萨镇冰	驾驶2期	"康济"管带	精练左营游击	
蓝建枢	驾驶3期	"镇中"管带	后军右营都司	后调署"敏捷"管带、署精练右营游击
林国祥	驾驶1期	"广乙"管带	后军右营都司	后调署"济远"管带
程璧光	驾驶5期	"广丙"管带	后军右营都司	
戴伯康	驾驶3期	"敏捷"管带	精练右营游击	
吴应科	驾驶8期	督队船大副	提标都司	
李鼎新	驾驶4期	"定远"帮带大副	左翼中营都司	
何品璋	驾驶4期	"镇远"帮带大副	中军右营都司	后调署副管驾、署右翼中营游击
刘冠雄	驾驶4期	"靖远"帮带大副	中军右营都司	
陈荣	驾驶4期	"经远"帮带大副	左翼左营都司	在黄海海战中殉难
林文彬	驾驶4期	"来远"帮带大副	右翼左营都司	后调署"镇中"管带、署后军中营都司
黄鸣球	驾驶6期	"超勇"二副	右营左营都司	曾任"康济"三副
郑文超	驾驶6期	"扬威"帮带大副	右翼右营守备	黄海海战后任"来远"鱼雷大副
翁守瑜	驾驶6期	"超勇"帮带大副	右翼右营守备	
宋文翔	驾驶8期	"广甲"帮带大副	右翼中营守备	
翁祖年	驾驶6期	"康济"帮带大副	精练左营守备	
张哲溁	驾驶6期	"来远"鱼雷大副	右翼右营守备	后调"来远"帮带大副、补用都司

续表3

姓名	届期	职务	职衔	备考
徐振鹏	驾驶8期	"定远"鱼雷大副	右翼中营守备	后调枪炮大副
曹嘉祥	驾驶？期	"镇远"枪炮大副	左翼中营守备	
邓士聪	驾驶8期	"定远"炮务二副	右翼中营守备	
沈叔龄	驾驶6期	"镇远"炮务二副	右翼中营守备	
杨用霖	福建水师"艺新"舰船生	"镇远"副管带	右翼中营参将	后署"镇远"管带，护左翼总兵；威海之战中自杀殉国
陈麟清	管轮1期	稽查全军轮机事务	提标参将	1893年殉职
余贞顺	管轮1期	稽查全军轮机事务	提标参将	1894年1月1日由"定远"总管轮升任
陈兆锵	管轮2期	"定远"总管轮	右翼中营游击	
王齐辰	管轮2期	"镇远"大管轮	左翼中营都司	
刘荫霖	管轮2期	"致远"总管轮	中军中营都司	在黄海海战中殉难
梁祖全	管轮2期	"济远"总管轮	中军左营都司	
陈景祺	管轮？期	"来远"总管轮	右翼左营都司	黄海海战后升游击；1895年2月7日在威海海战中殉难
刘冠南	管轮2期	"镇远"二管轮	左翼中营守备	
郑文恒	管轮2期	"致远"大管轮	中军中营守备	
张玉明	管轮2期	"靖远"大管轮	中军右营守备	

在北洋海军任职的40多名船政毕业生中，有13名将佐在甲午海战中殉职，其中有些高级军官如邓世昌、林永升等既英勇作战于前，又壮烈牺牲于后，在我国近代史上留下了光辉的足迹。

从船政前学堂培养出来的制造专业的学生，相当一些人如梁炳年、吴德章、杨廉臣、李寿田等均曾留学法国（罗丰禄则留学英国），他们后来成了马尾船政局自己设计、监造舰船的工程师。光绪二年（1876）下水的"艺新"号军舰，就是由吴德章、汪乔年、罗臻禄、游学诗等设计制成的。光绪九年（1883），吴德章、李寿田、杨廉臣设计监造的"开济"号下水，这是中国自制的第一艘巡洋舰（钢胁木壳，排水量2200吨）。紧接着，他们又承担并完成了"横海""镜清""寰泰"等船舰的设计制造任务。从光绪十三年至光绪二十三年（1887—1897），魏瀚、陈兆翱、郑清廉、杨廉臣（均为前学堂第一届毕业生）等先后造成"广甲""平远""广乙""广庚""广丙""福靖""通济""福安"等船舰（其中"平远"号为钢甲巡洋舰），设计、制造水平有一定提高。

　　船政学堂除了培养了一批军事、技术干部外，也为海军教育和其他领域输送了人才。如驾驶第一期毕业生严复从英国留学归来后，就长期任北洋水师学堂总教习（相当于教务长），以后又任会办（副校长）、总办（校长）；蒋超英、魏瀚也分别担任过"江南水师学堂""黄埔水师学堂"的总办；萨镇冰在光绪二十九年（1903）创办、主持过烟台海军学校。至于像严复这样的毕业生后来成为维新运动的出色思想家，恐怕是清政府在创办船政学堂和派遣留学生时没有想到的。

　　总之，马尾船政学堂是一所集培养造船技术人员及海军军官于一体的综合学校（至民国元年，始将前学堂改称制造学校，后学堂改称海军学校），它造就了相当一批近代海军军官和造船工程师，以及船政、军事教育等方面的人才，在我国近代海军史和造船史上都占有重要的一页。

三

　　马尾船政局是清政府直接投资兴办的官营军事企业，在经营管理上都带有浓厚的封建色彩。船政局的资金几乎完全依靠国家拨款，"并不索取原价分文"①，换句话说，船政局制造的轮船并不通过买卖途径参加市场流通，自然也就没有从利润转化而来的资金积累。加之当时清政府面临财政竭蹶的窘境，船政专款经常拖欠，造船厂不但不能扩大再生产，就连维持原有生产规模都很困难。一些有心人虽然力图解决这一矛盾，并且想了些办法（如协造、租领等），但只要所有制的形式不变，经营方式不变，任何修修补补的药方都是无济于事的。

　　船局封建主义经营方式的另一显著特征是管理衙门化，不但冗员多、效率低、浪费大，而且办事人员贪污、腐败成风，使得所造之船往往偷工减料，经办者却从中渔利，大饱私囊。所以刘坤一在光绪二十八年八月（1895年9月）的一纸折片中批评说："今船政局竟同虚设，势将成废"②。

　　战争的破坏也使船政局受到直接打击。在中法战争中，法国舰队不但袭击了停泊在马江的福建水师，也炮轰了船政局，使砖灰厂、合拢厂、绘事院严重损毁；水缸厂、炮厂、轮机厂、铁厂、拉铁厂、砖瓦厂、模厂、前学堂也受到了不同程度的破坏。以后船政局虽得以苟延残喘，但长时间处于半死不活状态，到1929年（民国十八年）改名为"马尾造船所"。

　　马尾船厂历史上的第二次大劫难发生在抗日战争时，1938年春，日寇狂轰

---

① 《洋务运动》（五）第374页。
② 转引自张侠等编《清末海军史料》（上）第127页。

马尾区，1940年，日本飞机又对造船所投弹百余枚，使船厂遭到摧毁性袭击。翌年，福州沦陷，创办近80年的马尾船政局在半封建半殖民地的中国终于走到了尽头。

当马尾船政局创办之初，左宗棠雄心勃勃，认为这是"中国自强要着"①。船政局制造的轮船一艘艘下水了，左宗棠更是欣欣然，竟自我陶醉地说："不越十年，海上气象一新，鸦片之患可除，国耻足以振矣！"② 这自然只是一种不切实际的主观幻觉。左宗棠、沈葆桢都是地主阶级的政治家，他们不懂得凭借腐朽、没落的封建官僚体制是不可能组织和管理好近代大工业的。落后的社会制度、封闭的生产方式、顽固的传统观念严重阻碍着中国的近代化进程。从1869年到1918年的半个世纪中，马尾船政局在一条崎岖的道路上挣扎着，它只造了41条船，此外始终没有多大发展，等待它的只能是衰败的命运。

中国近代史上一些有识之士对创办民族造船工业曾寄予厚望，他们梦想建立一支能够御侮雪耻的近代海军，去抗击从海上入侵的强敌。但是，1884年中法战争时，凭借马尾船政局建立起来的福建水师在马江一役中竟不堪一击，溃不成军；十年之后，北洋海军（主要是由向英、德购买的船舰组成）又在甲午海战中惨遭败绩。虽然爱国的海军军官兵在两次海战中曾奋不顾身，英勇作战，但结果仍未能摆脱完全失败的厄运，致使海军从此一蹶不振。

我国海防建设中这一段辛酸、悲壮的历史，促使爱国的志士仁人去重新思考救国之路。在为实现四个现代化而奋斗的今天，我们再来回顾这一惨痛的历史教训，也仍然是有积极意义的！

（载《清史研究集》第6辑，光明日报出版社1988年版）

---

① 《左文襄公全集》奏稿，卷四一，第33页。
② 《左文襄公全集》书牍，卷十一，第9页。

试析同治年间陕西回民起义的复杂性

历史现象是错综复杂的。清代同治年间爆发的陕西回民起义也像许多历史事变一样，表现得五光十色、扑朔迷离。很多问题引起学者们的深入思考，比如，这次起义为什么会爆发？起义者的斗争目标是什么？起义的性质如何？等等。本文拟从起义表现出的复杂性这个角度略抒浅见。

一

陕西回民起义于同治元年（1862）春、夏间，首先爆发于关中地区东部，然后迅速向西蔓延。对于这次起义发生的原因，一些文章均有所论述，或认为是回、汉冲突逐渐发展起来的，"在很大程度上是因为民族复仇情绪而引起的"①；或认为起义的发生"是清朝封建统治者残酷的政治压迫和经济剥削的必然结果"②；或强调更有其政治上的特殊原因，"这就是清政府对穆斯林各族人民所实行的残暴的民族压迫政策"③。

我们分析历史事件的因果关系，应突破"一因一果"的线性因果分析框架，把握住事物之间往往存在着的一因多果、一果多因或互为因果的辩证关系。在研究陕西回民起义时，亦应作如是观。

史实告诉我们，陕西回民大规模的武装斗争是由回、汉冲突直接引起的，是民族械斗的升级。这种民族械斗由来已久，据徐法绩（陕西泾阳人，曾任太常寺少卿）记载，道光八年（1828）时，临潼、大荔等回、汉杂居地区的械斗已相当频繁，"无岁无之"，"一年数次，莫可遏止"。④ 引起械斗的缘由，说到底是经济因素，"汉、回互讼之案，衅起户婚、田土事件"⑤。陕西回民"大半以牧羊为业"⑥。回民放羊散之田野，名之曰"放青"，羊吃青苗，往往引起回、汉纠纷。华县人刘东野回忆说："余家大涨里毗连回族，每岁冬春回族放羊踏田，动起冲

---

① 高登智：《清代同治年间陕甘回民起义》，《人文杂志》1958 年第 5 期。
② 韩敏、邵宏谟：《论清代陕甘回民起义的性质》，《人文杂志》1980 年第 3 期。
③ 马汝珩：《试谈清咸同年间回民反清运动性质与领袖人物评价问题》，《民族研究》1984 年第 1 期。
④ 《续修陕西省通志稿》卷一七三，第 5 页。
⑤ 余澍畴：《秦陇回务纪略》卷一，中国史学会主编：中国近代史料丛刊《回民起义》（以下简称《回民起义》）（Ⅳ）第 215 页，神州国光社 1952 年版。
⑥ 咸丰十年四月二日署陕西巡抚谭廷襄奏，中国历史档案馆藏《军机处录副奏折民族档·回族档》。

突"①。还有记载说:"牧羊之灾尝以百十"②。又大荔县阳村汉人李振兴以买枣糕为业,后督带村团,县志说他"或斗或讼,必不使回之牧羊践我禾苗"③。这种经济上的矛盾,从表面看是两种经营方式的冲突,而实质则是汉、回两族封建主对土地控制权和贸易市场的争夺(大量占有土地和牲畜的是汉、回的封建主,而不是两族的劳动人民)。争夺的双方为了增强各自的力量,竭力把本族劳动群众卷进斗争的漩涡,使之蒙上一层深深的民族色彩。由于汉族封建主拥有更多的政治特权,并有官府的偏袒,此类经济纷争长期以来得不到合理解决。再加上因宗教信仰、风俗习惯、民族心理上的差异而形成的纠葛得不到妥善处理,回、汉杂居地区的民族关系日趋紧张。

咸丰八年(1858)夏,丁忧回籍的署甘肃布政使张集馨(此前曾任陕西粮道)途经西安,暂居一月。时值陕西回军起事前夕,正所谓"山雨欲来风满楼"。作为一个观察敏锐的封建官吏,张集馨看到了陕西民族矛盾激化的实况,他在日记中做了专文记载和分析:

> 陕西临潼县,回汉素不相能。回庄报赛演戏,汉民往看;及汉庄演剧预贴告条,不准回民往看,回民竟不能往观。有稚回担负果实,赴戏场售卖,为汉民横殴,受伤甚重。群回不服,赴临潼县申诉。县令倪印垣不管。控至第三次,反加扑责。……回民被责不甘,纠集数千人赴汉村私斗,互有杀伤。回杀汉民十三人。汉杀回民六人,杀伤不能相当。④

又说:"向来地方官偏袒汉民,凡争讼斗殴,无论曲直,皆抑压回民。"⑤ 此类记载还可见诸一些半官方书籍和私人著述:

> 论当时起衅之由,汉民不得为无罪,盖汉民平日恃众欺压回民,肆口谩骂……⑥

> ……故官民皆歧而视之,动辄谓其隔教。⑦

> ……(同治元年)汉民将华州所属之回村尽行焚杀,大荔正在受乱,地方官左袒,其势遂不可止。⑧

连统兵镇压陕甘回民反清运动的左宗棠也承认:"从前汉回仇杀,其曲不尽

---

① 刘东野:《壬戌华州回变记》,《近代史资料》1957年第2期。
② 《秦陇回务纪略》卷一,《回民起义》(Ⅳ)第215页。
③ 《大荔县新志存稿》卷十一《耆旧传下》。
④ 张集馨:《道咸宦海见闻录》第241页,中华书局1981年版。
⑤ 《道咸宦海见闻录》第241页,中华书局1981年版。
⑥ 易孔昭:《平定关陇纪略》卷一,《回民起义》(Ⅲ)第250页。
⑦ 《秦陇回务纪略》卷一,《回民起义》(Ⅲ)第216页。
⑧ 东阿居士:《秦难见闻记》,转引自马霄石《西北回民革命简史》第93页。

在回"①；"陕回之祸，由于汉回构怨已久，起衅之故，实由汉民"②；"关陇肇衅，曲在汉民"③；等等。

真正煽动民族仇杀的罪魁祸首正是汉族豪绅地主以及他们的政治代理人——各级地方官吏。"秦中士大夫恨回至深，每言及回事，必云'尽杀'乃止，并为一谈，牢不可破"④；凤翔团练"时以'剿回''灭口'信口大言"⑤，曾任陕西巡抚的曾望颜（1857—1859年任该职）也口吐狂言说："回民不遵约束，即带兵剿洗。"⑥ 张集馨评论临潼回、汉械斗时，就指斥曾望颜"不明事理"，"在陕暴虐"，认为临潼县令倪印垣"吏治本不足观，护汉抑回，处理不公"。并建议说："若论正办，先将倪令严参重治，然后分回汉之曲直而平理之，必可相安无事。"⑦ 但无人理睬张的献策，地方官昏庸如故。同治元年（1862），华州知州濮尧在审理汉回纠纷时竟公然狂叫："向后回伤汉民一以抵十，汉伤回民十以一抵。"⑧ 以这样一些狭隘、偏激、毫无远见的冗员来处理尖锐、复杂的民族问题，岂不是火上浇油！

综上所述，陕西回民起义的爆发，是清朝统治者推行"以汉制回""护汉抑回"的民族挑拨政策，对回民残酷压迫和剥削的必然结果，而起义的主旨正是反对民族歧视和压迫。

当然，陕西回民起义的爆发与阶级斗争客观形势的变化也是互为影响的。当时，关中人民深受封建剥削，苛捐杂税多如牛毛，再加上高利贷盘剥和天灾时疫流行，人民生活在水深火热之中，因而抗捐、抗粮斗争时有发生。清朝中叶以后，陕西一带形成一股被称为"刀客"的民间抗清势力。道光二十六年（1846）冬，大荔、朝邑一带的刀客联合饥民袭击炭厂，夺取资财，使当地豪绅"深以为忧"⑨。咸丰十年（1860），有记载说："陕西刀匪、回匪抢劫"，"盗风日炽"⑩，主要活动在蒲城、富平、临潼、渭南四县交界地区。翌年又在临潼爆发了杨生华（汉族）领导的抗粮斗争。

同治元年二月（1862年3月）中旬，太平军扶王陈得才部由商南县富水关入陕，进攻商州（今商洛市商州区），占领镇安县和孝义厅。四月，逼近西安，

---

① 《左文襄公全集》批札，卷五，第25页。
② 《左文襄公全集》奏稿，卷四四，第52页。
③ 《左文襄公全集》书牍，卷一一，第11页。
④ 《左文襄公全集》书牍，卷一〇，第18页。
⑤ 《秦陇回务纪略》，《回民起义》（Ⅳ）第221页。
⑥ 《道咸宦海见闻录》，第241页。
⑦ 《道咸宦海见闻录》，第241页。
⑧ 《近代史资料》第67页，1957年第2期。
⑨ 李元春：《上护院杨至堂大人言救荒书》，《桐阁文钞》卷六。
⑩ 《续修陕西省通志稿》卷一九六，第3页。

进至蓝田、渭南交界地方。回民领袖人物洪兴密遣心腹到太平军驻地尹家卫联络，并引导太平军越临潼之量天坡，直抵渭南城下。四月二十四日（5月22日），占领渭南，又东向克华州（今华县）；同时，滇、川一带的农民起义军也于同治元年年初由川北进入陕西西南部的宁羌州（今宁强县）境内。五月，蓝朝柱部又由川北太平厅（今万源县）入陕境，占领定远厅城（今镇巴县）。各路农民军由川、鄂一齐拥入陕西，使清朝陕西地方当局心急如焚，手忙脚乱，有限的兵力更显得捉襟见肘，穷于应付。统治阶级的窘困处境为陕西回民暴动提供了有利时机，而陕西回军的起事也积极配合了太平军和其他农民军入陕。

另外，汉族地主团练的"仇回"行动也是回民猛烈反抗的重要原因。在激烈的阶级搏斗中，为弥补兵力的严重不足，陕西地方当局命各州县大办团练。团练，一般掌握在汉族地主手中，它不但成为地方豪绅镇压农民暴动的武装力量，而且也成为他们实行民族压迫的工具。汉族豪绅在汉民中极力散布民族偏见，煽动仇回情绪，并假手"民团"去制造血腥的"洗回"事件。回民的记载说："由（同治元年）二月，汉人团练就开始杀害回民，直到四月。"① 同治元年四月二十四日（1862年5月22日），华阴民团"将秦家村并沿河回庄焚毁"。五天后（二十九日），耀州（今耀县）、富平等处亦"藉端至耀属之寺沟堡，杀毙回民数十人，且焚其礼拜寺。复至同官之韩家原，开放枪炮，围绕搜杀"②，"自潼以西，凡往来回民非锄即杀，无得免者"③。汉族地主武装在回、汉冲突中起了特别恶劣的作用。

二

陕西回民起义一经发动，来势就异常迅猛，正所谓"旬日间焚掠纷起"。回军连下渭南、高陵、华州、华阴，进围西安。又"围泾阳，犯三原，攻咸阳，扑凤翔"④，到处攻城略地。乍一看，矛头所向似乎是清楚的，但仔细分析，即可看到打击目标带有很大的随意性。

起义回军不但直接与清军和地方团练对垒，而且也与普通汉民为仇，所到之处，"残毁几无噍类"⑤，在刀光剑影的搏杀中，一直笼罩着民族仇杀的阴影。同治元年五月初九日（1862年6月5日）深夜，回军袭击渭南汉族村庄，"至天

---

① 《纪事》，《回民起义》（Ⅲ）第239页。
② 《平定关陇纪略》卷一，《回民起义》（Ⅳ）第250页。
③ 《秦难见闻记》，《西北回族革命简史》第63—64页。
④ 《征西纪略》卷一，《回民起义》（Ⅲ）第24页。
⑤ 《秦陇回务纪略》卷一，《回民起义》（Ⅳ）第216页。

明，则近镇汉民村庄多为灰烬"①；又大荔县八女井汉族民团被解散后，"越数日，回屠八女井，并火之"②，"井民骤不及备，皆束手受屠"③；再如距西安二十余里的六村堡（属长安县），"著名富足，居民万余，避难之民附之，又添数千余口"④，同治元年六月，被数万回军层层围困，昼夜环攻，至七月二十五日（8月20日）夜，回军攻破该镇，"堡中屠戮殆尽"⑤。此外，据华县人刘东野统计，自五月上旬至十二月下旬，在他的家乡一带，"男女被难有籍可稽者两万八千三百五十二人"⑥。对于统治阶级的官方、半官方文书和封建文人的笔录应做分析，不可尽信（其中确有夸大、捏造、失实之处）。但是把许多材料对照起来，仍可看出，起事回军确被一股狭隘的民族复仇主义情绪所左右。他们攻击汉族聚居的村堡，一方面是为了取得给养，另一方面也是为了进行报复。其斗争目标既然不是从根本上推翻压在各族劳动群众头上的清朝封建统治，自然也就提不出什么明确的斗争纲领和口号。

当然，民族复仇的激烈程度在陕西东部与西部是不同的，在起义高潮与低潮的不同时期也有区别。事实上，随着斗争形势的发展和清军压力的加大，回军对汉民的态度已有所变化，在西安以西周至、户县、兴平一带还出现了"汉村纷纷从贼"⑦或"裹挟汉民甚多"⑧的现象。但这种情况的出现并不能视为回、汉两族的联合斗争，因为从回军方面说，"裹挟"的目的是要假其力量，充为"头队"；从汉民这边来讲是"迫于形势，希图保全"，出于共同目的的平等联合是不存在的。

陕西回民之所以以"民族复仇"的斗争形式为特点（特别是在开始阶段），除了长期形成的民族隔阂和纠纷起作用外，还因为起义领导层主要是一些宗教和民族上层分子。这些头头们囿于自身利益，缺乏政治远见，不能正确把握斗争方向。据记载，陕西回军从组织系统看，号称"十八营"，主要领袖人物有赫明堂、任老五、马世贤、洪兴、马龙、马四元、乜代荣、乜代思、邸元魁、哈哈娃、马生彦、禹得彦、孙义宝、余彦禄、马振河、蓝明泰、陈林、马正和、白彦虎、崔巍等。这些领袖人物的身份尚难确定，但据回民自己的部分材料说："领兵元帅都是阿衡（即阿訇）。"⑨渭南回民首领洪兴曾在"官府"当差，原是渭南

---

① 《秦陇回务纪略》卷一，《回民起义》（Ⅳ）第217页。
② 《征西纪略》卷一，《回民起义》（Ⅲ）第24页。
③ 杨毓秀：《平回志》卷一，《回民起义》（Ⅲ）第90页。
④ 《平定关陇纪略》卷一，《回民起义》（Ⅲ）第253页。
⑤ 《平定关陇纪略》卷一，《回民起义》（Ⅲ）第254页。
⑥ 《壬戌华州回变记》，《近代史资料》1957年第2期。
⑦ 《平定陕甘新疆回匪方略》卷三七。
⑧ 《平定陕甘新疆回匪方略》卷四七。
⑨ 《纪事》，《回民起义》（Ⅲ）第239页。

西安回、汉两头役之一，聚众数千，"乡民畏之"①；赫明堂、任五（即任老五）曾在云南密谋起事，败露后逃到仓渡，"潜于礼拜寺"，在回民中很有威望，"各巢回皆听命焉"②；此外，像禹得彦是渭南"禹家十一村回"的头面人物，③不但拥有相当数量的土地，而且开着商号和当铺。

一部分经济实力不断增强的新兴回族封建主与具有封建特权的汉族地主之间发生了尖锐矛盾。回族封建主虽然善于经营（尤其长于经商），不断积累着财富，但关中汉族大地主却拥有亦官亦绅的特殊政治地位，并且还掌握着一支"团练"武装，他们极力排挤、压制前者的发展。因而在回族上层中，除少数人跻身"官宦"行列外，大多数在政治上、经济上均受到不平等的待遇。他们反对民族压迫，却不反对封建统治秩序。

在起义中居于领导地位的回族上层分子追求的并不是回族人民的真正解放，因而不想也没有把斗争纳入反对整个封建统治的轨道。在陕西，较早的回族武装恰恰是以"官勇""团练"形式出现的。咸丰十一年（1861），河南巡抚严树森（渭南人）派人在陕募回勇六百人为亲兵；同治元年（1862），严树森回乡扫墓，率之归里，把这支武装转交陕西团练大臣张芾；四月，太平军入陕后，回民马世贤、马四元等又"率本教人助守"，以五百人归附渭南乡绅训导赵权中。暴动开始后，渭南仓渡回民首领还一再表白自己并不反对清朝政府："汉民凌逼太甚，所以拒之者，缓死耳！非敢为逆也。"④ 只是随着事态扩大，起事回军骑虎难下，才不得不直接与清军对垒，但此前则极力煽动民族复仇，把刀剑甚至对准普通的汉族劳动群众，血洗汉民居住点。一个英国人曾这样评述陕甘回族上层分子在民族仇杀中所起的作用："一辈子和和平平生活着，和东干人（指回族——引者）睦邻相处的'和台'（指汉族——引者）被无情地屠杀。伊斯兰教宗教师们把统治权抓到自己手里，并给他们的信徒作出肆无忌惮的凶暴榜样。"⑤

那么，清政府的态度又如何呢？暴动初起，当局只是把它作为民族械斗事件来处理的。陕西巡抚瑛棨当"回事之起，仅以汉回构衅上闻"，清廷也屡次"责其妥为招抚"⑥。直至同治六年（1867）五月，左宗棠仍认为这是一次民族械斗的扩大："此次陕西汉、回仇杀，事起细微，因平时积衅过深，成此浩劫。"⑦

为集中力量对付太平军、捻军和其他农民武装，清政府曾打算通过"调解"方式缓和汉回冲突，平息回民暴动，只是因为回、汉械斗已脱离了清政府所能控

---

① 《秦陇回务纪略》卷一，《回民起义》（Ⅳ）第246页。
② 《平回志》卷一，《回民起义》（Ⅲ）第60页。
③ 《平回志》卷二，《回民起义》（Ⅲ）第86页。
④ 《平回志》卷一，《回民起义》（Ⅲ）第61页。
⑤ 包罗杰：《阿古柏伯克传》（英文版）第95页。
⑥ 《秦陇回务纪略》卷一，《回民起义》（Ⅳ）第218页。
⑦ 《左文襄公全集》奏稿，卷二二，第4页。

制的轨道，如决堤洪水势不可挡，"调解"归于失败。但如把这种"调解"说成是一种"伪装"，则显然与事实不合。当时的形势是箭在弦上，不得不发，不但回民已"迄难绥抚"，就是一手扶植起来的汉民团练对清政府也并非唯命是从。比如所谓四路"团头"之一的冯元佐（渭南人），因"尝拒官抗粮"被张芾视为"又一洪兴"，某些供职官场的士大夫也目之为"渭南刀匪"。他就不大肯买官府的账，执意不肯散团，张芾不得不以"团练大臣"的身份相威胁："若再梗议，定如杨生华之案（杨生华因领导抗粮被杀）。"冯元佐在压力下才于同治元年五月初九日（1862年6月5日）将渭南民团散去大半。

同治元年五月底以前，清朝的正规军还没有介入回、汉冲突，甘肃提督马德昭扎营西安北关，"尚无左袒之意"①。直到六月底，陕西巡抚瑛棨才明确表示支持民团说："回系匪，宜剿灭！汉系团，宜协同官兵剿回"②，把回军当成"反叛"镇压，即所谓"此械斗之所以变为军务也"③。事实说明，陕西回民起义有一个由回、汉械斗到反抗清廷的变化过程；清政府对这次暴动的态度也有一个由"劝说"、调解到进行镇压的过程。对于汉族民团，清政府一方面倡导、支持，另一方面也存有戒心。民团与回军之间的冲突也不是清政府所能完全控制的，把清政府与民团的关系说成是一出纯粹的"双簧"是有悖于事实的。

三

任何历史事件都不可能孤立存在，在论及陕西回民起义时，也应把它放到一定的历史条件下去考察。

19世纪后半期，西方资本主义列强进一步加快了侵略中国的步伐，使我国东南、西南、西北边疆同时告急，中华民族面临着严重的边疆危机。在西北地区，由于俄、英两大殖民强国的激烈角逐，特别是沙俄的虎视眈眈，形势更加险恶。陕甘一带的回民反清斗争自然引起侵略者的极大兴趣，在西方侵略者看来，这正是他们分裂中华民族、鲸吞中国领土的大好时机。我们在研究陕甘回民起义时，当然不应忽略这一复杂的国际背景。

同治二年（1863），形势对陕西回军越来越不利。他们先后被多隆阿率领的清军主力在同州（府治在今大荔县）、临潼、泾阳、凤翔、邠州（州治在今彬县）等地击败，损失惨重，在陕西无法立足，只好全部转入陇东，其中孙玉宝等还曾一度在陇东固原州城建立过政权。同治五年（1866）秋，陕西回军在陇东安化境内的董志原建立根据地，并重组十八营（以后并为四大营），在金积堡回军

---

① 《秦难见闻记》，转引自《西北回族革命简史》第100页、第104页。
② 《秦难见闻记》，转引自《西北回族革命简史》第100页、第104页。
③ 《秦难见闻记》，转引自《西北回族革命简史》第100页、第104页。

首领马化龙支持下，不时袭击陕西中部。同治八年（1869）春，清军大举出击，占领董志原一带，陕西回军遂北向金积堡败退，以后又向西南退到狄道。同治九年（1870）十一月，留在金积堡的陈林一股向清军投降，被安插在平凉、华亭交界的化平川。同治十一年（1872）十一月，崔伟、禹得彦、毕大才等在西宁投降。只有白彦虎一股二千余人日夜西奔，于十二月初二日抵达肃州（今酒泉）城外塔尔湾；四月，进入新疆，后置身于阿古柏入侵政权的卵翼之下。

光绪二年（1876），清军在左宗棠指挥下大举出关，白彦虎由玛纳斯前往迎战。清军攻克古牧地、乌鲁木齐后，白彦虎等暂据南山，并带着礼物跑到吐鲁番参谒阿古柏。光绪三年三月（1877年4月），清军攻克达坂城，白彦虎撤出吐鲁番，沿途"益掠人畜，焚村堡，胁'缠回'同奔，'缠回'皆怨"①。光绪三年三月（1877年4月），白彦虎参加了阿古柏在喀拉沙尔召开的军事会议，②妄图在乌沙克塔尔（位于托克逊至喀拉沙尔的通道上）一带阻击清军。但随着阿古柏的暴死，"哲得沙尔"伪政权陷于分崩离析状态，阿古柏次子海古拉与另一军事头目艾克木汗纷纷四窜，只留下白彦虎残部驻守开都河西岸，继续为他们卖命。面临"树倒猢狲散"的形势，白彦虎也另有打算，他撤出喀拉沙尔后，即派部将马壮"厚赍金宝，赴俄买路求生"③，为自己找好了归宿。光绪三年十一月（1877年12月）白彦虎等由喀什噶尔北上，窜出国境，投入沙俄怀抱。以后，白彦虎残部又在沙俄唆使下，多次骚扰边境，成为侵略者的鹰犬。

光绪四年（1878）七、八月间，白彦虎残部在俄国主子的唆使下窜扰塔城乌兰胡吉尔牧区。八月，又从俄国托呼玛（白彦虎的大本营所在地）出发分道犯境，一股经伊犁窜扰精河，另两股越天山偷袭乌什和柯坪。光绪五年（1879）春，白彦虎残部再犯精河、大河沿子和博罗塔拉一带，抢官饷，劫商货，"戕官弁，杀行客，掠台马"④，肆意骚扰。

本来根据咸丰元年（1851）中俄《伊犁、塔尔巴哈台通商章程》，两国关于"引渡"是有明文规定的："两边为匪逃逸人犯，彼此均不准容留，务须严行查拿互相送交，各自究办。"逃到俄境的伯克胡里、白彦虎等首要分子本应在"引渡"之列，但俄国土耳其斯坦总督考夫曼（Кауфман. К. П）从其侵华需要出发，竟无耻宣称："无论根据我国法律，或出于仁爱之心，我都不能将白彦虎引渡回去。"⑤

一直觊觎着我国西北地区的沙俄对陕甘回军的动向是相当注意的。曾任俄国

---

① 王安定：《湘军记》卷一九，第325页，岳麓书社1983年版。缠回，指维吾尔族。
② 顿摩尔：《帕米尔》（1893年英文版）第318页。
③ 《平回志》卷七，《回民起义》（Ⅲ）第216页。
④ 魏光焘：《戡定新疆记》卷四，第4页。
⑤ ［俄］М. А. 捷连季耶夫：《征服中亚史》第二卷第440页，商务印书馆1983年版。

西伯利亚军区参谋长的巴布科夫（Бабков，И. Ф.，1857年到西伯利亚，1869—1890年任该职）在回忆录中说，俄国总参谋部大尉军官普尔热瓦尔斯基（Пржевальский，Н. М.）"于伊斯兰教徒叛乱正紧张的时候住在中国，曾有充分机会搜集关于东干人叛乱的可靠情报"①。事实的确如此，普尔热瓦尔斯基在我国陕、甘、宁、青兜了一大圈后，于1873年（同治十二年）10月回到俄国伊尔库茨克，并立即给俄国总参谋部写了两份报告——一份是关于中国现状的报告，一份是关于西北部回民暴动的情报。

沙俄侵略者认为，完全可以把陕甘地区的回民暴动纳入他们侵华政策的轨道中去。巴布科夫曾洋洋自得地说："可以保证，在我国与中国发生战争的时候，我们会在东干人（指回族）中间找到最可靠的战友。"②《准噶尔军事统计材料概况》一书的作者科斯岑科（Костенко，Л. Ф.）也表示了同样的看法："迁入我国境内的东干人对于俄国来说真正是一种收获，他们加强了我国沿边各州的殖民成分，此外，在与中国战争的场合，将会是给与我国军队很大帮助的民团。"③更有甚者，考夫曼竟狂妄地提出了出兵占领我国整个新疆地区，并建立两个由俄国控制的傀儡政权的计划："一个是白彦虎为首的东干汗国（在准噶尔），一个是中亚编年史中著名的阿古柏伯克之子伯克胡里管辖下的塔兰其汗国（在喀什噶尔）。"④虽然由于种种原因，这一狂妄企图迅速破灭了，但在侵略者眼中，白彦虎在其侵华战略棋盘上的分量和位置是受到重视的。

总之，我们在研究陕西回民起义这一历史课题时，应该顾及它的全过程，即不但要研究它的前期，而且要研究它的中期和后期；不但要考虑这一历史事件的本身，而且要把它放到当时国内、国际的具体历史环境中去认识；不但要剖析清政府民族政策的反动实质，而且要揭示在西方资本主义国家频频入侵的险恶形势下，如何维护中华民族的整体利益。这样，才能透过错综复杂的历史现象，得出较为科学的结论。

（载《清代同治年间陕西回民起义研究》，三秦出版社1990年版）

---

① ［俄］伊·费·巴布科夫：《我在西伯利亚服务的回忆》（1859－1875年）下册，第四篇第一章，商务印书馆1973年版。
② 《我在西伯利亚服务的回忆》（1859－1875年）下册，第四篇第一章。
③ 《我在西伯利亚服务的回忆》（1859－1875年）下册，第四篇第一章。
④ 科斯岑科：《准噶尔》，莫斯科俄文版，第318页。

试评左宗棠对陕甘回军的镇压

左宗棠对陕甘回军的镇压是个颇为复杂的问题。对这段历史，新中国成立后研究者一般均笼统予以否定，深入、具体的分析却嫌不够充分，下面拟做些初步探索，以期抛砖引玉。

一

在评价左宗棠镇压陕甘回军时，首先应搞清陕甘回军起事的性质以及左宗棠此段活动在历史全局中的地位。

陕甘回民起义的爆发，是清朝统治者执行反动的民族政策直接引起的，也是封建统治者加重对西北回民封建剥削的必然结果，而当时全国革命形势的高涨则起了催化剂的作用。由于历史上形成的民族纠纷以及清朝统治者采取"以汉制回""护汉抑回"的民族挑拨政策，往往酿成回、汉仇杀的悲剧。咸丰八年（1858），署甘肃布政使张集馨在论及陕西临潼回、汉械斗时曾说："向来地方官偏袒汉民，凡争讼殴斗，无论曲直，皆抑压回民。汉民复恃众欺凌。不知回性桀骜，亿万同心，日积月长，仇恨滋深。"① 清政府的反动政策直接促成了回民暴动，陕、甘一带回民起事发展异常迅猛，但起义的领导权一开始就掌握在回族封建主和宗教头目手中。这些回族上层分子极力挑起民族仇杀，把本来就有很大盲目性和自发性的回民起义变成了他们统治和愚弄回、汉人民，制造民族分裂，以达割据一方的工具。这样，回民起义的性质也就发生了根本变化。

陕西回军前期的重要领袖赫明堂、洪兴、任武等都是当地伊斯兰教的阿訇。甘肃回军形成了金积堡、河州、西宁、肃州四大集团，其首领各据一方，时抗时降，反复无常。这些回族封建主往往刮削、抢掠大量财富，如宁夏回军首领马化龙"世居灵州金积堡，富甲一乡"②，是当地有名的大财主。当清军攻破金积堡时，"其所缴金、银、铜钱，综合银十九万两有奇"③（这恐怕还是缩小了的数字）。回军首领们还用剥削、抢夺来的财物纳资捐官，马化龙"纳

---

① 张集馨：《道咸宦海见闻录》第241页，中华书局1981年版。
② 杨毓秀：《平回志》卷三，中国近代史资料丛刊《回民起义》（以下称《回民起义》）（Ⅲ），第107页，神州国光社1952年版。
③ 《平回志》卷五，《回民起义》（Ⅲ）第167页。

捐为武职"①，做到清朝的副将加提督衔；马桂源"捐纳后选同知"②，做到西宁知府。其他如肃州的马文禄是镇标都司，西宁府的马寿是大通营都司。这些割据头目成了有钱、有势，又有军队的地方一霸，他们的所作所为，与广大回族劳动群众要求摆脱清朝统治者沉重的封建压迫和民族歧视的斗争目标是风马牛不相及的。

更有甚者，在西方资本主义势力频频入侵，民族危机日益严重的形势下，一些回族上层头目竟间接、直接地勾结外国势力，认贼作父，为虎作伥，背叛了中华民族，自然也背叛了作为中华民族的组成部分——回族的根本利益。

19世纪六七十年代，英、俄两大殖民强国对我国西北虎视眈眈，使这一地区形势十分险恶。

还在1857年，当和卓后裔倭里汗入寇喀什噶尔时，沙皇政府即决定给予支持，甚至在清政府平定这一叛乱后，俄国西伯利亚总督加斯弗尔德仍叫嚣："变喀什噶尔为一个脱离中国而受俄国保护的国家，对当地人民将是一大帮助……我们将成为中亚的主人。"③ 1862年春，沙皇亚历山大二世又亲自主持特别会议，通过了用外交诡诈割占我国新疆和西部其他地区的方案。1864年，沙俄迫使清政府签订《中俄勘分西北界约记》，夺取我国西北边疆44万多平方公里的土地。1865年，俄军占领了中亚浩罕汗国的塔什干城，随后又吞并了布哈拉汗国，并在塔什干建立土耳其斯坦总督府。

沙俄在中亚的迅速扩张使英国大为恐慌，英国在东方的主要目标是保住富饶的殖民地——印度。为了防止沙俄染指印度，英国力图在阿富汗和我国南疆地区建立一个受其控制的缓冲地带。这个机会终于来了。1865年年初，浩罕野心家阿古柏侵入我国南疆，并于1867年悍然炮制了一个名为"哲德沙尔"的殖民政权。英国政府立即给予支持，它于1873年向阿古柏占领区派遣了一个特别使团，并提供了武器援助。1874年10月，英印总督向伦敦政府报告说："喀什噶尔王国（指阿古柏政权——引者）的独立应尽一切可能予以维持，这点对于英国在东方的利益，极关重要。"④

当阿古柏的势力伸展到乌鲁木齐时，早就觊觎新疆的沙俄决定抢先一步，于1871年夏出兵侵占具有战略意义的伊犁地区，从而控制了入侵军队必须经过的"各民族的大门"。西北边疆的严峻形势直接关系着中华民族的命运与前途。

在这样一个复杂的国际背景下，甘肃回军割据集团的存在和他们的所作所为

---

① 《平回志》卷五，《回民起义》（Ⅲ）第112页。
② 《平定关陇纪略》卷一一，《回民起义》（Ⅳ）第153页。
③ [美] 欧文·拉铁摩尔：《亚洲的枢纽》（*Pivot of Asia*），1950年波士顿英文版，第28页。
④ "讷茨尔罗克致索尔兹伯里"，第61号密件，英国印度部档案，第38卷。

对于收复新疆，维护祖国统一是有害无益的。

当时，宁夏的马化龙有洋枪近三千支，据传有"交通洋人情事"①；肃州的马文禄更是堵住了清军西援新疆的必由之路。当关外清军"唯盼内地大军迅速前进"时，马文禄勾结新疆割据势力，引"三千余人入城助守"②，封锁了河西走廊的西大门，切断了内地援师西进的咽喉要道。特别是陕西回军首领之一白彦虎于1873年冬从肃州西窜哈密、吐鲁番，卖身投靠阿古柏。阿古柏政权覆灭后，又窜出国境，倒向沙俄怀抱，并在沙俄唆使下，不时骚扰边境，成为沙俄的鹰犬和中华民族的败类。历史的进程告诉我们：如果左宗棠不平定陕甘回军割据集团，势必不能建设一个较为稳定的前进基地，自然也就无法导演出收复新疆这一幕威武雄壮的活剧。那么，西北局势的发展将是不堪设想的。

总之，左宗棠对陕甘回军作战的具体情况和历史背景是相当复杂的，我们在评价他的这段活动时，不能仅仅就事论事，而应遵循经典作家的指示："在分析任何一个社会问题时，马克思主义理论的绝对要求，就是要把问题提到一定的历史范围之内。"③ 如果我们把左宗棠与西北回军集团的斗争放到当时国际、国内的具体历史环境中去分析，如果我们从中华民族的全局（即中华民族的整体利益和长远利益）去考察，就可以比较清楚地认识到，它在某种程度上有利于巩固国家统一，抗击外来侵略。

二

在清政府的封疆大吏中，左宗棠是一个很有政治头脑的人物。他从维护封建统治和巩固国家统一的目的出发，一方面严厉镇压陕甘回军的反清斗争；另一方面，在处理复杂的民族关系时，却颇小心谨慎。

对于汉、回仇杀，左宗棠并不囿于民族偏见，而是做了较为冷静的分析。他曾多次指出："从前汉、回仇杀，其曲不尽在回"④，"陕回之祸，由于汉、回构怨已久，起衅之故实由汉民"⑤，"关陇肇衅，曲在汉民"⑥，等等。对陕西一带的汉族士绅煽动民族仇杀的做法，左宗棠很不以为然，他曾说："秦中士大夫恨回至深，每言及回事，必云'尽杀'乃止，并为一谈，牢不可破，诚不知其何谓！近时西关外民团竟有纠众杀死回人一家八口之案，并不报官。中丞取首从五人尸

---

① 《平回志》卷五，《回民起义》（Ⅲ）第166页。
② 《平回志》卷六，《回民起义》（Ⅲ）第180页。
③ 列宁：《论民族自决权》，《列宁全集》第二十卷第401页。
④ 《左文襄公全集》批札，卷五，第25页。
⑤ 《左文襄公全集》奏稿，卷四四，第52页。
⑥ 《左文襄公全集》书牍，卷一一，第11页。

诸尸，而论者谓其祖回，亦可怪耳！"①

基于以上认识，左宗棠对陕西绅士中颇有代表性的所谓"剿洗"说是反对的，尤其对被此论左右的地方官吏更为不满。他警告地方当局不能听信秦中士绅的一面之辞，从而导致政策上的错误："惟秦人议论，往往不可尽据。即如汉回争哄，致成浩劫。力主剿洗，万口一声，生心害政，实由吠影吠声致然，虽贤知之士，亦有不免。非兼听并观，折衷至是，不能平其政，祛其弊也。"② 因而，左宗棠处理陕甘问题的基本方针是"剿抚兼施"。

同治六年五月十一日（1867年6月12日），他在《预陈剿抚回匪事宜片》中，是这样向清廷献策的：

> 此次陕西汉、回仇杀，事起细微，因平时积衅过深，成此浩劫。此时若专言剿，无论诛不胜诛，后患仍无了日。且回民自唐以来杂处中国，蕃衍孳息千数百年，久已别成气类，岂有一旦诛夷不留遗种之理！如专言抚，而概予曲赦，则良匪全无区分，徒惠奸宄，而从前横被戕残之数百万汉民冤痛未伸，何以服舆情而弭异日之患。窃维办理之法，仍宜恪遵前奉上谕："不论汉回，只辨良匪"，以期解纷释怨，共乐升平。③

这也就是左宗棠所概括的"惟办贼之法，不外剿抚兼施"④，即所谓"服者怀之，贰者讨之"。

左宗棠深知陕甘问题的复杂性与特殊性，他决计要为清廷筹"长治久安"之策："臣之立意仿汉赵充国议开屯以省转馈，抚辑以业灾民，且防且剿，且战且耕，不专恃军威为戡定之计者。区区之愚盖以办回逆与剿群寇不同，陕甘事势与各省情形各别，将欲奠此一方，永弭后患，则固不敢急旦夕之效而忘远大之规也。"⑤ 左宗棠的"远大之规"是什么呢？简而言之，就是在陕甘地区稳固统治秩序，恢复农业生产，调整民族关系。要做到这一点，自然不是"专恃军威"的肆意屠杀可以解决问题的。为此，左宗棠曾指示刘锦棠"宜严杀老弱妇女之禁"⑥；要求徐占彪"严饬各营勿得稍有侵暴，致失人和"⑦；命令刘端冕"申明纪律，除临阵外不准滥杀，不准奸淫妇女，搜抢财物，烧毁粮食"⑧。对肃州杀降，事后，左宗棠亦颇感遗憾，他在告诫金顺时，总结了这个教训："弟自办军

---

① 《左文襄公全集》书牍，卷一〇，第18页。
② 《左文襄公全集》书牍，卷一四，第3—4页。
③ 《左文襄公全集》奏稿，卷二二，第4页。
④ 《左文襄公全集》书牍，卷二一，第38页。
⑤ 《左文襄公全集》奏稿，卷二八，第49页。
⑥ 《左文襄公全集》批札，卷三，第14页。
⑦ 《左文襄公全集》书牍，卷一二，第1页。
⑧ 《左文襄公全集》批札，卷五，第50页。

务以来,于发捻投诚时,皆力主'不妄杀,不搜赃'之禁令,弁丁犯者不赦。而于安插降众一事,尤为尽心。即如克复肃州时,尚有不能尽行其志者。"① 左宗棠曾说,"就秦陇大局而言,其终必归于抚"②,这可以说是他处理陕甘问题的一个着眼点。

为了实现"远大之规",左宗棠非常重视办理陕甘的善后。善后措施的首要项目是编制户口,恢复生产。

清军进攻陕北时,"榆、绥各属难民、降众计男妇大小不下二三十万口"③,为安置这部分难民、降众,左宗棠从十分紧张的军饷中拨出白银三万两交知州成定康,作为救赈、安置之用。同治八年(1869),又在泾、庆地区"设赈局,招流亡,垦荒地,给牛、种,兵屯、民屯交错其中,且战且耕"④。

安置流亡甘肃的陕西回民还要更复杂些。陕西原有回民约七八十万,绝大部分死于战乱。幸存者中,除西安尚保留二三万人外,"余则尽族西行……即合金积堡、河州、狄道、西宁、凉州等处见剩陕回计之,丁口亦不过数万"⑤。如何安置这部分散居甘肃各地的五六万陕回,为几成废墟的西北地区保存一部分劳动力,是一个迫待解决的问题。

左宗棠决定把这部分回民就地安插于甘肃,在平凉的大岔沟一带安插数千人(从固原迁去);在平凉的化平川安插一万余人(从金积堡迁去);在平凉、会宁、静宁、安定等地安插一万余人(从河州迁去);在平凉、秦安、清水等处安插两万余人(从西宁迁去)。每安插一起,先造户口清册,编给门牌,经左宗棠亲自批准后,再由地方官拨无主荒地允其耕种。对这部分回民的迁徙、安插工作,左宗棠做得很用心、很细致,不但注意选择安插地点,而且认真筹划发放籽种、耕牛、农具和行粮(即途中口粮)。进攻宁夏时,左宗棠迁固原陕回数千人于平凉大岔沟,"均给以赈粮、牲畜、籽种,课其耕作"⑥;办理河州移民时,"皆给以赈粮,大口每日八两,小口每日五两。其迁出稍晚,尚能播种粟糜、荞麦者,照所恳地亩给以籽种;其节候已过不及下种者,令其尽力耕垦,以待明春。所需农器及各器具必不可少者,一律酌给"⑦。

为恢复宁夏一带的农业生产,在金积堡之役后,左宗棠从缴获中拨出一笔钱作修整水渠之用;以后又在经费万分困难的情况下,从军饷中借拨湘纹银三千两以修复汉渠;河州之役结束后,左宗棠指示知州潘效苏,要他特别注意办好善

---

① 《左文襄公全集》书牍,卷二一,第39页。
② 《左文襄公全集》书牍,卷一〇,第17页。
③ 《左文襄公全集》奏稿,卷三〇,第19页。
④ 曾毓瑜:《征西纪略》卷二,《回民起义》(Ⅲ) 第32页。
⑤ 《左文襄公全集》批札,卷五,第50页。
⑥ 《左文襄公全集》奏稿,卷三六,第39页。
⑦ 《左文襄公全集》奏稿,卷四一,第63页。

后:"河州民人既倾城求抚,即当开诚抚治。无论汉、回、番民,均是朝廷赤子,一本天地父母之心待之,俾各得其所,各遂其业"①。同时,他还派王德榜一军驻扎狄道、安定一带,垦田自给。王德榜经左同意在狄道开渠灌田,费时一年,完成了此项水利工程,在抹邦河上游筑坝一道,阻住来水,坝高三丈有奇,宽二十丈;另开新渠,引水灌溉田亩,"并于狄城南川一带,开挖支渠十一道,川北一带,开挖支渠七道。所有南北两川民田,均可以资溉灌"②。

当然,左宗棠的安插工作也并非一帆风顺,但他以坚韧不拔的毅力,雷厉风行的作风排除了各种阻力。有些汉族豪绅、土棍往往对已安插的回民伺机报复,左宗棠立即"饬府县随时惩办,断不令仍蹈恶习,致启衅端"③。同治十年(1871)春,宁夏府灵州汉族豪绅吕廷桂、苗维新因讹诈回民未遂,竟狂妄要求刘锦棠"派兵抄洗";同时阻挠难民承领耕牛、籽种,又散播种种流言,或说清军要杀尽回民,或说"官爱回民,不爱汉民"。对种种拙劣的挑拨,左宗棠进行了严厉打击,立即将吕廷桂就地正法,并令老湘军将领肖章开把苗维新押赴自己的行营惩办。④

在处理复杂的民族问题上,左宗棠比其他的封建官吏显然高出一筹。他注意保持回族原有的风俗习惯,反对"同化"政策。留坝厅县丞赵履祥曾建议安插回民时"令与汉族联亲,开荤食肉,意在用夏变夷",左宗棠在批文中驳斥说:"然独不闻'修其教不易其俗,明其政不异其宜'乎!有天地以来,即有西戎,有西戎以来,即有教门。所应禁者新教,而老教断无禁革之理。"⑤对回民修建清真寺的要求,他批示说:"回教之建立清真寺,例所不禁。"但为防止将清真寺用于军事目的,规定"高不得过二丈四尺,宽不得逾十丈。头进为大门,两旁为厢房,二进为神堂,供奉穆罕穆德神位;三进为经堂,以藏经典。二进至三进两旁为长廊,以居守庙之人。墙厚不得过二尺五寸,寺内外不得修建高楼,以示限制"⑥。

三

新中国成立后,史家对左宗棠在陕甘屠杀回民给予了揭露和谴责。的确,左宗棠对西北回军的镇压是相当残酷的。金积堡之役,马化龙只身投降,左宗棠仍

---

① 《左文襄公全集》批札,卷四,第45页。
② 《甘宁青史略》正编,卷二四,第5页。
③ 《左文襄公全集》奏稿,卷三九,第53页。
④ 《左文襄公全集》奏稿,卷三九,第45页。
⑤ 《左文襄公全集》批札,卷五,第25页。
⑥ 《左文襄公全集》批札,卷四,第18-19页。

不放心，他上奏朝廷，认为"暂若从宽，必滋后患"①，终于指示刘锦棠在同治十年正月十二日（1871年3月2日），将马化龙及其兄弟、子侄、精悍部众1800余人（包括重要头目80余人）全部处死；② 同治十二年九月十五日（1873年11月4日），肃州回军首领马文禄至左宗棠大营投降，但8天后，左宗棠即将马文禄、马文福等主要头目处死。同时，处决回军骨干1573人。当天夜晚，清军又入城纵火，对赤手空拳的回民进行了残酷屠杀，"枪轰矛刺，计土回五千四百余名"，"即老弱妇女亦颇不免"。③ 此次杀降之举，是左宗棠直接指挥的，从而在他个人的历史上留下了极不光彩的一页，这些罪责既毋庸讳言，更不应为之开脱。

但是，在谴责左宗棠的这一罪责时，应该事实求是，不能缩小，也不应夸大。过去，有些著作说"左宗棠是极端反动的屠户"，"以空前残暴面目自鸣得意"，如此提法显然不妥。又有人把陕甘地区千里荒芜，人口锐减，说成是左宗棠一手制造的，这也有悖于历史事实。实际上，陕甘地区遭严重破坏，是多方面因素形成的，其中既有汉、回封建主煽动、挑拨的民族仇杀，也有左宗棠来陕之前某些清军将领的野蛮血洗。

由于清政府采取"以汉制回""护汉抑回"的反动民族政策，加之汉、回封建主的挑拨，在陕甘一带汉回械斗频繁，"几于无岁无处无之"④。其中，汉族地主和在籍官僚组织的团练，更成了民族仇杀的主要工具，比如陕西团练大臣张芾统率的汉族地主武装"杀的回民最多，也最惨"⑤；甘肃地主团练也扬言"见回不留"，大杀回民。⑥ 同治二年（1863）六月，在狄道州城发生了屠回惨案，"烧城内礼拜寺回民屋宇五百余户。家小四千余口，焚杀尽净"⑦。反过来，在回族封建主的煽惑下，回民武装同样大肆屠杀汉族劳动人民，如陕西长安县六村堡，原来"著名富足，居民万人，避难之民附之，又添数千口"⑧，同治元年（1862）六月，被回军攻破，"堡中屠戮殆尽"⑨；同治二年正月，回军攻占甘肃固原州城，八月，又破平凉府城，"屠戕民人惨酷殊甚。平凉为甘肃中路大郡，承平时，城内外烟户不止数万，乱后仅存四十七户，男女丁口不

---

① 《左文襄公全集》奏稿，卷三七，第64页。
② 《平回志》卷五，《回民起义》（Ⅲ）第167页。
③ 《平定关陇纪略》卷一二，《回民起义》（Ⅳ）第185页。
④ 金湜涛：《秦陇回务纪略》卷一，《回民起义》（Ⅳ）第216页。
⑤ 单华普：《陕甘劫余录》，《回民起义》（Ⅲ）第315页。
⑥ 单华普：《陕甘劫余录》，《回民起义》（Ⅲ）第313页。
⑦ 《平回志》卷三，《回民起义》（Ⅲ）第111页。
⑧ 《平定关陇纪略》卷一，《回民起义》（Ⅲ）第253页。
⑨ 《平定关陇纪略》卷一，《回民起义》（Ⅲ）第254页。

满七百，纵横数百里，烟火寂然"①；同治二年十月，宁夏府城被回军攻占，"城中汉民屠戮罄尽"②；同治四年（1865）正月，"凉州东关厢回放火烧民房，与汉民互斗，杀伤民商甚众"③；同治五年（1866）十一月，洮州厅城被回军攻破，"尽杀城内汉民数十家"④；又马文禄占据肃州城，开始"城内汉民尚三万余口"，经马文禄等的屠杀后，"仅存老羸男妇千一百余口"⑤。

再有，在左宗棠进入陕甘之前，多隆阿、穆图善等指挥下的陕甘清军亦曾大肆屠戮回民。同治二年春，多隆阿部攻破陕西大荔羌白镇、王阁村，竟使这些回军据点"尸山积，流血成川"⑥，据说这一役"杀回万余，俘获无算"⑦；同治三年（1864）八月，多隆阿的部下雷正绾、陶茂林等攻破甘肃平凉、张家川，也曾屠杀回民一万以上⑧，类似这种大规模屠戮的记载还有一些。显然，这些账都不能记在左宗棠名下。

左宗棠在陕甘采取"剿抚兼施"的政策和恢复生产的善后措施，并适当地调整了阶级关系、民族关系，无疑是从巩固统治阶级的根本利益出发，具有残酷性和欺骗性的一面。但也应当看到，左宗棠在陕甘的善后措施对促进这一地区社会生产力的恢复和发展，确实起了积极作用，为复苏濒临绝境的陕甘经济创造了条件，提供了保证。左宗棠在一份批札中提及甘肃经济恢复的情况时说："五六年来，残破地方渐次归业，斗价以次平减，泾、平、秦、兰、凉、宁夏各属，净面每斤值银一分上下，核与当年承平时期相似，始愿亦不及此。"⑨光绪初年，有人从新疆回粤，记述途中见闻时也说："自入陇所见，民物熙熙，一片升平景象，竟若未经兵燹者。"⑩ 这种描绘自然有片面、溢美之处，但它毕竟可以说明陕甘经济有了某种程度的恢复。

在处理复杂的民族问题时，相比之下，左宗棠也少有民族偏见，这在封建官吏中是难能可贵的。对这一点，当时回民亦颇有好感，某些地区，回民称左宗棠为"左阿訇"即是一例。又比如，20世纪30年代，一位甘肃平凉的老阿訇马六十曾口述了一段流行于回民中的材料："甘肃河州一带，一部分回民颇与左宫保有好感，至今每逢一事不决，尚说：'左宫保的章程，一劈两半。'盖

---

① 《左文襄公全集》奏稿，卷三八，第53页。
② 《平定关陇纪略》卷一，《回民起义》（Ⅲ）第283页。
③ 《平回志》卷三，《回民起义》（Ⅲ）第118页。
④ 《平回志》卷三，《回民起义》（Ⅲ）第128页。
⑤ 《平定关陇纪略》卷一二，《回民起义》（Ⅳ）第185页。
⑥ 《平回志》卷一，《回民起义》（Ⅲ）第68页。
⑦ 《征西纪略》卷一，《回民起义》（Ⅲ）第25页。
⑧ 《平回志》卷一，《回民起义》（Ⅲ）第114页。
⑨ 《左文襄公全集》批札，卷六，第12页。
⑩ 《刘坤一遗集》第四册第1838页，中华书局1959年版。

左在所谓平乱时,遇回汉之争,尚能折衷办理也。"① 对这些来源于西北回民之口的第一手材料,是应该予以注意的。我们在分析左宗棠的民族政策时,当然要看到它的阶级实质,要揭示其维护和巩固封建统治秩序的目的,但也不应忽视其中尚可肯定的一面。如果只简单地用"欺骗政策"来概括一切,则似有偏颇之嫌。

(载《湖南师大学报(哲学社会科学版)》1985年第2期)

---

① 单化普:《陕甘劫余录》,《回民起义》(Ⅲ)第310页。

晚清海权观的萌发与滞后

近代海军意识和海权维护问题，是清史研究特别是新《清史》① 纂修中的一个不可回避的问题。研究、探索清代（特别是晚清）的海洋观和海权观，总结历史的经验教训，对当今新修《清史》的推进必然具有积极意义。在新修《清史》的五大部分中，无论是"通纪"（如其中的第七卷"图强"）、"典志"（如其中的"兵制""西学志""思想文化志""对外贸易志""近代实业交通""科学技术志"），还是"传记"（涉及道光朝、咸丰朝、同治朝、光绪朝的相关人物）、"图录"（如"军事卷"），有关篇幅无不涉及这些内容。本文仅从海洋意识及海权维护的角度略抒浅见，为新修《清史》提供必要的参考，并求教于方家。

一

面向海洋，走向海洋，是近代世界强国发展的必由之路。而近代中国海洋意识的觉醒却经历了一个曲折、漫长的过程。

中国是世界海岸线最长的国家之一，海洋也是中华文明赖以成长、发展的一个不可或缺的条件。中华民族在造船航海方面所取得的成就，历史上曾列世界之首。早在宋代，海船已采用了水密隔舱，从而大大增强了船体的抗沉性，而欧洲直到18世纪才出现类似的造船技术，比中国整整晚了六七百年；北宋末年，指南针已应用于舟师航海，有记载说："舟师识地理，夜则观星，昼则观日，晦阴观指南针。"② 明初郑和七下西洋，舰队中最大的"宝船"，"长四十四丈，宽十八丈，张十二帆，可载千人"，"体势巍然，巨无与敌"。③ 船队横跨印度洋，直至非洲东海岸，堪称世界航海史上的空前壮举，也标志着中国海洋事业的发展与成就达到了当时世界的高峰。但从此以后，中国航海事业迅速走向衰落，并与西方新兴航海大国逐步拉开距离，不但造船业一蹶不振，而且水师建设也处于停滞甚至退化之中。中国的海权意识长期未能形成，究其原因，主要有三点。

首先，中国自古以农立国，历朝历代基本上采取"重农抑商"政策，商品经济受到人为的阻碍。商品经济不发达就使得建立强大海上力量缺少经济动因。

---

① 2002年8月，中国启动了新世纪标志性的文化工程——《清史》纂修，这成为新中国成立以来最大的国家级文化工程。
② 〔宋〕朱彧：《萍洲可谈》卷二。
③ 〔明〕巩珍：《西洋番国志》自序，中华书局2000年版。

郑和下西洋主旨在扬威异域、"德柔远人"，虽然也有物品交换，但并非真正意义上的商业贸易，这与16世纪后西方国家因商业贸易的发展而兴起的海洋事业是不可同日而语的。

其次，与中国传统文化的影响有关。在中国几千年的封建社会中，儒家思想一直占据主导地位，人伦、德化成为人们处世的规范，所谓"六合之外，圣人存而不论"，所谓"父母在，不远游，游必有方"的思想禁锢着有志之士的头脑，这对中华民族向海洋开拓进取形成了一种巨大的精神束缚。

最后，明、清两代推行"海禁"政策，使闭关自守、重陆轻海的倾向占据主导地位。为了巩固统治和防止倭患，明朝长期实行"海禁"，一方面不许外邦人来华互市，另一方面严禁国人私自出海贸易，凡有犯者，"正犯比照谋叛行律号斩，仍枭首示众，全家发边卫充军"[1]。清朝则继承并发展了这一政策，为了防范和消灭东南沿海的抗清势力，顺治十二年（1655），清廷下达不准擅自出海的命令，翌年，正式颁布禁海令："凡沿海地方口子，处处严防，不许片帆入口、一贼登岸，如有疏虞，专汛各官即以军法从事，督抚提镇并议罪。"[2] 直到台湾郑氏势力瓦解后，清廷才开海禁，并开放澳门（后移广州黄埔）、漳州、宁波、云台山对外贸易。乾隆二十二年（1757）年底又宣布只许在广州一口通商。对百姓出洋、制造海船、货物出口均严加限制，这样一种严格限制中外交往的隔离政策一直延续到鸦片战争以前。清朝统治者限制中外交流、故步自封的鸵鸟政策捆住了自己的手脚，使中国失去了赶上世界潮流的大好时机，终于导致了近百年的民族屈辱。

当然，明清以来在海权意识方面也并非没有先知先觉者。明嘉靖年间（1522—1566）福建诏安人吴朴曾刊刻了一本名叫《渡海方程》的书，他提出要从北起鸭绿江，南至波斯湾的海岸线上"置都护府以制之"[3]，意在加强对海外贸易的控制，保护海商利益。这无疑是中国历史上第一次提出关于海权的主张，但朝廷没有理睬。这本书后来也失传了，这一声中国人对海权的最初呐喊，并未激起什么涟漪，就无声无息地自生自灭了。

二

19世纪中叶，鸦片战争爆发，西方殖民强国用坚船利炮从东南海上轰开了中国的大门，震撼了清廷朝野，面对"数千年来未有之变局"，"数千年来未有之强敌"（李鸿章语），中国才开始萌发了近代海防观念。

---

[1] 〔明〕陈仁锡：《皇明世法录》卷七五"私出外境及违禁下海"条，台湾商务印书馆1965年版。
[2] 《光绪大清会典事例》卷七七六《刑部·兵律关津》。
[3] 原书已佚，参见董毂《碧里杂存》下卷《渡海方程》。

被史家称为"开眼看世界第一人"的林则徐不但多次论及发展海洋经济有益国计民生,而且与魏源相继提出了较为长远的海防大计。在鸦片战争前期,为避敌之长,林则徐力主"以守为战",但随着战局的发展,他调整了自己的认识,提出了长远的海防方针:"要之船、炮、水军断非可已之事,即使逆夷逃归海外,此事亦不可不亟为筹画,以为海疆久远之谋。"① 又说,如我"有船有炮,水军主之,往来海中,追奔逐北,彼所能往者,我亦能往"②。而魏源则在林则徐的基础上进一步探讨了海防问题,他不但提出了"师夷长技以制夷"的著名论断,而且设想要建立一支统一的新式海军舰队:"合新修之火轮战舰,与新练水犀之士,集于天津,奏请大阅,以创中国千年水师未有之盛。"③ 只可惜林、魏有关巩固海疆的"久远之谋"只能表达于个人著述和私下通信之中,当权者则漠然视之,不屑一顾。

直至所谓"自强新政"(学界亦称之为"洋务运动")兴起后,刚刚萌发的近代海防意识才得到进一步发展,并进入有见识的地方督抚及清廷决策者的视野,最后被逐步付诸海防实践。同治三年(1864)十月,时任江苏巡抚的李鸿章致函总理衙门,指出西方列强已"辏集海口","深入长江",中国一无足恃,未可轻言抵御,则须以求洋法、习洋器为自立张本。④ 李鸿章还附抄上海道丁日昌的一封密禀,丁在密禀中建言"建设制造夹板火轮船厂",总理衙门称之为"识议闳远"⑤。同时,闽浙总督左宗棠也在考虑仿制轮船,并于同治五年(1866)夏上疏清廷,阐明加强海防的重要性:"自海上用兵以来,泰西各国火轮、兵船直达天津,藩篱竟成虚设,星驰飚举,无足当之","欲防海之害而收其利,非整理水师不可;欲整理水师,非设局监造轮船不可"。左宗棠认为当西方列强争雄海上、争夺海权之际,中国不能无动于衷,自甘落后,他形象地比喻说:"彼此同以大海为利,彼有我挟,我独无之。譬犹渡河,人操舟而我结筏;譬犹使马,人跨骏而我骑驴,可乎?"⑥ 左宗棠已经认识到建设一支近代海军不仅是加强海防、抵御外侮的需要,也是"防海之害而收其利"的需要,这无疑是近代中国人逐步树立海洋意识的一个新突破。当然,左宗棠当时对"海洋之利"的内涵认识还比较肤浅,但应该说已经有了初步的海权意识。

同治七年(1868),江苏巡抚丁日昌草拟了一份《海洋水师章程》,总共六条。其主要内容是:外海水师必须配备大号火轮船,先购自国外,再设厂自造;

---

① 林则徐:《致吴嘉宾》,《林则徐全集》第7册《信札》,海峡文艺出版社2002年版,第288页。
② 林则徐:《致苏廷玉》,《林则徐全集》第7册《信札》,海峡文艺出版社2002年版,第291页。
③ 魏源:《海国图志》卷二《筹海篇》。
④ 《海防档》(丙)《机器局(一)》,第3页。
⑤ 《海防档》(丙)《机器局(一)》,第6页。
⑥ 左宗棠:《拟购机器雇洋匠试造轮船先陈大概情形折》,《左宗棠全集·奏稿三》第60、61、63页,岳麓书社1989年版。

沿海择要建筑新式炮台；在沿海选练陆兵，配合水师防海；选拔德才兼备者任沿海地方长官；建立北洋、东洋、南洋三支新式海军，"每洋各设大兵轮船六号，根钵轮船（炮艇）十号"，"拟设北、南、东三洋提督"，彼此呼应，联成一气；设立制造局，作为新式海军的基础。① 丁日昌的六条章程迟迟未能上呈，直到四年后（1872）才由广东巡抚张兆栋代为陈奏。丁日昌的条陈，在晚清时代首次具体规划了建设中国近期海军海防的方案。

进入19世纪70年代，欧美有关海防建设的理论正式传入中国。同治十三年（1874），德国人希里哈的《海防新论》（1868年在伦敦出版）由江南制造局译成中文出版（英人傅兰雅译，华蘅芳述），这是一部从军事上总结美国南北战争成败得失的理论著作。希里哈认为，南方失败的原因是没有采取积极的海上防御。该书的主导思想在于必须以积极的海上防御措施取代传统的海防手段。这部书的翻译出版立即在中国政界产生了重要影响，并成为中国海防建设的重要理论来源。

其时，正值日本入侵台湾岛，一个刚刚起步学习西方的东洋岛国也敢打上门来，不能不使清政府极为震惊，正如总理衙门的奏折所说："以一小国之不驯，而备御无策，西洋各国之观变而动，患之濒见而未见者也。倘遇一朝之猝发，而弭救更何所凭？"② 为此，总理衙门认为，必须积极筹措海防，并提出练兵、简器、造船、筹饷、用人、持久等六条应变措施。清廷遂命沿海沿江督抚、将军筹议，这就是中国近代第一次海防大讨论（史称"海防议"）。在讨论中，北洋通商大臣兼直隶总督李鸿章、两江总督刘坤一、山东巡抚丁宝桢等都直接引用了《海防新论》的基本观点，特别是李鸿章，本来就强调近海防御，曾说："我之造船，本无驰骋域外之意，不过以守疆土、保和局而已……庶无事扬威海上，有警时仍可收进海口，以守为战。"③ 因此，对希里哈有关近海重点防御的论述极为欣赏。他在其著名的《筹议海防折》（同治十三年十一月初二日）中，就吸收了希里哈的不少见解，该折说："查布国（即普鲁士——引者）《海防新论》有云：'凡与濒海各国战争者，若得本国所有兵船径往守住各海口，不容其船出入，则为防守本国海岸之上策；其次莫如自守，如沿海数千里，敌船处处可到，若处处设防，以全力散布于甚大之地面，兵分力单，一处受创，全局失势。故必聚集精锐，以保护紧要数处，即可固守'等语，所论极为精切。"结合当时中国实际，李鸿章认为由于海军力量薄弱，"上策固办不到，欲求自守，亦非易言"，只能"守此最要（指大沽、北塘、山海关——引者）、次要（指吴淞至江阴——

---

① 宝鋆等：《筹办夷务始末》（同治朝）卷九八，中华书局1979年版，第23页。
② 宝鋆等：《筹办夷务始末》（同治朝）卷九八，中华书局1979年版，第20页。
③ 李鸿章：《李文忠公全书》奏稿，卷十九，第47-48页。

引者）地方"。① 李鸿章倡导重点设防的守势战略，就是直接受到《海防新论》的影响。

在讨论中，还有一种完全反对加强海防的意见。通政使于凌辰说："但修我陆战之备，不必争利海中也。"② 大理寺少卿王家璧甚至认为对于军舰、水雷"不但毋庸购买，亦不必开厂制造，更毋庸往外国制造，以杜浮冒之门，以留意急需之饷"③。真是奇谈怪论！时任陕甘总督的左宗棠正在筹划收复新疆的事务，非常担心"暂缓西征，节饷以备海防"，遂明确提出了"东则海防，西则塞防，二者并重"。④ 这一观点为清政府所采纳，从而在国防战略上确立了海洋与大陆同等重要的原则，也使海防在国防指导方针中取得了应有的地位。从此以后，清廷决定由李鸿章、沈葆桢分别主持北洋与南洋防务，开始成规模地筹建近代海军。1874—1884 年的十年间，北洋、南洋、福建、广东四支海军规模初具。

"海防议"后的十年，晚清海军有了初步发展，但与西方列强相比，仍然差距悬殊，这一点在中法战争（1883—1885）中暴露无遗。当时，法国舰队横行东南海域，福建水师被封锁在马尾港内，被动挨打，以致全军覆没；南、北洋海军也无一可恃，甚至连台湾海峡都难以涉渡。由于法国舰队严密控制了台湾海峡，时任督办福建军务的左宗棠，不得不在没有轮船运输、没有军舰护航的情况下，冒险派遣三营陆军"扮作渔人，黑夜偷渡"⑤，以增援台湾。

中法战后，清廷痛定思痛，急谋有所改善。光绪十一年（1885）六月发布谕旨说："当此事定之时，惩前毖后，自以大治水师为主。"⑥ 并命各沿海督抚各抒己见，这就是第二次"海防议"。

当时参加海防建设讨论的计有：东阁大学士、钦差大臣、督办福建军务左宗棠，文华殿大学士、直隶总督兼北洋通商大臣李鸿章，福建将军穆图善，兵部尚书、钦差大臣、办理广东军务彭玉麟，两江总督兼南洋通商大臣曾国荃，两广总督张之洞，闽浙总督杨昌浚，督办台湾军务刘铭传，兵部左侍郎黄体芳，会办北洋军务吴大澂以及延茂、秦钟简、李元度、叶廷春等人。在这次讨论中，李鸿章强调要参考西方国家"海部成例"，专设海军衙门，"其根柢固而事权一，然后水师可治"⑦。左宗棠临终在其遗折中亦要求设海防全政大臣（或曰海部大臣），"凡一切有关海防之政，悉由该大臣统筹全局，奏明办理"⑧。张之洞认为"战守

---

① 李鸿章：《李鸿章全集》第 6 集《奏议六》第 162 页，安徽教育出版社 2008 年版。
② 中国史学会主编：中国近代史资料丛刊《洋务运动》（一）第 122 页，上海人民出版社 2000 年版。
③ 《洋务运动》（一）第 133－134 页。
④ 《左文襄公全集》奏稿，卷四六，第 32 页。
⑤ 《左文襄公全集》奏稿，卷六三，第 44 页。
⑥ 引自张侠等编：《清末海军史料》（上），第 50 页，海洋出版社 1982 年版。
⑦ 《洋务运动》（二）第 571 页。
⑧ 张侠等编：《清末海军史料》（上），第 57 页。

两事，义本相资，故必能海战而后海防乃可恃"，他提出要设立北洋、南洋、闽洋、粤洋四大海军，"每支设海军统领一员，左右翼分统各一员，辖于统领"，"或即名为某洋海军提督，左右翼均听该洋面提督节制调遣，而统隶于京师"。①吴大澂则强调今昔防海政策之不同："昔之防海，专恃陆军布置在海口以内，今之防海，宜大治水师经营在海口以外。"②

　　第二次海防建设大讨论的结果，是得出了"目前自以精炼海军为第一要务"的结论。其具体措施是决定成立"总理海军事务衙门"，以统一海军指挥，加强海防的整体建设。当年十月十二日，慈禧发布"懿旨"，批准成立海军事务衙门，以醇亲王奕譞总理海军事务，以奕劻、李鸿章为会办，善庆、曾纪泽为帮办。十二天后，海军衙门正式办公。同时，决定集中使用并不宽裕的海防经费，"与其长驾远驭，难于成功，不如先练一支，以为之倡"③。正是在这样的背景下，光绪十四年（1888）九月正式奏定了《北洋海军章程》，丁汝昌被任命为北洋海军提督，毕业于马尾船政学堂、后又留学英国的林泰曾、刘步蟾分任左、右翼总兵。北洋海军正式成立，共有舰艇25艘，总排水量约40000吨，再加上南洋、福建、广东三支海军，至甲午战前，中国海军共拥有大小舰艇78艘，总吨位80000余吨，成为一支相当可观的海上武装力量。对此，李鸿章颇为得意，他在一份给朝廷的奏折中曾说："综核海军战备，尚能日新月异，目前限于饷力，未能扩充，但就渤海门户而论，已有深固不摇之势。"④诚然，李鸿章对北洋海军实力的估计颇有自我吹嘘的意味，但也不能不看到，19世纪八九十年代清廷在海防建设上确实取得了一定成效。

三

　　中国海军力量的加强，自然会引起国际上的关注。1889年，美国海军部长本杰明·富兰克林·特雷西（Benjamin Franklin Tracy）在他的一份年度报告中说：中国的海军实力列世界第九位，排在英、法、俄、德、荷兰、西班牙、意大利、土耳其之后，而排在美国和日本之前。⑤岂料这一海军建设的成就不但没有成为继续加强海防建设的动力，反而成了清政府不思进取的包袱。正如李鸿章所说："中国自十四年北洋海军开办以后，迄今未添一船。"⑥那么，何以至此呢？

---

① 《清末海军史料》（上），第51页。
② 《清末海军史料》（上），第59页。
③ 《总理各国事务衙门遵旨会议海防折》，载张侠等编《清末海军史料》（上），第59页。
④ 《李文忠公全书》奏稿，卷七二。
⑤ In Peace and War: Interpretations of American Naval History (1775—1984).
⑥ 《李文忠公全书》奏稿，卷七八。

晚清海军之所以不能真正强大起来，从根本上说是制度和观念的问题。腐败、落后的封建专制体制，保守、不思开拓进取的传统观念，特别是对海洋战略格局的漠视和近代海权意识的淡薄，导致了国防战略的严重失误，因此，在近百年的历史上，中国长期处于落后、耻辱的地位，很难摆脱被动挨打的局面。在发展近代海军的过程中，最高统治者的认识与决策无疑起着极其重要的作用，正如美国海权论学者马汉所说："具有各种相应机构的政府的特定形式，以及此一时或彼一时的统治者的特征，对于海权的成长已经产生了十分显著的影响。"[①] 清朝统治者昧于天下大势，贪图安逸，缺乏远图，没有自立于世界之林的决心和勇气，一旦稍有成就，就满足现状，故步自封，并不宽裕的海军经费经常被挪作他用。还在海军衙门成立之初（1886年1月），慈禧为修三海工程，就谕令向海军存款中"借银四十万两，以资应用"[②]。光绪十四年（1888）冬，作为海军衙门总理大臣的醇亲王奕譞为讨好慈禧太后，竟以海军经费名目，通过李鸿章向两江、广东、四川、湖北、直隶筹得白银260万两，其息银则备颐和园工程之用。李鸿章电函海军衙门说："令自明年起分批解津，随时转解。钧署暂勿提生息，此款随到随解随用，恐难久存。"[③] 光绪十五年（1889）7月，会办海军衙门大臣奕劻奏准，自该年为始，每岁拨银30万两用于颐和园工程。由于经费支绌，北洋水师不但从1888年起就不再购置新的军舰，而且户部还于1891年决定两年之内暂停购买北洋武器，致使海防建设处于停滞状态。北洋海军在远东的领先地位逐渐被迅速崛起的日本海军所取代。

日本海军的发展则完全是一种有计划、有目标的军备扩张。开始他们制订了一个26年的造舰计划，1882年又修改成8年计划，决定每年投资330万日元，到1890年造成大小舰船48艘。4年后，再次修改计划，准备到期建成舰船54艘。1891年又提出一个9年计划，拟建造铁甲舰4艘，巡洋舰6艘。为了筹措庞大的海军经费，日本政府一方面发行公债，鼓励捐款。同时，明治天皇要求全体文武官员除有特殊情况外，一律缴纳1/10的薪金，充作海军经费。天皇本人也率先垂范，于1887年从皇室公帑中支出30万日元资助海军建设，从1893年起的6年中，又总共支出了180万日元。这与清朝政府统治者将海军经费挪作园工之用以满足慈禧的享乐私欲有天壤之别。

到甲午战前，经过20多年的苦心经营，日本海军已拥有中等以上战舰32艘，总排水量达59000多吨，而且在作战机动性和海上进攻能力上有了很大提高，其实力已超过了北洋舰队。清政府终于因在海防建设上的短视与盲目性而自食苦果。

---

① 马汉著，萧伟中、梅然译：《海权论》第59页，中国言实出版社1997年版。
② 《德宗景皇帝实录》卷二二一，载《清实录》，第54册第1096页，中华书局1987年版。
③ 《李鸿章全集》第22集《电报二》第419页，安徽教育出版社2008年版。

除了经济因素的制约以及腐败、落后的封建专制体制外,影响晚清海军、海防事业发展的另一个重要因素就是海权观的滞后,是海军战略的消极、保守。19世纪70年代中期,面对日本的崛起和威胁,在《海防新论》的影响下,清政府的国防战略由"专防内地"向"海口防御"转变。这种海口重点设防思想虽有一定实用价值,但从海权控制角度看却是消极保守的。然而,这一消极保守战略在中国国防建设实践中却一直占据主导地位,直至甲午战争爆发,李鸿章的海军战略仍始终坚持"以守为战""保船制敌",这自然限制了晚清海军建设的规模和发展方向。

在西方,从18世纪以后,随着海军的发展向近代过渡,重视制海权的军事战略已经问世。到19世纪末,美国杰出的海洋理论学家马汉(Alfred Thayer Mahan)提出了"制海权决定一个国家国运兴衰"的思想,从而直接促成了德、日、美诸国海军的崛起。①

马汉关于制海权问题的论述马上引起了正积极向外扩张的日本的密切关注。日本不仅紧急组织翻译出版了马汉论海权的著作,还将《海权对历史的影响,1660—1783》等著作列为军事学校、海军学校的教科书,并作为海军军官的必读书,人手一册。日本政府甚至试图聘请马汉任日本海军的特别顾问。相反,在中国,马汉的海权理论却受到冷落,直至清朝覆亡后17年(1928),比较全面介绍海权思想的论著《海上权力论》(林子贞著)才面世,这离甲午战争已过去了30多年。

在甲午战争中,当时号称"亚洲一流"的北洋舰队全军覆没,这不能不发人深省。

甲午战后,面对岌岌可危的时局,一些官员提出要重整北洋海防,重建北洋舰队。湖广总督张之洞强调:"今日御敌大端,惟以海军为第一要务……无论如何艰难,总宜复设海军"②。清政府采纳这一建议,通过购买西方军舰,至1899年又恢复了北洋水师的建置。但这时的清朝海军已经是江河日下,一蹶不振了。

不过,在清朝灭亡的最后两三年中,有件事还值得一提,那就是广东水师提督李准率军舰巡视南海,以宣示主权。当时,法、英、日本等国正虎视眈眈,觊觎我国南海诸岛,已统治安南(今越南)的法国殖民者更利用自己的地理优势,妄图侵占我国西沙、南沙几个主要岛屿。法国驻安南总督茹尔内竟向清政府发出照会,宣称这些岛屿是安南的领土。其实,这是完全违背历史事实的。早在千年以前的宋代,就有我国居民在西沙、南沙诸岛上捕鱼、种菜、植树。约400多年前(明朝初年),中国水师已在这些岛屿上勒石刻碑为疆,这一铁的事实在清朝

---

① 马汉著,萧伟中、梅然译:《海权论》第38页,中国言实出版社1997年版。
② 张之洞:《张文襄公全集》奏稿,卷二四。

雍正初年的《神州海域志》上已有明确记载。为重申我国对于南海的主权，李准奉命率"伏波""振威""琛航"三艘陈旧军舰驶往南海，并曾到达曾母暗沙附近。以上三艘木质小军舰都是由福建船政局制造，下水已有三十七八年了，在1884年的马江海战中，"伏波""振威"被击沉，"琛航"被击伤搁浅，战后经打捞、修理后转给广东水师。这样一支陈旧、羸弱的海军小分队竟然也敢驶向大洋，去巡视祖国的南海海疆，回击侵略者霸占我国海疆的图谋，其意义是不言而喻的！官兵们的爱国精神可嘉，但晚清海军的衰败则可叹！海权观念的滞后亦可悲！

　　对于海权观念，晚清时期的统治者迟迟未能觉醒，对海洋国土、海洋资源、海上交通线、海上贸易的竞争几乎处于懵懂状态，一无所求。淡薄的海洋观念以及对海洋权益的漠视把清廷国防战略的制订引向了歧途，而且对我国维护海洋权利和利益的事业造成了长期的、消极的负面影响，这是我们今天仍不能不深刻反思的。

　　须知，没有海洋观念的觉醒，就不会有发展近代海军的自觉。海洋权益是国家领土向海洋延伸而形成的权利，属于国家主权的范畴。没有维护海洋权益的勇气和进取精神，就不会有海洋大国的地位。21世纪是海洋的世纪，今天中国的发展不仅要依靠陆地国土，也需要捍卫海洋权益，从海洋上退却，损害的将是中华民族的根本利益。

（载《社会科学战线》2010年第10期）

"海防与塞防之争"浅析

19世纪70年代中期,清政府内部出现了"海防"与"塞防"之争。关于这场争论的性质,过去有一种流行说法,即认为它是争权夺利的派系斗争。近来,有同志提出不同看法,指出这是一场爱国与卖国的论争,孰是孰非?到底如何评价?还需要做进一步探讨。本文拟就这场争论的起因、内容、性质、意义谈几点浅见。

同治年间(1862—1874),清朝统治者镇压了以太平天国为中心的农民起义运动,勉强渡过了国内危机;在对外关系上,以不平等条约为基础,也出现了一个所谓"中外相安,十年无事"(曾国藩语)的时期,这就是统治阶级自吹自擂的"同治中兴"。但这种苟且偷安的局面并没有能持续多久,1874年,发生了日本入侵台湾事件,虚幻的"安全感"像肥皂泡一样迸裂了,一个刚刚开始学习西方的东洋岛国居然也敢打上门来,使腐败的清政府极为震惊。总理各国事务衙门在同治十三年九月二十七日(1874年11月5日)的奏折中,流露出一种惶惑不安的心情,不得不承认当时的情况是"人人有自强之心,亦人人为自强之言,而迄今仍无自强之实","以一小国之不驯,而备御无策,西洋各国之观变而动,患之濒见而未见者也"。① 为此,总理衙门认为必须积极筹备海防,并提出了练兵、简器、造船、筹饷、用人、持久等六条具体应变措施。同一天,军机处发出"上谕",命直隶、两江、湖广、奉天等地的督抚、将军就总理衙门的奏折详细筹议,限一个月内复奏。

筹办海防需要巨额经费,财政困难、国库空虚的清政府为此煞费周章。1874年12月10日(同治十三年十一月初二),直隶总督李鸿章在"筹饷"的旗号下,公然抛出放弃收复新疆的计划,对已经出关或准备出关的军队,主张"可撤则撤,可停则停。其停撤之饷,即匀作海防之饷"②。首先挑起了这场"海防"与"塞防"之争。

19世纪六七十年代,我国西北边疆确实出现了严重危机。1864年,新疆库车、伊犁等地相继爆发了各族人民起义,但领导权却被宗教和民族上层分子篡夺。结果先后在天山南北建立了五个封建割据政权。新疆的混乱局势引起了某些外国野心家的觊觎,1865年年初,中亚浩罕汗国军官阿古柏乘虚而入,

---

① 《筹办夷务始末》卷九八。
② 《李文忠公全书》奏稿,卷二四,第19页。

侵入我国南疆地区，并于1867年建立了"哲得沙尔"反动政权，残酷掠夺和奴役南疆人民。与此同时，沙皇俄国加紧征服中亚地区，1867年在塔什干城设立了土耳其斯坦总督府，作为奴役被征服民族的大本营和进一步侵略中国的桥头堡。当阿古柏的势力扩张到乌鲁木齐时，沙皇政府竟于1871年夏悍然出兵，武装侵占了我国伊犁地区，并狂妄叫嚣要占领乌鲁木齐，甚至夺取哈密。在清廷内部，一些有远见的政治家和爱国官吏纷纷要求重视"塞防"，收复失地，抗击沙俄侵略。当时主筹西征军饷的陕甘总督左宗棠，在给总理衙门的复奏中就极力告诫：筹办海防时，"凡所筹画，宜规久远"，反对"始事之时，即悉索以供"，以免造成"扶起东边倒却西边"①的严重后果。在地方督抚中，山东巡抚丁宝桢、署山东巡抚文彬、江苏巡抚吴元炳都力陈抗俄的重要性。湖南巡抚王文韶更主张"以全力注重西征"，他敏锐地觉察到沙俄对我国西北的鲸吞是迫在眉睫的事，指出："我师迟一步，则俄人进一步；我师迟一日，则俄人进一日。事机之急，莫此为甚"②。

　　1874年年底，地方督抚对"筹办海防"的复奏已基本汇齐，正准备开始"廷议"时，同治皇帝突然病死，由亲王、郡王、大学士、六部、九卿参加的"廷议"遂推迟到1875年3月。第一阶段的讨论，围绕收复新疆问题已出现了截然对立的意见，第二阶段的"廷议"更远远超出总理衙门的原奏范围，实质上成了收复新疆还是放弃新疆的大辩论。

　　身任文华殿大学士兼直隶总督的李鸿章，声势显赫，大权在握，有相当一部分督抚和廷臣按照他的调门亦步亦趋，连光绪皇帝的生父醇亲王奕𫍯都公开支持他："李鸿章之请暂罢西征为最上之策。"③ 当有人起来反对放弃新疆时，李鸿章更是书来信往，频繁活动，以便对清政府的最后决策施加影响。1875年2月12日（光绪元年正月初七），李鸿章参加完同治皇帝的丧礼回到天津，不顾疲劳立即写信给私交甚厚的河南巡抚钱鼎铭，唆使他"抗疏直陈"，要求从西征前线撤回豫军宋庆部，釜底抽薪，削弱西征部队的实力。果然，在李鸿章挑唆下，钱鼎铭于二月初三日上疏，拟将宋庆一军调回潼关。钱在奏疏中直言不讳地说："直隶督臣李鸿章函详及此，以为关外只宜屯垦缓进，不宜添兵大举，致虞饥溃"④。正月初八，李鸿章又手不停毫，写信给老部下、署江西巡抚刘秉璋，对刘倾向"塞防"痛加斥责，说他"大肆簧鼓，实出期望之外"，攻击主张收复新疆的人是"坐屋内说瞎话"⑤。在一片"停兵撤饷"的吵闹声中，西征的前途和新疆的

---

① 《左文襄公全集》书牍，卷一四，第52页。
② 《筹办夷务始末》卷九九。
③ 中国近代史资料丛刊《洋务运动》（一）第116页。
④ 钱鼎铭：《拟将宋庆所部调回潼关扼札等由》。
⑤ 《李文忠公全书》朋僚函稿，卷一四，第3页。

命运确实令人担忧。值此关键时刻，左宗棠挺身而出，据理力争。他一接让其"通盘筹画，详细密陈"的谕旨，立即上了一道《复陈海防塞防及关外剿抚粮运情形折》，详尽分析了形势，指出："若此时即拟停兵节饷，自撤藩篱，则我退寸，而寇进尺，不独陇右堪虞，即北路科布多，乌里雅苏台等处亦未能晏然。是停兵节饷，于海防未必有益，于边塞则大有所防"。① 左宗棠、王文韶等的正确主张得到了执政的武英殿大学士、军机大臣文祥的支持，文祥认为，"以乌垣为重镇，南钤回部，北抚蒙古，以备御英、俄，实为边疆久远之计"，遂"排众议之不决者，力主进剿"②。一场海防、塞防的大辩论终于以爱国主张的胜利而告结束。1875年5月3日（光绪元年三月二十八日），左宗棠被任命为"钦差大臣，督办新疆军务"，拉开了收复新疆之役的序幕。

在持续半年之久的这场辩论中，争论的焦点主要集中在四个问题上，即："海防"与"塞防"能不能兼顾？从当时形势看，侧重点应放在何处？收复新疆是否"得不偿失"？收复新疆有没有可能？

"海防"与"塞防"的争论是以"筹饷"为导火线的。为筹措海防费，一些人曾先后提出"开采煤矿""整顿盐务""酌提洋税、厘金""内外节用"等开源节流的措施；但李鸿章等，却拒绝从积极方面解决筹饷的困难，他们以财政危机做幌子，把"海防"与"塞防"截然对立起来，反对兼顾二者。李鸿章说："只此财力，既备东南万里之海疆，又备西北万里之饷运"，"有不困穷颠蹶者哉！"③ 这是一个只有牺牲"塞防"，才能加强"海防"的奇怪逻辑。若按照李鸿章的逻辑，尽撤西北屏障，开门揖盗，引狼入室，东南海防即或加强，又有什么意义？左宗棠等坚决反对这一谬论，明确指出："东则海防，西则塞防，二者并重。"④ 自然，"并重"不等于平均使用力量，这里有一个缓急之分，匮裕之分，正如左宗棠所说："论者乃议停撤出关之饷，匀作海防。夫使海防之急倍于今日之塞防，陇军之饷裕于今日之海防犹可言也"⑤。实际情况并非如此。当时"台湾事件"了结不久，东南海防已非燃眉之急，相反，西北边疆却是大片国土沦丧，而且事态还在继续恶化，加之军饷奇缺，每年欠饷竟高达300余万两，如不尽力筹措，后果何堪设想？

为了达到停兵撤饷的目的，李鸿章还叫嚷："新疆不复，于肢体之元气无伤"，甚至埋怨乾隆年间平定新疆是"徒收数千里之旷地，而增千百年之漏卮，

---

① 《左文襄公全集》奏稿，卷四六，第36页。
② 李云麟：《西陲述略》，转引自罗正钧《左文襄公年谱》卷七。
③ 《李文忠公全书》奏稿，卷二四，第19页。
④ 《左文襄公全集》奏稿，卷四六，第32页。
⑤ 《左文襄公全集》奏稿，卷四六，第33-34页。

已为不值"①。此论一出，捧场者如群犬吠声，刑部尚书崇实立即附和说，新疆"纵能暂时收复"，"万里穷荒，何益于事？"②山西巡抚鲍源深也拾其唾余，说什么"若不顾心腹元气之伤，锐攻四肢疮痏之疾，窃虑肢体之疾未疗，而心腹元气愈亏"，"耗费于边陲，竭财于内地，何以异是"③。对于这种"新疆无用""得不偿失"的谬论，主战派驳斥说，国家领土尺寸不能让人，"盖立国有疆，制置方略各有攸宜也"，何况，"北自乌鲁木齐，南自阿克苏迤西，土沃泉甘，物产殷阜"④，不能一言以蔽之曰："万里穷荒"。再从战略形势上看，新疆是内地的屏障，"惟中国不图规复乌鲁木齐，则俄人得步进步，西、北两路已属堪虞"，"虽欲闭关自守，势有未能"⑤。

那么，收复新疆在当时有没有可能呢？所谓"海防论"者在李鸿章失败主义思想指导下，把敌人吹得神乎其神，一口咬定收复新疆是办不到的，他们的理由是：沙俄已占据伊犁，阿古柏又与英、俄、土耳其相勾结，"我军甚单，敌势已固，即不惜添兵益饷，恐亦难收扫荡之功"⑥，"而论中国目前力量，实不及专顾西域"，"即勉图恢复，将来断不能久守"⑦。主战派没有被李鸿章等的虚声恫吓所吓倒，左宗棠在《复陈海防塞防及有关外剿抚粮运情形折》《遵旨密陈片》里，详细分析了敌我双方的形势，提出了具体的方针、办法，相信只要"剿抚兼施"和"粮运兼筹"，西征的前途是乐观的。

综上所述，不难看清所谓"海防"与"塞防"之争，既不是一般的策略分歧，也不能看作两个集团争权夺利的派系之争，它是要不要维护国家领土完整，要不要维护中华民族根本利益的大是大非之争，实质上是爱国与卖国的斗争。如果让李鸿章之流的主张得逞，不但当时西北边疆危如累卵，而且势必贻害无穷。时至今日（指文章发表时——作者注），继承了老沙皇衣钵的社会帝国主义不还在大放厥词，说什么"历史事实证明，在西部，中国边界没有超出甘肃省和四川省"⑧么。试想，一百年前中国收复新疆的斗争一旦归于失败，那么，沙俄侵略者很可能已在玉门关外虎视眈眈了。当年左宗棠警告的："若新疆不固，非特陕甘、山西各边时虞侵轶，防不胜防，即直北关山，亦将无晏眠之日"⑨就将成为

---

① 《李文忠公全书》奏稿，卷二四，第19页。
② 崇实：《请缓西征宽筹国用以备海防由》，中国第一历史档案馆：军机处汉文《录副奏折》防务类，光绪元年正月二十一日。
③ 朱寿朋编：《光绪朝东华录》第一册第6页，中华书局版。
④ 《左文襄公全集》奏稿，卷四六，第35页。
⑤ 《德宗景皇帝实录》卷四，第2页。
⑥ 崇实：《请缓西征宽筹国用以备海防由》。
⑦ 《李文忠公全书》奏稿，卷二四，第19页。
⑧ 《一九六九年六月十三日苏联政府声明》，转引自1969年10月9日《人民日报》。
⑨ 《左文襄公全集》奏稿，卷五〇，第76页。

现实。在要不要收复新疆的大辩论中，左宗棠、王文韶等以祖国疆土、民族利益为重，批驳了"边疆无用""得不偿失""出兵必败"的奇谈怪论。左宗棠更以65岁的高龄，不顾重重阻力和种种困难，"引边荒艰巨为己任"，毅然出兵西征，表现了真挚的爱国热情，保住了祖国西北一片大好河山，这个历史功绩人民是不会忘记的。

（载《光明日报》1981年2月10日）

论中国近代的海防与塞防

我们多民族统一国家的疆土基本上是在清朝前期奠定的。康熙、乾隆年间，清王朝为统一全国、稳定版图做出了不懈努力，终于使中国疆域东至库页岛，东南至台湾；西跨葱岭，西北至巴尔喀什湖；南包南海的南沙群岛；北连西伯利亚。这样一个空前统一的封建帝国，不仅陆疆广大，而且海域辽阔。因此，从国防战略角度考察，海防与塞防都是不容忽视的问题。

一

从18世纪末开始，清王朝的统治已危机四伏，土地兼并严重，政治腐败，财政拮据，军备废弛，其局势"岌岌不可支旦月"。当清朝国势江河日下之时，世界形势却发生了重大变化：18世纪60年代，在资产阶级已夺取政权的英国正进行"产业革命"；1794年，资产阶级革命在法国获得成功；美国在1783年宣告独立后，也迅速走上了资本主义工业化道路。这些西方资本主义强国日益加紧对外扩张，更垂涎广阔的中国市场，力图从海上敲开中国大门。另外，疯狂向外扩张的沙皇俄国也觊觎着中国西北边疆，它从18世纪中叶到19世纪30年代持续推行"渐进行动"，筑垒移民，逐步蚕食。英国也不断派间谍潜入新疆活动，并直接插手张格尔叛乱。中华民族面临着来自东南海上和西北边塞两方面的威胁。面对世界形势的风云变幻，清政府仍故步自封、夜郎自大，完全缺乏应变的准备。

中国传统的国防思想是重陆轻海，直到鸦片战争前，仍基本如此。清廷对西北塞防尤为重视，乾隆二十三年（1758）万余清军从吐鲁番西进，讨伐妄图建立独立汗国的大、小和卓木集团，动员兵力最多时达3万人，历时一年零四个月，清廷用武力统一了新疆。1820—1827年，大和卓木之孙张格尔又在英国支持下盘踞南疆西部四城（喀什噶尔、英吉沙尔、叶尔羌、和阗）。清廷调集劲旅3.6万余人，平息了这次叛乱。同时，从建设边疆、巩固边防的需要出发，一些主张经世致用的士大夫注重边疆史地研究，并撰成几部有代表性的力作，如张穆（1805—1849）的《蒙古游牧记》、何秋涛（1824—1861）的《朔方备乘》等。著名思想家龚自珍（1792—1841）也致力于钻研西北地理，写成《西域置行省议》，主张"移民实边"，巩固塞防。相比之下，海防布置就显得"散漫"。1805年年底到达广州的一位俄国海军军官说，中国海上实力"是一些不十分坚固的小船，上面配有两门或四门小炮……橹和桨都很不坚固，极易为风浪所毁坏"①。英国传教士兼鸦片贩子郭士立在1832年侦查中国沿海防务后，曾极为轻蔑地写道："由大小不同的一千艘船只组成的整个中国舰队，都抵御不了一艘战舰"②。在鸦片战争中，两江总督裕谦检阅浙江水师后也说，绝大部分水师官兵不会装弹放炮，平时演习"系属虚文塞责"，"各处海口，所安炮位，几同虚设"③。忽视海防的结果，使得东南海疆门户洞开，在两次鸦片战争中，英、法等国的军舰南北驰骋，如入无人之境。第二次鸦片战争时，英、法联军不但攻破大沽要塞，而且掠天津、陷北京，迫使咸丰皇帝狼狈逃亡热河，"有海无防"的危局极为突出。这一形势正如洋务思想家薛福成所分析的："自古边塞之防，所备不过一隅，所患不过一国。今则西人于数万里重洋之外，飙至中华，联翩而通商者不下数十国。其轮船之捷，火器之精，为亘古所未有。恃其诈力，要挟多端。违一言而瑕衅迭生，牵一发而全身俱动"④。来自西方的海上挑战，使中国初步产生了近代海防意识。被称为中国近代史上睁眼看世界第一人的林则徐提出"以守为战"，积极防御，并引进西方船炮，以解燃眉。魏源更明确倡导"师夷长技以制夷"，主张设立造船厂和火器局，聘西洋工匠教导造船、行船和演炮之法。1866年（同治五年）6月，左宗棠上疏清廷阐明加强海防的重要性，认为"欲防海之害而收其利，非整理水师不可"⑤，建议创设马尾船政局，以改变有海无防的被动局面。清政府肯定办厂造船是"当今应办急务"。并批准在马尾筹办造船厂。这说明清政府从失败中总结了经验教训，在设防思想上由过去的偏重塞防开始向重视海防转变。

二

正当清政府着手创办船厂、筹建海军之际，西北边陲和东南沿海几乎同时告急。在西北，中亚浩罕汗国军事头目阿古柏于19世纪60年代后期盘踞新疆南部；沙皇俄国又于1871年侵占伊犁地区，西北大片国土沦丧，举国震动。在东南，日本在美国支持下，利用所谓"琉球飘民"事件于1874年5月派兵入侵台湾，使海防再度紧张。面对"倭逼于东南，俄环于西北"的形势，在国防布局上如何处理海防与塞防的关系，如何把确定长远的国防方向与解决燃眉之急有机结合起来，就成为摆在清政府面前一个亟待解决的问题。

---

① ［俄］尤·弗·里相斯基：《涅瓦号环球旅行记》（中译本）第240页，黑龙江人民出版社1983年版。
② 转引自列岛：《鸦片战争论文专集》第111页，生活·读书·新知三联书店1958年版。
③ 《筹办夷务始末》（道光朝），卷二八。
④ 中国近代史资料丛刊《洋务运动》（一）第155页。
⑤ 《左文襄公全集》奏稿，卷一八，第2页。

1874年10月31日，中日两国签订《北京专条》，清政府被迫做出让步，不仅承认日本入侵台湾为"保民义举"，而且赔偿白银50万两。一个刚刚起步学习西方的东洋岛国也敢打上门来，不能不使清政府感到震惊，"明知彼之理屈，而苦于我之备虚"，于是加强海防被作为紧迫问题提上议事日程。《北京专条》签订后，总理衙门立即上疏同治帝，认为"有鉴于前，不得不思惩于后"，提出练兵、简器、造船、筹饷、用人、持久等加强海防的6条具体措施，并建议交由南、北洋通商大臣及滨江沿海的督抚、将军筹议，最后由朝廷枢臣复议、决策。直隶总督兼北洋通商大臣李鸿章、两江总督兼南洋通商大臣李宗羲、办理台湾等处海防兼理各国事务大臣沈葆桢，以及陕甘总督左宗棠等17人逐条详议后复奏，基本都认为"海防一事，为今日切不可缓之计"，对总理衙门原奏6条亦无异议，"均一为亟应筹办"。认识虽大体一致，但具体到国防经费如何筹措分配（即"筹饷"），是侧重海防，还是侧重塞防，立即暴露出尖锐的分歧。据李鸿章估计，当时开办海防（包括购船、练兵、简器）至少先需要经费白银千余万两。如何筹措这笔巨饷，李鸿章设想，先提取海关四成洋税和部库历年提存四成，如不足再借外债。而当时准备收复新疆的军饷也是依靠海关洋税以及各省厘金捐拨。既然海防、塞防出自同一财源，那么，孰轻孰重就成了争论的焦点。由海防论及筹饷，由筹饷又论及西征，李鸿章与湖南巡抚王文韶分别代表了两种尖锐对立的意见。

李鸿章认为，"论中国目前力量，实不及专顾西域"。"况新疆不复，与肢体之元气无伤；海疆不防，则腹心之大患愈棘"。① 他置新疆大片国土沦丧于不顾，要求西征前线各军"不必急图进取"，把停撤西征军省下的饷银拨归海防之用。王文韶则认为不应孤立地看待东、西防务，海疆之患也受到西北局势的影响。新疆形势严峻，沙俄入侵伊犁已成"久假不归之势"，"我师迟一步，则俄人进一步。我师迟一日，则俄人进一日，事机之急，莫此为甚"，"但使俄人不能逞志于西北，则各国必不致构衅于东南"，因此主张"宜以全力注重西征"。② 负责筹划西征军饷的左宗棠，对大办海防持谨慎态度，对海防可能与塞防争饷表示忧虑，并警告应防止出现"扶起东边倒却西边"的局面。

在督抚复奏阶段，两派虽然对国防重点的看法有相左意见，但并没有直接交锋。各省督抚复奏会齐后不久，同治帝突然病死，遂使本应开始的廷议推迟。直至1875年（光绪元年）3月6日，清廷颁旨，要求亲王、郡王、大学士、六部、九卿等大臣"切实会议"。在内外诸臣中，以李鸿章、崇实（刑部尚书）反对西征最力，还有一些官员随声附和；丁宝桢、文彬、吴元炳、王文韶等则强调防俄

---

① 《李文忠公全书》奏稿，卷二四，第19页。
② 《筹办夷务始末》（同治朝）卷九九。

的重要性，致使清廷举棋不定。清政府在廷议开始后曾密谕左宗棠，表示对关外形势深感忧虑，要求他统筹全局，发表意见。

廷议开始后，海防与塞防的争论表面化。刑部左侍郎黄钰提出："此时决意不必进兵，其出关兵勇除酌留外尽归于海防"①；而通政使于凌辰认为，"外患莫大于俄夷，尤莫急于东北"，"但修我陆战之备，不必争利海中"②；醇亲王奕譞则取折中态度，一方面说"李鸿章之请暂罢西征为最上之策"，一方面又说"严备俄夷尤为不刊之论"③，实质仍是反对西征。1875年4月12日，左宗棠上《复陈海防塞防及关外剿抚粮运情形折》和《遵旨密陈片》，既驳斥了李鸿章只有牺牲塞防才能加强海防的奇怪逻辑，又澄清了只修陆战之备，不必争利海中的片面看法。他明确指出："东则海防，西则塞防，二者并重"④。所谓"并重"，并不是平均使用力量，这里有一个先后缓急之分。毫无疑问，从长远考虑，海防应为国防主要方向，但当时中国国防态势的现状是西北边疆出现严重危机，大片国土沦丧，且事态仍继续恶化；在东南沿海，日本入侵台湾事件已经了结。短期内海防并非燃眉之急，此时若弃西征于不顾，后果不堪设想。正如左宗棠所分析的："若此时即拟停兵节饷，自撤藩篱，则我退寸而寇进尺，不独陇右堪虞，即北路科布多、乌里雅苏台等处，恐亦未能晏然。是停兵节饷于海防未必有益，于边塞则大有所妨"⑤。

左宗棠的主张得到武英殿大学士、军机大臣文祥的支持，文祥是力主加强海防的，曾提出"惟防日本为尤亟"，但左宗棠的雄辩使他折服，于是"独善宗棠议，遂决策出塞，不罢兵"⑥。1875年5月3日，清廷任命左宗棠为钦差大臣、督办新疆军务。放弃新疆，"暂罢西征"之议遂寿终正寝。5月30日，清廷在上谕中为这次海防与塞防之争做了了结，一是肯定"海防关系紧要，既为目前当务之急，又属国家久远之图"，委派李鸿章、沈葆桢分别督办北洋、南洋海防事宜；二是明令左宗棠"通盘筹画，以固塞防"，实际上采纳了海防与塞防并重的国防方针。

应该如何评价"并重论"的国防思想呢？有人说"并重论"是"没有分清国防的重点和主次方向"，其实并非如此。所谓"并重"是从国防总体上讲的，着眼点是要避免防务方向上的偏废，它不排斥在不同时期对某一方面有所侧重：当新疆沦陷，塞防颓败之时，则决策出塞，甚至移海防之饷以济之，不做"扶起

---

① 黄钰：《遵旨条陈海防事宜由》，中国第一历史档案馆藏军机处汉文《录副奏折》防务类。
② 《洋务运动》（一）第122—123页。
③ 《洋务运动》（一）第116—117页。
④ 《左文襄公全集》奏稿，卷四六，第32页。
⑤ 《左文襄公全集》奏稿，卷四六，第36页。
⑥ 《清史稿·左宗棠传》。

东边倒却西边"的蠢事。同时又每年拨款400万两,作为海防专款,向外国购买军舰,首批就向英国订购8艘炮舰。从1879年起,即清军收复新疆后,北洋又先后向英、德两国分别订购巡洋舰、铁甲舰共5艘,耗资四五百万两。中法战争后,清廷总结教训,"自以大治水师为主",国防重点进一步移向海防。1885年10月,清廷设立海军衙门,集中领导海防建设,一面继续添置战舰,一面造船坞,建基地,修炮台,终于在1888年使北洋海军规模略具,拥有大小舰艇25艘,总吨位约4万吨,成为远东一支有较强实力的舰队。认为并重论"没有分清国防的重点和主次方向",显然是不妥的。

三

清政府面对"数千年来未有之强敌",不得不采取一些加强国防的措施。但是半封建半殖民地的中国根本不可能建立起真正巩固的国防——不论是海防还是塞防。因为国防力量的强弱、防务措施的实施,必然要受到政治、经济、科学技术以及国防思想等诸多因素的制约。

首先,晚清时期由于经济落后、生产力水平低下、财政拮据,国防发展缺乏起码的经济保障。"没有什么东西比陆军和海军更依赖于经济前提"(恩格斯语),而直到鸦片战争前夕,中国还是一个落后的封建国家,封建经济仍占绝对主导地位,在19世纪60年代前,国内几乎没有什么近代工业。洋务运动兴起后,虽然兴办了一批近代军事和民用企业,但因经营不善,收效甚微,本已捉襟见肘的财政几乎处于崩溃的边缘,根本保证不了庞大的国防开支。

政治腐败,贪污成风,派系纷争,莫衷一是,使国防得不到必要的政治保证。统治中国40余年的慈禧太后就是为追求个人享乐而挥霍国防经费的祸首。比如从1885年到1889年为修缮北京城内"三海(南海、中南、北海)工程",共挪用海军经费436万余两;从1888年起,慈禧又挪用海军经费修建颐和园。关于挪用的数额有几种说法(3000万两,2000万两,1200万~1400万两,600余万两),但无论如何,两项总计当在1000万两以上,相当于北洋海防20年经费支出总额的三分之一。上行下效,在各地军工企业中,官吏中饱私囊也是司空见惯。如马尾船政局因"私囊过饱","诸事每因束手"。派系之争对国防的影响也相当明显。在中法战争(1883—1885年)中,法国舰队陈兵马江,战争一触即发,钦差大臣张佩纶、船政大臣何如璋多次电催援救,但南、北洋大臣曾国荃、李鸿章拥舰自重,百般推诿,见危不救,致使福建水师损失惨重,几乎全军覆没。

面对内忧外患的形势,清政府始终坚持"防内重于防外"的反动方针,这无疑是国防战略的根本失误。早在鸦片战争时期,道光帝就曾向全国督抚谕示:

"攘外必先安内"。第二次鸦片战争刚一结束,恭亲王奕䜣"统计全局",确定防务的战略方针是"灭发捻为先,治俄次之,治英又次之",无论是海防还是塞防,其地位都被置于防内(镇压人民起义)之下,强调"防民甚于防寇"。在这种方针指导下,国防怎么能够巩固呢?

传统观念的束缚也是影响晚清国防建设的一个重要因素。一些封建顽固派力图把近代防务意识扼杀于萌芽之时,他们视先进的国防科技为"奇技淫巧",极力反对建设新式海军和购买新式装备,攻击学习西方近代科学技术是"以夷变夏"。大理寺少卿王家璧在海防议中甚至津津乐道于弓矢的"效用",大讲什么"本朝以弓马开基","枪炮固可兼习,本业岂可全忘?"传统的包袱是沉重的,除了这些顽固派外,就连那些主张国防近代化的人也很难摆脱它的束缚。

近代国防建设实际上是以资本主义政治、经济和军事制度为基础的,把它移植到封建制度之上,必然要受到种种限制。因此,中国近代的海防与塞防始终只能停留在一个低层次上,边塞空虚、有海无防的局面也不可能真正改变。

(载《军事历史》1990年第6期)

试论左宗棠收复新疆

> 大将筹边尚未还,湖湘子弟满天山。
> 新栽杨柳三千里,引得春风度玉关。

　　这是清人杨昌濬1879年写的一首七绝,它改写了唐人王之涣《凉州词》里的佳句"羌笛何须怨杨柳,春风不度玉门关",并赋予新的意境。这首诗热情歌颂了清军收复新疆的巨大功绩,也高度赞扬了成就这一壮举的最高统帅左宗棠的爱国主义言行。此诗不但轰动当时,而且载入史册,长期流传。这就说明,凡是为祖国做出了贡献的人,他们的功绩人们是不会忘记的。

　　多年来,一些历史研究工作者对窃踞新疆达12年之久的阿古柏政权的性质、清军西征的意义做了不少有益的探讨。特别是近两年来,有些文章对左宗棠这个历史人物做了新的评价,但讨论尚有待展开和深入。下面仅就左宗棠收复新疆做一些分析。

一

　　19世纪六七十年代,清政府内部围绕着新疆问题展开了一场尖锐、复杂的斗争。斗争的焦点,是把面积广阔、蕴藏丰富、位置重要的新疆地区从祖国分裂出去,还是把它保存在中华民族大家庭之中。

　　新疆自古以来就是祖国领土不可分割的一部分。在两千年的漫长历史中,新疆各族人民同祖国各民族的团结始终是历史发展的主流,政治、经济、文化的联系绵延不断。其中虽然出现过分裂、割据局面,某些民族上层分子也曾独树一帜,脱离中央政权的控制,但在西方侵略者势力东来以前,这种地方割据的出现与内地割据政权一样,仍然是中华民族的内部事务。只是随着沙俄不断向东扩张和鸦片战争后西方资本主义入侵,情况才发生了根本变化。此后,搞分裂的野心家往往投靠外国侵略势力,出卖民族利益,为外国侵略者奴役中国人民推波助澜。

　　1864年(清同治三年),正当新疆地区阶级矛盾日趋尖锐的时候,一些少数民族上层封建主为转移人民斗争的方向,扯起了"排满、反汉、卫教"的反动旗帜,在天山南北建立了5个封建割据政权。而占据喀什噶尔回城的金相印(回族），因久攻喀什噶尔汉城和英吉沙尔不下，竟伙同柯尔克孜族封建主斯迪克，派人去紧邻南疆的浩罕汗国，要求迎回原回疆叛乱分子张格尔的儿子布素鲁克，这就给了浩罕野心家阿古柏以入侵之机。阿古柏是个阴险狡诈而又野心勃勃的人物，他以纵横捭阖、翻云覆雨的手段闻名于浩罕政治舞台。1865年1月，阿古柏与布素鲁克一道，带着68人越过边界进入南疆，很快攻占了英吉沙尔和喀什噶尔汉城。第二年攻占叶尔羌、和阗。此后，又进一步消灭了以库车为中心的黄和卓势力，宣布成立哲德沙尔（七城）汗国。1870年又攻占吐鲁番、乌鲁木齐，控制了新疆的大部分地区。

阿古柏的"哲德沙尔"政权，是外国侵略者在我国新疆建立的殖民政权。在它的控制区内，"安集延人是各城市的统治者，是军队的长官，是收税人和国王本人的卫兵"①。阿古柏对南疆的统治，完全是一幅血泪斑斑的图画。到过阿古柏占领区的俄国间谍普瓦热瓦尔斯基也不得不承认，"阿古柏伯克的残酷太过分了：在他统治的地区内死刑是最平常的现象"②，"在现今的南疆是很难生活的。无论是人身安全，还是财产都没有保障；密探活动达到骇人听闻的程度；人人都为明天而担心。管理机关的各个部门都肆意横行，没有真理，也没有讲理的地方。安集延人不光抢夺居民的财产，甚至抢夺他们的妻女。赋税之重是惊人的，同时，收税人也没有忘记为自己搜括"③。阿古柏政权的倒行逆施，不但给新疆各族人民带来了深重灾难，也把自己推上了绝路。它撒下的腥风血雨、污泥浊水，只有通过中国人民的民族解放战争才能涤荡。

围绕新疆问题的斗争，还存在着复杂的国际背景。当时，俄、英是两个争霸世界的殖民大国，前者想南下波斯湾，控制印度洋，实现彼得一世的"遗愿"；后者想拼命维护既得的殖民利益，不许别人染指。到了19世纪中叶，由于双方都向中亚推进，形势更显得剑拔弩张。

阿古柏政权的出现，自然会引起英、俄的极大关注，对峙的双方都力图控制它，使其成为各自战略棋盘上的一枚卒子。而地理位置优越的沙俄，更采取咄咄逼人的进攻姿态。1871年夏天，当阿古柏势力深入北疆时，沙俄凶相毕露，竟无视我国主权，出兵强占伊犁，为其鲸吞整个新疆夺取了一个重要的桥头堡。就在沙俄准备出兵伊犁的时候，俄国的土耳其斯坦总督考夫曼公然叫嚣"支持喀什噶尔阿古柏政权"④。随后，沙皇政府于1872年6月派总参谋部大尉考尔巴尔斯率代表团到喀什噶尔，与阿古柏签订了《通商条约》，以承认阿古柏政权为交换

---

① 普瓦热瓦尔斯基：《关于东土耳其斯坦的现状》，转引自尼费·杜勃罗文《普瓦热瓦尔斯基传》（俄文版）第572页。
② 尼·费·杜勃罗文：《普瓦热瓦尔斯基传》（俄文版）第71页。
③ 《普瓦热瓦尔斯基传》（俄文版）第572－573页。
④ 库罗巴特金：《俄中问题》，1912年圣彼得堡俄文版，第87页。

条件获得了许多权益，其中包括在南疆通商、访问，设立商务专员和对进出口货只抽 2.5% 的入口税等。对此，英国自然不甘落后，1874 年 2 月 2 日，访问喀什噶尔的英国使团攫取了更多利益，根据双方背着中国政府签订的"条约"，英国人可以随意进入阿古柏占领区的所有部分，并"享有当地臣民或最惠国公民所享有的商业方面的一切特权和便利"①，从印度进入南疆的货物将不受开包检查，英国人可以在南疆购买、出售土地和房屋、仓库。此外，阿古柏还同意接受一名由伦敦任命的外交代表和一名商务专员。对沙俄怀有疑惧的阿古柏，自然更希望得到英国主子的垂青，他卑躬屈膝地向英国使节莆赛斯表示："女皇就和太阳一样，在她的温和的阳光里像我这样可怜的人才能够很好地滋长繁荣。我特别希望获得英国人的友谊，这对我是不可少的。"② 作为犒赏，莆赛斯不但承认阿古柏是"喀什噶尔和叶尔羌地区元首"，还带去了大批军火，并指使英国的附庸土耳其向阿古柏提供军事、政治"顾问"。综上所述，我们不难看到，收复新疆不但要粉碎阿古柏入侵势力，而且不可避免要同俄、英的扩张野心做斗争。

就在西北形势岌岌可危的时候，左宗棠以垂暮之年挺身而出，面对重重困难，毅然承担收复新疆的重任，充分表现出他的爱国热忱。左宗棠虽然头白临边，但对西北边疆的关注却可以追溯到他的青年时代。早在 1833 年（道光十三年），年仅 22 岁的左宗棠第一次到北京参加会试，就曾写成组诗《燕台杂感》，其中第三首对新疆"置省、开屯、时务已预及之"③。1838 年，第三次参加会试失败后，他回家博览群书，认真阅读了研究新疆的专著《西域图志》。1850 年元月，在湘江舟中，左宗棠与曾谪戍新疆的林则徐会面，两人也曾"谈及西域时务"④。1871 年，沙俄用武力侵占伊犁时，左宗棠正在陕甘总督任上，他敏锐地察觉到沙俄的扩张已进一步升级，"蓄谋既久，发机又速，不能不急为之备"，并表示"西征正殷，断难遽萌退志，当与此虏周旋"⑤。

1873 年（同治十二年）春，左宗棠在给总理衙门的信中明确提出了收复新疆的方略，要"从内布置，从新筹度"。"就兵事而言，欲杜俄人狡谋，必先定回部，欲收伊犁，必先克乌鲁木齐"，"就饷事而言"，则要撙节使用，统一各军专饷，"相其缓急，均其多寡"⑥。1874 年春，张曜、金顺、额尔庆额三支部队约一万多人先后出关。8 月，清廷任命乌鲁木齐都统景廉为钦差大臣，正白旗汉军都统金顺为帮办大臣，负责关外军务。十月，又任命左宗棠为督办关外粮饷、转

---

① 包罗杰：《阿古柏伯克传》（英文版）第 323 页。
② 《阿古柏伯克传》（英文版）第 231 页。
③ 《左文襄公全集》书牍，卷二四，第 18 页。
④ 《左文襄公全集》书牍，卷一七，第 55 页。
⑤ 《左文襄公全集》书牍，卷一一，第 48 页。
⑥ 《左文襄公全集》书牍，卷一三，第 2 页。

运,以袁保恒为帮办。从表面看,清政府好像决心要收复新疆了,其实清廷内部疑虑重重,意见纷纭,举棋不定,终于爆发了一场关于海防、塞防的大辩论。

自新疆沦陷以后,曾国藩就曾鼓吹"暂弃关外,专清关内"。1874年5月,日本入侵台湾,海防告警,李鸿章更以加强"海防"为幌子,胡说"新疆不复,于肢体之元气无伤",要求对已经出塞或准备出塞的军队"可撤则撤,可停则停"①,公然主张放弃西北大片领土,出卖民族利益。在李鸿章的带头鼓噪下,一时间"边疆无用"论、"得不偿失"论甚嚣尘上。1875年2月,刑部尚书崇实上奏说,新疆即使收复,"万里穷荒,何益于事?前大学士曾国藩曾有暂弃关外之谋,今大学士李鸿章亦有划守边界之请,洵属老成谋国之见"②。一些地方督抚在李鸿章的直接唆使下,也纷纷出来反对收复新疆的计划。河南巡抚钱鼎铭要求将驻扎甘肃前线的"毅军"调回本省,他直言不讳地说:"直隶督臣李鸿章与臣函详及此,以为关外只宜屯垦缓进,不宜添兵大举,致虞饥溃。"③ 无疑,李鸿章之流的反对,是收复新疆的主要障碍,如不彻底批驳其谬论,西征势必半途而废。1875年4月12日,左宗棠上了一道约五千言的奏折,详细论述了收复新疆的必要性。他首先肯定"东则海防,西则塞防,二者并重",然后分析了当时形势,进而指出:"若此时即拟停兵节饷,自撤藩篱,则我退寸,而寇进尺,不独陇右堪虞,即北路科尔多、乌里雅苏台等处恐亦未能晏然。是停兵节饷,于海防未必有益,于边塞则大有所妨。"④ 左宗棠的意见得到了执政的武英殿大学士、军机大臣、总理各国事务衙门大臣文祥的支持,文祥指出:"以乌垣为重镇,南钤回部,北抚蒙古,以备御英、俄,实为边疆久远之计。"当清政府因李鸿章等的反对而不能决策时,文祥"排众议之不决者,力主进剿"⑤。这样,清廷终于下了决心收复新疆,决策之后,立刻在人事安排上做了调整,与左宗棠不能合作共事的原"督办新疆军务"景廉,原"帮办粮饷转运"袁保恒被调回北京。1875年5月2日(光绪元年三月二十七日),任命左宗棠为"钦差大臣、督办关外剿匪事宜",授予他筹兵、筹饷和指挥军队的全权,并以乌鲁木齐都统金顺为"帮办",陕西巡抚谭钟麟"督西征饷事",组成了西征军最高统帅部。

为保证收复新疆的胜利,必须做好充分的准备工作,首先是物质准备,即筹粮、筹饷、筹转运。

---

① 《李文忠全集》奏稿,卷二四,第19页。
② 崇实:《请缓西征宽筹国用以备海防由》,中国第一历史档案馆藏军机处《录副奏折》防务类,第十号。
③ 钱鼎铭:《拟将宋庆所部调回潼关扼扎等由》,中国第一历史档案馆藏军机处《录副奏折》防务类,第十号。
④ 《左文襄公全集》奏稿,卷四六,第36页。
⑤ 李云麟:《西陲述略》,转引自罗正钧《左文襄公年谱》卷七,第36–37页。

左宗棠十分重视部队给养的筹划。他常说，"粮、运两事，为西北用兵要着"①，出关作战，战线长达数千里，沿途要跋涉沙漠，翻越天山，军粮的筹集和运输都相当困难。为广筹军粮，左宗棠分南、北两路加紧采办，北路于归化设"西征采运总局"，在包头设分局，并派人到乌里雅苏台、科布多一带开辟粮源；南路主要是指河西走廊的凉州、甘州、肃州一带，从1873年到1875年，共在这里采粮47.5万石。此外，还从俄国购到一批粮食。

　　在筹措军粮时，左宗棠以政治家的眼光注意处理好"军食"与"民食"的关系，他的观点是："要筹军食，必先筹民食，乃为不竭之源。"② 河西走廊历经战乱，人民生活困苦万状，但征军云集，需粮数目很大，1874年在这一带就购粮十九万多石，相当战乱前全省一年的额赋，可是，一些部队不顾百姓死活，还要继续加价订购。左宗棠坚决反对这种竭泽而渔的做法，他指出："价愈增则富者之欲未厌，而贫者之苦愈甚，揆之事理，实不可行。"③ "夺民食以饷军，民尽而军食将从何出乎？"④

　　左宗棠深知解决军粮问题绝不能单靠征购，因此于采办之外还十分重视屯田。他说："历代之论边防，莫不以开屯为首务。"⑤ 1874年，张曜一军进驻哈密，左宗棠立即指示他："哈密既苦兵差，又被贼扰，驻军其间，自非力行屯田不可。"⑥ 关外屯田，首先要兴修水利，为修复已废的石城子渠，张曜请求拨毡条6000条备铺底防渗用，左宗棠在军费奇绌的情况下，命令赶造万条解赴哈密，宁可多筹于先，以防功亏一篑。后来，哈密屯田终于取得成效，垦荒两万亩，每年可收军粮几万石。左宗棠在兴办军屯的同时，还强调搞好民屯。他嘱咐张曜，当地"缠回""如借籽粮，假牛力，发农器，散赈粮，皆不可吝"⑦。"若民屯办理得法，则垦地较多，所收之粮除留籽种及自家食用外，余粮皆可给价收买，何愁军粮无出？"⑧

　　有了粮，还需要运。在地形复杂、交通不便的西北地区，长途运输谈何容易？因此，左宗棠对后方勤务的总方针是"粮运兼筹"。运输工具关内以车驮为主，关外以驼运为主。据不完全统计，当时调集到的运输工具计有：大车5000余辆，驴、骡5500头，骆驼29000头。而这对繁重的运输量来说，仍是远远不够的，所以出征的士兵，除武器、装备外，还不得不裹带一部分粮食行军。为了

---

① 《左文襄公全集》奏稿，卷四三，第68页。
② 《左文襄公全集》书牍，卷一四，第6页。
③ 《左文襄公全集》奏稿，卷四六，第20页。
④ 《左文襄公全集》书牍，卷四六，第39页。
⑤ 《左文襄公全集》书牍，卷四七，第7页。
⑥ 《左文襄公全集》书牍，卷一四，第6页。
⑦ 《左文襄公全集》书牍，卷一五，第10页。
⑧ 《左文襄公全集》书牍，卷一四，第7页。

加快运输速度和扩大运输量,左宗棠很注重组织民运。他认为"转运一节,固非藉资民力不可"①。既要借助民力,自然要爱惜民力。因此,他对出关军队强拉民间牲畜,甚至扣留不还的扰民行为十分震怒。在给金顺的信中,他严词指责说:"天下事不外人情物理。乌有倒行逆施而能济事者乎!用兵所以卫民,今卫民之效未闻,而虐民之事则无不毕具,不知主兵者于目前事势、日后事势亦曾设想否?"②

经过左宗棠多方设法,分途采运,到1876年年初夏军事行动即将开始时,已在安西、哈密、古城子、巴里坤等前沿地区集中了2480万斤军粮。其他军需物资的补给,左宗棠也做了妥善安排,他在上海设立"采办转运局",负责购运枪炮、弹药,筹借外债,收集情报;在汉口设后路粮台,转运上海军需,在西安又设一个总粮台和一个军需局。此外,早在1871年已创设甘肃制造局,1875年又在兰州建立火药局,以就近供应军火。

筹粮、筹转运固然很不容易,但相比之下,筹饷的困难更大。当时,清政府的财政已是艰难竭蹶,捉襟见肘,要打仗却拿不出钱。左宗棠一年的军费支出约需银800多万两,实际只能收到500多万两,即每年要短缺300万两。所谓"海防"之议起,各省实解的西征"协饷"(当时西征军费由各省、关分摊)更只剩下二百几十万两。"巧妇难为无米之炊",对此情景,左宗棠"昼夜焦思,无从设措"③。为摆脱窘境,他只好要求借外债以充军费。最后,清政府决定从户部的海关税中拨出200万两,并命各省关尽先解银300万两(限期三个月),再由左宗棠自借外债500万两,才暂时解决了军费的难题。

除了以上的准备工作外,左宗棠还通过整顿、集训、改善武器装备来提高出征部队的战斗力。他认为"自古关塞用兵,在精不在多"④,因此首先整顿关外部队,裁减冗兵,节约军饷,并将畏葸不前的乌鲁木齐提督成禄奏请撤职查办,将景廉旧部34营裁并成19营(以后金顺接统又裁并一次)。刘锦棠部"老湘军"是主力部队,于1875年秋天在凉州(甘肃武威)训练了几个月,1876年2月下旬才进驻肃州(甘肃酒泉),并于4月分三批出关。对于出关各军的武器装备,左宗棠也做了调整和充实,尽量配备比较先进的武器:金顺出关时,配备开花大炮一门;桂锡桢出关时,配备德国后膛开花大炮一门;张曜出关时,配备各种炮11门;主力刘锦棠部配备最优,除原有枪炮外,出关时又配备包括新式大炮在内的各种火炮十多门,各种枪支1000多杆;侯名贵的炮队计有大、小炮6门,七响马枪340支(每支配子弹560发)。前线指挥官还使用了双筒望远镜。

---

① 《左文襄公全集》书牍,卷一三,第12页。
② 《左文襄公全集》书牍,卷一三,第13页。
③ 《左文襄公全集》奏稿,卷四六,第47页。
④ 《左文襄公全集》奏稿,卷四四,第44页。

英国人包罗杰评论说:"这支在东土耳其斯坦的中国军队完全不同于所有以前在中亚的中国军队;它基本上近似一支欧洲强国的军队。"①

为做到"知己知彼",左宗棠还很重视敌情的搜集和分析。他曾多次派人出关了解阿古柏窃踞新疆的来龙去脉及当前状况,认真研究作战对手。他还通过在上海筹办军需的胡光墉了解各国动向,收集外交情报,以配合军事行动。对英、俄争霸亚洲的矛盾,左宗棠有自己的分析,他指出:"俄、英倏婚媾,倏仇雠,十余年前尚战争不已,彼此忌嫉,至今如故。其衅端则肇于争印度、争土耳其。"② 为了利用英、俄矛盾,集中力量消灭阿古柏政权,左宗棠主张暂不涉及伊犁问题,避免分散力量,两个拳头打人。

正是在做了较为充分的准备之后,左宗棠在1876年夏天拉开了驱逐侵略者,收复祖国疆土的战幕。

二

1876年4月7日,左宗棠从兰州抵达肃州(酒泉),在这里设置大本营,就近指挥。同月,湘军总统刘锦棠在与左宗棠"熟商进兵机宜"后,率主力部队25营(约11000人左右)前后分四批出星星峡,向哈密进发(此时金顺、张曜、额尔庆额各部均早已出关),紧接着又派蜀军徐占彪部5营出关驻扎巴里坤,以固后路。为了收复新疆,清军在西北地区集结了一百四十个营,总兵力约7万多人,先后投入第一线的计80多营,近4万人。战事从1876年夏季开始,到1877年年底结束,天山南、北两路除伊犁地区外均告克复。1881年又以备战为后盾,通过外交谈判收复了伊犁地区的大部分。下面对收复新疆的两大阶段做一简述。

第一阶段:粉碎阿古柏伪政权,收复天山南北。

1876年7月21日,湘军总统刘锦棠与乌鲁木齐都统金顺在济木萨会商进兵计划。8月11日,清军出奇制胜,袭击战略要地黄田。依附阿古柏的白彦虎集团,集中主力扼守乌鲁木齐北面的古牧地(乌城只有守敌千人)。刘锦棠和金顺两军合兵一处,以优势兵力展开攻坚战。在击溃阿古柏派来的增援部队后,又以猛烈炮火轰坍城墙。17日,清军克复古牧地,歼敌五六千人。乘胜猛进,于次日收复乌鲁木齐。11月11日,金顺在刘锦棠部和伊犁将军荣全的协助下,攻占围城达两个月之久的玛纳斯南城,结束了北路之役。

北路告捷后,阿古柏十分恐慌,他拼凑了27000名军队③,妄图凭借天山之

---

① 《阿古柏伯克传》(英文版)第275页。
② 《左文襄公全集》书牍,卷一五,第69页。
③ 据俄国军官库罗包特金估计:阿古柏军1.7万人,白彦虎军1万人。

险负隅顽抗。达坂城是天山的重要孔道,是通往南疆的门户。阿古柏派"大通哈"(地方高级军政长官)爱伊得尔呼里率精兵4000驻守,并给他配备了大炮30门。又派次子海古拉率步骑6000人,带炮6门,屯扎达坂城东南的战略要地——托克逊。吐鲁番盆地,则由从北路逃归的马人得、白彦虎驻守。阿古柏亲自坐镇喀喇沙尔督阵。

清军主力南下之前,左宗棠着重分析了军事形势。他预料:"南路贼势,重在达坂(即噶逊营)、吐鲁番、托克逊三处。官军南下,必有数恶仗。三处得手,则破竹之势可成。"① 基于这一分析,左宗棠做了如下部署:"徐、张攻吐鲁番,总统攻达坂城;两处克复,乃进攻托克逊坚巢。其师期则徐、张先而刘后,贼势则达坂重而吐鲁番轻也。"②

1877年春夏之交,北路后方巩固之后(左宗棠又调金运昌部5000人出关驻守乌鲁木齐一带),清军分三路由北、东两个方向向吐鲁番地区展开钳形攻势。4月14日,主力刘锦棠部翻越天山,南下达坂城,连夜衔枚疾进。敌人引湖水自卫,清军乘夜雾潜渡,逼城筑垒。4月20日,清军攻克达坂城,全歼守敌,敌军大、小头目无一漏网,爱伊得尔呼里束手就擒。25日,北路清军进抵白杨河,刘锦棠分兵两路前进,命营务处道员罗长祜,左军分统、宁夏镇总兵谭拔萃率步骑六营趋吐鲁番,与张曜、徐占彪会师,自率14营直捣托克逊。此时,托克逊守敌海古拉已弃城遁走,白彦虎从吐鲁番逃至,四出劫掠,焚烧村堡,当地人民"泣求大军速援,并称大军所遣免死回目驰归,宣布官军威德,回众无复疑惧,俱延颈以待官军"③。4月26日,清军进托克逊城。

在刘锦棠部南下达坂城的同时,张曜的嵩武军、徐占彪的蜀军分别以哈密、巴里坤为基地西进,4月21日,嵩武军分统孙金彪与徐占彪协作,攻克吐鲁番东面门户——七克腾木。然后轻取辟展,于26日抵吐鲁番城下。此时,北路湘军罗长祜部亦至,三路合攻,马人得投降,吐鲁番全境克复。

达坂城、吐鲁番之役,是双方主力的一次决战。事态发展与左宗棠的预计基本吻合。清军在这一战役中重创了阿古柏的有生力量,打开了通向南疆的大门,形成了破竹之势。据估计,敌军被歼、被俘、逃亡,总计"大概损失了不下二万人"④,相当于阿古柏总兵力的一半。⑤ 对这一战役,左宗棠评价很高,认为"实西域用兵以来未有之事"⑥。这一战役后,众叛亲离的阿古柏惶惶不可终日,遂

---

① 《左文襄公全集》书牍,卷一七,第31页。
② 《左文襄公全集》书牍,卷一七,第35页。
③ 《左文襄公全集》奏稿,卷五〇,第36页。
④ 《阿古柏伯克传》(英文版)第248页。
⑤ [日]松田寿男:《中亚细亚,印度史》(日文版)第299页称,阿古柏军有4万人。
⑥ 《左文襄公全集》书牍,卷一八,第47页。

于5月在库尔勒服毒自杀（一说为部下所杀）。

阿古柏死后，他的两个儿子为争夺继承权发生火并，内部更加分崩离析。但左宗棠由于"饷源涸竭，转运不继"，遂把第三个战役推迟到秋凉之后。炎夏一过，刘锦棠部32营以托克逊为基地，于8月25日发动秋季攻势，张曜部15营为第二梯队继进，左宗棠另调易开俊马步7营填防吐鲁番。

当清军继续西进时，白彦虎已于决开都河后狼狈逃窜，喀拉沙尔、库尔勒之间均被水淹，清军涉水、搭桥而进，10月17日在库车郊外赶上白彦虎大队，歼敌千余人，然后连克库车、阿克苏、乌什。从库尔勒至库车，7天内行军800余里，前后"拔出被裹回众以十万计"①。12月17日，清军冒着严寒进克喀什噶尔，并陆续收复叶尔羌、英吉沙尔，最后于1878年1月2日收复和阗。阿古柏的大儿子伯克胡里和白彦虎穷途末路，遂窜出边境，置身于沙俄的卵翼之下。

清军远征阿古柏取得了重大胜利，由进军北路到收复南疆虽历时一年半，实际作战却不过八个半月，进展之速超过一般人的预料，一些西方"评论家"也承认这是"一支由中国人领导的中国军队曾取得的最光辉的成就"②。但收复全疆并未告竣，因为伊犁一带还被沙俄占据着。

第二阶段：收复伊犁地区。

1871年，俄军悍然侵占伊犁后，沙皇政府估计清廷根本无力收复新疆，曾假惺惺地表示："俟关内肃清，乌鲁木齐、玛纳斯各城克复之后，即当交还。"③出乎沙俄意料，中国军民竟在1876至1877年连战告捷，除伊犁地区外，新疆沦陷区均告克复。这使沙皇政府处境十分尴尬，于是它一面指使白彦虎残部骚扰我国边境，力图牵制；一面则在外交上玩弄种种花招，以攫取更多利益。

1878年底，清政府派崇厚为出使俄国大臣去谈判归还伊犁问题。沙皇政府连吓带骗，迫使昏庸的崇厚签订了屈辱的《里瓦基亚条约》，以丧失大片领土和赔款500万卢布为代价"收回"了9座空城。消息传到国内，舆论大哗。左宗棠也极为愤慨，他痛斥崇厚的卖国行径，指出："武事不竞之秋，有割地求和者矣。兹一矢未闻加遗，乃遽议捐弃要地，餍其所欲，譬犹投犬以骨，骨尽而噬仍不止。目前之患既然，异日之忧何极？此可为叹息痛恨者矣！"④迫于舆论，清政府遂将崇厚治罪，判为"斩监候"，改派驻英、法公使曾纪泽前往圣彼得堡谈判，同时命左宗棠统筹兵事，做打仗准备。

1880年四月，左宗棠开始部署军队，准备以刘锦棠步骑万人出乌什，张曜所部7000人从阿克苏分两路直取伊犁，金顺所部万余人扼守晶河。备俄军东犯

---

① 《左文襄公全集》奏稿，卷五一，第31页。
② 《阿古柏伯克传》（英文版）第275页。
③ 《新疆图志》卷五四《交涉二》，第2页。
④ 《左文襄公全集》奏稿，卷五五，第31页。

乌鲁木齐，他表示："衰年报国，心力交瘁，亦复何暇顾及?"① 5月底，左宗棠以69岁的高龄、带病的身躯，冒着盛夏的酷热"舆榇出关"，誓与沙俄决一死战！其爱国热忱是很感人的。6月15日，左宗棠进抵哈密，命令各军戒备。沙俄政府见如意算盘将成画饼，遂恼羞成怒，一面增兵伊犁，一面调遣军舰东来，虚张声势。腐败无能的清政府在讹诈之下马上准备妥协，8月11日，急调左宗棠回京以避免冲突。左宗棠对沙俄的色厉内荏是了解的，他认为"俄船东下，偏历海疆，结倭奴，封辽海，亦不过虚声胁和之计"②。他在给总理衙门的信中指出："察看情形，实非决之战胜不可"③。8月29日，左宗棠在哈密接到清廷调他回京"以备顾问"的命令，壮志未酬，十分苦闷，他在家信中表白自己此时的心情说："俄意欲由海路入犯，而在事诸公不能仰慰忧勤，虚张声势，殊为慨然。我之此行，本不得已。"④

由于清政府的怯懦和短视，左宗棠武力收复伊犁的计划未能实现，但在左宗棠积极备战的支持下，曾纪泽的外交谈判却有了进展。对左宗棠被召回一事，沙俄并不明白底细，误认为中国有"动兵之意"，并就此事几次问及曾纪泽。⑤ 如果真的对华作战，沙俄是力不从心的。刚刚结束了俄土战争的沙皇政府，财政已经涸竭，曾纪泽的主要谈判对手若米尼承认："战争对于我们将是耗费巨大、没有止境而又无益的。"⑥ 迫于形势，沙俄不得不从原来的立场上后退一步。1881年2月24日，即左宗棠到达北京的当天，双方在圣彼得堡签订了《中俄伊犁条约》，沙俄同意归还"崇约"划走的特克斯河谷和通往南疆的穆扎尔山口，但仍占有霍尔果斯河以西地区。此外，放弃了俄货由嘉峪关运进内地的要求；但赔款却由500万卢布增至900万卢布。这仍然是个不平等条约，但与"崇约"相比，总算收回了一些权益。一个英国外交官评论说："中国已迫使俄国做出了它从未做过的事：把业已吞下去的领土又吐出来了。"⑦ 这个评论并非溢美之词。从贪婪成性的沙俄嘴里挖出部分"猎物"，毕竟不是件容易的事。左宗棠的积极备战有力地支持了曾纪泽的外交斗争。

---

① 《左文襄公全集》书牍，卷二三，第39页。
② 《左文襄公全集》书牍，卷二四，第60页。
③ 《左文襄公全集》书牍，卷二四，第74页。
④ 《左文襄公家书》卷下，第77页。
⑤ 曾纪泽：《金轺筹笔》卷三，第33-34、42页。
⑥ 查尔斯·耶拉维奇、芭芭拉·耶拉维奇合编：《俄国在东方1876—1880)》，来丁布利尔出版社1959年版，第116页。
⑦ 季米特里·含·布尔格尔（又译包罗杰）：《哈利代麦卡特尼爵士生平》（即《马格里传》），1908年伦敦版，第351页。

三

收复新疆的胜利,在中国抵抗外来侵略史上是不可多得的记录。因此很有必要认真探讨一下这次西征胜利的原因。

决定战争胜负的根本原因,在于战争的正义与否、人心的向背如何。收复新疆之役能摧枯拉朽,势如破竹,首先在于战争的正义性质,如左宗棠所说,"夫西征用兵,以复旧疆为义,非有争夺之心"①。在阿古柏残暴统治下的新疆各族人民,日夜盼望回归祖国怀抱,南疆一带更广泛流传清军快要入疆的信息:"喀什伽师地方有个农民在犁地撒种时,有人问他:'喂,朋友,请问你在种什么?'那个农民回答说:'还要种什么?种的是赫太依(意为汉人)',问话的人微笑着高兴地走了。"② 有的人不堪迫害,甚至冒着生命危险,历尽千辛万苦,逃往内地,赴北京呈报情况。大军入疆后,所到之处也得到各族人民的广泛支持。1876年7月底,清军挺进古牧地,"时屯地乏水,军渴甚。锦棠询土人,知黑沟驿上黄田有积泉"③,遂进袭黄田,取得了入疆第一仗的胜利。1876年秋,吐鲁番地区"缠回"阿哈默特投奔张曜军,提供了许多重要的情报。④ 1877年春,清军围困达坂城,"城中投出缠回报称:安夷盼援不到,官军锁围日逼,群议突围而走。"刘锦棠得知后传令严加防范,"夜间列燧照耀,光如白昼"⑤,破坏了敌人的突围计划,大获全胜。当刘锦棠挥戈南指时,饱受阿古柏暴虐统治的各族人民,"皆日夜延颈,拭目盼望"⑥ 清军。"军行所至,或为向导,或随同打仗,颇为出力"。⑦ 保证了部队继续前进。当白彦虎狼狈窜至拜城时,城内人民"即闭城门,白逆攻之未下"⑧;清军进抵阿克苏,"城内缠回十数万,则皆守城以待官军者"⑨。在清军节节胜利的凯歌声中,和阗阿奇木伯克呢牙孜还据城起义,并进攻叶尔羌,牵制了伯克胡里的力量。清军收复新疆的斗争,不但得到维族各阶层的支持,也为其他各族人民所拥护,如由喀喇沙尔避居博尔吐山的蒙古"台吉"扎希德勒克,听说大军进抵托克逊,立即赶赴该城,向刘锦棠领受机宜。清

---

① 《左文襄公全集》奏稿,卷四八,第37-38页。
② 《海米迪历史》《手稿》,第284页。转引自鲍尔汉《再论阿古柏政权》。
③ 魏光焘:《戡定新疆记》卷二,《回民起义》(Ⅳ)第356页。
④ 《左文襄公全集》书牍,卷一七,第31页、36页。
⑤ 《左文襄公全集》奏稿,卷五〇,第34页。
⑥ 曾毓瑜:《征西纪略》卷四,《回民起义》(Ⅲ)第48页。
⑦ 《左文襄公全集》奏稿,卷五一,第74页。
⑧ 《左文襄公全集》奏稿,卷五一,第45页。
⑨ 《左文襄公全集》奏稿,卷五一,第47页。

军南进后,他"随同驰驱,于地势险夷、贼情虚实、水道深浅,据实备陈"①。又如从伊犁逃出的锡伯族人民在喀尔博户一带屯田储粮,大军进抵乌苏,他们就送粮食到营中以供军用。

为收复祖国疆土、驱逐侵略者而战,符合新疆各族人民的利益,也是广大士兵的心愿,故出关大军上下一心,士气高涨,"万里长驱,每营仅发四个月盐菜,无却步者"②。本来进军新疆,条件很艰苦:要跋涉于戈壁之上,天山之巅;要忍受吐鲁番盆地的酷暑,要经历"霜冻凝积"的寒冬;有时因敌人决水,要泅渡一片汪洋;有时因前进断粮,又面临忍饥挨饿。但是,就在这样艰苦的条件下,清军仍能坚忍不拔,所向披靡。南疆西四城克复后,清军更深入人迹罕到之地,攀缘石壁、冰梯,追歼残敌,"四昼夜驰八百余里,人未交睫,马未卸鞍,接仗时犹复倍加抖擞,愈接愈厉"③。事实证明,战争的正义性质激励着清军广大将士奋勇杀敌。

左宗棠要求西征将士保持良好的军纪以及采取正确的俘虏政策,是胜利进军的第二点原因。对于部队的纪律,左宗棠三令五申,十分重视。他指示各军:"回部为安酋驱迫,厌乱久矣。大军所至,勿淫掠,勿残杀。王者之师如时雨,此其时也。"④ 在给嵩武军统领张曜的信中一再告诫:"此次大军所至,非申明纪律,严戒杀掠不可。如能以王土、王民为念,则南八城易复而亦可守矣!"⑤ 对每一支开赴前线的部队,左宗棠都不厌其烦地反复叮咛,说明军纪好坏直接关系民心的得失,战争的胜负,乃至新疆今后的"长治久安"。易开俊所部由吐鲁番开赴库车一带填防时,左宗棠在信中指示说:"麾下所部虽皆劲旅,然于纪律一切,能否恪遵无误,究未可知。此次进驻库车,尤宜时加申儆,勿稍宽纵,致失民心。"⑥ 对主力刘锦棠部,左宗棠虽较放心,但还是谆谆嘱咐:"此次如能遵行军五禁,严禁杀掠奸淫,则八城回民如去虎口而投慈母之怀,不但此时易以成功,即后此长治久安亦基于此。"⑦ 这就把严整军纪提到了"长治久安"的战略高度。左自己说"此次大军所至,秋毫无犯"⑧ 可能有些夸张,但清军所到之处,当地人民"望风投命","各城阿奇木、阿浑、玉子巴什携酒酪,献牛羊,络绎道左"⑨。这说明入疆清军的纪律确实是较好的。对某些不守军纪的部队,

---

① 《左文襄公全集》奏稿,卷五一,第68页。
② 《左文襄公全集》书牍,卷一六,第15页。
③ 《左文襄公全集》奏稿,卷五五,第21页。
④ 《清史稿》卷四一二《左宗棠传》。
⑤ 《左文襄公全集》书牍,卷一七,第36-37页。
⑥ 《左文襄公全集》书牍,卷一九,第66页。
⑦ 《左文襄公全集》书牍,卷一七,第62页。
⑧ 《左文襄公全集》书牍,卷二〇,第32页。
⑨ 曾毓瑜:《征西纪略》卷四,《回民起义》(Ⅲ)第48页。

一经发现,左宗棠立即采取断然措施予以处置。吐鲁番之役,发生过蜀军统领徐占彪扰掠的事,左宗棠立即将该部从前线撤回,并拟将徐撤职。

为瓦解敌军,清军还采取了正确的俘虏政策,收到良好效果。对达坂城之役的1200名战俘,除将200多名安集延人送到肃州监禁外,其余战俘,刘锦棠"均给以衣粮,纵令各归原部",俘虏们"皆惊喜过望,踊跃欢呼而去"①。事实证明,释俘政策是成功的。阿古柏对放回的俘虏大伤脑筋,"杀其数十人,监押一半,余俱潜逃回家",使本已不稳的军心更加涣散。"各城缠回,畏官军之威,感官军之德,愈恨'帕夏',不服其约束。"②("帕夏"即阿古柏)清军从吐鲁番之役后几乎没有遇到什么有效抵抗,正确的俘虏政策也是一个重要因素。

新疆一举克复的第三点原因,是清军统帅部制订了正确的战略和策略。

左宗棠进兵新疆的基本战略是:"先北后南""缓进速战"。其作战原则是:"广储粮草,杜其窜路。然后相机大举,聚而歼之,乃为一了百了之计"。③"先北后南",是从空间角度说的。当时,阿古柏集中主力于南路,北路则由后来归附的白彦虎、马人得驻守。"大抵新疆贼势,北路轻而南路重"④,如果先攻北路,对整个战局发展将十分有利。第一,可以避实就虚,在突破敌人薄弱环节后再进行决战,这样就可以先声夺人,鼓舞士气。第二,可以分散敌人兵力,将阿古柏的一部分军队在北路聚而歼之,为挺进南疆创造条件。第三,占领北路后,取得了前进基地,解除了南下大军的后顾之忧,从而造成从东、北两面夹击南疆敌人之势。

"缓进速战",是从时间角度来说的,即在每一战役之前,要做好充分准备,不要匆忙进兵,一旦军事行动开始,就要速战速决,不拖泥带水。左宗棠自信"如果缓进急战,慎以图之,西事或犹可为耳!"⑤比如古牧地之战,是双方主力第一次交锋,只用了一个星期。达坂城之战,是一次漂亮的歼灭战,只用了四天,从三个大战役来看,收复北路用了三个多月,收复吐鲁番不到半个月,进克南路只用了四个半月,总计也不过八个多月。但每战之前的准备却花费较长时间:从1874年9月,左宗棠任"督办关外粮饷转运事宜"到正式作战,其间共一年半;从督师肃州到进兵北路,相隔两个月;从收复北路(1876年11月)到进攻吐鲁番(1877年4月),则休整了半年;从收复吐鲁番地区(1877年5月)到进军南路(1877年9月),又准备了四个月。每战之前,左宗棠对后勤供给(包括军粮、军火、军装的供应)都做了仔细筹划,对进攻部队(包括第一梯队

---

① 《左文襄公全集》奏稿,卷五〇,第36页。
② 《左文襄公全集》奏稿,卷五九,第71页。
③ 《左文襄公全集》书牍,卷一五,第49页。
④ 《左文襄公全集》书牍,卷一六,第21页。
⑤ 《左文襄公全集》书牍,卷一六,第27页。

和第二梯队）、截击部队和防守部队之间的配合做了安排。对进攻时机的选择做了周密考虑（如尽量避开寒冬、酷暑）。同时，左宗棠还注意了失地收复后的善后工作，如召集流亡、奖励开垦等。当然，准备工作中也有失误的时候，库尔勒断粮就是一例。

总之，"先北后南"，"缓进速战"，是符合客观实际的正确作战方针。在这一战略方针指导下，收到了克敌制胜的效果。

清军西征胜利的最后一个原因是各方面的准备工作都比较充分。正因为有了准备，才能稳操胜券。关于准备工作的具体内容，本文第一部分已做了论述，这里就不多讲了。

四

左宗棠收复新疆，在我国近代史上是一件有重大历史意义的事件。在各族人民的支持下，清军把窃踞新疆达13年之久的阿古柏反动政权一举扫进了历史的垃圾堆，沉重打击了英国殖民者在新疆的扩张阴谋，并使沙皇俄国鲸吞天山南北的美梦成为泡影。收复新疆的胜利，捍卫了祖国领土的完整，显示了中华民族抵抗外侮的决心和力量，也促进了新疆地区经济、文化的发展。

阿古柏政权是新疆各族人民的监狱。在其统治区内"严刑厚敛，税及园树"，人民生活苦不堪言。繁重的苛捐杂税"使他们变卖土地、牲畜，甚至卖了家中的锅碗交纳税款"[①]。更有大批人民沦为奴隶，"奴隶制在喀什发展到了相当大的程度，单是巴特乌列特（指阿古柏——引者）本人就拥有三千名以上。不管是被征服的和部分变为奴隶的汉人、回人和卡尔梅克人，从巴达克山和其他与'哲得沙尔'相邻的独立领地运来的人都在喀什市场上出售。有劳动能力的奴隶每名售价不超过四十天罡"[②]（"天罡"为当时新疆使用的一种银币）。新疆的收复，不但使这一辽阔地区重归祖国版图，也使新疆各族人民摆脱了侵略者铁蹄的蹂躏。

收复新疆的重要意义，还在于它沉重打击了英、俄两个殖民大国的阴谋，遏制了他们掠夺我国西北边疆的野心。

阿古柏被称为"英国人在克什米尔以北土地上所树立的英雄"[③]。为使阿古柏政权苟延残喘，英国侵略者费尽了心机。战斗未曾开始，他们就利用自己控制的在上海的报纸散播清军在关外已遭失败的谣言，妄图混淆视听，惑乱人心。当

---

① 《海米迪历史》，《手稿》第281页。转引自鲍尔汉《再论阿古柏政权》。
② 《乌兹别克中央国家历史档案馆第二档》第三卷第247条，转引自古洪诺夫《阿古柏对内政策上的某些问题》。
③ 《阿古柏伯克传》（英文版）《序言》。

左宗棠准备借外债以充军饷时,英国政府又阻止英商提供贷款。此外,他们还通过对李鸿章施加影响,企图动摇清政府收复新疆的决策。清军收复天山北路以后,他们又积极活动,妄图阻止大军南下。英国驻华公使威妥玛,公然要求让阿古柏继续窃踞一隅。对此,左宗棠一针见血地指出:"英人代为请降,非为安集延,乃图保其印度腴疆耳。"①1877年七八月间,清军已克复吐鲁番盆地,阿古柏政权即将全面崩溃,英国政府竟于此时与中国驻伦敦外交使臣郭嵩焘交涉,无理要求在喀什噶尔一带保存阿古柏的残余势力。对这一横蛮干涉,左宗棠十分气愤,他严词驳斥说:"喀什噶尔即古之疏勒,汉代已隶中华,固我旧土也。……英人以保护安集延为词,图占我边方名城,直以喀什噶尔为帕夏(指阿古柏——引者)固有之地,其意何居?""彼阴图为印度增一屏障,公然向我商议,欲于回疆撤一屏障,此何可许?"②左宗棠没有理睬英国的无理纠缠,把阿古柏的残渣余孽一直赶出国境。英国殖民者的外交阴谋没有能挽救浩罕入侵者的灭顶厄运。

对新疆早就垂涎三尺的沙俄,在清军大举出关前后,便加紧策划,妄图左右局势。1875年7月,俄国总参谋部军官索思诺福齐中校率领一个"考察团",在兰州左宗棠的总督衙门住了27天,刺探出关清军的实力和中国备战的情报。索思诺福齐一面侈谈"和好",一面想以提供军粮为诱饵束缚中国的手脚。他直言不讳地供认:"我的考虑在于使左宗棠和他的军队,被吸引到我们的储备上来……"这个俄国特务竟飘飘然陶醉于自己的"杰作",他写道:"假如七万武器良好、守纪律、善战但由于缺粮而无法作战的军队,依靠我们的给养,那么请注意——所有的机会都会掌握在我们的手中:同意让步和达成协议,就给你们粮食;不同意,就不给你们粮食,并要承担由此而引起的一切后果。"③但侵略者的如意算盘落空了。沙俄虽然答应卖给中国500万斤军粮,却根本无法左右局势。会谈中索思诺福齐曾别有用心地提出要派兵、派军官"助剿",左宗棠当即断然拒绝:"中国边防,中国自有办法,可无须帮助。"④索思诺福齐回到俄国后,又故意刁难,拒不执行购粮合同,并节外生枝,要清政府同意俄商到古城、巴里坤、哈密一带贸易的无理要求。左宗棠对此嗤之以鼻。他指出:"伊所挟者,不过办粮、供子药两事,然均须重价见银,我有重价见银亦由内地可办(见在包、归、宁夏商驼甚形踊跃,肃、安一带亦然),不必俄人也。"⑤

1876年8月,正当清军在北路节节胜利时,另一个俄国总参谋部军官普瓦热瓦尔斯基中校带着一个所谓"探险队"去阿古柏占领区收集情报。普瓦热瓦尔

---

① 《左文襄公全集》书牍,卷一七,第31页。
② 《左文襄公全集》奏稿,卷五一,第18页。
③ 索思诺福齐·毕塞斯基:《1874—1875年对中国的考察》(俄文版),第545–546页。
④ 《左文襄公全集》书牍,卷一五,第41页。
⑤ 《左文襄公全集》书牍,卷一六,第7–8页。

斯基一到南疆，就迫不及待地为风雨飘摇的阿古柏政权出谋划策。1877年1月15日，阿古柏的心腹扎曼给普瓦热瓦尔斯基的一封信中透露说："您关于如何同中国人进行战争的良策都转达给可汗殿下了，可汗完全赞同，极为满意。"① 与此同时，还有一个以库罗巴特金大尉为首的俄国官方代表团到了南疆，它的使命在于胁迫朝不保夕的阿古柏政权炮制一个"边界条约"，以便赶在这个政权覆亡之前攫取一些重要的战略据点。1877年6月6日，普瓦热瓦尔斯基给俄国总参谋部的报告中指出："对俄国来说，当前正是确立同东土耳其斯坦的关系使之对自己更为有利的最好时机。阿古柏伯克现在对于我们的任何要求都一定同意"，"现在最好是把我们的疆界从纳喇特岭移到达兰达坂"②，即把占领区从伊犁再向东南延伸。只因为阿古柏政权迅速崩溃，沙俄的扩张阴谋才未得逞，所谓"阿古柏边界"的叫嚣也销声匿迹了。新疆回归祖国怀抱，宣告了英、俄殖民者鬼蜮伎俩的失败。

为了巩固西北边防，遏制俄、英（特别是俄国）的蚕食，在新疆收复后，左宗棠还十分重视建设新疆。当战争仍在进行时，每收复一城，他就派专人前往办理善后。一俟战争结束，即着手召集流亡，兴修水利，恢复生产，改革税制，仅仅两年时间就取得了一定成效。左宗棠一方面着手减轻赋税负担。土地税在清丈前按实际收获物的1/11计征，清丈以后再按亩征赋；另一方面为发展农业生产，在哈密、巴里坤、古城子、乌鲁木齐、玛纳斯、吐鲁番、喀喇沙尔、库车、库尔勒等地，以军队修整、兵民合力、官方贷款民间出力等方式兴修了不少水利工程。此外，左宗棠还在新疆大力推广蚕丝业，"移浙之桑种于西域"③，并在哈密、吐鲁番、库车、阿克苏等地设局，聘请湖州工匠传授栽桑、养蚕、煮茧、缫丝、织造等技术，"自是以来，蚕事渐兴，缠民习其业者日众，而英、俄商人颇有运我茧丝出口者，则成效亦稍稍著矣"④。在经过了十多年战乱之后，新疆出现了比较安定的局面，"关内回民复扶老携幼，不远数千里，接续而来"⑤，虚弱的经济得到了一定程度的恢复和发展。

然而单纯恢复生产，发展经济还不足以巩固边防。1877年4月，吐鲁番战役后，左宗棠即在《统筹新疆全局疏》中，"为新疆画久安长治之策"。他指出严重威胁来自沙皇俄国。"俄人拓境日广，由西而东万余里，与我北境相连，仅中段蒙部为之遮阂，徙薪宜远，曲突宜先，尤不可不预为绸缪者也。"⑥ 为了有效

---

① 《普瓦热瓦尔斯基传》（俄文版）第231页。
② 《普瓦热瓦尔斯基传》（俄文版）第576页。
③ 《左文襄公全集》书牍，卷四，第17页。
④ 钟广生：《新疆志稿》卷二，第23页。
⑤ 《新疆图志》卷一〇七，奏后17。
⑥ 《左文襄公全集》奏稿，卷五〇，第77页。

地抵御沙俄的侵略，必须废除过去存在于新疆的"军府制度"，"设行省，改郡县"，加强中央政府对新疆地区政治、经济、文化的领导。在以后5年中，左宗棠曾四次上奏朝廷，要求在新疆建省，这一夙愿在他去世后几个月终于实现了。新疆建省的主张，早在鸦片战争前就为龚自珍、魏源等一些有识之士所提出，青年时代的左宗棠也曾吟唱过"置省尚烦他日策"①的诗句，但当时人们对这一建议的意义还缺乏认识，经过半个世纪的人间沧桑，新疆建省对巩固西北边防的重要性才被更多的人所了解。

19世纪70年代末，中国各族人民为收复新疆进行的斗争，不但在当时有着重大意义，在以后一百年中也造成了深远影响。当年，老沙皇的凶狠、狡诈，在侵略新疆的罪恶活动中表演得淋漓尽致，其咄咄逼人，大有囊括全疆之势。时至今日，克里姆林宫的新主人完全继承了老祖宗的衣钵，甚至比老沙皇走得更远。他们大放厥词，说什么："历史事实证明，在西部，中国边界没有超出甘肃省和四川省。"②不难想象，如果一百年前，中国收复新疆的斗争归于失败，那么，今天的社会帝国主义很可能已在玉门关外虎视眈眈了。当年左宗棠警告过的："若新疆不固，非特陕、甘，山西各边时虞侵轶，防不胜防，即直北关山，亦将无晏眠之日"③就要成为现实。一百年前，左宗棠指挥西征大军收复新疆，为祖国保住了一片大好河山，给中华民族做了一件大好事，左宗棠不愧是杰出的爱国主义者。

新疆回归祖国怀抱，首先应归功于人民群众的力量。但左宗棠作为一个组织者、指挥者和最高决策的参与者，在收复新疆斗争中所起的作用，是应给予充分肯定的。当然作为地主阶级的代表人物，左宗棠不可能超越他生活的时代和他所代表的阶级，我们在肯定他的功绩的同时，也应正视他在镇压太平天国革命以及镇压捻军和西北回民起义中的罪责，但本文并非全面评价左宗棠一生的功过，这里就不多加论述了。

（载《清史研究》1982年第2辑）

---

① 《左文襄公全集》，诗集第2页。
② 《一九六九年六月十三日苏联政府声明》，转引自1969年10月9日《人民日报》。
③ 《左文襄公全集》奏稿，卷五〇，第76页。

近代史上各族人民为收复新疆共同战斗

在我国近代反抗侵略、维护祖国领土完整的斗争中，1876—1878 年收复新疆之役堪称光辉的一页。

1864 年，新疆地区阶级矛盾日趋尖锐。一些民族上层分子打着"排满、反汉、卫教"的反动旗帜，在天山南北建立了五个封建政权。一小撮民族分裂主义分子的罪恶活动给了外国侵略野心家以可乘之机。1865 年春，中亚浩罕汗国的军官阿古柏悍然窜入我国南疆，先后兼并了除伊犁以外的其他几个割据政权，占领喀什噶尔、叶尔羌、和阗、库车，并于 1870 年侵占吐鲁番、乌鲁木齐，建立所谓"哲德沙尔汗国"殖民政权。同时，早就觊觎新疆的沙皇俄国也趁火打劫，迫不及待地于 1871 年夏天出兵侵占我国伊犁地区，为鲸吞全疆夺取了一个重要的桥头堡。窃踞南疆的阿古柏匪帮，"杀人不以梃刃，有所仇恶，辄饵以毒药，登时毙命。缠回（维吾尔族）幼女自八岁以上悉被奸淫，死者十常七八"①。苛刻的赋税更把南疆搜刮殆尽，"一旦夕间，而缠回人亡家破，流离失所矣"②！

在侵略者蹂躏下的新疆各族人民一直向往回归祖国怀抱。伊犁地区"所有满、绿、索伦、锡伯、察哈尔、额鲁特各营以及民人，并有晶河土尔扈特贝勒人众，均以同心能死，不降俄夷"③。在南疆，维吾尔族兄弟是多么希望清政府能出师西征，驱逐侵略者啊！

1876 年夏，爱国将领左宗棠排除种种阻力，克服许多困难，经过周密筹划之后，率军大举出击。清政府收复失地的正义行动得到全国人民特别是新疆各族人民的热烈支持，三路清军同时并进，势如破竹，节节胜利，捷报频传。阿古柏走投无路，终于服毒自杀。新疆又回到祖国怀抱（伊犁地区的大部分则于 1881 年以备战为后盾，通过谈判收回）。在新疆收复后，有人吟诗一首，对"春风不度玉门关"的诗句进行改写，诗云："新栽杨柳三千里，引得春风度玉关"，对祖国统一进行了歌颂和赞美。

收复新疆的胜利是一曲各族人民团结战斗的凯歌，这不仅在于参战部队是由汉、满、回、蒙等各民族所组成，还因为这场符合中华民族整体利益的战争，得到了新疆各族人民的全力支援，西征军所到之处受到"欣喜的欢迎"④。

---

① 袁大化、王树柟：《新疆图志》卷九八，第 2 页。
② 《筹办夷务始末》（同治朝）卷八四，第 11 页。
③ 《筹办夷务始末》（同治朝）卷八四，第 11 页。
④ 别里尤：《克什米尔与喀什噶尔》第 31 页，1877 年俄文版。

1876年7月,清军主力刘锦棠部进军北疆。从阜康到古牧地,由于驻地严重缺水,士兵干渴难忍。在危难之时,正是当地人民帮助清军找到了"积泉",才进袭黄田,取得了入疆第一仗的胜利。1877年春,清军自乌鲁木齐南下,围攻通往南疆的门户——达坂城。城内维吾尔族人民冒险外出,报告守敌妄图突围的消息,使清军加强了戒备,终于瓮中捉鳖,把阿古柏的4000名精锐部队一网打尽,敌军大、小头目无一遗漏。当清军挺进天山南路时,维吾尔族人民"皆日夜延颈,拭目盼望"①,"清军所至,或为向导,或随同打仗,颇为出力"②。当清军准备进攻吐鲁番时,维吾尔族人阿哈默特向嵩武军统领张曜提供了许多重要情报。1877年8月底,清军发动秋季攻势,一路穷追猛打,残敌白彦虎等逃窜拜城,维吾尔族人民"闭城门,白逆攻之未下";清军进抵阿克苏,"城内缠回(即维吾尔族)数十万,则皆守城以待官军者"。③ 同时,和阗伯克尼亚孜还据城反正,牵制了阿古柏残余势力伯克胡里(阿古柏长子)的力量。

　　除了维吾尔族人民之外,新疆其他各族人民同样积极地投入到收复失地、维护祖国统一的斗争中。

　　正是由于新疆各族人民纷纷起来协助清军围歼阿古柏匪帮,才使得沦陷十多年的新疆得以重返祖国的怀抱。这一具有重要意义的胜利,是各族人民共同战斗谱写出的壮丽诗篇。

(载《光明日报》1983年5月11日)

---

① 中国近代史资料丛刊《回民起义》(Ⅲ)第48页。
② 《左文襄公全集》奏稿,卷五一,第74页。
③ 《左文襄公全集》奏稿,卷五一,第47页。

"赶大营"是中国近代天津人民为保卫新疆、建设新疆做出的重大贡献

"赶大营"是19世纪后半叶,天津人移民新疆的一项壮举,也是我国近代商贸史上的一个奇迹。这一中国近代史上的重要商贸活动,从兴起、发展,到鼎盛、衰退,约持续了60年(1875—1937)之久,在中国近代商贸史上留下了浓墨重彩的一笔。

19世纪中叶,正当清政府忙于应付西方和日本的海上入侵时,西北边塞却狼烟四起,天山南北大片领土沦陷,出现了震惊全国的"新疆危机"。

新疆自古是中国领土,与内地的政治、经济、文化联系绵延不断。同治三年(1864),这里爆发了反清武装斗争,而中亚浩罕国军官阿古柏乘虚而入,先后占领了喀什噶尔(喀什)、叶尔羌(莎车)、和阗、阿克苏、库车,又攻陷达坂城、吐鲁番、乌鲁木齐和玛纳斯,侵占了我国新疆大部分地区,并建立了一个叫"哲德沙尔汗国"的外来殖民政权。沦陷区的各族民众大批沦为奴隶,过着非人的生活,无不痛心疾首。

阿古柏政权出现后,英、俄两个殖民大国都想乘机把势力伸入我国新疆地区。同治十年(1871),沙俄出兵占领了我国伊犁一带,妄图建立一个鲸吞新疆的桥头堡;英国也加紧与阿古柏勾结,想把他变成自己战略棋盘上的一枚卒子。在西北形势岌岌可危之际,清政府内部经过激烈的"海防与塞防"孰先孰后的争论,最后采纳了陕甘总督左宗棠的意见,于光绪元年(1875)春夏之交决定出兵收复新疆,并任命左宗棠为"钦差大臣督办新疆军务"。这一出兵收复新疆的重大战略决策,为当时天津杨柳青的商贩们提供了一条入疆谋生的出路、一座报效祖国的舞台。当时七八万的西征军面临着筹粮、筹饷、筹转运三大困难。西北地区地理环境恶劣、气候复杂多变,人烟稀少,故运输极其困难;而天津杨柳青的商贩们不畏艰险、不辞辛苦,甚至冒着生命危险踏上了西征之路。第一批就有200余名小商贩随军西征。随后,每年都有数百名天津商贩,几十人一伙结帮随军做生意,这就是所谓的"赶西大营",简称"赶大营"。天津的货郎们被称为"大营客",他们实际上是举家西迁的,他们的货郎担一条扁担两个筐,一个筐里装着货物(毛巾、布袜、肥皂、针线、茶、烟、糖、药品等),另一个筐里则放着孩子。他们携家带口随着西征大军走,每当部队宿营时,在军营附近划出一块地方专供商贩们摆摊设点,随军市场立即开始交易。商贩所带物品有时还可以由军队车辆捎带。在战争结束后,货郎的运输工具也有了变化,"津帮"商人开

始乘坐马、驴、骡车"赶大营"。随着清朝大军不断胜利前进,"赶大营"的津帮队伍也不断扩大,杨柳青的商贩们遍布新疆各大中城镇,被称为"三千货郎满天山"。据粗略统计,参加"赶大营"的天津商贩有3000余户,至少有15000人(有说为3万多人)。新疆收复并建省后,"赶大营"的浪潮又持续了半个多世纪。近代在新疆经营的内地商人,有所谓八大商帮(燕、晋、秦、陇、蜀、湘、鄂、豫),但天津商帮(俗称"津帮")的商业活动遍及伊犁、塔城、古城(今奇台)、焉耆、阿克苏、库车、喀什、莎车、和阗等地,成为新疆近代商业发展的奠基者。当年"赶大营"的代表人物(如安文忠等)和他们的后代子孙正是创造这一段波澜壮阔商业传奇的佼佼者。

我们今天来回顾"赶大营"这段历史,可以看到,这一历史事件在中国近代史上是有着重要历史意义的:

(1)"赶大营"的天津民众不畏艰险,跋涉数千里,配合清军的军事行动,为收复新疆提供了可靠的后勤支援,为收复祖国一片大好河山立下了功勋。

(2)天津商帮入疆,促进了新疆经济的开发和新疆地区早期近代化工商业的起步,丰富了各族人民的物质生活,内地百货的涌入也对新疆地区抵御英、俄的经济侵略、发展民族工商业起到了促进作用。

(3)沟通了内地和新疆地区的文化教育交流,使内地的民俗和民间技艺传入新疆,如社火(也称花会,民间综合性文化活动,包括舞蹈、杂耍、杂技、武术、古乐等)、庙会、抖空竹、踢毽子、年画、花灯、剪纸、风筝,丰富了边疆民族的精神生活。

不但汉民族的风俗、文化在边疆地区逐步传播,而且汉族也在不断吸纳、融汇着少数民族的风俗习惯(汉族的炒菜为少数民族接受,维吾尔族的馕和抓饭也为新疆汉人接受)。

总之,"赶大营"不但推动了中华各民族的交往、融合,也重新演绎汉、唐以来丝绸之路的辉煌。

(在天津市委宣传部召开的电视纪录片《赶大营》研讨会上的发言,2019年1月)

马江风云的反思

晚清重臣左宗棠曾说过:"中不如西,学西可也。"① 马尾船政局的创办和福建水师的诞生,就是"学西"的产物,也是开放与封闭碰撞的结果。

同治五年(1866)年底,清政府在福建马尾开办了中国第一个近代造船厂——马尾船政局(亦称福建船政局)。马尾隶属闽县(今闽侯县),是福州的外港,船政局即坐落在马江北岸(马江是指闽江下游的南台江与乌龙江汇合处至海口的一段)。一年后,船厂开工制造第一艘轮船;两年半后,第一艘木质轮船下水;以后又开始制造铁胁轮船(即木质军舰外添铁甲)。到光绪十年(1884)马尾海战爆发前,共造船24艘,其中军舰19艘,商船5艘,总排水量2.7万余吨。

船政局创建和发展的过程充满了荆棘,其中既有封建守旧官僚的反对,也有外国势力的干扰。创办之初,接替左宗棠任闽浙总督的吴棠就坚决反对说:"船政未必成,虽成亦何益!"② 继之,内阁学士宋晋主张"暂行停止"③。而外国势力更视船政局为寇仇,极力阻挠。筹办船厂的消息一传开,英国首先反对,英驻福州领事贾禄高调鼓吹"造船不如买船",福州税务司美理登(法国人)也想钻营入局。后来,法国驻福州领事巴世栋又想把领事裁判权扩大到船政局,终被船政大臣沈葆桢坚决顶了回去。沈葆桢义正词严地指出,这一举动"越分妄为,令人发指",痛斥这位法国外交官"狼子野心,意别有在"④。事实证明,同任何一项新鲜事物一样,创办船政局也不是一帆风顺的。

近代轮船下水后,清军水师不断得到充实,到光绪元年(1875),隶属福建水师的舰船已达16艘。而且,从1872年起,一批由船政局创办的船政学堂毕业生开始进入海军服役,到1875年已有6名毕业生出任轮船管驾(舰长)。清军水师虽然在指挥系统、海战训练、后勤保障、基地建设等方面仍相当落后,但已具备了近代舰队的雏形。

马尾船政局以及主要由它建造的船舰所组成的福建水师,是依靠法国的技术和机器设备形成的产物。但让中国人始料不及的是,正是法国舰队在一次突袭中,把船政局和福建水师当成了摧毁目标。

---

① 《左文襄公全集》书牍,卷一七,第33页。
② 中国近代史资料丛刊《洋务运动》(以下简称《洋务运动》)(五)第58页。
③ 《洋务运动》(五)第105页。
④ 《海防档》(乙)《福州船厂上》。

光绪十年（1884）8月，马江上空风声鹤唳，到8月23日以前，法国海军已有8艘军舰（海防战列舰1艘、巡洋舰4艘、炮舰3艘）、2艘水雷艇闯入马江；另外还有2艘军舰停泊在金牌炮台上游担任警戒，1艘海防战列舰巡弋于闽江口外，作为海上声援。而泊于马江江面的福建水师只有1艘轻巡洋舰、8艘炮舰和2艘运输舰。在强大的敌军面前，福建水师官兵临危不惧，处变不惊。时任闽海关副税务司的英国人贾雅格也为之动容，他说："这些军舰上的兵士，几个星期以来一直处于敌人随时可以发射的炮口之下，而且十分明白敌我的实力悬殊，但他们仍然坚决地固守岗位，这真是令人十分惊佩的！"①

　　1884年8月23日下午约两点钟，蓄谋已久的法国舰队向马江江面上的福建水师全面开火。尽管中国水师官兵奋勇抵抗，但终因实力悬殊，准备不足，且处处掣肘，几乎全军覆没，军舰被击沉9艘，2艘受伤搁浅，官兵近800人殉难。

　　福建水师虽惨遭失败，但海军将士们在战斗中却表现出色，他们的英勇行为和不怕牺牲的精神，使"英美船舰观战者均称叹不已"，甚至连法国侵略者也不得不承认，"其中有些人表现出勇敢和英雄的优美榜样"。② 比如，"振威"号是一艘排水量只有570吨的小炮舰，战斗中受到3艘法国巡洋舰的围攻，但在管驾许寿山（船政学堂首届毕业生）的指挥下，毫无惧色，奋战到底。贾雅格在他的报告中说："就是在它最后沉没的一刹那，这勇敢的小船还以最后一炮击中它的敌人，重创了敌舰舰长和士兵两名。"③ 另一位目睹战斗过程的美国海军军官也赞叹说："这一件事，在世界最古老的海军记录史上均无前例！"④ 当时上海的英文报纸《字林西报》评论道："西方人士料不到中国人会这样力战"。⑤

　　马江战役是法国侵略者把战火燃烧到中国本土后的一次重要战役，也是中国创建近代海军后的第一次实战。林则徐的侄孙林扬光曾写了一首《悲马江》的诗，诗云："风声竟使全军墨，海水翻流十日红。"⑥ 洒满烈士鲜血的马江，给后人留下了无限惆怅、缕缕哀思。同时，也促使后人对这次惨痛失败进行深刻反思。

　　落后必然挨打。马江之战充分暴露了中、法双方在政治制度、经济实力、军事技术上的巨大差距。恩格斯曾说过：一场战争的胜负"取决于人和武器这两种材料，也就是取决于居民的质与量和取决于技术"⑦。法国当时是西方资本主义的主要强国之一，它不但有强大的经济实力，而且有先进的军事装备。法国在

---

① 《帝国主义与中国海关》第四编《中国海关与中法战争》第212-213页，科学出版社1957年版。
② 罗亚尔：《中法海战》，中国近代史资料丛刊《中法战争》（三）第554页。
③ 《中国海关与中法战争》第213页。
④ 罗蚩·高文：《法国人在福州》第三章《马江战役》。
⑤ 罗蚩·高文：《法国人在福州》第三章《马江战役》。
⑥ 林扬光：《胜庄诗钞》，1918年石印本。
⑦ 恩格斯：《反杜林论》，《马克思恩格斯选集》（中文版）第三卷第210页，人民出版社1972年版。

19世纪五六十年代已完成了产业革命，工业生产在20年间几乎增长两倍。1870年它在世界工业总产值中的份额占到10%，仅次于英、美、德三国。而当时中国的近代工业和交通运输业才刚刚起步，19世纪60年代末才有了新式造船厂，1872年新式航运业问世，1878年第一座近代煤矿正式投产，1880年始建成第一条单轨铁路。在军事实力方面，法国更是把清朝统治下的中国远远抛在后面，仅以海军为例，当时法国海军共拥有大小舰艇200余艘（包括战列舰53艘、巡洋舰69艘），总排水量50万吨。"而现代的军舰不仅是现代大工业的产物，而且还是现代大工业的缩影，是一个浮在水上的工厂。"①

在中法战争期间，活动于中国东南海域的法国舰艇就达42艘（其中海防战列舰4艘、巡洋舰14艘）。直接参加马江之战的法国舰艇总吨位为1.5万吨，超过福建水师总吨位近一倍（法军最大的军舰排水量在4000吨左右，而清军只有1400吨）；其动力设备均为复合机，而清舰配置的却是陈旧的立机、卧机，二者最大功率的差距在三到四倍之间；从火力配备看，法国舰队共有火炮77门，最大的火炮口径达24英寸，主要是后膛来复线炮，福建水师则共有45门火炮，除2门是大口径火炮外，其余均为小口径炮，且多为前装滑膛炮，射程近，准确度差，打击力弱。法国舰队还拥有2艘攻击力强的水雷艇，而福建水师则付之阙如。总之，马江之役中，福建水师的技术装备比法国舰队要落后几十年。在近代战争，特别是在近代海战中，"落后就要挨打"这个法则也就更加突出地表现出来！

军事上还有一条铁律，即军队失去了行动自由，也就接近于失败或被消灭。马江战前，清政府作茧自缚，坚持"不可衅自我开"，当双方已处于实际交战状态下，战火已燃至中国本土时，仍毫不在意地开放闽江口，任法舰自由出入，甚至严令水师不准先行开炮！所以战争还未开始，结果就已在预料之中了。难怪贾雅格曾这样评说："这场战争的结果是不会使任何人诧异的，胜负是早已定了的，中国方面得有会办海疆大臣张佩纶的命令，不准先开第一炮，并且必须留在原泊地位，因此，孤拔（法国远东舰队司令）就能挑选他自己下手的时间。"②清廷的腐败无能和愚蠢颟顸令人发指，正如一位诗人战后所言："缘木求鱼机早失，拓池养鳄计全非。"③

清政府办了几十年洋务，筹措海防也经历了几十载，为什么列强仍不断从海上入侵，并屡屡得手，照旧是有海无防？究其原因，归根结底是腐败的清政府始终摆脱不了"中学为体，西学为用"的格局。"中体西用"论的本意在于阐明中国传统政治思想和政治体制的优越，"西学"不过是一种辅助的治国手段而已，

---

① 恩格斯：《反杜林论》，《马克思恩格斯选集》（中文版）第三卷第212页。
② 《中国海关与中法战争》第218页。
③ 赖铭青：《闽事有感》，转引自阿英编《中法战争文学集·诗词》。

实质上是强调封建专制的政治体制是万万不可动摇的。而反观中国近代海军诞生后经历的曲折道路，则明白无误地向人们揭示了一条真理：在封建生产方式及其上层建筑的土壤上，不可能培育出一支强大的近代海军来。中国要在政治、经济、科技、教育、军事诸方面实现全面现代化，非摆脱封建主义的束缚不可。

（载《清史参考》第 42 期，总第 164 期，2009 年 11 月 9 日）

北洋水师与"长崎事件"

1874年（同治十三年），已经开始"明治维新"的日本入侵台湾，这让清廷极为震惊，意识到加强海防的重要性，第二年（光绪元年）即着手筹办南、北洋海军。1884年（光绪十年），福建水师在中法战争中遭受重创，有海无防的现象使清廷进一步认识到建设海军的紧迫性，并于翌年设立总理海军事务衙门。当时，中国拥有福建、南洋、广东、北洋四支舰队，其中北洋水师作为建设重点，发展迅速。1885年11月，在德国订购的铁甲舰"定远"号、"镇远"号（排水量均为7335吨）及巡洋舰"济远"号（2300吨）建成归国，北洋水师实力大增。

在中国发展海军的同时，走上军国主义道路的日本力图"开拓万里波涛，宣布国威于四方"，继1874年侵台后，更于1879年吞并了琉球。1883年，日本开始执行造舰计划，提出要大力发展海军，至少造舰48艘。1886年，日本动工修建吴港（在广岛）和佐世保（在长崎）两个军港，并计划制造8艘铁甲舰。恰在此时，一个意外事件的发生，更让日本扩充海军军备得到新的推力，这就是在当时造成很大影响的"长崎事件"。

19世纪80年代中叶，朝鲜半岛纷争骤起。1884年年底，日本操纵朝鲜开化党人发动"甲申政变"，组成新政府，驻朝清军应朝鲜大臣之请出兵解救国王，平息了政变。1885年4月，英国以"防俄"为借口占领朝鲜巨文岛，俄国则企图占领永兴港与之抗衡。面对风云变幻的东亚局势，清政府不得不做出反应。1886年5月，清廷举行首次海军大检阅，北洋军舰13艘及鱼雷艇5艘受阅，同时受阅的还有3艘南洋军舰。两个多月后，北洋水师统领丁汝昌奉北洋大臣李鸿章之命，率铁甲舰"定远""镇远"号，巡洋舰"靖远""超勇""扬威"号及练习舰"威远"号由胶州湾起锚，在烟台装煤后，转赴朝鲜海面巡弋。旋又奉命赴海参崴（今俄罗斯符拉迪沃斯托克）游历，顺便接回参加中俄勘界的中方代表。因铁甲舰需要入坞修理，丁汝昌率"定远""镇远""济远""威远"四舰驶往日本长崎。当时旅顺军港的船厂、船坞尚未竣工，军舰定期检修只能去香港或日本。李鸿章把这次检修地点选在日本，也有炫耀实力的意思。

"定远""镇远"两艘铁甲舰第一次在长崎亮相，引起日本朝野巨大震动，前来参观的日本军政要员络绎不绝。码头上人头攒动，挤满了看热闹的人群，面对7000余吨的巨舰和12英寸（约合305毫米）口径的大炮，观众咋舌不已。高扬的龙旗、威风凛凛的舰身让长崎市民既惊叹、羡慕，又嫉妒、愤懑。这种复杂的心态,在长期宣传的军国主义思想催化下,终于酿成了血腥的惨剧。

1886年8月13日,中国官兵上岸购物,因琐事与日本警察发生斗殴,造成一日警重伤、一水兵轻伤。关于斗殴原因,各方报道不一。中方《申报》发自长崎的消息说,北洋水兵上岸购物,"在岸上遇见一名日本警察,毫无理由的命令他们停止,中国水兵以为被污蔑,因之斗殴遂起"。日本英文报纸《长崎快报》则说,"有一群带有醉意的水兵前往长崎一家妓馆寻乐,因而发生纠纷",妓馆老板报警,中国水兵不服,前往派出所论理,引起冲突,"肇事水兵被拘捕"。英国记者的报道也并不一致:有的说是水兵买西瓜,因语言不通致起纠纷;有的说是水兵与妓馆的人在街上争吵,警察干涉而起冲突。虽然说法不一,但有一点是可以肯定的,即这起冲突纯系偶发,情节简单,性质属一般性纠纷,双方如有诚意,处理其实并不复杂。

不料两天后冲突再起,15日晚,200余名北洋海军官兵获准放假登岸,在广马场外租界及华侨居住区附近突遭日本警察及市民袭击,混战三小时,双方死伤竟达80人之多。据丁汝昌报告,北洋水师官员死5人、重伤6人、轻伤38人、失踪5人,总计伤亡54人(据英国外交部档案,中国官员死8人,伤50人,共死伤58人);而日本方面仅死亡警察1人,另有29人受伤,中方伤亡数字比日方高出约一倍。

出现这样的结果并不奇怪。对于第二次冲突,日方显然是有预谋并做了充分准备的。冲突开始时,日方有千百人将各街巷两头堵塞,见到中国水兵就砍,而且沿街楼上向下泼洒开水,抛掷石块。中国水兵登岸时因奉命不许携带武器,故皆徒手。另有材料披露,13日事件发生后,日方即派有渔船在中国军舰附近监视,并增添警力,从其他警局新调81人,使警员人数增至310人。此外,日本警方还动员市民参加械斗,并在15日当天命商店提早打烊,关闭夜市。如此严密布置,实属蓄意寻衅!

长崎事件发生后,中国驻日公使徐承祖接到驻长崎领事报告,即照会日本外务省表示抗议,指出此次事件的发生,显系日方"预存杀害之心"。18日,日本外务次官青木周藏正式答复,除同意联合查办外,矢口否认日警"故意寻衅",并无理声言:此次事件应由中国方面负责。随后,北洋四艘军舰分别于8月23日和9月3日返国,而事后交涉却成"马拉松"态势。

一方面,徐承祖与青木周藏在东京举行高层会谈;另一方面,日本长崎县知事与中国领事蔡轩在长崎同时开始会谈,并成立联合调查委员会。该委员会从9月至12月在长崎开会35次,各说各理,毫无进展。东京的高层会晤在这两个半月间也有7次之多。中方主持交涉的李鸿章深信此案错在日本,"曲直显然",表示我方"断无不坚持到底之理"。

此番交涉不仅关系中日两国,也牵动着有关大国的神经。俄、法希望冲突加剧，以便从中渔利；英、德则希望和平解决，使其在东方的商业利益不至受损。半年之后，中日两国终于 1887 年 2 月 4 日达成最后协议，将此事件定性为"因言语不同，彼此误会"，规定对死伤人员"各给抚恤"，日方支付中方恤金总计 52500 元，中方则付日本 15500 元，北洋官兵在长崎的医疗费 2700 元由日方支付。至于是否拿凶惩办，则由各自政府决定，互不干涉。

事件发生虽起于"细故"，却有着深刻的社会根源。长崎事件，对北洋水师来讲固然有一个严肃军纪的问题，但从日本方面来说，却正是它多年推进以中国为"假想敌"的侵华政策的产物。长崎警方的蓄谋和当地市民的积极参与，恰恰是这种反华情绪的表露和宣泄。此种反华情绪的始作俑者，正是积极推行对外扩张的日本军国主义势力。

当时，与日本政府推行的对外政策相呼应，日本舆论界被一股"脱亚入欧"论所左右。明治时期著名的启蒙思想家福泽谕吉在 1885 年 3 月就明确提出"脱亚入欧"的扩张理论。他说，日本对待中国、朝鲜，"无需因其为邻国而有所顾忌，只能按照西洋人对彼等之方式方法加以处理"①。这种弱肉强食、以邻为壑的论调主导了日本当时的社会舆论，并为其政府推行扩张政策提供了理论依据。

长崎事件发生后，日本政界、军方和舆论界无不认为这是宣扬扩军备战的天赐良机。他们抓住这一事件大做文章，不断渲染中国铁甲舰的威胁，进而鼓吹加强海军、增加军费、修筑炮台。此种宣传应该说是颇具效果的。此后，不仅"一定要打败'定远''镇远'"成了日本海军军人的口头禅，甚至连日本小学生都在玩捕捉"定远""镇远"的游戏。1886 年，日本政府决定发行 1700 万元海军公债，并决定加速"三景舰"（指"严岛""松岛""桥立"三艘以日本著名景观命名的海防舰）的制造。这三艘军舰各配有 320 毫米口径巨炮一门，专门对付"定远""镇远" 305 毫米口径的主炮。1887 年，日本参谋本部第二局局长小川又次制定的《征讨清国策》出笼，要求在 1892 年完成对华作战准备。1888 年、1890 年，日本海军大臣先后提出第七、第八两次海军扩张案，拟购买、制造新式巡洋舰 3 艘、通讯舰 1 艘，其中购自英国的"吉野"号排水量为 4225 吨，配火炮 34 门，时速 23 节，是当时世界上航速最快的巡洋舰之一。此后，日本海军的整体实力迅速赶上了中国海军。

120 多年前的"长崎事件"，不但对当时的清廷具有警示作用，也为我们今天加强国防建设、保卫海疆提供了借鉴。

（载《清史参考》第 16 期，总第 231 期，2011 年 5 月 16 日）

---

① 《清光绪朝中日交涉史料》卷三，第 33 页。

甲午战争与东亚政治格局的演变[1]

一百年前，东亚的两个主要国家——中国和日本，进行了一场决定两国命运、决定东亚历史格局的重要战争，这就是中日甲午战争。

19世纪下半叶，东亚（通常包括日本、朝鲜、中国）是一个很不稳定的地区，处在多事之秋。一方面，帝国主义在这里争夺殖民地的斗争空前激烈；另一方面，这个地区的国家正处在一个历史性的巨大变化时期。当世界上其他地方已经被列强瓜分完毕的时候，争夺东亚地区这些国家的斗争就尖锐起来。东亚这些国家的命运，要么彻底沦为帝国主义的殖民地，要么挣脱殖民镣铐，走上独立自主的道路。在这样一个决定命运的关键时刻，甲午战争爆发了。这场战争不仅与中、日、朝等当事国的命运息息相关，也调动了英、俄、美、德、法等西方强国的神经，配置着这一地区政治、军事力量的组合，给20世纪东亚和世界的历史进程以直接影响。

一

甲午战争以前，在东亚事务中发挥作用的国家主要有四个，即中国、日本、俄国、英国。而甲午战争的结局，导致这四股力量的此消彼长、分化组合，因而直接影响着东亚地区战略格局的变化。

中国是东亚地区最大、最古老的国家。16世纪以前，它是走在世界前列的，后来开始衰落下去，到19世纪时，已经远远落后于西方列强。进入19世纪后半期，清王朝正在搞洋务运动，这是统治集团中一部分人力图赶上世界步伐的一次尝试，但由于本身不易克服的弊病失败了，从而失去了一次机遇。在标榜"自强求富"的洋务运动中，确实兴办了一些工厂，修了一些铁路，造了一些轮船，开设了电报，又创建了海军，引进了西方科学技术，在经济上、军事上、文化教育上都出现了一些变化。可是洋务运动存在一个致命的弱点，那就是在政治领域依然是一潭死水，政治改革遥遥无期。在腐朽的封建主义体制下，生产力是很难冲破牢笼迅速向前发展的。在"弱肉强食"的世界上，一个衰朽的、暮气沉沉的政权在激烈的竞争中不会有立足之地，更谈不上富裕和强盛。中国在甲午战争中

---

[1] 本文与戴逸合作。戴逸，国家清史编纂委员会主任，中国人民大学清史研究所教授，曾任中国史学会会长。

的失败使这场富强梦彻底破灭。

甲午战争对中国的打击最大，真是创痛深巨。割地之多、赔款之巨、条约之苛、屈辱之深是前所未有的。甲午战争之后，中国虽说还是东亚最大的国家，但已被挤出东亚重要政治、军事力量的圈子之外。甲午惨败，使中国的国际地位一落千丈，也使中国失去了一次赶上历史潮流的机会。但甲午战争的失败也刺激着中国国内局势急剧发生变化。战后三年，发生了戊戌维新运动；五年以后，发生了义和团反帝爱国运动。距甲午战争结束不过十六个年头，终于爆发了辛亥革命，一个误国、辱国、卖国的清政府倒台了。

甲午战争对日本的影响也是非常深远的，它是日本近代史上一次划时代的战争，是日本从半殖民地国家向殖民强国过渡的转折点。19世纪中叶，日本和中国都在半殖民地国家的行列里。当时，中、日两国几乎同时走到了一个决定国家命运前途的十字路口，既可能进一步沉沦下去，变为殖民地，也可能赶上历史潮流，搭上近代化的列车。日本近代化的起步与中国几乎是同时的（大约在19世纪60年代）。在此之前，它也是一个闭关锁国的封建国家，也受到西方资本主义势力入侵的威胁，面临着两种文明、两种制度的撞击，所处的地位与中国差不多。但当时西方列强的侵略矛头主要不是指向它，而是指向地大物博、人口众多的中国。西方列强几乎没有对日本发动过大规模入侵。1853年，美、俄舰队的"叩关"之举和1854年《日美神奈川条约》的签订，虽然都是在军事威胁下完成的，却都没有形成一次真正的战争。1864年9月5日，英、美、荷、法四国联合舰队炮击下关，史称"下关战争"。但联军登陆后，长州藩迅即屈服求和，战争规模很小。列强在东亚的利害冲突，使英、美感到扶植、利用日本来牵制沙俄，为自己火中取栗是合算的。显然，历史的机遇向日本露出了微笑，而日本及时抓住了这个机遇，"明治维新"使日本走上富强之路。

日本想赶上时代的列车，跻身世界强国之林，首先把中国作为打击目标。在甲午战争中，它是胜利者，也是最大的受益者，赔款之多、割地之广，掠夺权利之大，连它自己都始料未及，因而战后举国沉浸在胜利的狂热中。这次战争无疑大大增强了日本的实力，进一步刺激了它向外掠夺的野心。甲午战争是东亚的两个竞争对手之间的较量，这场较量是求生存、求发展的斗争。战争的结局，中国失败了，这就使日本脱颖而出成为东亚一霸，并取得了进一步发展的机会。不过，当时日本还清醒估计到了前途的复杂性，特别是"三国干涉还辽"事件逼使它冷静下来，"卧薪尝胆"，集聚力量，十年后它在日俄战争中打败了俄国，终于赶上了欧美列强，与之并驾齐驱。

除了两个直接较量的对手外，最关心甲午战争进程的是沙皇俄国，因为向远东扩张势力，进而称霸亚洲是它的传统政策。

甲午战争一爆发，俄国就密切注视战局的发展，伺机而动。当战争即将结束时，沙皇政府召开了两次大臣特别会议（在1895年2月和4月），准备和日本公开对抗。它的方针是不能让日本走得太远，赢得太多。但是，沙俄对自己在远东的力量心中有数，它在远东没有海军根据地，横贯欧亚的西伯利亚铁路尚未竣工，对战争没有把握，也就是说还不能单独制服日本。于是它联合了德国、法国进行干涉。

甲午战后，俄国对东亚的野心表现在：一方面加紧了对中国东北地区的侵略，另一方面又摆出了一副欲与日本决一雌雄的架势。为了对付日本和英日同盟，俄国于1902年2月与法国缔结同盟，以保护"两国在远东的特殊利益"。同时，沙俄还积极拉拢清政府，在加强向中国渗透的过程中，企图把清政府绑到自己对日作战的战车上。

至于英国，它当时在中国获得的侵略权益最多，势力范围也最大。它千方百计要维护自己在东亚的既得利益，为保持其优势地位而主张"维持现状"。英国远东政策的核心是如何维护"大英帝国"在世界各地的殖民利益，即为谋求世界霸权服务。当时的英、俄矛盾可以说是全球性矛盾。列宁曾经指出："许多世纪以来，沙皇政府一直在想夺取君士坦丁堡和亚洲大部分地区，一贯推行这种政策。……英国是这种野心更长期、更顽固、更强大的敌人。"[1] 英、俄在亚洲的冲突是全面的，从中、近东一直到远东。他们在争夺伊朗、土耳其和朝鲜等战略要地的斗争中，剑拔弩张，各不相让。19世纪80年代中期，英、俄为争夺阿富汗已经走到了战争边缘；与此同时，两国还因争夺朝鲜的巨文岛而关系紧张。显然，英国把沙俄看成最主要的竞争对手，于是就扶植日本来抵制俄国向远东的扩张。

英国一方面在甲午战争中支持日本，同时又不希望清政府因被过分削弱而垮台。正如英国首相在一篇演说词中所说的："无论如何我不能设想，如果中国的中央政府突然被一个征服势力所覆灭，事情会弄成什么样子。一个无首脑、没有任何一种政府的中国，意味着一片世人未想到的混乱和恐怖景象。"[2] 在甲午战争之前，英国是把中国当成它与沙俄之间的缓冲国来对待的，甚至一度考虑过缔结"中英同盟"的问题。甲午战争中，清政府充分暴露出腐败无能、不堪一击，使得英国的舆论和英国政府的政策发生了明显变化。黄海海战和平壤之战后，《泰晤士报》一篇社论中说："我们绝不会想到……中国的友谊是值得去培植的，更用不着因为它的友谊去迁就它的虚荣心。关于中国的潜力以及中国迷梦已醒的种种神话，已经被这次战争完全澄清了，……中国是一盘散沙，它只有通过外力才有可能打起精神来组织起来。我们必须注意不使别的国家完成这种事情，而使

---

[1]《列宁全集》（中文版）第23卷第125－126页，人民出版社1990年版。
[2] 克见道克：《英国的远东政策》（1840—1906）第11页，纽约，1931年英文版。

我们受损失。"① 因此，战争后期，当清政府主动提出缔结中英同盟时，英国政府未加理睬。在选择东亚的盟国时，英国把目光转向了新兴的工业强国——日本，当时英国资产阶级的喉舌——《圣詹姆士官报》《伦敦中国电讯报》都发表文章，鼓吹支持日本去与俄国决一胜负，甚至提出缔结英日同盟的主张。这些新闻媒介的言论反映了英国政府的远东政策，英日同盟终于在几年之后变成现实。

如果说中、日、英、俄是影响东亚战略格局变化的四种力量的话，那么，朝鲜就是这四种力量矛盾冲突的焦点。19世纪下半叶，围绕朝鲜的国际矛盾冲突中，日本是占主导地位的国家。它疯狂地推行"大陆政策"，视朝鲜为入侵中国东北的桥梁，并急迫地要把这个进出日本海的锁钥地区建成入侵亚洲大陆的前哨基地。沙皇俄国从19世纪七八十年代以后，也开始把侵略扩张的重点放到东北亚地区——朝鲜和中国东北。80年代中期，沙俄曾力图变朝鲜为自己的保护国。俄国阿穆尔总督在上奏沙皇时曾直言不讳地供称："当今我所应大勉者，即在维持朝鲜之独立。但该国为东方一弱国，若无强盛之保护者，决不能保其社稷。……我俄国宜毅然担任保护之责。"② 英国从维护它在太平洋和中国的优势地位这一基本政策出发，曾希望朝鲜成为东北亚的缓冲地区，但由于它与沙俄的尖锐对抗，特别害怕朝鲜被俄国夺去。1885年4月，英国借口俄国军舰集中于海参崴，强占了朝鲜巨文岛，就反映了这样一种心态。

在四种力量中，中国是最薄弱的一方。中、朝之间当时存在一种传统的东方式的"宗藩关系"，即朝鲜国王向清朝皇帝按期"进贡"，奉正朔，受册封，清朝皇帝则有义务维护"藩属国"的王统与地位，并保护其安全。从政治上看，所谓"藩属国"实际上是独立的主权国家，"宗主国"一般不干涉其内政、外交，中国对朝鲜并不具有西方殖民体系那样的"宗主权"；从经济上看，双方基本上是平等互惠的。19世纪80年代初，由于日本加紧了对朝鲜的侵略，清朝统治阶级中一部分有识之士进一步认识到："为该国（朝鲜）策安全，即为中国固封守"。③ 而处心积虑的日本从中挑拨离间，竭力破坏中朝联合抵抗日本侵略的局面。

甲午战后，朝鲜一步步沦为日本的殖民地。统治朝鲜的李氏王朝曾向沙俄寻求庇护。日俄战争（1904—1905年）后，日本开始实现其独霸朝鲜的目标，朝鲜人民则开展了蓬勃的反日斗争。

---

① 《泰晤士报》，1894年9月30日。

② 渡边修三郎：《东邦关系》第341页。转引自王信忠《中日甲午战争之外交背景》第91页，国立清华大学1937年版。

③ 《清光绪朝中日交涉史料》卷一，第19页。

二

从19世纪末到20世纪中叶半个世纪以来,东亚地区国际政治势力的较量共引爆出四次较大规模的战争,或者叫决定东亚战略格局发展变化的四个回合。

中日甲午战争是第一个回合。甲午战前,东亚局势的特点是英、俄之间的尖锐对立和激烈争夺,总的格局是英国保持传统的优势地位,局面相对稳定。甲午战争打破了脆弱的平衡。作为胜利者的日本国力骤增,国际地位扶摇直上;中国、朝鲜则从半殖民地的位置上进一步沉沦下去(不久,朝鲜完全变成日本的殖民地)。俄国通过"干涉还辽"在中国和东亚攫取了巨大利益,并通过签订《中俄密约》,以结盟的形式加强了对清政府的控制。这样,它在与英国争霸远东的斗争中就处于有利地位。日本在经历了"三国干涉还辽"事件后,提出"卧薪尝胆"的口号,国内沙文主义情绪高涨,积极准备对俄一战;英国为了抵制沙俄的攻势,进一步拉拢日本,从而直接促成了1902年《英日同盟条约》的签订。

甲午战后,德国、美国也力图在东亚扮演更加积极的角色。到19世纪90年代,美国和德国已跃居世界工业强国的头两把交椅,但它们的经济强国地位与其在东亚获得的殖民利益的份额却不相称,它们是一桌筵席上后到的客人,其在东亚(特别是中国)分一杯羹的急迫心情是显而易见的。对于德国来说,参加"干涉还辽"是一个挤上筵席的契机,它抓住这个机会,强占胶州湾,带头发出了"瓜分中国"的信号。甲午战后,美国凭着它雄厚的经济实力,借助《马关条约》的规定,使它的对华出口贸易额猛增,从1894年到1900年几乎增加了五倍。当列强掀起瓜分中国的狂潮时,美国总统麦金莱(McKinley,William)于1899年12月向全世界宣布:"正在中国发生着的重大事件,美国并不是一个漠不关心的旁观者,……我们的目的,是要用一切适当的,合于美国政府传统的手段,来促进美国在该地区的巨大利益。"① 1899年,美国终于独立地提出了对华"门户开放"政策。这标志着在东亚的政治角逐中,它正以一个有影响的大国面目出现。

1900年,爆发了八国联军侵华之战。列强都想乘机巩固、扩大自己在华的势力范围。它们彼此钩心斗角,在如何瓜分中国的问题上矛盾重重,甚至出现剑拔弩张的紧张形势。当时,英国正在南非进行征服布尔民族的侵略战争,美国则刚刚打完美西战争,忙于侵略菲律宾,都腾不出更多的兵力,只有日本出兵最多(1.2万人,一说为2万多),扮演着"远东宪兵"的角色。英国特别支持日本,

---

① 《美国外交档案》卷首,总统咨文,第22页,转引自卿汝楫著《美国侵华史》第二卷第440页,生活·读书·新知三联书店1952年版。

答应向它提供100万英镑的财政援助，利用日本对抗沙俄。对俄国来说，这是它独霸满洲的大好时机，遂出动大军迅速占领了东北全境，这使得一直觊觎东北的日本军国主义者嫉妒不已。日俄矛盾成了20世纪初期东亚最突出的一对国际矛盾。当日、俄摩擦加剧时，由于德国企图插足长江流域，英、德关系也一度紧张。总之，这一时期英俄、日俄、英德在东亚错综复杂的矛盾、斗争正进一步尖锐起来。

日俄战争是第二回合。日本在打败中国后，完成了称霸东亚的第一步，接着它决心去与横跨欧亚的强国——俄国迎头相撞。日俄战争以日本胜利、俄国失败而告终，战后的日本一跃跨入世界八大强国的行列。伦敦的《晨邮报》以《世界的大日本》为题发表文章，说明西方舆论已对日本刮目相看。战后，由于俄国势力退缩到"北满"，日本取得了辽东半岛南部（即所谓"关东州"）的租借权，并占有南满铁路和铁路沿线地区。此外，它还从沙俄手中割占了库页岛南部，不久又吞并了朝鲜。日本这时已成为东亚的支配力量。

第三个回合是第一次世界大战期间日本在东亚的扩张，这使东亚力量对比再度发生变化。第一次世界大战发生在欧洲，日本视为"发展国运之天佑"，欲乘此"千载难逢"的时机，以"确立东洋之利权"（《1914年8月8日日本内阁备忘录》），即在东亚进一步扩大霸权。但美国政府向英、德提出关于在大战结束前"维持远东现状"的建议，反对日本在中国领土内对德作战。英国因碍于与日本的结盟关系，态度较为暧昧，但它仍希望日本暂缓决定参战问题，并表示它极不愿意日本突破作战行动限于海上的范围。日本没有理睬英国的建议，单方面对德作战。1914年9月初，日本不顾中国政府的抗议，把军队开进山东，占领胶州湾和济南，并攻陷青岛要塞。同时，其海军则向德属南太平洋群岛发动进攻，占领了马绍尔群岛、加罗林群岛等。日本国内有一种意见，认为应加速解决对华问题，因为"英、俄、法三国的联合势不仅波及欧洲，而且将及于中国大陆"。①按照这样一种形势估计，日本于1915年1月向中国提出了"二十一条"要求，并于5月发出最后通牒。在强大的压力下，袁世凯政府终于接受了空前丧权辱国的"二十一条"，内容包括：日本享有德国在山东的一切权利，并较德国之权利有扩大；旅顺大连的租借期及南满、安奉铁路使用期限延长至99年；日本在南满和内蒙古东部享有特殊权利；中日"合办"汉冶萍公司；沿海港湾与岛屿不得租借或割让给其他国家；中国政府聘请日本人为政治、财政、军事顾问；等等。按照这些条件，中国将成为日本的附属国。只是由于中国人民的坚决反对，日本帝国主义的侵略要求才未能实现。在整整四年的大战期间，日本以很少的消耗攫取了许多权益，"一战"之后，日本帝国主义成为称霸东亚的世界五大强国

---

① 《对华问题解决意见》，见大津淳一郎《大日本宪政史》第七卷，原书房1969年版。

之一。

第四个回合是日本帝国主义全面侵华以及中国人民进行的长达八年的抗日战争。这是号称"东方第一强国"的日本与被视为"东亚病夫"的中国之间的一场最大的决战。中国人民不畏强暴,英勇奋战,在极端困难的条件下坚持斗争(在很长的时间内独立抗击了日本法西斯的侵略),打死、打伤日军123万多人,沉重打击了日本帝国主义,在国际反法西斯战争中取得了最后胜利。中国的抗日战争是世界反法西斯战争的重要组成部分,这次战争的胜利也是中国近代史上反抗外来侵略斗争的第一次全面而伟大的胜利。这次胜利是中国人民奋起和觉醒的标志,也使东亚政治格局又一次发生根本变化。

东亚政治风云四个回合的较量,几乎都是围绕着中、日两国展开的,这半个世纪的风云变幻波澜起伏留给了我们许多值得深思和认真研究的历史课题。

(载《抗日战争研究》1995年第1期)

---

① 现在的说法是"十四年抗战"。——编者注。

略论甲午战争中的主战与主和

在甲午战争史的研究中，和战之争的问题近年来颇为史学界所瞩目，特别是战争期间主战与主和的对立往往和帝党与后党的矛盾斗争相关联，因而对争论的性质也产生不同看法：或认为其实质是要不要反对日本侵略，要不要维护国家和民族主权的斗争，说到底是一场爱国与卖国之争；或认为帝后党争虽属爱国与卖国之争的性质，但也包含宫廷内部争权夺利的因素。还有论者认为帝党主战、后党主和并非贯穿于甲午战争的始终，前者并非始终主战，后者亦非始终主和，考察和战问题应该划分阶段。也有人提出帝党主战不一定绝对正确，后党主和也不一定绝对错误，评价主战与主和都不应绝对化、简单化，具体问题要做具体分析，等等。

和战之争在中国近代御侮史上实则是种普遍现象，不但存在于每次战争之中，而且卷入的人代表面亦较广泛，即使在甲午战争中，在统治阶级内部，也不应将其仅仅局限于帝党、后党这一狭窄的圈子内。下面略就和战之争的实质，和战之争在战争不同阶段的具体表现以及围绕主战与主和而产生的战败责任等问题略抒己见，以求教于方家。

一

我们在分析、评价甲午战争中的主和与主战时，不应就事论事，局限于某个局部范围。应该看到主战与主和之争并不是甲午战争中的特有现象，可以说在中国近代史上，每一次对外战争，不论是鸦片战争、第二次鸦片战争、中法战争，还是甲午战争、八国联军侵华战争，无不贯穿着主战与主和的争辩与对抗。甲午战争中的和战之争应当放到近代中国所面临的帝国主义入侵以及中国人民反抗外来侵略这一历史全过程中去考察。

主战与主和之争首先牵涉到一个对国际、国内形势的认识问题。中国近代的主和论者以及后来的一些评论者往往以洞察形势的"识时务"者自居，鸦片战争期间的琦善就自诩不尚"空言"，"一意要和"，他恫吓道光帝说："该夷兵势既众，而此间船炮技艺，久在洞鉴之中，此时若与交仗，纵幸赖圣主鸿福，而其事终于未了"①；中法战争期间，郭嵩焘认为当时"中国无可战之机，无可战之势，亦无可战之理"，并攻击主战派"一袭南宋以后议论，以和为辱，以战为高，积成数百年气习"②。李鸿章也强调法国海军强大，"海上实未可与争锋"，陆上虽可一战，"但一时战胜，未必历久不败；一处战胜，未必各口皆守"，一旦"决裂"，就会"全局动摇"③；甲午战争前夕，李鸿章又公开声言"万寿庆典，华必忍让"④，"力持其牢不可破之和议"⑤。对于忍让求和之举，后来的评论亦颇有极力赞颂者：蒋廷黻称赞鸦片战争中的琦善有"知己知彼"的功夫，说他具有"超人之处"，"他知道中国不能战，故努力于外交"⑥；王信忠写《中日甲午战争之外交背景》一书，也认为甲午之役中的主战派"纯系虚骄之气，非有知己知彼之明，慷慨陈词，语多高调"，较之苦心求和的后党"犹稍逊一筹"。

那么，翻开一部中国近代史，积弱、落后的中国面对强大、蛮横的入侵者，是否真的"无可战之机，无可战之势"，甚至"无可战之理"呢？这是一个任何人都不能回避的问题。

在强权政治时代，弱肉强食是一条铁律。资本主义、帝国主义列强与殖民地、半殖民地弱国之间不可能有什么公正的和平、光荣的和平，这是人们常识范围内的事。尽管战争只是暂时的，不论胜负如何，终归要有一个"和"的结局。但所谓的"和"，对失败的弱国来说，只能是不平等的和议、屈辱的和约，《南京条约》《天津条约》《北京条约》《中法会订越南条约》《马关条约》《辛丑条约》无不如此。在列强主宰世界的时代，战与和的主动权从来只掌握在侵略者手中，处于被侵略、受欺侮地位的中国，在战与和之间很难有选择余地。当列强把战争强加于自己头上时，若不想听人摆布、任人宰割，就只能以反侵略战争去对抗侵略战争，这是一条简单不过的真理。真正的识时务者，正是那些坚持抵抗入侵，"宁可玉碎，不为瓦全"的爱国者，只有他们才是中国的脊梁。

甲午战争中以李鸿章为代表的主和派有一条基本的议和理由，即中国没有作战的条件，亦即"无可战之机，无可战之势"。当战争一触即发时，李鸿章电告驻朝清军说："日内外俱备，我备未齐，不宜先露兵机"，"两国交涉全论理之曲直，非恃强所能了事，仍望静守勿动"⑦。1894年7月18日，清廷中枢会议形势后上呈皇帝的奏折虽反映了主战派的某些意见，但核心内容仍是一个以"和"

---

① 《筹办夷务始末》（道光朝），中国近代史资料丛刊《鸦片战争》第4册第75页，上海人民出版社1957年版。
② 郭嵩焘：《养知书屋文集》奏疏，卷一二。
③ 《清光绪朝中法交涉史料》卷四。
④ 《清季外交史料》卷九一。
⑤ 《清光绪朝中日交涉史料》卷一七。
⑥ 蒋廷黻：《琦善与鸦片战争》，《清华学报》第6卷第3期。
⑦ 《李文忠公全书》电稿，卷一六。

为主的方针，奏折说："且兵端一起，久难暂定。中国沿海地势辽阔，乘虚肆扰，防不胜防；又当经费支绌之时，筹款殊难为继"①，说来说去，归根到底一句话，还是中国不能战。

那么，中国当时有没有作战的条件呢？诚然，处于半殖民地地位的中国在经济上、政治上、军事上都很落后，清政府腐败无能，经济基础异常薄弱，军队缺乏训练，作战缺乏准备，这些都是事实，但若与走上"明治维新"道路不久的日本相比，绝非实力悬殊，不堪一击。

从经济上看，日本通过推行"殖产兴业"政策，的确取得了颇为瞩目的成绩，但甲午战前他们在重工业方面的发展仍很缓慢，与中国相比，并不居于领先地位。当时日本的机器制造业几乎是一片空白，机器设备与中国一样都是从欧美进口的；钢铁工业号称重工业的基础与核心，而日本战前却一无所有，相反中国却建成了当时亚洲首屈一指的汉阳钢铁厂（1894 年开始试生产）；再从衡量一个国家工业化水平的重要标志——蒸汽动力的数量来看，日本也是相当落后，甲午战前，日本全国蒸汽动力拥有量只有 5.65 万马力，仅相当于第二次世界大战前一艘小型巡洋舰的动力。所以西方学者认为："事实上，到 1893 年，尽管政府作了推进工业化的努力，日本仍是一个农业国"②。从政治体制上看，明治政府仍然是一个封建性很强的政权，虽然在 1889 年日本颁布了一部《帝国宪法》，但"在天皇大权的限制下，议会只不过成了专制政府的遮羞布"③。与封建专制的清政府相比，也不过是五十步笑百步而已！从军事上看，由于清廷腐败，在军事制度、武器装备、训练水平、军事纪律、作战指挥等方面均不如日本。但经过洋务运动，清政府的确在改善武器装备和建设海防方面做了巨大努力，并取得了可观成绩。由于"大治水师"，到 19 世纪 80 年代末，北洋舰队已拥有大小舰艇 25 艘约 4 万余吨，成为东亚一支颇具实力的舰队；在陆军装备方面，甲午战前，清军也有了较大改善。在大量进口西方火器的同时，自己创办的兵工厂也在制造近代武器，19 世纪七八十年代，江南制造总局仿制成阿姆斯特朗炮（英式），1890 年又仿造后膛火炮，1893 年仿制成 1888 式毛瑟步枪，只比创制国德国晚 5 年。加之中国有辽阔的疆域，众多的人口，又在本土作战，回旋余地大，后劲强，便于持久坚持。

当时，连日本自己也没有必胜的把握，甚至一些政界首脑对这次冒险的赌注惴惴不安。陆奥外相承认，在平壤、黄海战役之前，"最后的胜败都暗自有所焦

---

① 《清光绪朝中日交涉史料》卷一四。
② 《新编剑桥世界近代史》（中译本）第十一卷第 653 页，中国社会科学出版社 1987 年版。
③ ［日］小山弘健、浅田光辉著，许国洁等译：《日本帝国主义史》第一卷第 33 页，生活·读书·新知三联书店 1961 年版。

虑"①。但清廷方面以慈禧和李鸿章为代表的决策者们，既没有面对挑战的勇气，更没有把战争打到底的决心，这样，任何有利条件都会化为乌有。

关于作战决心的重要性，我们还可以从台湾人民的抗日壮举中得到最好的印证。甲午战争后期，台湾人民以一隅之地、一省之民，在外无援兵、内无粮饷的困难情况下，面对日本7万大军（士兵5万人、夫役2.6万人）和一支海军舰队，竟坚持抗战四个多月，毙伤日军3万多人，使侵略者付出了巨大代价。台湾人民能做到的，为什么集中全国人力、物力、财力的清政府反而做不到呢？这里难道有什么深奥的道理吗？

二

主战与主和之争可以说贯穿于甲午战争的全过程中，但在不同阶段，双方争论的焦点，提出的方针，拟采取的措施又不一样。

（一）战争爆发前

"身膺重寄"，主持军事、外交的直隶总督、北洋通商大臣李鸿章面对日本的挑衅，在战云密布时却消极备战，"一意主和"②。他的理由是中国实力不如日本，"越国进剿，毫无把握"③。因而在军事上采取消极防御，在外交上寄希望于列强调停，"始则假俄人为钳制，继则恃英人为调停"④。而内阁学士文廷式以及张仲炘、张嘉禄等翰林、御史则上疏要求朝廷对中日争端采取坚决措施。太仆寺卿岑春煊、礼部右侍郎志锐都上奏，要求"示以必战之势"，翰林院修撰张謇还提出"此时舍大张旗鼓，攻其所必救，则朝鲜之事无可望瓦全"⑤。在军机大臣、总理衙门大臣会议上，翁同龢、李鸿藻等也"力主添兵"，速赴朝鲜，认为对日本的侵略如不予以痛击，今后祸无底止；同时也不放弃谈判机会，"但使无碍大局，仍可予以转圜"。这种积极备战，依靠自己力量打败侵略者的主张无疑是唯一正确的方针。不过此时的主战派对敌我双方实力的估计是不足的，认为"中国讲究武备近三十年，以中视西，或未可轻取，以剿倭奴，足操胜算"⑥。显然对敌人的长处和自己的弱点缺乏正确判断。

---

① ［日］陆奥宗光：《蹇蹇录》（中译本），第90页。
② 吴汝纶；《桐城吴先生全书》尺牍，卷一，第115页。
③ 《李文忠公全书》电稿，卷一五。
④ 《清光绪朝中日交涉史料》卷一四。
⑤ 《张謇致翁同龢密函》。
⑥ 《清光绪朝中日交涉史料》卷一四。

（二）战争爆发后

1894年7月25日，日本海陆军在丰岛海面和牙山同时袭击清军，战争爆发，8月1日，两国互相宣战，甲午战争正式拉开帷幕。在中日双方交战期间，和战两派辩论的焦点是消极抵抗，积极求和；还是积极抗战，争取胜利。

战争已成事实，光绪帝按翁同龢的建议采取主动，对派出的援军"迅速电催，星夜前进，直抵汉城"。当时主战派提出，应趁日军立足未稳，"迅图进剿，先发制人"；而李鸿章却强调"目前只能坚扎平壤"，并电示前敌将领卫汝贵等"可守则守，不可则退"①，对海军则强调"以之攻人则不足"，提出"以保船制敌为要"②。由于一意主和避战的李鸿章掌握陆海军的指挥大权，致使战机一误再误，陆军败于平壤，退守辽东；海军在黄海战役后，也避港不出，拱手让出制海权。此时，主和派更以"保陪都、护山林"为托词，力主妥协投降。他们把求和的赌注压在英、俄调停上，李鸿章竭力主张"以俄制日"，声称"若能发一专使与商，则中俄之交固，必出为讲说"③；主战派虽不反对在外交上利用列强之间的矛盾争取援助，但认为应着眼于依靠自己的力量，取得战场上的主动权。8月16日，翁同龢上疏，"力言俄不能拒，亦不可联，总以我兵能胜倭为主，勿盼外援而疏本务"④。九、十月间，当慈禧太后想与俄使喀西尼接触，再次试探俄国出面干涉的可能性时，翁同龢又"力言喀不足恃"。

1894年10月上旬，日军做入侵中国本土的准备，英国担心自己的在华利益会因战争扩大而蒙受损失，遂有五国（英、俄、法、美、德）联合调停的"倡议"。围绕英国提出的议和条件，清政府内主战、主和的争论又趋激烈。英国"调停"的基本条件是赔偿军费和朝鲜"独立"。慈禧太后、奕䜣、奕劻以及军机大臣孙毓汶、徐用仪都主张接受英国条件，妥协求和，孙、徐两人主张尤力，"以为不如此不能保陪都、护山陵"；翁同龢、李鸿藻则坚决反对，建议"称上意不允以折之"⑤。但此时慈禧决计求和，"天意已定"，主战派虽闻和议"求死不得"，但终无回天之力，不过徒发愤激之词而已！

11月，日军攻陷金州、大连、旅顺，英国驻华公使欧格讷再次建议清政府赔款求和，清廷内部的主和派四处活动，妥协求降之风更加浓烈。11月11日，浙江在京的杭州、嘉兴、绍兴三府籍官员14人受徐用仪、孙楗（孙毓汶之子）

---

① 《李文忠公全书》奏稿，卷一七。
② 《清光绪朝中日交涉史料》卷一七。
③ 《翁同龢日记》第33册第91页。
④ 《翁同龢日记》第33册第91页。
⑤ 《翁同龢日记》第33册第97页。

指使，上书奕䜣，"请忍辱受和"①。随后，盛京三陵总管20余人连名发电"请和议"。奕䜣、孙毓汶、徐用仪力主接受英国调停，在11月27日皇帝召见时，孙、徐都劝告光绪接受和议，认为"机不可失"，"时不可错"；翁同龢则陈词抗争，认为接受这样的调停无异于投降，"至若再现望希和，而不全力与战，何以振中国？"但慈禧太后同意奕䜣等人的意见，于12月13日由总理衙门指派英人德璀琳赴日试探却遭拒。12月20日，清廷又告知日本将派总理衙门大臣、户部侍郎张荫桓，署湖南巡抚邵友濂赴日议和。对此，主战派奋起力争，文廷式上奏说："今贼势日逼，则和事万不可讲"②；有"陇上铁汉"之称的御史安维峻"拼命上一疏"，直陈"此举非议和也，直纳款耳。不但误国，而且卖国"，并把攻击矛头直指慈禧，"又谓和议出自皇太后，太监李莲英实左右之"③，真可谓大胆敢言。而岑春煊、易俊等数十人也先后上疏，提出宜修战备，勿为和议所误。

1895年1月5日，张、邵两人陛辞出京，当时全国舆论沸腾，"适行抵沪上，匿名揭帖遍布通衢，肆口诋諆，互相传播"④。张、邵二人也承认这体现了"人心思奋""同仇敌忾"之诚，上疏要求朝廷"饬下关内外统兵大员，一意筹战，力求实效，勿以臣等之行，意存观望"⑤。

（三）马关议和前后

1895年1月下旬，辽东半岛的营口、牛庄、田庄台等重镇先后落于敌手，清军在山海关前线全面溃退；同时，海军另一重要基地威海卫亦告陷落，北洋海军彻底覆灭。战场上的形势更加速了主和派屈辱求和的进程，使他们求和的气势更盛。2月10日，光绪帝召见军机诸大臣，商讨局势，"问诸臣，时事如此，战和皆不可恃"，大臣们束手无策，"罔知所措"。此时在政府中枢，主战与主和两派争论主要是围绕割地、赔款问题展开。翁同龢认为"但得办到不割地，则多偿当努力"；孙毓汶、徐用仪则认为"不应割地，便不能开办"，"必欲以割地为了局"⑥。2月28日，慈禧在召见奕䜣、李鸿章和全体军机大臣时，面谕李鸿章"任汝为之，毋以启予也"⑦，正式授李以割地求和全权。

在马关谈判前后，以及《马关条约》签字、换约过程中，主战派与主和派的争论主要是要不要割让台湾，要不要继续作战。1895年3月1日，李鸿章赴日

---

① 《张謇日记》，光绪二十年十一月。
② 中国近代史资料丛刊《中日战争》第3册第333页，新知识出版社1956年版。
③ 王芸生编著：《六十年来中国与日本》第二卷第193页，三联书店1980年版。
④ 《六十年来中国与日本》第二卷第206页。
⑤ 《六十年来中国与日本》第二卷第207页。
⑥ 《翁同龢日记》第34册第12页。
⑦ 《翁同龢日记》第34册第13页。

谈判前夕，翁同龢即叮嘱他："台湾万无议及之理。"① 4月3日，条约内容电达朝廷，翁同龢"力陈台不可弃"，但"覆水难收"。4月17日，经慈禧同意，李鸿章在《马关条约》上签字画押。

《马关条约》的内容一经公布，举国震骇，主战、主和之争又达到了一个新的高潮，争论的焦点是如期换约还是废约再战。这一时期的和战之争有两个特点：（1）主和派虽握实权，却心虚气馁、理屈词穷；而主战派的阵营进一步扩大，声势颇壮，与举国一片"废约""备战"的爱国舆论相呼应，形成一股强大力量。在京师，一批官员联名上奏反对和约；在地方，一批督抚、将军反对和约，力主再战；在前线，则主要将帅慷慨陈词，以战为己任。此外，在京参加会试的3000名举人上书和多地士绅的上书更为这股爱国热流推波助澜。（2）主和派要求迅速批准条约，以免"激成事变，贻误邦国"；主战派则提出迁都再战，"持久制倭"。翁同龢曾劝光绪"迁都再战"，刘坤一也提出"再战三战"，"用兵两年"，强调"持久二字，实为现在制倭要着"。② 谭继洵认为"銮舆西幸长安""亦未尝不可采取"，并预料"坚持一年，倭必形见势绌，无难蹙之"。③ 章京文瑞等甚至提出"坚持战备，以十年为期"。这一时期，主战派提出的持久战思想无疑是切实可行的战略方针，但决策者们却没有这种决心和勇气。

三

甲午战争以日本大胜，中国惨败而告结束。战后，清廷内外又围绕主战与主和进一步追究战败责任，一时间议论纷纷，谬论流传，绵绵不绝。当今学者，不能不认真对待，分清历史是非，以正视听。

首先，战争是由谁挑起的？谁应负战争的责任？在马关议和的谈判中，日本首相伊藤博文对李鸿章是这样说的："此次战争，如贵国政府诚心避免，绝非不可能。奈贵国未尽应尽之道"，居然把责任推给中国方面。可悲的是，作为清廷全权首席代表的李鸿章竟也按照侵略者的调子亦步亦趋，说什么"北京政府中之政治家，唯以主战为能事，对国外形势极为生疏，徒露圭角，不顾破绽，诚堪忧虑"；"少壮政治家往往坚持主战论，余则断然不取，只愿国家平安无事"④。

按照这样的基调，战后舆论界竟出现一股打着检讨战败原因的旗号，诽谤主战爱国言行的逆流。有人说："甲午之战由翁同龢一人主之，通州张謇、瑞安黄绍箕、萍乡文廷式等皆文士，梯缘出其门下，日夜磨砺以须，思以功名自见，及

---

① 《翁同龢日记》第34册第14页。
② 《六十年来中国与日本》第二卷第319页。
③ 中国近代史资料丛刊《中日战争》第3册第130–131页。
④ 《日本外交文书》卷28，第1089号文件，附件2。

东事发，咸言起兵……于是文廷式等结志锐，密通宫闱，使珍妃进言于上，妃日夜怂恿，上为所动，兵祸遂开"①；有人甚至不惜歪曲历史来美化侵略者，攻击主战派，说什么"日本本无侵占朝鲜与中国寻衅之意，均是翁同龢及一批清流派所激成"②，如此等等。此种谬论本不值一驳，因为它既有悖于事实，也不符合情理。众所周知，日本发动侵略战争是蓄谋已久的，也是不可避免的，这如同景阳冈上的老虎，"刺激"不"刺激"它都是要吃人的。战争前夕，日本外相陆奥宗光给其驻朝公使大鸟圭介的训示中就明白无误地要他"不妨利用任何借口，立即开始实际行动"③。怎么能说是由清廷"主战派""激成"的呢？再则，主战派在侵略者步步进逼面前挺身而出，坚持抵抗，捍卫民族利益，又怎么能说是挑起"兵祸"的罪魁呢？按照失败主义者的逻辑，主战有罪，妥协退让有功，那么在近代历史上，中华民族面对侵略者的频频入寇，除逆来顺受、束手待毙、屈辱求和外，就别无选择了。这种逻辑纯属卖国的、祸国殃民的逻辑，只会受到侵略者的青睐，而为真正的中国人所不齿！

当论及甲午战败的原因时，主战与主和两派之间也存在着根本分歧（尽管和战之争已成历史烟云）。1898年戊戌政变时，慈禧太后加给翁同龢的一条罪状就是，指责他在甲午战争中"借口侈陈，任意怂恿……以致不可收拾"④，李鸿章的亲信吴汝纶也认为，由于翁同龢等"一意主战才导致战败"；而主战派则认为战争准备不足是导致失败的原因。《马关条约》换约后，光绪帝发出的谕诏认为甲午之役是"仓猝开衅"，"将非宿选，兵非素练，纷纷召集，不殊乌合，以致水陆交绥，战无一胜"⑤；主战将领宋庆在《马关条约》签订后分析战败原因时也说："当日启衅之初，未尝准备，着着落后，致有今日之事。"⑥这些分析虽然没有触及战败的根本原因，但大致不错，与主和派分析战败原因时的歪曲事实、造谣诽谤、人身攻击不可同日而语！

(载《清史研究》1994年第4期)

---

① 胡思敬：《国闻备乘》卷二。
② 刘声木：《苌楚斋四笔》卷七。
③ [日]陆奥宗光著，伊舍石泽，谷长青校：《蹇蹇录》第34页，商务印书馆1963年版。
④ 《光绪朝东华录》，光绪二十四年十月。
⑤ 《六十年来中国与日本》第二卷第327页。
⑥ 《六十年来中国与日本》第二卷第316页。

甲午120年祭

2014年适逢中日甲午战争（1894—1895）爆发120年，也是近代以来，中国干支纪年中的"甲午"轮到新一个周期（60年为一个周期）。甲午战争是中国近代史上的一件大事，它不仅对中、日两国，而且对整个东亚地区的政治格局都产生了重大影响。

甲午战争爆发是日本军国主义者推行对外扩张政策的必然结果。近代日本标榜"大陆政策"，谋求向外扩张由来已久。早在16世纪，丰臣秀吉就曾入侵朝鲜；19世纪上半叶，佐藤信渊（1769—1850）又倡导所谓"宇内混同论"，狂妄叫嚣："世界当为郡县，万国之君长当为臣仆"[1]；被称为"明治维新之父"的吉田松阴（1830—1859）在明治维新前就提出了具体的侵略目标，他鼓吹要"夺取勘察加、鄂霍次克海"，并"晓谕琉球，责难朝鲜"，"北则割据中国东北领土，南则掠取中国台湾及菲律宾群岛"。[2]

日本明治维新伊始，一面改革内政，发展经济；一面扩军备战，准备"扬威"海外。明治初年，"征韩论"的狂热在日本朝野甚嚣尘上。1874年（清同治十三年），日本以琉球难民在台湾被杀事件为借口，入侵我国台湾，5年后，又公然吞并琉球。1875年，复在朝鲜寻衅，炮击江华岛，至1884年年底，竟公然在朝鲜策划宫廷政变。此次政变虽未获成功，日本却获得了向朝鲜的派兵权。1890年12月，日本内阁首相山县有朋在议会发表施政方针，强调要"守卫主权线""保护利益线"，其所谓"利益线"的重点就是朝鲜；同时，日本外相青木周藏提出了《东亚列国之权衡》的意见书，强调吞并朝鲜、满洲（中国东北地区）和俄国滨海地区的必要性。这标志着"大陆政策"作为日本国家决策已公开出笼。

为了准备对中国的战争，日本制订了10年扩军计划（1885—1894），其陆军兵力到1893年已扩充为7个师团；海军则执行疯狂的造舰计划，战前军舰总吨位已达59800余吨。随着战争步伐的加速，日本军费支出急剧增长，1890年军费占到国家预算的30%。两年后，军费开支达3450万日元，占预算比例的41%，这样高比例的军费支出在世界上也是罕见的。

反观当时的清政府，虽然于19世纪60年代起就开始了"自强""求富"的

---

[1] 《日本思想大系》第四十五卷（日文版）。
[2] 《吉田松阴全集》第一卷（日文版），《幽囚录》。

洋务运动，兴建了一批近代企业和近代文化教育事业，又先后组建了北洋、南洋、福建、广东等四支近代海军，共拥有军舰78艘、鱼雷艇24艘，总排水量达8万余吨，其海军规模已居亚洲第一、世界第八，但战事一起，却迅速溃败。陆军经平壤之役后，逃过鸭绿江，东北一些防御驻点、战略要地相继失陷；海军则初败于丰岛，再败于大东沟海面，最后于威海全军覆没。清廷被迫求和，签订了丧权辱国的《马关条约》。

根据《马关条约》的规定，中国割让了辽东半岛（后因俄、法、德三国干涉而被"赎回"）、台湾和澎湖列岛（日本还乘机占领了隶属台湾的钓鱼岛）；日本获得赔款白银2亿余两；条约同时规定中国开放沙市、重庆、苏州、杭州为通商口岸。这一丧权辱国的条约使中国更深地陷入了半殖民地的深渊。

甲午战争的惨败及苛刻条约的签订，给中华民族带来了深重的灾难，其对中国人的刺激与震动是如此刻骨铭心，"亡国灭种"已经不是耸人听闻的宣传，而是已能触摸到的现实威胁。"救亡"遂成为推动中国历史前进的主旋律。甲午战后，正是"救亡"这个总目标的激励，把中国社会关心民族命运的各阶级、阶层的人士都调动起来了。他们纷纷登上历史舞台，为民族生存做出自己的努力，这无疑是中国近代民族觉醒进程中的一次重大飞跃。

反观日本，军事冒险的成功无疑给日本军国主义者打了一剂强心针，使其心花怒放，喜出望外。朝野上下，弹冠相庆，成为"东洋盟主"的野心更加膨胀。巨额的赔款（相当于日本政府4年以上的财政收入）让日本财源滚滚，活力大增，从而推动了经济和军事的迅速发展，也进一步加速了其扩军备战的步伐。5年后（1900年），日本参加了八国联军侵华之战；甲午战后10年，又通过日俄战争（1904—1905年）打败了沙俄这个庞然大物，终于攫取了东亚的霸权，跻身世界强国之列。可以说，甲午战争成了中、日两国历史命运的分水岭。

甲午战争过去120年了，今天我们重温这段历史，必须认真汲取经验教训，决不能让中华民族这段历史悲剧重演。我们可以总结的历史教训有三。

首先是要懂得"落后就要挨打"的教训。所谓落后主要是指清朝封建统治的腐朽。尽管当时在经济总量上、军事装备上清政府不一定都比日本差（应该说互有优劣），但在封建主义占统治地位的中国，近代化的步伐艰难而蹒跚，最后导致洋务运动失败。而日本通过"明治维新"，推行一系列经济改革，使国民经济迅速发展；又通过"文明开化"政策，改造本国的封建文化，进行了一次资产阶级的社会启蒙。还有一个重要的方面，就是清廷思想观念的落后和军事理论的陈旧。

19世纪堪称一个海洋的世纪，制海权的掌控成为决定现代大国兴衰的重要杠杆。但清朝统治者昧于天下大势，耽于安逸，缺乏远图，近代海权意识淡薄，对海洋战略格局的漠视，导致了国防战略的严重失误。当海军建设稍有成就，就沾沾自喜，止步不前。从 1889 年（光绪十五年）起，竟每年从海军经费中拨银 30 万两用于供慈禧太后享乐的颐和园工程，致使北洋海军从 1888 年开始就不再添置新舰，从 1891 年起两年之内停购军火。反观日本，则把"制海权决定一个国家国运兴衰"（美国海军战略家马汉语）的思想奉为圭臬。他们于 1882 年制订了一个发展海军的 8 年计划，到 1890 年要建造大小舰船 48 艘；1891 年，又提出一个 9 年计划，拟新建铁甲舰 4 艘、巡洋舰 6 艘。为筹措资金，又大力发行公债，明治天皇本人还率先垂范，于 1887 年 3 月从皇室公帑中拨出 30 万日元资助海军建设，这与慈禧太后擅用海军经费大修颐和园的行径相比，真有天壤之别。

另外，在海战理论上清朝也是消极、保守的。李鸿章的海军战略始终坚持"以守为战""保舰制敌"，这不但限制了晚清海军建设的规模和发展方向，也导致了北洋舰队在海战中被动挨打，直至困守威海，坐以待毙。

教训之二是有备才能无患。日本针对中国的备战是处心积虑的，从 19 世纪 80 年代初起，即以中国为"假想敌"而做了充分准备。仅以海军为例，至 1891 年已建成"松岛""桥立""严岛"等 3 艘 4000 吨级的铁甲舰；1892 年又从英国购买了当时航速最快的巡洋舰"吉野"号。面对磨刀霍霍的侵略者，清政府却没有一种急迫的备战心态，反而"不以倭人为意"。一旦战争迫近，作为陆海军统帅的李鸿章更缺乏敌情观念，对日本的野心认识不足，只寄希望于外交谈判和列强调停，以致"坐失先机，着着落后"。有备才能无患，能战方能止戈。一个民族如果没有忧患意识，一支军队如果不能居安思危，那么离挨打、失败就不远了。

教训之三是温故而知新。甲午战争虽然已过去 120 年了，但对我们仍具有深刻的启示意义。时至今日，日本总有一些顽固的右翼分子还在做着当年的"甲午梦"。日本出版过一本名叫《从日清战争学习、思考尖阁诸岛（即中国钓鱼岛——引者）领有权问题》的书，该书鼓吹要通过一场类似甲午战争的胜利来解决钓鱼岛问题。这就是日本安倍政府推行挑衅中国政策的社会基础，同时也证明在日本确实有些人继续陶醉于昔日"东洋霸主"的光环中。但是，狂热的日本右翼势力彻底打错了算盘，正如 2013 年最后一次例行记者会上，中国外交部发言人所说："今天的中国已不再是 120 年前的中国。我们完全有能力、有信心捍卫自己的国家主权、领土完整和民族尊严。"

（载《清史参考》第 19 期，总第 373 期，2014 年 5 月 26 日）

日本侵占钓鱼岛始末

钓鱼岛等岛屿（也称钓鱼列屿）位于我国台湾北部基隆港东偏北约 186 公里处，由五个小岛及三个小礁组成，总面积约 6.3 平方公里。这里自古以来就是中国领土。日本侵占钓鱼岛，时在晚清，距离今天（文章发表时）已有 116 年的历史。

公元 14 世纪，中国人最先发现钓鱼列屿。在一本名叫《顺风相送》的书中，首次出现了钓鱼屿、赤坎屿（即赤尾屿）的地名（该书现藏于英国牛津大学波德林图书馆）。1534 年（明嘉靖十三年），陈侃的《使琉球录》一书更完整地记载了钓鱼屿、黄毛屿（即黄尾屿）、赤屿（即赤尾屿）三个岛名。这本书说："过钓鱼屿，过黄毛屿，过赤屿……见古米山，乃属琉球。"也就是说钓鱼屿等三个小岛均属中国，至古米山才属琉球。1565 年（嘉靖四十四年），明朝出使日本的使臣郑舜功也在自己的著作《日本一鉴》中指出"钓鱼屿，小东（即台湾）小屿也"，把钓鱼岛与我国台湾的隶属关系讲得很清楚。

到了清代，关于钓鱼岛等岛屿的归属也有明确记载。1722 年（康熙六十一年），御史黄叔璥奉命巡视台湾，回朝后著有《台海使槎录》，其"武备"部分列举了台湾的防务状况，其中提到台湾"山后大洋北，有山名钓鱼台，可泊大船十余"。至 1863 年（同治二年），在湖北巡抚胡林翼、湖广总督官文主持下，印制了《皇朝中外一统舆图》。按照"名从主人"的原则，对钓鱼屿、黄尾屿、赤尾屿等岛，标名全用汉语，以与表示另有他属的琉球语、日本语标名相区别。

再看看日方的资料记载。1868 年明治维新之前，提及钓鱼岛等岛屿的著作只有一本，即《三国通览舆地路程全图》。在这本图册中，凡日本领土涂深绿色，琉球领土涂浅棕色，中国大陆涂浅红色。而钓鱼岛等岛屿涂的颜色与中国大陆一致，这说明绘图者认可钓鱼岛为中国领土。

自明治维新后，日本迅速加入西方列强侵略中国的行列。1874 年（同治十三年）5 月，它借口所谓琉球"漂民"（遭风暴随波漂流的船民）在台湾被杀事件，派兵三千进犯我国台湾。后虽与清政府签订《中日北京专条》而撤兵，但其扩张野心并未收敛，反倒加快了吞并清朝属国琉球的脚步。翌年，即强迫琉球断绝与中国的一切关系。1879 年（光绪五年），更派兵掳走琉球国王，将其国土改名冲绳县。同时，还加紧对钓鱼岛等岛屿的秘密调查，甚至在 1881 年颁布的《大日本府县分辖图》中印上钓鱼岛等岛屿。

1885 年，日本商人古贺辰四郎曾非法登上钓鱼岛，又向冲绳县政厅申请

"开发"该岛，企图将其"据为日本所有"。冲绳县知事西村遂向日本内务省呈禀，但在经过实地勘察后，在铁的事实面前，日本政府也不敢公然否认中国对钓鱼岛的主权。

日本对钓鱼岛等岛屿的觊觎，引起了中国有识之士的密切关注。在上海出版发行的《申报》披露了这一卑劣图谋。1885年9月6日（光绪十一年七月二十八日），《申报》刊登了这样一条消息："台岛警信○《文汇报》登有高丽传来消息，谓台湾东北之海岛，近有日本人悬日旗于其上，大有占踞之势。"文中所提《文汇报》是1879年由外国人在上海创办的一家英文报纸，消息中所说的"台湾东北之海岛"，正是指钓鱼岛。对源自《文汇报》的新闻，《申报》在转载时特意加了《台岛警信》的标题，其意义重大！因为这一标题准确而简明地反映了钓鱼岛等岛屿是我国台湾的附属岛屿，而不是日本人所杜撰的"无主地"。文中所说的"大有占踞之势"也正是对日本欲图侵占我国领土的揭露。

中国舆论对日本侵占钓鱼岛图谋的揭露，使日本政府不能不有所顾忌。特别是中法战争之后，清政府正着力于海防建设，仅在1885年10月一个月中就采取了两项重要措施：一是批准设立台湾省，任命刘铭传为台湾首任巡抚，积极开展台湾的近代化建设，巩固东南海防；另一项是设立"总理海军事务衙门"（简称"海军衙门"），发出了大办海军的信号，随即决定集中力量扩充北洋水师。这些对日本都是一种震慑，使侵略者不能不心存忌惮。

正是在这样的背景下，日本外务卿井上馨于1885年10月21日致函内务卿山县有朋说，钓鱼岛等岛屿接近中国国境，"清国对各岛已有命名"，"近时清国报纸刊登我政府占据台湾附近清国所属岛屿之传言，对我国怀有猜疑"。因此，他提出立界、开拓之事不宜马上进行，"当以俟诸他日为宜"①。最后，井上馨的意见被采纳，日本侵占钓鱼列屿的计划暂时搁置。

四年后，日本有人又旧事重提，其冲绳县知事于1890年1月13日再度提出在钓鱼岛（即他们所称之"无人岛"）建立国界标志的报告，但日本政府仍不敢立即同意这一要求。又过了四年，那位曾私自登上过钓鱼岛的古贺辰四郎抓住中日之战一触即发的时机，再次向冲绳县申请"开发"钓鱼岛。即便如此，冲绳县政府仍不敢贸然行动。冲绳县知事奈良原繁在给内务省的回禀中不得不承认："关于该岛之旧记书类以及属于我国［日本］之明文佐证或口碑传说等均付之阙如"②。

当然，侵略者为了达到掠夺的目的，从来就是伪造历史，蔑视证据的。他们一旦认为自己养足了精力，积蓄了力量，就会不顾任何公理、公法，毫不犹豫地

---

① 《日本外交文件》第十八卷。
② 日本外交史料馆藏：《帝国版图关系杂件》，秘第一二号。

用武力去掠夺财富，夺取领土。1894年7月爆发的甲午中日战争，就给了日本侵略者一个攫取大片中国领土的机会，夺取钓鱼岛的问题自然也用不着再回避了。

1894年12月下旬，日军已从朝鲜渡过鸭绿江，占领诸多战略要地，进逼辽阳；同时又从辽东半岛花园口登陆，攻占大连湾炮台和旅顺海军要塞。日本政府见战争大局已定，可稳操胜券，遂于12月27日由内务大臣野村靖发出秘密文件，与外务大臣陆奥宗光就"在久场岛、鱼钓岛（即钓鱼岛）树立管辖航标事"进行磋商。野村在文中说："唯今昔情况已殊，故拟以另文将此事提交内阁会议审议。"① 1895年1月21日（另一说为14日），日本内阁秘密通过相应决议，将中国领土钓鱼岛等岛屿偷偷据为己有。但因为此等盗贼行径实在难见天日，所以既未将决议上奏天皇，也没有向各国公布，甚至未能及时通知日本海军省。

由于清军在战场上一败涂地，议和代表李鸿章奉命抵达日本下关（即马关），与日本首相伊藤博文谈判。1895年4月17日，签订了丧权辱国的《马关条约》，规定中国向日本割让辽东半岛、澎湖列岛、台湾全岛及所有附属各岛屿。5月8日，双方换文；5月29日，日本南进舰队武力侵占了钓鱼列屿，随后登陆并占领了整个台湾。这就是日本侵占钓鱼岛的历史真相！

第二次世界大战中，1943年的《开罗宣言》规定，日本应将其侵占的台湾等地"归还中国"。1945年《波茨坦公告》规定："《开罗宣言》之条件必将实施"。该年8月15日日本宣布接受《波茨坦公告》无条件投降后，各种国际文件均明确指出，台湾及其周围岛屿归中国所有。但是，日本政府却以钓鱼岛归冲绳县管辖为借口，将其私自交给美国托管。1971年，美国又将钓鱼岛的"行政管辖权"私相授受，"归还"日本。

在文章的最后，顺便提及一条花絮。在1972年1月出版的台湾《中外杂志》第十一卷第一期上，发表了慈禧太后在光绪十九年（1893）颁布的一道"谕旨"，称："即将该钓鱼台、黄尾屿、赤屿三小岛，赏给盛宣怀为产业，供采药之用"。但大陆史学界对这道"谕旨"并不认可，著名历史学家郑天挺教授就提出质疑，认为从材质、书写习惯、用印等方面均与清代"谕旨"不符。这就是中华民族的光明磊落之处！中国学者继承秉笔直书、治成信史的优良传统，有勇气排除经不住推敲的个别资料，即使它对自己的立论有利，也在所不惜！

（载《清史参考》第28期，总第243期，2011年8月15日》）

---

① 《日本外交文书》第二十三卷，第532页。

清代的中国与琉球

琉球（今冲绳）在明代就是中国的属国，明太祖洪武五年（1372），双方正式确立了"宗藩"关系，明廷赐其国王家族姓"尚"，含有尊重之意。此后500年来，琉球一直奉明、清两代正朔（一年的第一天称"正朔"，这里指历法），定期朝贡（两年一贡），从无间断。明、清两代册封使之往返记载，史不绝书。只是到了明神宗万历三十四年（1606），日本岛津藩派兵入侵，将琉球王尚宁掳至日本（两年后释归），胁迫其称臣，才出现了所谓"两属"之事。尽管有此变故，琉球与中国王朝的"封贡"关系仍一直延续下来，并未动摇。

清世祖顺治三年（1646），琉球使臣金应元等由福建至北京。四年（1647），清廷赐使臣衣帽、布帛后遣归。十年（1653）、十一年（1654），琉球接连遣使请封，清廷命张学礼、王垓为正副使臣捧诏书、印绶赴琉球，封其国王尚质为"琉球中山王"，终因海道不通，未能成行。至康熙元年（1662），始至琉球，成礼而还。康熙七年（1668），清廷在福建重建柔远馆驿，专门接待琉球使臣。

琉球与中国的关系从政治上讲是一种"宗藩"关系（或曰"封贡"关系），即"藩属"定期向"宗主国"进贡，并接受"册封"。琉球新王嗣位，必须向清廷请命，等待册封。受封之前称为"世子"，暂统国事，待清朝使臣奉敕往封后，才能正式称王。也就是说，只有得到中国王朝的认可，其王位才具有合法性。

在经济上，琉球"贡献方物"和清廷赏赐实质上是一种货物交换。以康熙十八年（1679）为例，当年琉球的"贡物"计有：金银罐、金银粉匣、金缸酒海、泥金彩画围屏、泥金扇、画扇、蕉布、苎布、红花、胡椒、苏木、腰刀、火刀、盔甲、枪、马、鞍、丝绸、螺盘等。后来，作为常例，一般的"贡物"为马匹、熟硫磺、海螺壳、红铜等物（后免其贡马）。而清廷的"赏赐"多为丝绸、玉器、瓷器等物，客观上起到了互通有无的作用。

在文化上，琉球受中华文化影响较深，尤其是入清以后，文化交流更为密切。琉球国王在本土大力倡导中国传统文化，并于康熙十二年（1673），在久米设文庙，祭祀孔子。46年后，又在文庙之南建明伦堂（"明伦堂"是清代学官宣讲皇帝训谕的场所），称为"府学"。嘉庆三年（1798），琉球国王尚温在王府以北建"国学"一所，另建"乡学"三所，乡学士子成绩优异者送至国学深造。在历法上，琉球还采用了中国的"时宪书"（即历书）。为更好地学习中华文化，琉球还不断向中国派遣留学生。康熙二十五年（1686），琉球国王尚贞派官学生四人来华入太学（国子监），因遇风暴，船只受损，一人受伤，其余三人至康熙二十七年（1688）二月始至北京。清廷对这批琉球学生颇为优待，不但供给膳食，每月每人还发"纸笔费"白银一两五钱，并专设教习一人，加强指导。雍正二年（1724），琉球再派官学生来华，后又于嘉庆五年（1800）、道光二十年（1840）、同治六年（1867）分别派陪臣子弟入北京国子监读书。持久的文化交流，加深了琉球人对中华文化的认同。

进入19世纪后半叶，在外界因素干扰下，琉球与中国的关系发生了重要变化，这主要是西方资本主义势力入侵、特别是"明治维新"后的日本加快吞并琉球的结果。

随着欧美资本主义势力东侵，琉球由于其在东太平洋的重要战略位置而为列强所关注。1855至1859年间，美国、法国、荷兰先后与琉球签订了通商条约。"明治维新"后，日本也迅速对外扩张，琉球首当其冲。1872年，明治天皇亲政，要求琉球遣使朝贺，贡献方物。随即又下诏以琉球为"藩"，作为其吞并计划的第一步。翌年，又将琉球与日本府、县同列，要求其受内务省管辖，并令其向大藏省交纳赋税，悍然视琉球为日本领土的一部分。

1874年（同治十三年）4月，日本派兵入侵我国宝岛台湾，这不但是近代史上日本侵华的开端，也迫使清政府放弃了对琉球的宗主权，可谓一箭双雕。当时，日本侵台的借口就是所谓"琉球漂民"事件。

1871年11月间，琉球船只遇飓风，漂泊至台湾，船员66人登岸，与当地土著发生冲突，结果有54人被杀，其余12人经中国官方救助，返回本土。两年多后，日本政府借题发挥，说琉球是其"属国"，琉球人是其臣民，因此要"兴师问罪"。但是，日本的入侵行动并不顺利，损兵折将，在军事上讨不到便宜，便企图通过外交谈判来捞取利益。中、日双方的谈判代表在北京共举行了八次谈判，最后在1874年10月31日签订了《北京专条》。由于清廷一心想息事宁人，承认日军侵台为"保民义举"，还应允赔款白银50万两。在《北京专条》中，明确写有"台湾生番（生番，旧时对开化较晚的民族的蔑称）曾将日本国属民等妄为加害"字样，这就变相承认了日本对琉球的吞并。

由于有了清廷的承诺，日本谈判首席代表大久保利通回国后，立即向日本政府提出逐步吞并琉球的建议，其主内容是："琉球两属状态，自中世纪来，因袭已久，难于遽加改革，以致因循至今日。今者中国承认我征番（同'番'）为义举，并抚恤难民，虽似足以表明琉球属于我国版图之实迹，但两国分界仍未判然。""今如以朝命征召藩王，如其不至，势非加以切责不可。是以姑且缓图，可先召其重臣，谕以征番事由及出使中国始末，并使令藩王宜自奋发，来朝觐谢恩，且断绝其与中国之关系。在那霸设置镇台分营，自刑法、教育以下至凡百制度，逐渐改革，以举其属我版图之实效。"①

日本政府采纳了大久保的建议，召琉球三司官池城安规等至东京。但琉球官员拒绝了日本提议，要求仍按旧章办事。日本遂强令琉球废止对清廷朝贡及受册封的惯例，其对华交涉转由日本外务省处理，并撤销驻福州的琉球馆。琉球政府一面竭力抵制日本的吞并行为，一面派人赴中国求援。1877年4月12日（光绪三年二月十九日），琉球使臣向德宏受国王之命抵达福州，会晤闽浙总督何璟、福建巡抚丁日昌，呈递国王咨文，且陈述日本"阻贡"之事，清廷随即指令驻日公使何如璋与日本交涉。

何如璋调查了事情真相后，立即上书北洋通商大臣李鸿章，指出"（日本）阻贡不已，必灭琉球；琉球既灭，行及朝鲜"，"况琉球迫近台湾，我苟弃之，日人改为郡县，练民兵；琉人因我拒绝，甘心从敌……是为台湾计，今日争之患犹纾，今日弃之患更深也！"②为此，何如璋致函总理衙门，提出了解决琉球问题的上、中、下三策：上策为派军舰赴琉球，向日本表示琉球为必争之地；中策为据理力争，约琉球夹攻日本；下策为通过外交途径，援引"万国公法"，联合各国使节与之"评理"。李鸿章胆小怕事，于6月9日致函总理衙门，主张采取何如璋提出的"下策"，并说："此虽下策，实为今日一定办法。"总理衙门最终同意了李鸿章的意见，上折称："惟是先遣兵船责问及明约琉球夹攻，实嫌过于张皇，非不动声色办法……再四思维，自以据理诘问为止办。"③孰知，侵略者只信奉武力，其图谋绝非"据理诘问"可以制止。清廷标榜的"据理诘问"不过是妥协退让、放弃琉球的一块遮羞布而已！

尽管清廷对日外交是软弱的，但何如璋仍以积极的态度办理交涉。他一方面就"阻贡"事向日方提出口头抗议，一面又于1878年10月7日提出措辞强硬的照会，称日本"谅不肯背邻交、欺弱国，为此不信不义、无情无理之事"④。但何如璋理直气壮的交涉却得不到本国政府的支持，终被解职归国。日本看透了清廷软弱可欺，遂毫无顾忌，于1879年3月8日下令对琉球"废藩置县"，正式予以吞并。

琉球虽遭吞并，但怀亡国之痛的琉球人并不甘苟且偷生，他们渴望中国能起而援手。开始，琉球国王命驻日法司官毛凤来向何如璋请援，又托旅日闽商带密信给福建督、抚，再派紫巾官向德宏于1876年12月赴中国求援。翌年4月12日，向德宏抵福州，改装易服，扮作商人北上，在天津谒见李鸿章，"吁请据情

---

① ［日］东亚同文会编、胡锡平译：《对华回忆录》，商务印书馆1959年版。
② 《李文忠公全书》"译署函稿"卷八。
③ 《清光绪朝中日交涉史料》卷一，第24页。
④ 王芸生编著：《六十年来中国与日本》第一卷第162页，生活·读书·新知三联书店1980年版。

密奏，速赐拯援之策，立兴问罪之师"①。10月24日，琉球前贡使毛精长等又至北京，向礼部递送禀帖，希望能"迅赐救存，以复贡典"。中国一部分官员和士大夫也呼吁清廷在琉球问题上采取强硬态度。迫于舆论，清政府遂邀请来华"游历"的美国卸任总统格兰特出面调停。格兰特于1879年7月4日抵东京，两个月后自东京返回美国，其间虚与委蛇，一事无成，清政府依赖外国调停的幻想终于破灭。

1879年12月初，日人竹添进一经日本外务省授意来华试探，其与李鸿章会面时，试图否定日本政府原先的"两属"之说，称琉球本属日本。次年3月，竹添进一再次来华谒见李鸿章，提出了"分岛改约论"。所谓"分岛"是指日本拟将琉球南部的宫古、八重山两岛（临近台湾）分与中国，条件是清政府必须同意修改《中日通商条约》，让日本商人获得到中国内地贸易的权力（即所谓与西方列强"一体均沾"）。随即，总理衙门与日本驻华公使开始正式谈判。清廷提出"三分琉球"的方案：琉球36岛中（今冲绳县辖160个岛，其中49个有人居住），北部9岛属日本，中部11岛恢复琉球王国，南部16岛隶属中国。日方不允，反复争辩，一直没有结果。当时主持清廷外交的李鸿章，对琉球归属是倾向放弃的，他的基本态度是"琉球地处偏隅，尚属可有可无"②，只是为了敷衍舆论，才不得不在谈判中做出争辩的样子。最终，中日谈判未能达成协议，日本公使宍（ròu）户玑离北京而去。清廷所采取的不作为的"拖延外交"，最终葬送了琉球。

（载《清史参考》第17期，总第323期，2013年5月6日）

---

① 王芸生：《六十年来中国与日本》第一卷第168页。
② 《李文忠公全书》"译署函稿"卷八。

晚清两则精准的政治预言

政治预言是人们依据自身认识能力所掌握的知识，在认真研究、缜密思考事物发展的过程后，对将要发生的事件、现象的发展趋势、方向和场景做出判断，进而提出的政治观点和意见。而在晚清，学者程恩泽和赵烈文就曾分别结合当时的社会现实做出过精准的政治预言。

晚清的社会现实是什么呢？从18世纪后半期开始，统治中国的清王朝就已急剧地走着下坡路，用当时杰出思想家龚自珍（1792—1840）的话来说，已是"日之将夕，悲风骤至"[1]。其社会场景可以概括为：政治黑暗腐朽，社会风气败坏；军队腐化堕落；自然灾害频仍，百姓流离失所；阶级矛盾尖锐，骚乱、民变四起。总之一句话，那就是："各省大局，岌岌乎皆不可以支月日，奚暇问年岁！"[2]

面对这样的社会现实，程恩泽和赵烈文这两位思想缜密、颇具政治洞察力的学者，对晚清的社会走向、清王朝的命运乃至新旧政权的交替做出了大胆的预言。

程恩泽（1785—1837），字云芬，号春海，安徽歙县人。他自幼好学，不但博览经史，而且能融会贯通。对天算学、地志、汉字六书、训诂、金石等学问都有研究。他的诗作以宋人为本，倡导以文为诗，开道光、咸丰间"宋诗运动"之先河。在科举、仕途上，程恩泽也颇为顺利，他于嘉庆九年（1804）中举，十六年（1811）中进士。曾任翰林院侍讲学士、国子监祭酒、内阁学士，直至工部、户部右侍郎。程恩泽博学强闻，学术造诣很深，是一位典型的学者型官员。正因为他广涉各种学问，而且关注社会现实，勤于思考，所以在晚清官场中是一位颇具政治眼光的人物。道光十二年（1832）五月，他担任广东乡试正考官，在广州目睹了鸦片大量输入、白银汹涌外流、官吏腐败无能的景象，曾作《粤东杂感》九首，以抒发忧国忧民之情，其中一首叙鸦片之毒害及海疆之安危云：

> 天生灵草阿芙蓉，要与饕餮竞大功。
> 豪士万金销夜月，乞儿九死醉春风。
> 香飞海舶关津裕，力走天涯货贝通。
> 抵得蕾腾兵燹劫，半收猿鹤半沙虫。

---

[1] 《尊隐》，《龚自珍全集》第87页，上海人民出版社1975年版。
[2] 《西域置省行议》，《龚自珍全集》上册第106页。

这首诗的大意是说，鸦片（阿芙蓉）使人上瘾如同吃饭，富人、穷人都被它毒害得家破人亡；其对国家的祸害更抵得上一场大的战乱，可海关官员却从鸦片贸易中大发横财。

程恩泽不仅揭露鸦片的毒害和官场的腐败，更难能可贵的是他根据自己在广东的见闻，通过深入思考，对今后政治形势的发展做出了准确判断。他断言：

> 粤中今日盛极矣，然盛极必衰，此后二十余年，乱将自两粤起。再十年，且遍及天下。①

果然，近20年后的道光三十年十二月初十日（1851年1月11日），洪秀全等在广西桂平金田村起义，建号"太平天国"，并一路北上，围长沙，占武昌，又溯江东下，于咸丰三年二月初十日（1853年3月19日）攻克江宁（今南京），席卷东南半壁。

太平天国的反清斗争坚持了14年（1851—1864），其余部又联合捻军继续战斗，历时4年。太平军纵横15省，攻克城市600余座。同时活跃于各地的反清武装还有两广的天地会，江、淮间的捻军（以皖北为根据地），陕、甘和云南的回军，贵州的苗军、教军和"号军"，以及滇、川一带的李、蓝农民军，农民战争的烈火燃遍大江南北，真可谓"再十年，且遍及天下"了。

再看看学者赵烈文的政治预见。

赵烈文（1832—1893），字惠甫，号能静居士，江苏阳湖人。祖上迁居常州，出身于当地的世家望族。父亲做过安徽怀宁的代理知县，后升至湖北按察使（主管一省的司法、监察，正三品），病故于任上。父亲去世后，家道衰落，负债累累，靠友人资助才得以还清。因家庭窘困，无力延师，只能自学。屡试不第，遂绝意功名。咸丰三年（1853），太平军攻占江宁，赵烈文开始寻找自己的政治归宿。两年后，他经姐夫周腾虎的举荐至南昌，投入曾国藩幕府。在曾幕府中，赵烈文多有建言，曾劝曾国藩多用"通晓洋务者"，被曾誉为"识解闳远，文辞通雅"②。湘军攻占江宁（太平天国称"天京"）后，赵烈文一度辞归故里。至同治六年（1867）曾国藩回任两江总督，赵烈文再度应召入幕。两人朝夕相处，无话不谈。

有一次，曾国藩对京师治安不稳颇为忧虑，担心会发生"异变"。赵烈文则认为政局已经糜烂，至"根本颠扑"，预言"改朝换代将不出五十年"③。后来的历史证明，果然在赵烈文预言的44年后，辛亥革命爆发，宣统三年农历年底（1912年2月），清王朝终于覆亡。

---

① 郭则沄：《十朝诗乘·清诗纪事》。
② 《曾国藩全集》日记。
③ 陈乃乾：《阳湖赵惠甫年谱》。

程恩泽、赵烈文为什么能在当时做出相当精准的政治预言呢？当然不是他们有什么能掐会算的"特异功能"，也不是"瞎猫碰死耗子"式的撞大运，而是有着实实在在的因果联系。依笔者看，主要原因有三：

第一，他们具有充足的知识储备。程恩泽不但博览经史，而且对天文、地理、数学等学问都有涉及，知识面比较广阔。赵烈文自学成才，绝意科名后，更是抛弃八股文，阅读了大量经世致用的书籍，于经史子集外，佛学、医书无所不览，并特别致力于农桑、水利等实用性学问。尤为可贵的是，他顺应时代潮流，钻研"洋务"有用之学，甚至关注到洪仁玕借鉴西方知识而撰写的《资政新篇》（1859年洪仁玕由香港到天京后，向洪秀全提出的一个带有鲜明资本主义色彩的施政方案）。深厚的知识积累，成就了他们超凡脱俗的远见卓识。

第二，深入的实地考察。程、赵二人都不是埋头故纸堆的书呆子，他们具有丰富的人生阅历，并且重视对社会的实地考察。程恩泽曾任贵州学政、湖南提学使、广东乡试正考官等职务，走南闯北，远涉千万里，足迹遍天下。程恩泽与多数考官的不同之处，就在于他是一个关心时局、关心民间疾苦的有心人。他遍察边远地区的风土民情、经济贸易，研究中国当时面临的社会危机和边疆形势，是一个脚踏实地的官员。赵烈文主要活动于长江三角洲，经常来往于苏州、上海之间，这些地方正是晚清开风气之先的区域，经济发达，交通方便。上海更是对外开放的重要口岸，也是中西文化的交汇之所。赵烈文还亲历了与太平军的战争，对江南地区受到战火的破坏有切身体会。这些条件对他汲取新知识、开阔眼界、深化认识必然产生重要影响。

第三，精辟的分析能力。当然，仅仅具有知识储备、实地考察等条件是不够的，要做出精准的政治预测，还离不开预测者本人的主观思维。程、赵两人的分析、思辨能力确有过人之处。他们不固于成见，善于思考，敢于突破封建专制主义的思想桎梏，大胆提出个人的独特见解。须知，在封建专制时代，随意预测本王朝的衰败、倾覆，是冒天下之大不韪的事，甚至是要付出生命代价的。

在晚清，程恩泽、赵烈文等有识之士做出了精准的政治预言，却未能对最高统治集团起到应有的警示作用，掌权者也未采取积极的挽救措施，其中的原因又是什么呢？

第一，时至晚清，封建统治已病入膏肓，大厦将倾，任何小修小补已无济于事。大势所趋，个别头脑清醒的人只能发发感叹，而不能挽狂澜于既倒。

第二，此类政治预言直指最高统治者的"命门"。断言必将改朝换代，这在当时社会是最为忌讳的事，此类言论只能与个别亲近的人议论于密室之中，绝登不得"庙堂"之上。曲高和寡，最高统治者根本不可能听到，即使听到了，也不会从中接受有益启示。

第三，预言者本身的局限。无论是程恩泽还是赵烈文，都属于封建士大夫阶层，从小接受封建教育，对近代科学知识所知不多，他们的政治预言不可能上升到科学认识的高度。更何况他们在统治集团中，并不是什么举足轻重的人物（即使如程恩泽官居从二品，也并无实权），其思想、言论的影响力极其有限。反观他们的政治预言无论怎样精准，在当时的社会实践中都很难体现真正的价值。程、赵的种种局限决定了他们只能是旧政权行将就木的预言家，而不可能是新政权呱呱坠地的助产士。

(《清史参考》2015年第15期)

1890年的《中英会议藏印条约》

2017年8月2日，我国外交部发布《印度边防部队在中印边界锡金段进入中国领土的事实和中国的立场》的文件，阐明了自2017年6月18日以来印军越界事件的真相。此次印军入侵的洞朗地区位于边界线中国一侧。这段边界的划分，在1890年（清光绪十六年）签订的《中英会议藏印条约》中是有明文规定的。下面就介绍一下这项条约签订的背景与过程。

早在18世纪中叶，英国殖民者即开始觊觎我国西藏及周边邻国。进入19世纪后，由于清朝国力日衰，英国对西藏的侵略变本加厉。它先后控制了我国西南邻邦廓尔喀（尼泊尔）、布鲁克巴（不丹）和哲孟雄（锡金），然后以"游历""考察"为名派人潜入西藏，从事间谍活动。1876年9月30日（光绪二年七月二十六日），又以武力为后盾，迫使清廷签署《中英烟台条约》，除了结"马嘉理案"外，又进一步让英人进入西藏合法化（条约另附专条规定，英人可由北京经甘肃、青海或经四川入藏）。10年后，英印政府派秘书马科蕾（C. Macaliay）组织了一个"商务代表团"，由印度进入西藏。但由于西藏地方政府的坚决反对，代表团只得从原路返回印度。

当英国要求在西藏"游历"和通商的活动失败后，侵略者就变换手法，蓄意制造边界纠纷，公然发动武装挑衅。从1885年起，英印军队以哲孟雄的大吉岭为前哨基地，不断向我国西藏渗透。对此，西藏地方政府保持了警惕，曾多次要求英国停止侵略活动，并于光绪十二年（1886）在隆吐山口派兵设卡，修筑围墙。而英国侵略者则颠倒黑白，诬称中国在自己主权范围内建卡设防是"越界戍守"，并无理要求清朝中央政府命令西藏驻军从隆吐山撤防。在咄咄逼人的侵略者面前，腐败无能的清政府决计妥协退让，遂命令驻藏大臣文硕"晓谕"西藏地方武装从隆吐山撤防。但西藏地方官员坚决反对妥协退让，他们指出："隆吐山为藏中门户，倘一退让，势若开门揖盗。自古至今，可有以疆域门户让人之理乎！"① 文硕作为中央政府驻藏的最高官员，也坚决支持西藏地方官员的立场。

光绪十四年二月初八日（1888年3月20日），英印军队2000余人不顾是非曲直，竟悍然进攻隆吐山，挑起武装侵藏战争。英军依仗其装备优势，侵占了隆吐山和纳汤，西藏地方政府调集万余藏军驻扎亚东一带，准备反攻。而此时的清廷却一意息事宁人，竟将主张抵抗侵略的文硕以"识见乖谬，不顾大局"的罪

---

① 《清季筹藏奏牍》第1册，"文硕奏牍"第四卷第21页。

名予以革职，同时委任升泰为驻藏帮办大臣，进藏主持大局。

升泰（1838—1892），字竹珊，卓特氏，蒙古正黄旗人。由监生捐员外郎。咸丰七年（1857）签分户部，十一年（1861）补户部四川司员外郎（正五品）；同治六年（1867）外调山西汾州知府（从四品）及太原知府，历任山西河东道（正四品）、浙江按察使（正三品）、云南布政使（从二品）、伊犁参赞大臣、署乌鲁木齐都统；至光绪十三年（1887），充驻藏帮办大臣。清廷特别指示他："勿蹈文硕迂谬之见，自贻罪戾也。"① 光绪十四年五月二十六日（1888年7月5日），升泰抵西藏。

升泰接任后，按照清政府指示的精神，下令："江孜守备及统领'番军'（即藏军）噶布伦严束藏兵，不准妄动。"② 六月二十四日（8月1日），清廷又下诏严令升泰"当守定'先解战争'四字"③。而西藏地方官员如实禀告升泰："总以隆吐之南日纳宗为藏界，伊等设卡系在境内，英人无端恃强动兵侵地，晓辩不休。"④ 为了解边界问题的真相，升泰派人查阅了新旧档案资料，其中查出了乾隆五十九年（1794）驻藏大臣和琳、内阁学士和瑛的奏折一份。和琳在划定锡金、不丹的边界时，曾明确规定："自帕克哩（即帕里）至支木山顶、藏猛谷山顶、日纳宗官寨设立鄂博，此内为西藏境，此外为哲孟雄、布鲁克巴二部落境"⑤。同时，又觅得旧图一张，"注明纳荡地方系哲孟雄边境，藏图南面极边界线之上，亦绘有雅拉山，是雅拉山即系藏属南界，可无疑义"⑥。

在藏哲边界问题（即我国西藏与锡金一段边界）上，是非曲直是清楚的，但升泰秉承清政府旨意，竭力避免中、英冲突。他飞饬江孜守备肖战先就近驰赴前敌，"力阻藏番不准妄动"，并严令藏军统领噶布伦伊喜洛布汪曲，"只准防守，务须按兵不出，如违节制，立即严参"⑦。尽管升泰一让再让，侵略者的入侵步伐却并未停止。八月初八（9月13日），英印军队200余人进至捻都纳山，开炮挑衅。十七日，英印军队占领哲孟雄全境。十九日，再次发起攻势，侵占咱利、亚东、郎热等隘口，并分兵包抄。藏军万余人"全行败溃"。在清廷妥协方针的干扰下，西藏地方军被迫退至仁进冈一带。

光绪十四年冬，清政府命令升泰在亚东附近的纳荡（即那塘）与英印政府代表开始谈判。十月十六日（11月19日），升泰携印绶起程，驰赴前敌。二十三日，抵江孜，沿途获报英印兵已修路直至咱里山，距藏境仁进冈仅30里。十

---

① 朱寿朋：《光绪朝东华录》第三册第6页，中华书局1958年版。
② 《刘秉璋奏牍》，第2页。
③ 《光绪朝东华录》第3册总第2465页。
④ 《光绪朝东华录》第3册总第2504页。
⑤ 《卫藏通志》卷二，第15页。
⑥ 《光绪朝东华录》第3册总第2504页。
⑦ 《光绪朝东华录》第3册总第2512页。

一月初十日（12月12日），升泰进抵仁进冈（时藏军万人驻此），英方谈判代表保尔（A. W. Paul）亦于十三日抵达，双方约定于十九日在纳荡会谈。旋即，英方又派英印政府负责外交事务的官员鸠兰德（Graham）参加谈判。谈判中，升泰坚持英印军队必须撤出中国领土，英方代表则挟战胜之"余威"提出哲孟雄应由印度"保护"，且中方应赔偿"兵费"以及英印入藏贸易等条件，并扬言只有满足以上要求才能撤兵。双方反复辩驳，无奈升泰底气不足，又奉有"先解战争"的严令，只得"平心静气，婉与商量"，并应允将驻守仁进冈的藏军后撤两站。随后又将数千人撤入藏南门户帕克哩。面对清廷的一味退让，侵略者却步步进逼，"惟闻添兵运炮，不见退让一步"。

当纳荡的谈判开始后，时任清政府海关总税务司的赫德（Robert Hart）也积极插手西藏事务。他极力推动总理衙门派其弟赫政（J. H. Hart）以翻译身份参加中英谈判。

赫政是赫德的长弟，比赫德小十一岁，于同治五年十二月（1867年1月）进入中国海关，同治十一年（1872）升税务司。他为人精明能干，在赫德提携下，很快成为一名"中国通"。赫政忠实地履行其兄的嘱托："试作中间人，将事权掌握在自己手里。"① 赫德还叮嘱赫政："希审慎进行，小心地使你的鱼（指中国代表——引者）能够自来上钩。"可以说，赫政名义上代表清政府谈判，实则完全站在英国一边。光绪十四年十二月二十九日（1889年1月30日），赫政抵独脊岭（即大吉岭），并于十五年三月一十一日（1889年4月20日）启程前赴印营。他频频往返于仁进冈（升泰驻地）与大吉岭之间，但由于双方意见相左，中、英谈判没有什么进展。升泰于九月初一日（9月25日）上奏清廷，认为与英人议约久拖不立，俄人又图染指，"边事久不定局"，"即恐西藏后来有事之日更多"②。在英方的威胁及赫政的干预下，升泰决定亲赴印度谈判。光绪十六年二月二十日（1890年3月10日），他从独脊岭启程，乘车于次日抵孟加腊。二十七日，升泰与英印总督兰士丹在加尔各答城签订了《中英会议藏印条约》。

《中英会议藏印条约》共计八条，其主要内容是中英划定西藏、锡金边界。条约第一款规定："藏哲之界，以自布坦（不丹）交界之支莫挚山起，至廓尔喀边界止，分哲属梯斯塔及近山南流诸小河，藏属莫竹及近山北流诸小河，分水流之一带山顶为界。"③ 这一规定把藏、锡整条边界线向西藏内移，东段边界则推至捻纳和亚东之间的则利拉。条约第二款规定："哲孟雄由英国一国保护督理，即为依认其内政、外交均应专由英国一国径办"。这项条约划定了我国西藏与锡金之间的边界；同时，清政府承认了哲孟雄为英国的保护国；至于通商问题，则

---

① 《中国海关与缅藏问题》第89页，中华书局1983年版。
② 《光绪朝东华录》第3册总第2655页。
③ 王铁崖：《中外旧约章汇编》第1册第552页，生活·读书·新知三联书店1957年版。

因西藏地方政府坚决反对，规定"容后再议"。

光绪十六年五月十三日（1890年6月29日），《中英会议藏印条约》钤用"御宝"，正式生效。

《中英会议藏印条约》是经过中、英双方政府批准、认可的一项国际边界条约，条约声明"彼此欲将哲孟雄、西藏边界事宜，明定界限，用昭久远"。而今天的印度政府竟然罔顾历史真相，悍然派兵进入已定界的我方洞朗地区，肆意挑衅我国领土主权，是可忍，孰不可忍！

须知，今天的中国早已不是一百多年前清朝统治下的中国了，中国人民任人宰割的年代早已一去不复返了。如果至今仍有人妄想重温当年英国殖民者的旧梦，甚至要在当年清政府咽下苦果的基础上变本加厉，那可真是看错了"黄历"，其结果必然是碰得头破血流，只能自取其辱！

（载《清史参考》第31期，总第526期，2017年9月4日）

爱国精神光照后人

——纪念义和团运动爆发100周年

一百年前（本文撰写时），时值19世纪与20世纪之交，当时的中国正面临着严重的民族危机。1897年11月，德国派军舰强占胶州湾；沙皇俄国随即于同年12月中旬强占旅顺口和大连湾；1898年夏，不甘落后的英国强租了九龙半岛和威海卫；法国则于1899年11月强租广州湾。同时，列强还纷纷在华划分势力范围：德国以山东省为势力范围，法国以云南、两广地区为势力范围，俄国以东北全境为势力范围，英国则视长江沿岸各省为"禁脔"。新兴的日本也不甘落后，甲午战后割占了台湾、澎湖列岛，又于1898年4月强迫清政府承认福建为其势力范围。至此，瓜分中国之势已"若箭在弦，省括即发"，真可谓"瓜分豆剖，渐露机牙"。

同时，从19世纪后半叶开始，列强还加强了对华倾销商品、掠夺原料，形成"洋货日销，土货日绌"，"务夺我小工小贩，一手一足之业"，使成千上万的手工业者、小商贩破产失业。这些失业者和濒临破产的农民挣扎在死亡线上，他们深深感到洋人和洋货是威胁其生存的大敌。加之各地教会势力猖獗，教士、教民擅作威福，使民教积怨甚深，反洋教斗争遂与反瓜分斗争结合起来。当时的中国真像一个火药桶，用康有为的话来说，中国"譬犹地雷四伏，药线交通，一处火燃，四面皆应"①。

19世纪末的民族矛盾往往又同激化的阶级矛盾交织在一起。各省苛捐杂税多如牛毛，徭役横征，民不堪命，直隶地区更是"差徭之重，甲于天下"。加之连年的水旱虫灾，造成哀鸿遍野，十室九空。中国特别是华北地区的广大农民、手工业者从自己的亲身经历中认识到"外国人是水旱灾害以及一切苦难的根源"，因此"灭洋"的口号一经提出就不胫而走。正如一家香港报纸所说，中国人的排外情绪"现在已具有仝民性的规模"。正是在这样的背景下，以农民为主体的义和团反帝爱国运动像火山一样爆发了，并于1900年达到高潮。

义和团首先是以山东为中心发展起来的，有一首民谣说"义和团，起山东，

---

① 康有为：《上清帝五书》，中国近代史资料丛刊《戊戌变法》第2册第192页，上海人民出版社1957年版。

不到三月遍地红。孩童个个拿起刀，保国逞英雄"①，就反映了这种情况。由于后任山东巡抚袁世凯的血腥镇压，山东义和团严重受挫，遂于1900年春大批进入直隶，使这里的义和团再度活跃起来。随即，义和团由直隶南部向中部发展，控制保定，进入涿州，并焚毁了涿州至长辛店的铁路、车站、桥梁，还将慈禧太后的"龙车"付之一炬。从1900年6月上旬起，北京附近各县的义和团，以三五十人为一伙，一日数十起，不分昼夜地进入北京城。北京城厢内外的城市贫民、手工业者纷纷加入义和团的队伍，城内处处设"坛"，至6月下旬，全城坛口达1000左右，人数在10万以上（义和团以"坛"为基层单位，领导机构称"坛口"），几乎家家门口都贴上了表示信奉义和团的红纸条，一时间所谓"红巾满都市"。在华北最大的通商口岸天津，5月间出现了这样的揭帖："兵法易，助学拳，要揍鬼子不费难。挑铁道，把线砍，旋再毁坏大轮船。大法国，心胆寒，英吉、俄罗势萧然。"②义和团一方面大量散发"揭帖"，一方面大举拥入城内。据直隶总督裕禄奏报说，天津团民"已聚集不下三万人，日以焚教堂、杀洋人为事"③。截止到1900年春夏间，义和团席卷了整个直隶、京、津地区。

　　义和团的"排外"虽带有盲目性的一面，但它反对侵略、反对帝国主义的爱国性、正义性、群众性却是不容置疑的。正如无产阶级革命导师列宁所说："那些到中国来只是为了大发横财的人，那些利用自己的所谓文明来进行欺骗、掠夺和镇压的人，那些为了取得贩卖毒害人民的鸦片的权利而同中国作战的人，那些用传教的鬼话来掩盖掠夺政策的人，中国人难道能不痛恨他们吗？"④

　　义和团席卷京津，使帝国主义列强惶恐不安，同时他们也决定利用这一局势来扩大对中国的侵略。至6月2日，已有800名各国侵略军抵达大沽。一星期后，英国海军上将西摩尔率领英、法、美、德、日、俄、意、奥等国联军1500人从天津开赴北京。但是配备新式武器的侵略者做梦也没预料会受到手持原始武器的义和团顽强阻击，傲慢的西摩尔临行前甚至与各国公使约好，几小时后将在北京与他们共进晚餐。

　　6月11日，联军列车到达杨村，由于铁路被毁，不得不边修路边前进，接近落垡车站时已是黄昏时分。面对掀翻的铁轨、焚烧的枕木、毁坏的大桥，侵略者徒叹奈何！然而，更出乎他们意料的是，霎时间人潮涌动，杀声震天，落垡附近的义和团首领倪赞清（乡绅）、王山（荣营村大师兄）、刘项（岳庄村团总）

---

① 康有为：《上清帝五书》，中国近代史资料丛刊《戊戌变法》第2册第192页。
② 《拳乱纪闻》，中国近代史资料丛刊《义和团》第1册第112页，上海人民出版社1957年版。
③ 《义和团档案史料》上册，第157—158页。
④ 列宁：《中国的战争》，《列宁选集》（中文版）第一卷第214页，人民出版社1972年第2版。

等率领上千名勇士，手持大刀、梭标、长矛、棍棒把洋人的列车团团围住。一场鏖战，侵略者死6人，伤48人，义和团则牺牲了60多人。6月14日，义和团又在廊坊、落垡、墨其营与联军激战，迫使侵略者花费5天时间尚不能越过廊坊西进。18日，战事再起，义和团与清军董福祥部联合进攻廊坊车站，激战两小时，毙敌50人，自己也付出了400人伤亡的代价。当天夜晚，义和团又偷袭杨村车站，毙敌6人，击伤30余人。受到重创的联军，缺粮缺械，走投无路，只得狼狈撤回天津，但沿途屡遭袭扰，一段不长的路途走了整整3天。联军统帅西摩尔心有余悸地承认："义和团所用设为西式枪炮，则所率联军必全体覆没。"①

义和团掀起的巨大反帝浪潮，不但使帝国主义列强心惊胆颤，也让清朝统治者惴惴不安。狡诈的慈禧太后只得暂时顺应这一形势，正如她所说的，"现在民心已变，总以顺民心为要"。② 6月21日，清政府颁布了《向各国宣战谕旨》，摆出与列强一决雌雄的架势，其实不过是慑于义和团的强大声势；同时慈禧也想发泄对列强反对"废立"的不满（"废立"指慈禧立溥儁为"大阿哥"，逼迫光绪帝让位，列强不予承认）；此外又可借刀杀人，一箭三雕，何乐而不为！

6月下旬，北京义和团开始攻打东交民巷使馆区和天主教北堂，但围攻使馆56天，围攻西什库教堂63天，都没有攻下来。道理很简单，因为这不过是清廷利用、愚弄义和团的把戏。后来这位"老佛爷"终于道出了其中的底蕴：我"是处处都留有余地，若是真正由他们尽意地闹，难道一个使馆有打不下来的道理？"③当然，煽动、挑唆义和团围攻使馆是把反侵略斗争引入了歧途，是不足为训的。

轰轰烈烈的义和团运动充满了爱国豪情，表现出中华民族不屈不挠的斗志，给了帝国主义列强以沉重一击。正如时人所论，这种奋勇杀敌，前仆后继，置生死于度外的勇敢献身精神"未尝不轰全球人之耳，电全球人之目也"④。联军统帅瓦德西给德皇的报告中也不得不承认：中国人的"好战精神"可于此次'拳民运动'中见之"，"无论欧美、日本各国，皆无此脑力与兵力可以统治此天下生灵四分之一"，"故瓜分一事，实为下策"。⑤

义和团运动最后失败了，因为它只是一场组织涣散的旧式农民运动，没有先

---

① 《万国公报》辛丑年正月。
② 中国近代史资料丛刊《义和团》第3册第86页。
③ 吴永：《庚子西狩丛谈》，中国近代史资料丛刊《义和团》第3册438页。
④ 《义和团有功于中国说》，张枬、王忍之编《辛亥革命前十年间时论选集》第一卷第62页，生活·读书·新知三联书店1960年版。
⑤ 中国近代史资料丛刊《义和团》第3册第244页。

进阶级和政党的领导；对帝国主义的认识还停留在表面、感性的阶段，他们在"灭洋"的旗号下不加区分地反对所有洋人，甚至反对和销毁与洋人有关的新式生产工具、生产资料和消费资料，从而表现出浓厚的笼统排外主义。而落后的宗教迷信和组织形式也大大削弱了义和团的战斗力，再加之对封建统治者的利用和愚弄缺乏必要的警惕，终于被清政府和帝国主义列强联手合作埋葬在血泊中。但是，义和团民的鲜血是不会白流的，正如周恩来同志所说："他们的英勇斗争是50年后中国人民伟大胜利的奠基石之一。"[①] 义和团的爱国精神将永远光照后人。

（载《支部生活》2000年第8期）

[①] 周恩来：《在北京各界欢迎德意志民主共和国政府代表团大会上的讲话》，《人民日报》1955年12月12日。

人物评论

清朝"盛世"的两位"强项"官员

康熙、乾隆之际,在清代号称"盛世",但在"盛世"的金字招牌下,也掩盖着许多黑幕,官场腐败,贪赃枉法的事屡有所闻。可贵的是,面对邪恶势力、不法之徒,也有人敢于挺身而出,伸张正义,且不畏权贵,有"强项"之誉。

所谓"强项",是指做人、做官铁骨铮铮,刚正不阿,不对强权让步,不向恶势力低头。东汉开国皇帝刘秀在位时,就有一位名叫董宣的官员被称为"强项令"而名垂青史。其时,刘秀的姐姐湖阳公主府上的一个奴仆,竟仰仗公主权势,在都城洛阳白昼无故杀人。时任洛阳令的董宣当面斥责公主窝藏罪犯,并按"杀人抵命"的法则将凶手击杀。为此得罪了公主,但董宣坚持原则,不肯向公主叩头"谢过"。当被人强按头颅时,他仍两手据地,决不低头,故此被刘秀称为"强项令"。清朝也有两位堪与董宣比肩的"强项"官员,他们就是历仕康熙、雍正、乾隆三朝的名臣甘汝来和谢济世。

一

甘汝来(1684—1739),字耕道,又字逊斋,江西奉新人。30岁中进士,授直隶涞水知县。涞水是个贫困小县,当时全县人口只有12000多人。经过清初的三次"圈地",当地百姓几乎没有自己的耕地,且苛捐杂税多于牛毛,生活濒临绝境。而"旗民"(八旗民众)却仗势欺人,无故"易佃增租",任意盘剥。康熙五十八年(1719)冬,侍卫毕里克(侍卫是皇帝的"随侍宿卫",统领称"领侍卫内大臣",官阶正一品。侍卫共分四等,官阶分别为正三品、正四品、正五品以及五、六品)至涞水"驯鹰",他以皇帝亲随的身份横行霸道,不但强占民房,而且纵使家丁殴人至死。百姓们纷纷到县衙告状,毕里克竟目无法纪,率人哄闹公堂。知县甘汝来不畏权贵,下令拘禁毕里克,并将肇事家丁下狱。又行文直隶总督,等候处置。但侍卫处(负责皇帝警卫的机构)得报后,抢先申诉,袒护毕里克,拘捕甘汝来,将其投入刑部大狱。翌年冬天,吏、兵、刑三部会同提审,准备将甘汝来革职,而毕里克仅拟罚俸了事。康熙帝了解事件真相后,将毕里克革职,甘汝来则免罪复官。从此,甘汝来爱民廉直之誉广为传播,声名鹊起。

康熙六十年(1721)冬,甘汝来调补直隶新安知县。新安东南有白洋淀,是皇帝行围猎鸟之所。每当皇帝巡猎时,当地百姓必须供应柴炭和船只,而主管部门往往借此勒索更多财物。对此，甘汝来不讲情面，坚决回绝道："若刻剥小民以取悦上官，余死不为也！"① 上司面对这样一位刚直不阿的县令，也无可奈何，只得告诫部下，办事尽量避开这位"强项令"。

雍正元年（1723），甘汝来升吏部文选司主事（正六品，相当于今天处长），虽然品级不高，但他不逢迎上官，严格照章办事，颇获好评。任事仅九个月，就升任广西太平知府（从四品）。在赴任前陛见皇帝时，获赐雍正帝手书的一帧"福"字，甘汝来诚惶诚恐地表示："臣外吏小臣，今日得睹皇上宸翰（指皇帝的手书），又蒙赏赐，此千载奇逢也！"雍正帝听罢大笑道："你怎么说是'小臣'？凡做官只论好歹，不论大小。你若做得好，即日就是大臣了。"（《宦迹纪略》）

由于得到皇帝赏识，甘汝来以后在官场上可谓一帆风顺，仅过了两年就由知府擢升广西左江道（正四品）。不到半年，再升广西按察使（正三品）。雍正四年（1726）五月，擢广西巡抚（从二品），成为掌管一省大权的封疆大吏。短短三年间，居然连升七级，真可谓官运亨通。乾隆帝弘历即位后，甘汝来做到了从一品的兵部尚书、吏部尚书，并加太子少保衔（一种荣誉加衔）。乾隆四年（1739）七月，甘汝来在衙署办公时，突发急病去世，年仅55岁。英年早逝，实为可惜！

甘汝来猝死后，大学士（正一品）讷亲因负责管理吏部事务，与甘汝来同衙办公，立即亲自送丧至其府第。进入宅门后见堂上有位老妇人正在缝缝补补，以为是家中仆役，立即说："你赶快禀告夫人，相公已病逝于衙署。"老妇人闻听后痛哭失声，讷亲这才知道她就是甘汝来夫人，遂关心地询问身后事。在谈到家中遗产时，夫人拿出八两存银说："此志书馆（甘汝来时兼任《世宗实录》副总裁）月课俸也。俸本十六金，相公俭，计日以用，此所余半月费也。"② 一位一品大员去世后，家里居然只剩下八两白银的"余财"，这不能不让人惊诧！目睹这一幕的讷亲为此流下了伤心的眼泪。

二

谢济世（1689—1755），字石霖，号梅庄，广西全州人。自幼为人倔强，十六七岁时应"童试"（科举制的最初考试），因不肯跪地向学政呈卷，被逐出考场。但他并不泄气，继续努力，20岁中乡试第一名（解元），24岁中进士。雍正四年（1725）冬任都察院浙江道监察御史。谢济世不畏权势，竟敢弹劾雍正帝的

---

① 甘汝来：《宦迹纪略》，《甘庄恪公全集》卷一六。
② 昭梿：《啸亭杂录》卷一〇，"甘庄恪"。

宠臣、河南巡抚田文镜，并列出十大罪状，称其"行同鬼蜮，性似豺狼"，"恶贯既盈，怨声齐沸。"① 雍正帝大怒，将谢济世夺官下狱，同时还严究幕后"指使者"，谢济世凛然回复道："文镜之恶，中外皆知。谢济世读孔孟书，粗识大义，不忍视奸人罔上，故冒死以闻。必欲究指使者，乃独有孔子、孟子耳！"② 最后被革职，发往军前效力。

谢济世对当时奉为圭臬、盛极一时的程朱理学是不满的，而程朱理学的核心就是维护封建统治秩序的"三纲五常"。排斥程朱理学，无异于犯了为官立世之大忌，故此，已被发往军前的谢济世几遭杀身之祸。

直到乾隆帝即位，谢济世才被诏回北京，任都察院江南道监察御史。但他仍不改桀骜不驯的性格，竟大胆向皇帝进呈自己非议程朱理学的著作《大学注》《中庸疏》，被乾隆帝斥为"谬妄无稽"而发还。乾隆二年（1737）三月，谢济世再上疏，批评乾隆帝用人不慎，朝令夕改，受到严厉斥责。三年，谢济世被授为湖南粮储道，仍继续刊刻与程朱相抵牾的著作，最后被收缴所注经书154本，刊板237块。谢济世的所作所为，俨然又是一位"强项"官员。

乾隆七年（1742）冬，谢济世在湖南任上得知衡阳、善化两县知县多收税粮，以致民怨沸腾。他装扮成纳粮乡民，亲往调查。得知实情后，立即拘捕涉案的衡阳知县家丁、胥役，交长沙府审办，并参奏善化知县樊德贴。而这两位县令恰恰是湖南巡抚许容的心腹。许容遂派人向谢济世说情，欲加包庇。面对顶头上司的施压，谢济世不为所动，仍坚持原议。许容大怒，立即捏造罪名，伪造罪证，参劾谢济世"逾闲荡检，负恩溺职"，谢济世终被革职。这一冤案激起了湖南士民的愤怒，他们到处鸣冤，最终真相大白，冤案得以昭雪，谢济世改补为湖南驿盐长宝道。

谢济世屡蹶屡起，但终因自己的"强项"风格而为当世所不容，最后在56岁的壮年时被"勒令休致回籍"。

在封建专制的时代，某些有正义感的官员不顾后果，不计代价，敢于伸张正义，为民请命，其精神是可嘉的。但不管他们如何不畏权贵，表现出"强项"精神，在封建专制的体制下，终究不能冲破牢笼，也是看不到前途的。

（载《清史参考》第 16 期，总第 511 期，2017 年 5 月 15 日）

---

① 谢济世：《劾田文镜疏》。
② 陈康祺：《郎潜纪闻（二笔）》卷四《谢济世劾田文镜》。

略论陶澍的改革思想与活动

陶澍（1779—1839），字子霖，号云汀，湖南安化人。嘉庆年间中进士，后做过都察院监察御史、吏科给事中等京官，调任地方后，先后任福建按察使、安徽布政使等职。道光四年（1824），任安徽巡抚，旋又任江苏巡抚、两江总督，成为独当一面的清廷要员。陶澍生活在封建衰世来临、清朝统治危机日趋严重的时代，他留心"经世致用"之学，力图"补天"，因而在其力所能及的范围内，在政治、经济等方面做了一些局部改良，革除一些弊政。他团结一批能较清醒认识现实、具有进步倾向的士大夫，在江南苦心经营多年，颇有一番作为，成为我国近代早期一位有影响的地主阶级改革家。

一

18世纪后半期，统治中国的清王朝日趋腐朽，政治腐败，豪强兼并，民生凋敝，财政枯竭。还在乾隆（1736—1795）之世，一些目击者已忧心忡忡，他们惊呼："百为废弛，贿赂公行，吏治污而民气郁，殆将有变。"① 如何扭转这种颓势，力挽狂澜于既倒，就成为摆在一些地主阶级"有识之士"面前的重大课题。

陶澍出身于一个破落地主的家庭，曾祖父做过茶叶生意，到祖父时，家境日益衰落。父亲陶必铨只是一个功名止于秀才的"寒士"。其时，陶家"日贫乏，或数日断炊""居平茹苦如荠，岁饥采藜藿以佐食，或数日釜炊无颗粒"。② 陶澍从7岁起随父读书，因家境贫穷，尚需适当参加一些体力劳动，"牧于斯，樵于斯，渔于斯，且耕且读"③。出身清贫之家的陶澍自然能更多地接触底层社会，对当时严重的社会问题和尖锐的阶级矛盾有一定切身体会，这正是他改革思想产生的基础之一。

陶澍能成为晚清时期的改革家，还在于他深受儒家"民本"思想的影响，并将其付诸实践。陶澍自幼随父读书，立志"修身、齐家、治国、平天下"，并浸润于"民为邦本，本固邦宁"的理念，他讲求实学，不尚空谈，关心民瘼，立志改革。正如魏源所言，陶澍"少负经世志，尤邃史志舆地之学"④。他24岁

---

① 包世臣：《再与杨季子书》，《艺舟双楫》"论文"之一。
② 陶澍：《例赠儒林郎翰林院编修显考英江公行述》，《陶文毅公全集》卷四七。
③ 陶澍：《鸿雪因缘图记》卷三四。
④ 魏源：《陶文毅公行状》，《陶文毅公全集》卷末。

那一年，到北京参加会试，时值京畿地区大雨滂沱，永定河决口，京西南几成泽国，村落荡然。陶澍亲历此灾，作长诗述此惨景云："划然一声犀豹惊，官房民房十塌七。连村乞命纷叫号，但见平地生波涛"，"我时长安对空堵，上漏下湿娲难补。一夜十徙敢言苦，惟听邻翁哭还诉"①，对平民百姓的苦难颇有感同身受之慨。嘉庆二十五年（1820），陶澍任川东兵备道，驻重庆，时逢旱灾，百姓乏食、缺盐，他督率属下捐赈借粜，并赋诗抒发对民间疾苦的忧念："平生衣被志万家，自顾挟持无寸缕"，"年荒谷贵易伤民，仰面疮痍更难数。尔来三月况无盐，淡食难修瓜齑谱"②。

道光三年（1823）夏，长江大水，安徽濒江 30 余州县堤坝被冲垮，田庐荡没，多成泽国。时任安徽巡抚的陶澍乘舟遍勘灾情，寝食俱废。他制定切实可行的救灾政策，派员四出购粮，设粥厂，修育婴堂，而且自己带头捐银三千两救灾，同时买米十万石平粜，劝捐数十万金。灾后，又重筑江坝，以护田庐，史载："赈务核实，灾民赖之无失所"③。道光七年（1827），陶澍利用督办海运节省的经费重修了苏州城南的尹山桥，以利交通，他说："力不扰于民，财不困于官，筹度支之余赢，从容以图利民之事，用宣朝廷德意于无穷，讵非从政之大幸？"④ 可见，陶澍是把"图利民之事"作为自己从政的座右铭。

当然，陶澍"刻刻以兴利除弊为念"⑤ 的根本目的还在于巩固清王朝的统治，这也是与他的忠君思想分不开的。他从小熟读儒家经典，出仕后又得到皇帝的格外青睐，在仕途上可谓春风得意，青云直上，21 岁中举，23 岁成进士，随后点翰林，任御史，直至执掌地方，46 岁任巡抚，53 岁任两江总督，挂兵部尚书衔，总督江南江西地方军务。道光皇帝在谕旨上表彰他："汝人爽直，任事勇敢，故畀以两江重任"。特别让陶澍引为旷世之荣的是他于道光十五年（1835）十二月进京觐见时，受到道光帝 14 次召见，并且特意为他幼年读书的"印心石屋"题写斋额。此事被时人认为是"隆恩异数，旷古未有"⑥。这也让陶澍对皇帝更加感恩戴德，发誓要报"知遇之恩"，正如他自己所说："受恩至此，粉骨难酬。"⑦

---

① 陶澍：《苦雨叹》，《陶文毅公全集》卷五五。
② 陶澍：《渝州官署答季寿兼寄汉中严太守诗并序》。
③ 《清史稿·陶澍传》。
④ 陶澍：《重建尹山桥记》，《陶文毅公全集》卷三四。
⑤ 陶澍：《议复地方官筹款运盐及按户派销之法断不可行折》。
⑥ 贺熙龄：《御书印心石屋记》。
⑦ 《陶文毅公全集》卷四，《报接受两淮盐政印务折》。

二

陶澍的改革思想与活动在政治上主要表现为整顿吏治。封建衰世在政治上的一个特征是吏治极端腐败，各级官吏热衷行贿受贿，贪污中饱、浮收勒索比比皆是。连嘉庆皇帝也不得不承认："各省地方官积习因循，稍能守法奉职者，已不可多得。"① 面对这一痼疾，陶澍力图有所革除。嘉庆九年（1814），他奏陈各州县积弊，列举了官场的种种弊端，指斥官吏"作威作福，不公不法"，"其于百姓则鱼肉也，百姓视之亦几虎狼也"。他提出的解决办法是要求高级官员首先正己，"正本清源，以身率属"②。同时，又指出要想政治清明，必须知人善任，特别要重视选择直接管理百姓的州县长官："州县为亲民之官，州县得人，而天下咸理矣。"③

陶澍以清廉、勤谨正人，亦不忘以此律己。他在川东兵备道任上，治理有方，严于律己，"未期年，政声大著"④。道光八年（1828）春，陶澍到吴淞江工地验收疏浚工程，"其阅工也，屏舆从，徒步察视"，舆论反映"自来阅工者，无此认真也"。⑤

当然，陶澍的主要改革活动还是在财政经济方面。清朝后期，财政经济极为窘困，而表现最突出的又是漕运、盐课、河工等项。一些有识之士，也往往以这些现实社会问题作为"经世之务"的重点研究课题。

所谓"漕运"是指为保证京师的粮食供应，政府将大批粮食（主要是公粮）利用水运（运河）从东南地区调运到北京的一种专业运输，这也是当时社会赋役制度的一个重要组成部分，由于这项任务要动员大量的人力、物力、财力，所以被称为"一代之大政"。由于当时"海禁"未开，故清代漕粮都经运河水运到北京。但因官僚机构腐败，吏胥舞弊中饱，造成耗资惊人，民间负担极重。加之运河常年失修，淤塞严重，河务、运务简直是岌岌乎殆哉！到清代中叶，漕运弊病极多，"竭民财以积众怨"⑥，已成为清政府十分头痛的大问题，漕运流弊亟待解决。

较早提出改革漕运方案的是包世臣（1775—1855），他在嘉庆七年（1802）就提出了雇佣商船由海道运送漕粮的建议。包世臣改革漕运的方案中，有一点很

---

① 《清仁宗实录》卷七二九。
② 陶澍：《陈奏州县积弊折》，《陶文毅公全集》卷五。
③ 陶澍：《复王垣夫先生书》，《陶文毅公全集》卷四。
④ 魏源：《陶文毅公行状》。
⑤ 王步瀛：《开吴淞江纪事》。
⑥ 贺长龄、魏源编：《皇朝经世文编》卷四六。

值得注意,即从改革官办体制入手,用商人承办以代替政府一手包揽。道光五年(1825),与包世臣过从甚密的魏源(1794—1857)作《复魏制府询海运书》(代江苏布政使贺长龄作)和《筹漕篇》,明确提出海运漕粮有利国计民生,势在必行。

"革除漕弊"是陶澍的一贯主张。嘉庆二十年(1815),他奉命巡视江南漕务,就表示要"先从本衙门开始。本院自下车以来,事事躬亲,一切陋规,尽行裁革"①。道光五年(1825)五月,陶澍调任江苏巡抚。六月,抵任视事,立即提出将江苏部分漕运改归海运,并受命于翌年创办实行。他在贺长龄、魏源的倾力协助下,发布告示,征集民船,并明确交代政策:"载米一石,即有一石之价","当堂发给,丝毫不经吏役之手,虽装官米,仍与民雇无异",并规定"船户管运不管交"②,以免官吏收米时乘机勒索。还允许运船"稍带客货"(可载运免税货物二成进行贸易),卸载后即可至奉天港口装运北地土产南归。由于条件优惠,船商参加海运十分踊跃。翌年正月,陶澍亲至上海组织海运。二月初一日,1500多艘沙船组成海运船队装米一百五六十万石,离开上海,历时一个月,顺利抵达天津。这次海运不但缩短了运期,减少了耗损,节约了开支,提高了米质,而且海运商人也从中获利颇丰,因而被称为"利国、利民、利官、利商"的"拯救时弊第一策"③。

陶澍另一项重要的财经改革措施是在淮北实行票盐法,以整顿盐务。食盐是人民生活的必需品,而盐利又是封建国家最重要的财源(所谓盐税"居赋税之半")。因此,盐的运销历来都受政府重视。清朝前期的盐制采取"纲盐"法(官督商销),即少数"纲商"(世袭)垄断购销,并包纳盐课(盐税)的制度,结果造成盐官、纲商通同作弊,贿赂公行。由于盐务弊病多端,造成盐价上涨,官盐滞积,私盐活跃,盐课日趋短绌,不但加重了人民负担,也严重影响了清政府的财政收入。

道光十年(1830),陶澍出任两江总督,其时,两淮盐政敝坏已极,他多次向皇帝奏呈淮盐积弊,并具体提出删减浮费、清除积弊的办法。随后,又会同钦差大臣王鼎拟定了《两淮盐务章程》十五条。第二年,陶澍兼理两淮盐政,更大刀阔斧地整顿盐务。他裁减浮费,删革窝价(认领"盐引"的证书叫"引窝"或"根窝"),黜退乏商,另招股户。随后又奏请在淮北试行票盐制,即无论何人,只需照章纳税,即可领票运盐贩卖。

道光十二年(1832),陶澍又提出《票盐章程》十二条,经清廷批准后,首先在安徽、河南、江苏的30个州县试行。第二年,进一步推广到皖、豫的其他

---

① 陶澍:《巡漕告示》,《陶文毅公全集》卷五〇。
② 陶澍:《筹办海运晓谕沙船告示》,《陶文毅公全集》卷五〇。
③ 魏源:《太子太保两江总督陶文毅公神道碑铭》。

11 州县。由于票盐认票不认人，从而打破了纲商对食盐收购、运销的垄断。同时，章程还规定了商贩买盐出场经过查验后，沿途不许再事检查，盐岸（产盐地区称为"盐岸"）各衙门不许索取其他名目的费用。这些措施不但提高了散商经营的积极性，也降低了成本，使盐价大减。同时还增加了清政府的盐课收入，票法实行三年，共上缴白银 115.5 万余两。可见，"票盐制"的推行，的确收到了较好的经济效果。

除漕运、盐务外，陶澍还十分重视农田水利建设。他先后在安徽、江苏两省兴办了一系列水利工程。在安徽疏浚了练湖，修建了黄金闸，以保障徒阳运河水源；在江苏，治理了太湖雕鹗河等支流以及疏浚吴淞江（太湖正流）、孟渎等河，打通了太湖入海之道。他还会同林则徐创议整修了浏河、白茆河，动员官民捐资，以工代赈。这些水利工程的修建，疏浚了河道、湖泊，对防水灾、灌农田、通粮船均发挥了一定作用。

三

诚然，任何改革都不可能仅仅是个人的活动，陶澍本人就曾明白表示："慷慨论时务，艰难仗人才。"① 的确，在陶澍的周围存在一个以他为中心的改革派集团，这个集团包括林则徐、贺长龄、魏源、包世臣、陈銮、梁章钜、冯桂芬等，这些人或为同僚，或入幕府，或备咨询。其中，包世臣是改革的主要智囊，"所言多听从"，通过包世臣还推荐了多名参与改革的精英。在陶澍的助手中，林则徐、魏源的作用更为突出，他俩与陶澍可谓"志同道合，相得无间"②，更是陶澍改革事业不可或缺的人物。过去某些论者在探讨晚清思想家时，更多瞩目于龚自珍、包世臣、魏源、林则徐等，而对陶澍这样有作为、有建树的改革家则关注不够，研究不深，这是一个缺陷。其实，从某种意义上说，陶澍是晚清政坛和思想界一个承上启下的人物，加强对他的研究是很有意义的。

陶澍生活的时代，是清朝封建专制统治急骤滑落的时代，也是中国社会正发生急剧变化的前夜。面临衰世的致命威胁，地主阶级中的改革派试图找到一个挽救封建统治的灵验药方。他们幻想在不触动封建制度的前提下，革除一些弊端，在政治、经济方面搞些修修补补的改良，但历史证明，他们的改革对挽救封建统治来说是徒劳的，最终摆脱不了失败的命运。

但是，正如列宁所说："判断历史的功绩，不是根据历史活动家有没有提供现代所要求的东西，而是根据他们比他们的前辈提供了新的东西。"③ 陶澍作为

---

① 陶澍：《乙酉六月十六日泊丹徒》，《陶文毅公全集》卷五三。
② 魏源：《陶文毅公行述》。
③ 列宁：《评经济浪漫主义》，《列宁全集》（中文版）第二卷第 150 页。

一个地主阶级的政治家，在他生活的时代，能够关心民瘼，在政治、经济方面做出一些改革，仍然应该予以肯定，尽管这些改革很不彻底，而且主要目的是为封建统治阶级谋求利益。同时也应该看到，陶澍推行的改革毕竟对当时的社会经济生活，对减轻人民的痛苦起过一些有益作用。所以，人民并没有忘记他，陶澍去世后，他的政绩一直流传于民间就是明证。

林则徐与陶澍治苏刍议

19世纪二三十年代,江苏政坛上活跃着两位才华横溢、办事认真、治绩显著、声誉远播的政治家,这就是陶澍和林则徐。

陶澍(1779—1839),湖南安化人,嘉庆七年(1802)进士。道光五年(1825)由安徽巡抚调任江苏巡抚,道光十年(1830)以两江总督兼署江苏巡抚,旋兼两淮盐政,十二年(1832)解苏抚任,督两江直至道光十九年(1839)去世;林则徐(1785—1850),福建侯官人,嘉庆十六年(1811)进士,道光三年(1823)至江苏任按察使一年半(其间曾署布政使),道光十二年接陶澍任江苏巡抚四年半(其间曾署两江总督兼两淮盐政),至十七年(1837)春调任湖广。陶、林两人治苏先后有十余年,共事江苏省近五年,"志同道合,相得无间"①。面对积贫积弱的形势,他们知难而上,锐意改革,力挽危局,表现了一位杰出政治家的气魄,对江苏省的发展做出了自己的独特贡献。

一

陶澍、林则徐治苏的总体思路是"兴利除弊",用陶澍的话来讲就是"刻刻以兴利除弊为念"②。他们之所以形成这一思路并付诸实践,首先是因为两人对当时的形势有着明晰的认识,是一片混沌中为数不多的头脑清醒的政治家。

乾隆以降,道光之际的清王朝正处于风雨飘摇、朝不保夕的危机之中,正如龚自珍(1792—1841)所言:"各省大局岌岌乎皆不可以支岁月,奚暇问年岁!"③至于江苏地区,号称"江河要区,政务殷繁,财赋甲于他省"④。这里本是中国农业、手工业和商品经济最发达的地区,但道光(1821—1850)以来,灾祸丛生,水旱频仍,经济残破,官场腐败,民生凋敝。道光三年(1823),江苏大雨成灾,"滨江居民田庐悉被淹没,溺死无数"⑤,灾情之重被认为是"江苏数十年来所未有"⑥,民间之苦较甲戌(嘉庆十九年,1814)之旱尤甚。道光十一

---

① 魏源:《陶文毅公行状》,《陶文毅公全集》卷末,清道光间刊本。
② 陶澍:《议复地方官筹款运盐及按户派销之法断不可行折子》,《陶文毅公全集》卷一四。
③ 龚自珍:《西域置行省议》,《龚自珍全集》上册第106页,中华书局1959年版。
④ 陶澍:《恭谢奉旨调补江苏巡抚折子》,《陶文毅公全集》卷四。
⑤ 甘熙:《白下琐言》卷三。
⑥ 齐彦槐:《复林少穆廉访书》,见齐学裘《见闻续笔》卷三。

年（1831），运河缺口，酿成大水灾，江北"村庄田庐荡然"①，连省城江宁亦被水淹。道光十二年（1832），江南天旱，禾苗枯槁；江北大雨，淮扬间汪洋一片。灾荒频发的原因，一是生态环境遭到人为的破坏，二是封建政治的窳败。

　　面对严重的洪涝灾害，陶澍与林则徐极为重视，他们在"民为邦本"思想的指导下，虽不能从根本上解决灾荒问题，却在救灾、抗灾上尽了自己最大的努力。道光十一年八月，林则徐总结多年经验提出十二则救灾建议，陶澍立即采纳，并据以拟订《赈灾章程》十二条，即："倡率劝捐以周贫乏""资送流民以免羁留""收养老病以免流徙""劝收幼孩以免遗弃""劝谕生产以养佃农""殓瘗尸棺以免暴露""多设粜厂以平市价""变通煮赈以资熟食""捐给絮袄以御冬寒""劝施子种以备耕植""禁止烧锅以裕谷食""收牧牛只以备春耕"，奏请实行。

　　官府办赈，流弊颇多，或赈款被侵吞，或赈票被包揽，真正饥民全无实惠。为此，陶澍于道光六年（1826）十一月总结办赈积弊十条，并提出四项改革措施：查赈之限宜宽，放赈之日宜分；书吏、乡保宽给工食，赏罚分明；户必亲到，口必亲点，入册给票；多设赈厂，以便灾民。②在此基础上，林则徐又试行改派书院诸生下乡散赈，以替代胥吏。

　　为提高抗灾能力，促进农业生产，解决民食问题，陶、林采取的办法有两个：一是改良稻种，试种双季稻，提高粮食产量（林则徐曾请老农在苏州抚署后园试种早稻）；二是兴修水利，以期旱涝保收。陶澍对水利工程尤其重视，"以农田水利为国计民生要务，专意讲求"③。江南境内有"三江一河"，三江指吴淞江、黄浦江、娄江（刘河），一河即白茆河，本可用于灌溉，但淤塞多年，反利为害。陶澍认为吴淞江是众流入海之要津，东南水利之关键，遂于道光七年（1827）冬亲自主持疏浚工程。翌年二月竣工，民间称之为"百余年来未有如此开挖深通之工"④。为保证徒阳运河之水，陶澍又于道光九年（1829）疏浚练湖，修建黄金闸。道光十三年（1833）冬，在陶澍支持下，林则徐开始筹划挑浚刘河、白茆河工程。该工程竣工后，立即经受了道光十四年大雨和十五年亢旱的考验，"赖水利治，岁仍报稔"⑤。至道光十六年（1836），陶澍会同林则徐在江苏修建的各项水利工程大体竣工，广及十五州厅县⑥，共挖土方166万，整修河道

---

①　林则徐：《接任江宁藩司日期并沿途查勘水灾情形折》，《林则徐集·奏稿》上册第7页，中华书局1965年版。
②　陶澍：《缕陈办灾积弊折子》，《陶文毅公全集》卷九。
③　《资江陶氏族谱》，第八卷。
④　陶澍：《汇通江督验收吴淞江工程折子》，《陶文毅公全集》卷二七。
⑤　林则徐：《娄水文征序》，《云左山房文钞》卷一，广益书局印本。
⑥　清代在少数民族聚居区设"厅"一级行政单位，一般由知府管辖，也有直属布政使司管辖的，称直隶厅，厅的长官为同知、通判。

593华里。吴淞江、刘河、白茆河均得以疏浚，大大提高了这一地区的抗灾能力，保证了农业生产正常进行。

兴利除弊的另外两大举措是改革漕务和盐务。漕粮是京城贵族、官僚和驻军的口粮来源，故此漕粮运输（利用水道调运粮食）就成为一项重要的政治措施，漕运遂被称为"一代之大政"。漕粮的一半来自江浙，在江苏全省中，苏、松、常、镇四府要占额征的80%以上。清代漕运为河运，因运河梗阻，加之运输过程中弊病很多，遂成为令清政府十分头痛的大问题。

清代漕运弊端主要表现在三方面：①农户缴纳漕粮时，要经受各种名目的层层盘剥勒索；②把持漕务的官吏肆意贪污，"每办一漕，额多之州县官，立可富有数十万之巨资"①；③效率低，耗费惊人。据有人估算，漕粮成本很高，每运一石竟需银十八两②，而这些沉重负担最后都落到了农民身上。为寻求出路，必须改革漕政。道光五年（1825），林则徐多次向两江总督魏元煜建议实行漕粮海运，并代拟奏折。六月下旬，陶澍抵苏州视事，立即上折提出只有实行海运才能解决漕运困难。获准后，陶澍于翌年正月抵上海，筹划海运事。二月，商运沙船1562艘共运漕米163.3万石离沪，三月，顺利抵达天津，海运一举成功。此次漕粮海运，每石仅费四五钱（加上其他消耗为八钱多），较河运省费许多，且沿海船商亦获利颇丰，被誉为"利国、利民、利官，为东南拯弊第一策者自此始"③。

盐务是清代经济的又一大政，盐利收入"居赋税之半"，清承明制，实行的是"纲盐法"。所谓"纲盐"，系指盐的购销者是在官府监督下的商买卖，即"官督商销"，这就造成了纲商勾结盐官、垄断食盐市场、哄抬盐价的恶果。官员以商人为奇货，商人以官员为护符，贿赂公行，习以为常，这不仅直接危害百姓的生活，也因私盐充斥，官盐滞销，使政府的盐税收入锐减。"纲盐"法"行之二百岁，百窦千蠹，昼夜蚀"，成为一大弊政。

道光十年（1830）八月，陶澍疏陈两淮盐务积弊，称"库本全空，课项日绌，竟有积重难返之势"④。十月，再陈淮盐积弊，提出删减浮费，消除积弊之法。十一月，又力主删减盐务浮费及摊派，认为"二事最为弊端"。十二月，陶澍会同钦差王鼎、宝兴等分析淮盐积弊，称"两淮鹾务凋敝败坏，至今日已成决裂之势"⑤，遂拟订盐务章程十五条。翌年，陶澍以两江总督兼理两淮盐政，更全力整顿两淮盐务。他说："两淮鹾务，攸关六省民食"，"合计钱粮，足抵数省

---

① 《上海县续志》卷三〇。
② 冯桂芬：《折南漕议》，见盛康辑《皇朝经世文续编》卷四七，第22页。
③ 陶澍：《恭报接受两淮盐政印务折子》，《陶文毅公全集》卷一二。
④ 魏源：《太子太保两江总督陶文毅公神道碑铭》，《魏源集》上册第329页，中华书局1976年版。
⑤ 陶澍：《敬陈两淮盐务积弊附片》，《陶文毅公全集》卷一一。

之地丁"①，两淮盐税三倍于江苏全省的钱粮税额，真是非同小可！在经过"再四筹画，通盘合计之后"，陶澍终于在这一年十二月，奏请在淮北滞岸试行票盐制。道光十二年（1832）五月，陶澍在幕僚的支持下，提出《票盐章程》十款，经清廷批准，在安徽十八州县、河南十四州县、江苏十州县总共四十二州县实行。"票盐"的主要内容是"引自商销，票准民运"，即废除固定的引商制，官绅商民均可备资纳课，购盐承运。其实质是调整对盐利的再分配，兼顾了朝廷和散商的利益。票盐推行后，成效大著。首先是解决了"积引"问题（"引"是运盐的执照，因官盐课重价高，商不买引，形成"积引"）。道光十四年（1834），共销出589000余引，为淮北额引的两倍；其次是大大增加了盐税收入，至道光十五年（1835）三月，票盐实行三年，共上缴白银1155000余两；第三是私盐贩运受到遏制，"是法成本既轻，盐质纯净，而售价又贱，私贩无利，皆改领票盐"。②

对陶澍在淮北推行的盐法改革，林则徐虽未直接参与，却是积极的支持者和坚定的推行者。票盐实施之初，林则徐刚接任江苏巡抚，他非常关注朝廷对新盐法的态度及言官们的动向，在给儿女亲家郑瑞麟的信中曾急切询问："淮北票盐向有力陈其害者，所云若何？其人可得闻否？"③ 道光十五年十二月，林则徐接署两江总督兼两淮盐政，他在奏疏中盛赞盐务改革："统计甲午（1834）一纲，课已全足，引仍多余，实为票盐畅行之效"，并要求各级盐务官员"仍遵照定章认真经理，以期久远畅行"④，大力巩固盐政改革的成果。

在严禁鸦片、改革货币等问题上，林则徐和陶澍也表现出他们的远见卓识。道光十三年（1833）四月，二人联名，由林则徐负责起草了《查议银昂钱贱除弊便民事宜折》。这篇奏折首次提出了一套自铸银币、建立中国银本位货币制度的主张，试图抑制西方国家的经济侵扰，保护和发展民族经济。奏折还根据鸦片泛滥、烟毒肆虐、白银外流的社会现实，提出严禁鸦片，查拿烟贩以及制定处分白银外流章程等措施。这份奏折无疑是一篇中国近代经济思想史上的重要文献。

总之，林则徐、陶澍一切"兴利除弊"举措的思想根源在于其"民本"思想和"经世致用"思想。作为地主阶级的改革家，他们深知"民为邦本"的道理，在林则徐看来："尽职之道，原以国计为最先，而国计与民生实相维系，朝廷之度支积贮无一不出于民，故下恤民生正所以上筹国计，所谓民惟邦本也"⑤；陶澍也一再强调"从政"在于"利民"："力不扰于民，财不困于官，筹度支之

---

① 陶澍：《会同钦差等议另怀盐务大概情形折子》，《陶文毅公全集》卷一二。
② 赵尔巽：《清史稿·食货志》四。
③ 林则徐：《致郑瑞麟》，《林则徐全集》第七册"信札"第74页，海峡文艺出版社2002年版。
④ 林则徐：《甲午纲淮北盐课奏销额款全清折》，《林则徐集·奏稿》上第321页，中华书局1965年版。
⑤ 林则徐：《江苏阴雨连绵田稻歉收情形片》，《林则徐集·奏稿》上册，第150页。

余赢，从容以图利民之事，用宣朝廷德意于无穷，讵非从政之大幸？"① "民生"与"国计"就像鱼和水一样密不可分，只有"利民"才能维系清王朝的统治。陶、林二人不但懂得这个道理，而且身体力行，付诸行动，这也就是他们与一般庸吏、贪吏相比的高明之处。

作为进步的思想家，陶澍和林则徐都强调通经致用，究心经世之学。陶澍"少负经世志，尤邃史志、舆地之学"②，并倡导"有实学，斯有实行"③；林则徐亦"究心经世学"④。陶澍编《江苏水利全书》，林则徐著《畿辅水利议》，无不是面向时政，以裨实用。后来，林则徐提出"探访夷情""师夷长技"的主张更是把传统的经世思想推上了一个新阶段。

二

陶澍、林则徐活跃于嘉道年间政坛三四十年，号称"名臣""能吏"。他们一生为官，以"勤政务实"和重用人才为尚，这同样是他们治苏的特色。

无论读书、为官都应以"勤"字为先，勤方能出绩，勤亦可补拙。陶、林治苏就始终贯彻一个"勤"字。陶澍主苏政十四年（任苏抚五年，任江督九年），几乎每年都要到各地视察。道光五年（1825）六月，他上任伊始，前往治所（苏州）途中，即冒酷暑赴清江浦察看漕运情形。接着又于七月亲赴上海复勘黄浦江，并召集海运商船。八月，终因劳累过度，猝发伤寒，再转疟疾，偃卧至冬，身体极其虚弱。他形容自己当时的身体状况是："瘦骨支离如野衲"，"杖藜强起力犹绵"⑤，但陶澍却并未因此而惜力节劳，翌年春夏又两次赴上海组织海运。七月，江苏大水，再往淮扬视察，经历于败污积潦之中，导致旧疾复发。道光七年（1827）初春巡视徒阳漕运毕，复于六月视察镇江。"舟中暑热异常"。道光八年（1828）二月，吴淞江疏浚竣工，陶澍赴工地验收，"时下舆杂众中徒步，见父老绅士揖而慰劳之，详询风土民俗备至，观者忘其为中丞也"，"至坝所，亲以水尺量坝内外，深浅不符，吏支吾，严诘之，叩首伏罪"；"其阅工也，屏舆从，徒步察视，不受属吏欺，风霜劳瘁弗惜也"。⑥ 这种兢兢业业的从政精神，一丝不苟的治事作风，不但时人有"自来阅工者，无此认真也"之叹，即使在今天也仍有借鉴意义，足以发人深省。

---

① 陶澍：《重建尹山桥记》，《陶文毅公全集·文集》。
② 魏源：《陶文毅公行状》，《陶文毅公全集》卷末。
③ 陶澍：《陶文毅公全集》卷三七。
④ 李元度：《国朝先正事略》卷二五。
⑤ 陶澍：《次屠琴坞俾归舟杂感二十六韵》，《陶文毅公全集·诗集》。
⑥ 王步瀛：《开吴淞江纪事》，转引自石彦陶、陶用舒《陶澍年谱》，《益阳师专学报》1984 年增刊，第 67 页。

林则徐在江苏为官先后六年半，与陶澍堪称珠联璧合，相得益彰，使苏治大有起色。事必躬亲同样是林则徐任事的特点。道光十二年（1832）初秋，黄河异涨，桃源县（今江苏泗阳）劣绅纠众决堤灌溉，造成黄河堤岸相继崩塌，淮扬一片汪洋。林则徐不顾自身安危，立即赶到扬州、清江浦查勘水势，视察决口；林则徐办事很注重实际，常深入现场，体察实情，遂能奖勤罚懒，明察秋毫。"开浚刘河之役，则徐每坐小舟，数往来河上，察勤惰，测深浅，与役人相劳苦，不烦供亿"①。当河身浚通后，又前往量验，发现危险，随时加固，有偷工减料者，察出补复，"或奖或斥，人人惊服"②。道光十四年（1834）十二月，上海县拟疏浚蒲汇塘，因工繁费巨，"上官多难之"，林则徐独排众议，"极为奖勉，要以必成"③，终于得以动工。重视调查研究亦是林则徐的一贯作风，道光十六年（1836）十月，他微服乘舟至淮安府盐城县查访，证实该县皮大河是"不可缓之工，农田大有裨益"④，才批准兴修。

　　林则徐的务实作风还表现在他敢于负责，不唯上命是从。道光十二、十三年，江苏连岁灾荒，百姓生计维艰，朝夕不保。林则徐立即会同陶澍请求缓征江南漕赋，道光帝下旨严责，不予同意。林则徐不忍"吴民旦夕就毙"，夜不成寐，遂单衔上折力争，并写信给陶澍称"将来倘有应得处分，自当独任其咎"⑤。陶澍在复奏中亦对林表示支持，最后迫使道光帝同意对常州府属各县一律缓征数分，免于造册。

　　陶澍和林则徐通过从政实践更深感人才的重要。要维护和巩固统治秩序，要使生产有所发展，社会相对稳定，就离不开具有相当能力和魄力的士大夫。而当时社会的现实却是官场黑暗腐败，"士林风气"恶浊，人才严重匮乏，已经到了"左无才相，右无才史，阃无才将，庠序无才士，陇无才民，廛无才工，衢无才商"⑥的地步。唯其如此，陶、林在治苏之时，都非常重视人才的培养、选拔和任用。陶澍接任江苏巡抚后，首先感叹："慷慨论时务，艰难仗众才"⑦，"于劝学选士之道，每兢兢藉为先务"⑧。他办盐务，重用了俞得渊（1778—1836）、姚莹（1785—1853），同时得到包世臣、魏源的协助，被越级保举的俞得渊更成为陶澍办盐务的得力助手，"盐务之整顿，实赖其力"⑨；办漕运则仰仗魏源，"凡

---

① 钱宝琛：《壬癸志稿》卷一《名宦·太仓州》。
② 黄冕：《书林文忠公逸事》，转引自杨国桢《林则徐传》第89页，人民出版社1991年版。
③ 黄冕：《书林文忠公逸事》，转引自杨国桢《林则徐传》第93页。
④ 林则徐：《林则徐集·日记》第219－222页。
⑤ 林则徐：《答陶云汀宫保书》，《云左山房文钞》卷一。
⑥ 龚自珍：《乙丙之际箸议第九》，《龚自珍全集》第6页，上海人民出版社1975年版。
⑦ 陶澍：《乙酉六月十六日泊丹徒》，《陶文毅公全集》卷五三。
⑧ 《陶文毅公全集》卷三九。
⑨ 刘鸿翱：《安化陶文毅公家传》，转引自石彦陶、陶用舒《陶澍年谱》，第105页。

海运水利诸大政，咸与筹议"①。林则徐亦强调人才对治国的重要意义，认为"为国首以人才为重"②。道光十二年（1832）六月，他在苏州考课书院，即识拔近代维新思想家冯桂芬，将其招入抚署，命校《北直水利书》。道光十四年（1834），他又会同陶澍大力举荐时任元和县令的姚莹，林则徐更根据自己的切实考察对姚莹做了颇为中肯的评价："学问优长，所至于山川形势，民情利弊，无不悉心讲求，故能洞悉物情，确有把握"，"自到江南，历试河工、漕务，词讼听断，皆能办理裕如。武进士民，至今畏而爱之"③。这一考语令姚莹深受感动，并视此为自己平生十大幸事之一。

三

陶澍、林则徐二人思想一致，志趣相投，以时务为要务、以救世为己任。两人初识于京师（1813—1820年），重逢于道光乙酉年（1825），深交则在道光十二年（1832）林氏任江苏巡抚之后。

陶澍对林则徐非常赏识、器重，林则徐对陶澍则极为钦佩、景仰。他们在江苏整顿漕运，兴修水利，赈灾救荒，革新盐政，严禁鸦片，自铸银币，成效显著，真可谓通力合作，相得益彰。

林则徐对陶澍制定的一些兴利除弊的措施与规定，不仅击节赞赏，而且"萧规曹随"。陶澍曾在安徽巡抚任上劝设丰备"义仓，筹画积储"，林则徐则"于苏州城内仿照而行"④。道光十一年（1831），陶澍制订《灾赈章程》十二条，林则徐即在江苏办赈中敦促下属严格执行，并精心筹划赈饥办法。道光十二年（1832），陶澍在淮北推行票盐制度，四年后，林则徐兼署两淮盐政，继续推行"票盐"，"以期久远畅行"⑤。

无论从指导思想、具体措施、风格特点、成就业绩等方面，陶、林治苏都有许多共同之处。但也不是完全雷同没有差异。两人在用人行政上还是各具特色的。陶澍是19世纪二三十年代江苏各项改革的主导者，其改革内容涉及用人、行政、赈灾、河工、农田、水利、盐务、漕运，凡是封建时代的大政几乎无一遗漏；林则徐于苏政改革更多居于重要的辅佐位置，但有些筹划和创意实出其手，治苏期间，两人连衔的一些重要奏折往往是由林则徐负责起草的。对改革的具体措施林亦思虑细致、周全，更显慧眼独具。在从政风格上，陶澍侧重统筹全局，

---

① 魏耆：《邵阳魏府君事略》，《魏源集》下册第848页，中华书局1976年版。
② 《林则徐书简》第299页，福建人民出版社1985年版。
③ 姚莹：《十幸斋记》，《东溟文后集》卷九。
④ 林则徐：《江宁省垣购设义仓折》，《林则徐集·奏稿》上册第299页。
⑤ 林则徐：《甲午纲淮北盐课奏销额款全清折》，《林则徐集·奏稿》上册第321页。

注意识拔人才，放手让下属、幕僚发挥作用；林则徐则更重视事必躬亲。在盐政改革上，陶澍的思路表现得清晰、实在；而在币制改革上，林则徐的主张又更为大胆、超前。陶澍推行"票盐"虽不是什么创举，却办法缜密，成效显著，被称为"匪惟救一时之弊，洵足延百世之利"①。林则徐提出改革币制，自铸银钱，虽然改变了祖宗成法，原本不是"臣下所敢轻议"的大事，却被大胆提出来了。这是一种带有商业资本思想色彩的货币理论，反映了时代要求。这种建立本国银本位货币制度的主张被学者们称为"中国近代币制改革运动的先声"②。

　　陶澍与林则徐治苏时期已是鸦片战争的前夕，一场大的社会风暴即将来临。一方面是农民革命的风雷正在迅速滚动，另一方面是西方侵略者正准备用鸦片和大炮撬开中国的大门，中国人民、中华民族正面临着全新的斗争任务，封建士大夫们也面临着从未接触过的新课题。就在此时，陶澍于道光十九年六月初二日（1839年7月12日）撒手人寰，而受命为钦差大臣的林则徐当时已抵达广州，正在领导一场轰轰烈烈的禁烟运动。面对新的形势、新的课题，林则徐开始了新的战斗。在重新探索与审视国际、国内形势的过程中，在抵御西方侵略者的斗争中，林则徐成为当时中国"睁眼看世界"的第一人，成为中国近代第一位民族英雄。而陶澍却因不幸去世而无缘参加抵抗外来侵略、维护国家主权的斗争行列，也无法接受近代化的时代洗礼，这就是历史给予人们的局限。

（载《林则徐与江苏》，当代中国出版社2004年版）

---

① 童濂：《淮北票盐志略后序》，转引自石彦陶、陶用舒《陶澍年谱》第85页。
② 杨国桢：《林则徐传》第101页。

林则徐与左宗棠的经世思想之比较

　　林则徐（1785—1850）和左宗棠（1812—1885）都是我国近代史上有重要影响的历史人物。他们在抵抗外敌入侵、学习西方"长技"、致力于经世致用之学等方面均有很多相同或相似之处。比较两人的经世思想，对深入研究这两位历史人物，对认识经世思想在我国近代思想史上的地位和作用无疑是有所裨益的。

一、共同的经世理念

　　经世思潮在清代崛起于18世纪。18世纪是清王朝统治的全盛时期，但自乾隆（1736—1795）中叶以后，各种社会矛盾日趋激化，社会危机逐渐明显，正所谓山雨欲来，潜流涌动。对此，统治者不能不予以重视，一些力图挽救颓势的官员和颇具忧患意识的知识分子精英也试图从古老的思想学术中寻找救世良方，于是，一股经世思潮应时而生，方兴未艾。

　　所谓经世思潮，表现在学术上是今文经学的复兴和边疆史地学的崛起，在政治思想领域则表现为经世务实主张的提出。生活于乾隆时期的庄存与（1719—1788）是清代今文经学的开山鼻祖，他主张"研经求实用"，其治经重在"阐抉奥旨"，不专为汉宋笺注之学。① 其外孙刘逢禄（1776—1829），进一步发展了庄氏主张，使今文经学形成了一个独立学派。刘逢禄着重研究《春秋公羊传》，承继公羊学家着眼现实、主张社会进化的思想，推衍"三统"之说，主张社会变革，认为"天下无久而不弊之道，穷则必变，变则必反其本，然后圣王之道与天地相终始"②。但刘氏阐述的经世变革思想还是初步的，继之而起的龚自珍（1792—1841）、魏源（1794—1857）更是借助今文经学大抒经世之志。

　　鸦片战争前后，清王朝统治下的社会危机和民族危机更加严重，当时所呈现的社会画面确已是"日之将夕，悲风骤至"③，"各省大局岌岌乎不可以支日月，奚暇问年岁"④。于是，封建士大夫中一批比较开明的人士对深刻的社会危机和西方资本主义势力的入侵深为忧虑，他们志在匡时救世，主张经世致用，反对脱离实际、空谈义理的学风，力图兴利除弊，强国御侮。

---

① 庄存与：《味经斋遗书》，阮元序。
② 刘逢禄：《释三科例中》，《刘礼部集》卷四。
③ 龚自珍：《尊隐》，《龚自珍全集》上册第87页，中华书局1957年版。
④ 龚自珍：《西域置省行议》，《龚自珍全集》上册第106页。

林则徐，字元抚，福建侯官（今闽侯县）人，乾隆五十年（1785）生于福州，20岁中举，27岁中进士，任过翰林院编修、江南道监察御史、杭嘉湖道，以后又任过盐运使、按察使、布政使，直至巡抚、总督，可以说是沿着清代仕途的阶梯一步步升迁至二品大员的。任职期间，林则徐关心民瘼，整顿吏治，改革弊政，重视兴修水利，致力于农业生产技术的提高，在地主阶级改革派中，是不可多得的实干家。特别是他坚决领导了禁烟抗英斗争，积极探求西方知识，从而成为中国近代第一位民族英雄。

　　左宗棠，字季高，湖南湘阴人，比林则徐小27岁，主要靠镇压太平天国运动、捻军起义和西北回民起义积累的军功而成为"中兴名臣"。同时，左宗棠又以务实的精神主张"师夷智"，办洋务，并在抵抗外侮中"锋颖凛凛向敌"，成为杰出的爱国主义名将。

　　林、左二人，在思想上有很多相同之处。左宗棠经世思想的启蒙者——陶澍和贺氏兄弟（贺长龄、贺熙龄）与林则徐都有很深的渊源，左宗棠正是通过他们的介绍，特别是通过陶澍与林则徐之间的往来书信、记载，对林则徐的思想与为人有了更深的了解，对他的政治见解、思想作风、治学态度由衷钦佩，称之为"天人"①。道光二十九年（1849），左宗棠在致胡林翼的信中倾诉了他对林则徐的敬仰之情："天下士粗识道理者，类知敬慕宫保（指林则徐——引者）。仆久蛰狭乡，颇厌声闻，宫保固无从知仆，然自十数年来，闻诸师友所称述，暨观宫保与陶文毅往复书疏，与文毅所记载数事，仆则实有以知公之深。海上用兵以后，行河、出关、入关诸役，仆之心如日在公左右也。忽而悲，忽而愤，忽而喜，尝自笑耳！尔来公行踪所至，而东南，而西北，而西南，计程且数万里，海波、沙碛、旌节、弓刀，客之能从公游者，知复几人？乌知心神依倚、惘惘相随者，尚有山林枯槁、未著客籍之一士哉！"②

　　这段文字真可谓发自肺腑，形诸笔墨。左氏自称生平"最敬服林文忠"③，此言不谬也。反之，林则徐也很欣赏左宗棠。道光二十九年（1849）秋，林则徐因病开缺回乡，十一月，船经澧水、沅江至洞庭湖，林派专人至湘阴柳家冲约左宗棠一晤。是月二十一日（1850年1月3日），两人终于在长沙湘江舟中见面了，林则徐虽初识左宗棠，但"一见倾倒，诧为绝世奇才"④。林、左之间心灵相通，相互欣赏，来源于他们志趣相投、思想合拍，特别是对经世之学的认同与信奉，更使两人迅速成为志同道合的忘年交。

　　从治学上看，林、左都究心经世之说，他们经世思想的萌发均受到所处社会

---

① 《左文襄公全集》书牍，卷一，第52页。
② 《左文襄公全集》书牍，卷一，第49—50页。
③ 《胡文忠公遗集》卷五五。
④ 《胡文忠公遗集》卷五五。

地位的影响并得益于师教，因而青年时代即奠定了匡时济世的志向。林则徐少时家贫，父亲以教读为业，家里过着"半饥半寒"的生活，为了读书，甚至"每典衣以购之"①；左宗棠同样出生于一个生活拮据的耕读之家，父亲授徒长沙，"非馆脯无从得食"②，若逢灾年，家中甚至"屑糠为饼食之"③。林、左两人青少年时代极为近似的生活经历对他们思想的成熟无疑起着潜移默化的作用，后来他们在从政道路上表现出正派、刚直，关注民间疾苦，惩治贪官污吏也就不是偶然的了。当然，林、左究心经世学，还得益于老师的教诲。林则徐于鳌峰书院求学七年，直到20岁中举为止，书院山长即"有心用世"的郑光策。光策讲求"明理达用之学"④，"尤喜读经世有用之书"⑤。在郑光策的指导下，林则徐眼界大开，懂得了学以致用的道理，"以经世自励"⑥。另外，林则徐还结识了比他大14岁的陈寿祺。陈氏是一位"研究今文遗说"的学者⑦，在书院兼课经史杂学，林则徐读他的文章，受过不少启发。正由于有了这样的治学基础，林则徐在居官京师的七年（1813—1820）中，"益究心经世学"⑧，名篇《北直水利书》即酝酿于此时。左宗棠于道光十年（1830）18岁时结识了以提倡经世致用之学著称的江苏布政使贺长龄，并经常登门请教，长龄亦"以国士见待"⑨，每借其书，"问其所得，互相考订，孜孜靳靳，无稍倦厌"⑩。随后，左宗棠就读长沙城南书院，山长为贺长龄的弟弟贺熙龄，熙龄也是位经世派学者，"其教诸生，诱以义理经世之学，不专重制艺、帖括"⑪。正是在贺氏兄弟的指引下，左宗棠的治学走上了经世致用之路。道光十二年（1832），年仅20岁的左宗棠立下志向："睹时务之艰棘，莫如荒政及盐、河、漕诸务，将求其书与掌故，讲明而切究之。"⑫后来又一再表示："读书当为经世之学。"⑬

另外，面对西方列强的威胁，林则徐、左宗棠都非常关心边疆史地学的研究。林则徐流放伊犁时，即致力研究新疆的历史地理沿革，他得到喀什噶尔领队

---

① 《榕城先达轶事——林则徐》，《福建民报》1933年12月4日。
② 《左文襄公全集》诗集《二十九岁自题小像》第四首自注。
③ 《左文襄公全集》诗集《二十九岁自题小像》第四首自注。
④ 林则徐：《郑苏年师抱膝图遗照》诗引，《云左山房诗钞》卷四。
⑤ 《福建通志》卷四〇《儒行·郑光策》。
⑥ 金安清：《林文忠公传》。
⑦ 梁启超：《清代学术概论》第123页，商务印书馆1947年版。
⑧ 李元度：《国朝先正事略》卷二五。
⑨ 《左文襄公全集》书牍，卷二二，第16页。
⑩ 《左文襄公全集》奏稿，卷五七，第30页。
⑪ 左孝同：《先考事略》，转引自罗正钧《左文襄公年谱》卷一。
⑫ 《左文襄公全集》书牍，卷一七，第55页。
⑬ 《左文襄公实录》第一册第11页。

大臣开明阿绘制的《卡外舆图》后，心情激动，"铭感莫能言喻"①。他还从史籍、档案中摘抄有关新疆屯田的情况（民屯和回屯），并明确指出："大兴屯政，实以耕种之民为边徼藩卫，则防守之兵可减，度支省而边防益固。"② 三年的流放生活使林则徐对祖国西北边疆有了更加直观的认识，特别是奉命周勘天山南路地亩，从伊犁经绥来、乌鲁木齐、吐鲁番到库车、阿克苏、乌什、叶尔羌、和阗、喀什噶尔，足迹遍及天山南北。通过了解外国情况，研究我国边疆史地以及对新疆的实地考察，林则徐得出"终为中国患者其俄罗斯乎"的结论③，显示出他的远见卓识。左宗棠对西北边疆的关注，也可以追溯到他的青年时代。道光十三年（1833），他第一次进京参加会试，在《燕台杂感》组诗中，对新疆"置省、开屯、时务，已预及之"④。五年后第三次会试落第，他回家博览群书，即包括有关研究新疆的专著——《西域图志》，以后又阅读了陶澍复陈西域事略的奏稿。当他在湘江舟中会林则徐时，更"谈及西域时务"⑤。林则徐对西北边疆形势的分析以及对俄国的看法无疑会给他以影响，这为左宗棠后来力排众议，出兵收复新疆以及"舆榇出关"，欲与沙俄决一死战的壮举奠定了坚实的思想基础。

　　林、左二人经世思想萌发及逐渐成熟之过程简直如出一辙，不能不让人有"何其相似乃尔"之叹！

二、重视实践，不务虚名

　　林则徐一生注重实践，"不事虚名"，"事无巨细必躬亲"⑥，"事事与属员求其实际"。他不但究心经世之学，而且力求从实际出发解决当时的现实问题。他关心国计民生，兴利除弊，积极改革。在江苏巡抚任内（1832—1836年），林则徐改革漕政，兴办水利，支持两江总督陶澍在淮北推行"票盐"制度，并提出自铸银钱的主张，将自己的经世之学应用于现实的改革之中，显示出良好的成效。此外，林则徐还在江南推广早稻，为取得经验，甚至在抚署后园试种双季稻，"以验天时，察物性"⑦，试验成功后，即向民间推广。对于兴办水利，林则徐更是不辞劳苦，往往亲赴现场勘测，以取得第一手资料。在疏浚江南境内刘河（娄江）、白茆河时，"则徐每坐小舟，数往来河中，察勤惰，测浅深，与役人相

---

① 林则徐：《复开子捷（明阿）书》，道光二十五年三月十二日。
② 黄冕：《书林文忠公逸事》。
③ 李元度：《国朝先正事略》卷二五。
④ 李元度：《林文忠公事略》。
⑤ 《左文襄公全集》书牍，卷二四，第18页。
⑥ 《左文襄公全集》书牍，卷一七，第55页。
⑦ 黄冕：《书林文忠公逸事》。

劳苦,不烦供亿"①。在新疆,则"周历南八城,浚水源,辟沟渠,垦田三万七千余顷"②。

更为可贵的是,从道光十七年至二十年(1837—1840),林则徐坚决推行禁烟政策,并取得显著成效。同时还力反时趋,冲破"夷夏之防"的藩篱,提出了"师敌之长技以制敌"③的主张。他不仅组织人力翻译《澳门新闻纸》,而且派人翻译了英国人穆瑞(Hugh Murray)的著作《地理大全》,并在此基础上辑成《四洲志》一书。此外,还编译了《各国律例》和《华事夷言》等书。为了适应反侵略战争的需要,又购置西洋大炮以加强海防;并绘制图说,仿造外国战舰。面对西方资本主义的入侵威胁到中华民族的生存,林则徐孜孜不倦地探究新的思路,在新的历史条件下,把"通时务"和"知夷情"结合起来,为传统的经世致用思想注入了学习西方长技的崭新内容,这是经世学在近代的一大发展。

作为林则徐的仰慕者和经世思想的继承者,左宗棠也坚持务实精神,身体力行,将经世之学用于实际。他重视发展生产,"首以屯田为务"④。在与太平军争夺浙江时,曾一面令军士就地耕垦,一面招民来浙耕垦;到西北后,放开手脚开始大规模屯田;进军新疆时,愈加重视屯田,新疆收复后,"数年以来,荒芜渐辟,户口日增"⑤。左宗棠还注重兴修水利,总结和推广农业生产技术。同治十三年(1874)正月,他刊刻《种棉十要》《棉书》分发陕、甘,"谆饬官吏士民一律切实经理"⑥。光绪三年(1877),陕西大旱,左宗棠大力倡导"区种"的耕作技术。在兴修水利和植树造林方面,更是倾注了极大心血。左宗棠认为"水利废兴,关系民生国计",在宁夏,他拨款修复了汉渠;在河州(今甘肃临夏),命王德榜引抹邦河水灌溉田亩;在河西走廊,督促驻军与地方官开渠七条,并修复马子渠;收复新疆时,又指示张曜修复哈密石城子渠;新疆收复后,饬令各城修复坎儿井和渠道。直至暮年出任两江总督,上任甫一月,即出巡江北,遍考水务利弊,督率官弁兵民切实办理。对于植树造林,左宗棠更是情有独钟,在陕甘地区,他督率所部植树不下四五十万株,在西北干旱地区自泾州(今甘肃泾川县)以西至玉门,形成"夹道种柳,连绵数千里,绿如帷幄"⑦的景观,这就是闻名遐迩的"左公柳"。

由于时代的进步,比林则徐多活了35年的左宗棠在吸收、学习西方资本主义新鲜事物方面有更多的内容。他承继林则徐、魏源"师敌长技以制敌""师夷

---

① 钱宝琛:《名宦·太仓州》,《壬癸志稿》卷一。
② 《清史稿》卷三六九《林则徐传》。
③ 魏源:《道光洋艘征抚记》(上),《圣武记》卷一〇。
④ 《左文襄公全集》奏稿,卷五〇,第28页。
⑤ 《刘襄勤公奏稿》卷一〇,第6页。
⑥ 《左文襄公全集》咨札,第22页。
⑦ 隆无誉:《西笑日觚》。

长技以制夷"的思想，大声疾呼"策士之言：'师其长以制之'。一惭之忍，为数十百年之安，计亦良得，孰如浅见自封也。"① 为此，左宗棠利用自己坐镇一方的地位，创办马尾船政局和甘肃织呢总局两个颇具规模的近代企业，在创建近代军事和民用企业方面均有所建树。比他早二三十年，林则徐作为中国近代开眼看世界的第一人，就曾提出"制炮必求极利，造船必求极坚"②，并从美国旗昌洋行手中购买了原英国一艘武装商船"剑桥"号（又译"甘米力治"号）拟作海防之用。林则徐创建近代海军的构想推动了以造船热潮为特点的海防建设，但遗憾的是，当时林则徐还没有条件去实践自己的"师长"主张，仿造外国战舰、创办近代海军的遗愿正是由左宗棠替他完成的。

三、共同的思想基础：民本

经世思潮的核心是"民本"思想，即所谓"民惟邦本，本固邦宁"。这种传统的"重民"思想在林则徐身上表现得相当突出，他特别强调保民、恤民、足食安民，认为"尽职之道，原以国计为最先，而国计与民生实相维系，朝廷之度支积贮无一不出于民，故下恤民生正所以上筹国计，所谓民惟邦本也"③。在反对外来入侵的战争中，林则徐也特别强调"民心可用"，并能在一定程度上依靠"民力""民心"去进行反侵略战争。

左宗棠无疑也承继了儒家的这种"务本原之学"，他强调"保民之道，必以养民为先"④。为了足食安民，左宗棠继承前辈经世学家（特别是包世臣）"好言利"的观点，主张以合乎"情理"的手段（财与力）去求利，"农之畔，工之器，商贾之肆，此以其财与利易之者也"⑤，反对"不以其财，不以其力，以其廉耻易之"的致富者。左宗棠提出兴利措施的范围比林则徐、龚自珍、魏源、包世臣等人要广，他不但重视屯垦、兴修水利、种棉、制茶、栽桑养蚕、造林和畜牧，而且着手从西方引进机器设备，设厂、开矿，创办近代企业。

同林则徐一样，左宗棠的民本思想也是与反侵略斗争相联系，并与抵御外侮、保护民族经济的爱国思想相融合。晚年，他还明确提出了要在新的条件下"教民兴利"，主张"不夺民间固有之利，收回洋人夺取之利，更尽民间未尽之利"⑥，这比林则徐因着眼解决"银荒"而倡导商办银矿的做法更进了一步，在

---

① 《左文襄公全集》文集，卷二，第11页。
② 《林则徐集》奏稿（中）第88页，中华书局1965年版。
③ 《林则徐集》奏稿（上）第150页。
④ 《左文襄公全集》书牍，卷二六，第9页。
⑤ 《左文襄公全集》文集，卷一，第1页。
⑥ 《左文襄公全集》奏稿，卷六三，第54页。

当时无疑是具有重要意义的。

　　比较林则徐与左宗棠的经世思想，我们可以看到，在中国近代社会中，经世思想未能冲破封建思想体系的樊篱，但的确是一种面对现实、寻求变革、积极向上的思想，是中国近代思潮的萌芽，进步的思想家、爱国的政治家、寻求富国强兵的改革家无不从中受到启迪，汲取营养。当然，这种经世思想并不是一成不变的，它依次演进，随着时代的发展而不断注入新的内容，开辟新的篇章，进入一个更高层次。从林则徐到左宗棠所走过的思想轨迹，就清楚地印证了这一点。

　　　　（载《林则徐经世思想研究》，中国文史出版社2002年版）

曾国藩与左宗棠

近代中国"日之将夕,悲风骤至",有识之士急于寻求济世之道、救国之方。其中号称"人杰地灵,大儒迭起"的湖南就出了两位引人瞩目的大人物——曾国藩(1811—1872)与左宗棠(1812—1885)。他们书生从戎,保教卫道,力图排除"内忧外患",中兴清室。他们接受儒学经典的熏陶,吸收传统文化的滋养,执着地追求所谓"立德,立功,立言"三不朽的事业,终至外任督抚,内参枢阁,封侯拜相,名噪一时。

仅就个人事业而言,曾、左都是成功者;但从历史发展的潮流来看,其行为却是背道而驰的,因为他们为之奋斗的事业是在于迎来一个腐朽王朝的"中兴"。尽管他们竭诚尽力,终不能挽狂澜于既倒,其追求的理想与所处时代间不可调和的矛盾,正是曾、左二人悲剧之所在。

一

曾、左二人恪守以孔孟学说与程朱理学相结合的封建正统政治观,欲遵循"修身、齐家、治国、平天下"的理想去轰轰烈烈地干一番大事业。曾国藩曾与友人语:"凡仆之所志,其大者盖欲行仁义于天下,使万物各得其分;其小者则欲寡过其身,行道于妻子,立不悖之言,以垂教于乡党。"① 左宗棠亦称,儒家的四书五经,只要"昼夕潜心咀嚼,便一生受用不尽"②,甚至认为他40年后的抱负、功业,都是青少年时代攻读儒家经典的蕴蓄。

曾、左两人均出身中小地主之家。曾国藩的家庭到其祖父手上已日渐富裕,拥有土地百余亩,但仍苦心经营。左宗棠的家境更清苦些,其父主要靠舌耕授徒为生,殁时仅遗田数十亩,用他自己的话说:"吾家积代寒素,先世苦况百纸不能详。"③ 由于两人青年时代社会地位不高,故有可能接触社会下层,对诸多时弊体会较深。

曾国藩对清廷的腐败颇为不满,他在《备陈民间疾苦疏》中,即列举了民间三大苦情是"银价太昂""盗贼太众""冤狱太多"。④ 所写《里胥》一诗,更

---

① 《曾文正公全集》书札,卷一。
② 《左文襄公全集》批札,卷三。
③ 《左文襄公家书》上。
④ 《曾文正公全集》奏稿,卷一。

历数贪官污吏对百姓的残酷掠夺。① 面对危如累卵的时局，左宗棠也忧心忡忡地指出，"国无奇政贫犹赖，民有饥心抚亦难"②。他们都希望清廷能整顿吏治，革除弊政，幻想以此扭转江河日下之势。

曾、左两人对政治形势的分析和整顿吏治的认识是一致的，但其决心与采取的措施并不尽相同。曾国藩虽有整饬吏治之苦心，却无大刀阔斧之魄力，遇事往往优柔寡断，顾虑重重，知难而退。比如丁日昌为人贪婪，赵烈文曾说"使若辈在位，吏治非江河日下不已"，但曾国藩终不愿动真格的，原因是"丁之流皆少荃至好，我与荃势同一家……丁虽宵人，而筹前敌财用无不精速，吾又何忍不慰其意也"③，只得装聋作哑，听之任之。左宗棠则不同，他整顿吏治不尚空言，有一套察吏、训吏、恤吏的具体办法，所谓"训之不至为恶，恤之使可以为善"。④ 他态度坚决，不徇私情，在闽浙总督任上，曾要求福建巡抚徐树人劾办贪吏周式濂、周大键，徐态度犹豫，左即严责其手软，义正词严地宣称："一家哭何如一路哭！"⑤ 在陕甘总督任上，他的一个亲戚贺升运牵连在"禁种罂粟失察案"内，左宗棠认为贺"咎有应得，岂可以私废公"，遂不顾与贺有"世谊、年谊、姻谊"的密切关系，坚持查办。⑥

为"挽回时局"，曾、左都重视人才的培养、造就。曾国藩认为"为政之道在得人"，强调"今日所当讲求，惟在用人一端"⑦。为此一生孜孜以求，做出了巨大努力。他的幕府就是一个网罗与培养人才的基地。容闳在《西学东渐记》中曾这样描述曾氏幕府人才济济的盛况："当时各处军官，聚于曾文正之大营中者，不下二百人，大半皆怀其目而来。总督幕府中亦有百人左右。幕府外更有候补之官员，怀才之士子，凡法律、算学、天文、机器等专门家，无不毕集，几于举全国人才之精华汇集于此。"⑧ 我们只需从曾氏幕府中大致开列一份极不完备的名单，就可知容闳言之不谬：左宗棠、李鸿章、郭嵩焘、彭玉麟、沈葆桢、赵烈文、薛福成、徐寿、华蘅芳、李善兰、俞樾、莫友之、汪士铎，等等。这些在晚清历史上起过重要作用或具一技之长的才俊之士，几乎都受到过曾国藩的赏识、培养和提拔。曾国藩这种聚集人才的气魄与能力，不但使同辈人不能望其项背，也让后人为之汗颜。

---

① 《曾文正公全集》诗集，卷一。
② 《左文襄公全集》诗集。
③ 《能静居日记》同治六年九月十七日。
④ 《左文襄公全集》书牍，卷八。
⑤ 《左文襄公全集》书牍，卷八。
⑥ 《左文襄公全集》书牍，卷二〇。
⑦ 《曾文正公全集》奏稿，卷一。
⑧ 容闳：《西学东渐记》第110页，见钟叔河主编"走向世界丛书"。

左宗棠也很重视人才培养,他强调"用人之道,重才具,尤重心术"①。但其性格刚直矫激,往往用人而不能容人,能始终同舟共济者寥寥。不过左宗棠对人才问题的见解,却有其独到之处,他从举办洋务的过程中认识到中西人才观的差别:"中国之睿智运于虚,外国之聪明寄于实。中国以义理为本,艺事为末;外国以艺事为重,义理为轻。"②"中国人才本胜外国,惟专心道德文章,不复以艺事为重,故有时独形其绌。"③而基于这种认识,左宗棠很重视培养洋务人才,不但创办了马尾船政学堂,还主张向外国派遣"游历""游学"人员,以进一步培养外交、军事和技术方面的干部(而最早的一批留学生则因曾国藩与李鸿章联名于1871年奏请清廷才得以成行)。

二

曾、左的发迹与他们镇压太平军、捻军的事业是分不开的。两者所不同的是,曾国藩一直与农民革命为敌,左宗棠晚年则还有收复新疆、督师榕城的壮举。在他们的一生中,军事活动显然占有非常重要的位置,戎马倥偬,运筹帷幄是其特色。

曾、左同是书生将兵,具有较高的文化素养,他们都善于从中国古代优秀的军事思想中吸取营养,并结合近代作战实际,注意把握战争全局,堪称较为成熟的军事战略家。

首先,他们都很重视基本打击方向的选择。"规定基本打击方向就是预先决定整个战争时期各次战役的性质,因而也就是预先决定整个战争十分之九的命运,战略的任务就在于此。"④曾国藩与太平军作战时,认定"必踞上游之势,建瓴而下,乃能成功",而"安庆一军,目前关系淮南之全局,将来即为克复金陵之张本"⑤,所以把围攻安庆看成湘军一切军事行动的中心目标,牢牢抓住不放,甚至不为苏浙战场的暂时失利所动。在这一点上,左宗棠也是比较成功的,他在西北镇压捻军、回军时,规定的基本战略是"先秦后陇","先捻后回";收复新疆时的战略指导是"先北路而后南路",⑥这一战略方向的选择建立在认真分析战争全局的基础上,当时阿古柏的巢穴在南路,北路兵力相对薄弱。攻其弱点,调动敌人,分其兵力,无疑是成功的一着棋。

---

① 《左文襄公全集》奏稿,卷四。
② 《左文襄公全集》奏稿,卷十八。
③ 《左文襄公全集》书牍,卷九。
④ 《斯大林全集》(中文版)第五卷第135页。
⑤ 《曾文正公全集》奏稿,卷十一。
⑥ 《左文襄公全集》书牍,卷十六。

曾很重视人的因素，所谓"用兵之道，在人而不在器"①。对军队的管理，他强调以礼治军："带勇之法，用恩莫如仁，用威莫如礼。"② 左宗棠也讲，他治军驭军"所恃者，诚信不欺，丝毫不苟。不致以一时爱憎，稍作威福，致失人心"。③ 他们这一套以"礼"治军，以训为要的办法，实质是从精神上来控制军队，这对提高军队战斗力无疑起过一定的作用。

曾、左在指挥作战方面还有一个共同之处，即用兵谨慎，不肯冒险。曾国藩最讲究以静制动，后发制人，他说："仆于用兵，深以主客二字为重。"④ "主气常静，客气常动。客气先盛而后衰，主气先微而后壮。故善用兵者，最善为主，不善作客。"⑤ 左宗棠也强调稳扎稳打，以谨慎为根本："慎之一字，战之本也"⑥。但曾过于拘泥，用兵呆板，不善打运动战，容易错过战机，招致失败；而左宗棠则比较机敏，经常分兵三路，迂回包抄，使敌不能首尾相顾，戎马一生，少有较大的失误和挫折。

三

置身"西学东渐"的潮流之中，面临世界近代化运动的席卷之势，19世纪60年代后，以"自强""求富"为标榜的洋务运动在中国大地悄然而起。它的来势并非那么凶猛，却为中国近代历史提供了前所未有的新事物，也为中国今后历史的发展提供了一个物质的、阶级的微薄基础，其影响所及是相当深刻的。而曾国藩与左宗棠正是这一运动颇具代表性的领袖和中坚人物。

早在1860年12月19日（咸丰十年十一月初八日），曾国藩就提出了"将来师夷智以制造炮船，尤可期永远之利"⑦的主张。几个月后，曾国藩再次上奏清廷，认为购买外洋船炮是"今日救时之第一要务"，强调"轮船之速，洋炮之远，在英法则夸其独有，在中华则罕于所见。若能陆续购买，据为己物，在中华则见惯而不惊，在英法亦渐失其所恃"，"不过一二年，火轮船必为中外官民通行之物，可以剿发逆，可以勤远略。"⑧ 1862年6月3日（同治元年五月初七日），曾国藩在日记中进一步阐明他是想从学造炸炮、轮船入手，去谋求自强之

---

① 《曾文正公全集》书札，卷二〇。
② 《曾文正公手书日记》咸丰九年六月初四日。
③ 《左文襄公全集》奏稿，卷四七。
④ 《曾文正公全集》书札，卷六。
⑤ 《曾文正公全集》书札，卷十五。
⑥ 《左文襄公全集》批札，卷三。
⑦ 《曾文正公全集》奏稿，卷十二。
⑧ 《曾文正公全集》书札，卷二三。

道的:"但使彼之所长我皆有之,顺则报德有其具;逆则报怨亦有其具"①。1864年1月(同治二年十二月),左宗棠在浙江也开始考虑仿制轮船,认为"轮船为海战利器,岛人每以此傲我,将来必须仿制,为防洋缉盗之用。中土智慧岂逊西人,如果留心仿造,自然愈推愈精……意十年之后,彼人所恃以傲我者,我亦有以应之矣。"②他还特别强调:"制造轮船,实中国自强要着。"③ 所谓"夺其所恃","据为己物";所谓"报怨有具","有以应之",都鲜明地表现出一种自强御侮的指导思想。

曾、左两人不但这样想,这样说,也不畏创业之艰难、发轫之困苦,实实在在地去做了,并取得了初步成绩。1861年12月(咸丰十一年十一月),曾国藩在安庆设立了我国最早生产近代武器的工厂——内军械所(设于大营之内,故名),制造洋枪、洋炮。1864年,安庆内军械所迁至南京,制成我国第一艘自制轮船——"黄鹄"号,该船虽然"行驶迟钝,不甚得法",但毕竟迈出了从无到有的可贵一步。1868年8月(同治七年六七月间),江南制造总局造船厂造出第一艘轮船"恬吉"号,曾国藩亲自登船试航,兴奋异常,预言"中国自强之道或基于此"④。1868年1月18日(同治六年十二月二十四日),左宗棠奏办的马尾船政局正式投产,成为我国第一家专业化的新式造船厂(江南制造总局虽亦试制兵轮,但同时制造枪炮、弹药)。1869年6月10日(同治八年五月初一日),这里建造的第一艘轮船"万年青"号下水,左宗棠多年的梦想终成现实。

不过曾、左二人对洋务的认识却不尽一致(当然观点的差异与他们逝世时间的早晚也有关系)。曾国藩办洋务只是在"学炸炮,造轮舟"上下功夫,以为这样即可谋自强;左宗棠则不然,尽管开始时眼睛也盯着造轮船,但毕竟还注意到了其他民用工业,指出"有适用民生日用者,均可次第为之"⑤。1879年(光绪五年),他在兰州创办了我国第一家机器毛纺厂。此后,其洋务思想又有进一步发展,1885年2月(光绪十年十二月),他上奏清廷要求试办机器制糖,提出"教民兴利"而不"与民争利",提倡由官府出面扶助民办企业"官本既还,止受岁课,不必派员管厂"⑥。

在办企业和对外交涉过程中,曾、左之间的显著区别是他们在民族意识和主权意识上存在差异。由于时代和阶级的局限,两人对西方列强的侵略本质都缺乏认识,但左宗棠在学习西方长技和对外交涉时,旗帜鲜明地强调独立、自主,

---

① 《曾文正公手书日记》同治元年五月初七日。
② 史耕孙辑《湘阴相国左文襄公致史士公士良手札》。
③ 《左文襄公全集》奏稿,卷四一。
④ 《曾文正公手书日记》同治七年八月十三日。
⑤ 《左文襄公全集》奏稿,卷十八。
⑥ 《左文襄公全集》奏稿,卷六三。

"权自我操",注重民族尊严。他办船政局,坚持自造和自驾原则,反复宣称自强之道"宜求诸己,不可求诸人,求人者制于人,求己者操之"①。他坚决反对外国势力染指近代交通事业,指出"电线、铁路行止在我,外人非能干预"②。对于列强入侵,左宗棠一贯坚持抵抗,反对妥协投降。在虎视鹰瞵的西方侵略者面前,左宗棠是一个没有奴颜媚骨的铮铮硬汉,这一点是殖民地、半殖民地人民最可贵的性格。在改革开放的今天,仍有值得借鉴的现实意义。左宗棠坚决反对对外交涉时一味迁就,1863 年(同治二年)初,他在给总理衙门的信中就指出"欲存国体,必难尽协夷情,计惟在勉图自强之方"③,与曾国藩的"坚持一心,曲全邻好"④恰成鲜明对照。

曾国藩处理对外关系的总体设想是,对西方侵略者要记其"大德"(即所谓"不伤毁我宗庙社稷","助我攻剿发匪"),忘其"小怨"(指发动侵略战争),委曲求全,尽力与他们保持一种"和好"关系。为维持这一局面,他特别强调对西方列强应坚持"忠信"第一的原则,曾国藩所说的"忠"是指要对得起洋人施于清廷的"大德",所谓的"信"即指要信守不平等条约。他甚至对洋人于 1853 年在上海强行"代管"中国海关表示赞赏,看到洋人从非法收取的关税中交出 70 万两白银,竟唱起赞歌,誉之为"君子之行",却根本不懂维护国家海关自主权的重要性。特别是在处理"天津教案"时,曾国藩媚外求和的方针与行为更引起全国舆论大哗,"'汉奸''卖国贼'之声复洋洋盈耳","积年清望几于扫地以尽矣"⑤。诚然,曾国藩奉行民族投降主义路线,是由半殖民地半封建社会条件下地主阶级的阶级利益所决定的,但也不能说与他的个人品质、性格特点完全无关。否则,同为一个阶级营垒中的要角,左宗棠为什么能"锋颖凛凛向敌"呢?

四

曾国藩与左宗棠生于封建末世,都是中华民族传统文化的忠实信守者。他们推崇忠信笃敬,坚持操守端谨,标榜诚信不欺,倡导丝毫不苟,恪守儒家学说,重视个人修养。而两人相较,曾表现尤为突出,堪称晚清时期中国传统文化的一位集大成者。

从儒家修身养性的角度看,曾国藩对自己的要求确乎非常严格,他以封建的

---

① 《左文襄公全集》奏稿,卷五九。
② 《左文襄公全集》奏稿,卷六一。
③ 《左文襄公全集》书牍,卷六。
④ 《曾文正公全集》奏稿,卷三五。
⑤ 《凌霄一士随笔》,《国闻周报》第八卷第五十期。

伦理道德为标准，经常对自己的言行进行反省和自责，自我贬抑之词屡见日记、书牍。曾国藩提出"君子之道，莫大乎忠诚为天下倡"；"得忠诚者起而矫之，克己而爱人，去伪而崇拙，躬履诸艰而不责人以同患，浩然捐生如远游之还乡而无所顾悸。由是众人效其所为，亦皆以苟活为羞，以避事为耻"①。他倡导克己爱人，去伪崇拙，忠于职守，献身事业，并且孜孜以求，身体力行。尽管这种尽心竭力是站在历史潮流的对立面去挽救一个行将就木的封建政权，但他的人格魅力在我国近现代史上着实吸引了一批成大事业的人物。他身上表现出来的社会责任感，在今天也仍然有参考价值。

诚然，左宗棠也严格遵循着儒家的伦理道德，"不欲以一丝一粟自污素节"。但他刚直矫激，不能容人，安身立命，"霸道"多于"王道"。这也是曾、左两人在处世哲学上的不同之处吧。

(载《曾国藩学刊》创刊号，1994年9月)

---

① 《曾文正公全集》文集，卷四。

左宗棠爱国思想的形成

近年来，有同志写文章实事求是地评价左宗棠，肯定和表彰其收复新疆、抗击沙俄侵略的历史功绩，这无疑是必要的。因为左宗棠曾被当时人誉为"绝口不言和议事，千秋独有左文襄"①。为什么同是清朝统治者所谓的"中兴名臣"，在外国侵略面前却表现出两种截然不同的态度：曾国藩、李鸿章表现出奴颜婢膝、力主"和议"；而左宗棠却"锋颖凛凛向敌"②，甚至为捍卫祖国领土完整"舆榇发肃州"③，誓与沙俄决一死战呢？这就需要做进一步分析。

一

左宗棠生于1812年，当时统治中国的清王朝正迅速走着下坡路：土地高度集中，国防空虚，鸦片输入，白银外流，财政拮据，政治腐败、黑暗，阶级矛盾日益尖锐，人民反抗浪潮此起彼伏。所呈现出的社会画面正如地主阶级进步思想家龚自珍在《西域置行省议》一文中所描绘的："各省大局，岌岌乎皆不可以支月日，奚暇问年岁？"就在清王朝的封建大厦濒临崩溃之时，西方资本主义最强大的英国，却正以大炮和军舰做后盾，以毒品鸦片为敲门砖，紧叩中国的东南大门；在西北，野心勃勃的沙皇俄国也迅速向东扩张，决心用武力开辟新的通向东方的道路。内忧外患纷至沓来，民族矛盾日益上升的局势，给左宗棠的思想打上了时代的标记。

当然，一个人思想的形成同家庭和社会影响是密不可分的。左宗棠出生在一个社会地位低微、生活并不富裕的乡村知识分子家庭，他曾说过："吾家积代寒素，先世苦况百纸不能详。"④ 其父左观澜只是个县学廪生，靠教书养活全家，"非脩脯无从得食"⑤。父亲去世后，他就读于长沙城南书院，"日食不给，赖书院膏火之资以佐食"⑥，艰辛的生活使青年时代的左宗棠有可能接触下层人民的苦痛，了解社会的弊端，改革时弊、"经世致用"的思想以及巩固边防的主张在

---

① 《左文襄公实录》第二册第4页。
② 《清史稿·左宗棠传》。
③ 《清史稿·左宗棠传》。
④ 《左文襄公家书》卷上，第40页。
⑤ 《左文襄公全集》，《诗集·二十九岁自题小像》第四首自注。
⑥ 左孝同：《先考事略》，转引自罗正钧《左文襄公年谱》卷一，第9页。

他心中激起了波澜。1833年，左宗棠22岁，首次到北京参加会试，写下了《燕台杂感》八首，抒发他对时局的忧虑。其中之一说："世事悠悠袖手看，谁将儒术策治安？国无苛政贫犹赖，民有饥心抚亦难。"① 他已感到了政治黑暗、饥民揭竿的严重社会危机。这次北上，左宗棠虽落榜而归，却在更大范围内接触了社会，进一步开阔了眼界，也更加注重"经世致用"之学了，他表示："睹时务之艰棘，莫如荒政及盐、河、漕诸务，将求其书与其掌故，讲明而切究之。"②

在接受"经世致用"的思想，探讨改革社会现实的过程中，具有进步思想倾向的陶澍和贺氏兄弟（贺长龄、贺熙龄）对左宗棠影响最深。1830年，主编《皇朝经世文编》（实为魏源编辑）的贺长龄忧居长沙，与左初次见面即"以国士见待"③，并为他敞开了家中的丰富藏书。1831年，左就读于长沙城南书院时，贺长龄的弟弟贺熙龄任该书院山长，"其教诸生，诱以义理、经世之学，不专重制艺、帖括"④，左宗棠成为他最得意的学生之一。1837年，政绩颇著的陶澍（当时任两江总督）回湖南省亲，在醴陵与左宗棠邂逅，"一见目为奇才，纵论古今，为留一宿"⑤，以后还结成了儿女亲家。陶澍死后，左宗棠在陶家执教八年，饱览了陶澍的文稿和各种藏书。

如果说贺氏兄弟和陶澍是左宗棠"经世致用"思想的启蒙者，那么，林则徐、魏源等所表现出的强烈民族自尊心、抵抗外侮的坚决性以及睁眼看世界的时代精神，则为左宗棠增添了丰富的思想营养，对他反抗入侵的爱国思想的形成产生了深刻影响。

左宗棠与林则徐相差27岁，而且两人只有一面之缘，但对林的思想作风，左宗棠却由衷钦佩。正如他所说："自数十年来闻诸师友所称述，暨观宫保与陶文毅往复书疏，与文毅私所记载数事，仆则实有以知公之深。海上用兵以后，行河、出关、入关诸役，仆之心如日在公左右也"，"乌知心神依倚、惘惘相随者，尚有山林枯槁、未著客籍之一士哉！"⑥ 1849年年底，林则徐因病由云贵总督任上告老回福州。次年元月，在长沙舟中约见左宗棠，"文忠一见倾倒，诧为绝世奇才"⑦，两人"亢谈今昔"，相见恨晚，对坐之时，还曾"谈及西域时务"，"江风吹浪，柁楼竟夕有声，与船窗人语互相响答，曙鼓欲严，始各别去"⑧。林则徐的爱国主义思想和务实精神对左宗棠的启迪是不言而喻的。

---

① 《左文襄公全集》诗集，第1页。
② 《左文襄公全集》书牍，卷一，第1页。
③ 《左文襄公全集》书牍，卷二二，第16页。
④ 左孝同：《先考事略》，转引自罗正钧《左文襄公年谱》卷一，第8页。
⑤ 左孝同：《先考事略》，转引自罗正钧《左文襄公年谱》卷一，第14页。
⑥ 《左文襄公全集》书牍，卷一，第49-50页。
⑦ 《胡文忠公遗集》卷五五，第22页。
⑧ 《左文襄公全集》书牍，卷一，第53页。

除林则徐外，左宗棠还很推崇龚、魏，曾说："道光朝讲经世之学者，推默深与定庵"①，对魏源更佩服得五体投地，认为他的著作"切实而有条理"，"伟为不可及"②。1842年，魏源感于"海警飚忽，军问沓至"，发愤而著《圣武记》，希望清朝统治者振刷精神，仿效祖辈建立"功业"，因"是记当海疆不靖时，索观者众"③，左宗棠就是"索观者"中一个。在得到这部著作后，左宗棠深深被其吸引，他赞叹地说："默翁《圣武记》序次有法，于地道、兵形较若列眉，诚著作才也。后四卷附武事余记，令人听之忘倦。"④ 对主张改革社会弊政，具有强烈反侵略思想的包世臣，左宗棠也颇注重，"其著论早见过盐漕诸策及《艺舟双楫》"，直到1874年《包慎翁遗书》刊行后，他还特意写信给朋友，"敬乞购一全部见寄"⑤。

面对"船坚炮利"、用先进技术武装起来的侵略者，正确的办法是承认落后，并从敌人那里学得抵御手段，这就是时代向爱国者提出的严峻任务。林则徐、魏源正是在"师夷长技以制夷"的新课题下，以"睁开眼睛看世界"为特点走进爱国主义者行列的。魏源编写《海国图志》就是为"师夷长技以制夷"而作，左宗棠对这部著作十分欣赏，他说："默深《海国图志》于岛族大概情形，言之了了，譬犹禹鼎铸奸，物形无遁，非山经海志徒恢奇可比。"⑥ 后来，还更明确地阐述道："况自海上用兵以来，泰西诸邦以机器、轮船横行海上，英、法、俄、德又各以船跑相互矜耀，日竞其鲸吞蚕食之谋，乘虚蹈瑕，无所不至。此时而言自强之策，又非师远人之长，还以治之不可。"⑦ 1875年《海国图志》重版时，他特意写了一篇序言，指出该书是"发愤而有作也"⑧。左宗棠从爱国的前提出发，师远人之长，还以制之，这是十分清楚的。

二

1840—1842年的鸦片战争是中国历史发展的一个转折点，也是左宗棠成为爱国者的一个转折点。当外国资本主义把侵略战争强加在中华民族头上时，中国"内部各阶级的一切矛盾（包括封建制度和人民大众之间这个主要矛盾在内），

---

① 魏源：《圣武记·叙》。
② 魏源：《圣武记·叙》。
③ 魏源：《圣武记》，第三次重订本"题记"。
④ 《左文襄公全集》书牍，卷一，第39页。
⑤ 《左文襄公全集》书牍，卷十四，第4页。
⑥ 《左文襄公全集》书牍，卷二十，第26页。
⑦ 《左文襄公全集》诗文集"说帖"第1页。
⑧ 《左文襄公全集》文集，卷一，第226页。

便都暂时地降到次要和服从的地位"①。坚持反抗外来侵略成了时代的强音。

鸦片战争的爆发，对更多的中国人起着振聋发聩的作用。侵略者的炮火也同样震惊了左宗棠。资本主义强盗的疯狂入侵，使中国面临着亡国灭种的巨大危难，也使封建士大夫中的一部分人更加感到必须面对现实，面对世界。当时正在安化就馆的左宗棠，虽然身居湖南的偏僻之乡，却密切注视着局势的发展。1839年，当林则徐赶赴广东掀起轰轰烈烈的"禁烟运动"时，左宗棠已预感到侵略者不会善罢甘休，遂更加勤奋地阅读凡是可以找得到的有关国外的记载。作为一个内地的普通家馆教师，他当然没有条件，也不可能像林则徐那样"日日使人刺探西事，翻译西书，又购其新闻纸"②，但左宗棠仍根据现有条件力图对外国有更多了解，"自道光十九年海上事起，凡唐宋以来史传、别录、说部及国朝志乘、载记，官私各书有关涉海国故事者，每涉历及之，粗悉梗概"③。他这样勤奋地搜集、如饥似渴地阅读有关外国的资料，正是其爱国热忱使然。

当鸦片战争还在进行时，左宗棠日夜期待着从硝烟弥漫的东南沿海传来告捷的佳音。但事与愿违，由于清廷的腐朽，前线节节败退，英军在进犯广东、福建未能得逞后，于1840年7月初北上攻陷定海，并于8月窜至天津海口，虚骄昏聩的道光皇帝惊惶失措，竟将坚决抵抗的林则徐、邓廷桢撤职查办，并派投降派琦善赴广东办理交涉。对此，左宗棠忧愤万分，在给贺熙龄的信中，一再形容自己此时的心情是"愁愤何言"，"令人愤懑"，"不胜愁愤"④。更为可贵的是，尽管局坐斗室，教习山斋，左宗棠却抱定"天下兴亡，匹夫有责"的志向，在"每披往昔海防记载，揆度今日情形"之后，提出了"练渔屯，设碉堡，简水卒，练亲兵，设水寨，省调发，编泊埠之船，设造船之厂，讲求大筏软帐之利，更造炮船、火船之式"⑤等具体抗敌措施。他十分不满清政府排斥抵抗派，屈膝求和的媚态，发出了"和戎自昔非长算，为尔豺狼不可驯"⑥的呼声，告诫当局以屈辱退让向侵略者乞和是政治上的短视，不足为训。他痛斥卖国贼琦善"以奸谋误国，贻祸边疆，遂使西人俱有轻中国之心，壮士无自固之志，东南海隅恐不能数十年无烽火之警，其罪不可仅与一时失律者比"⑦。但当时的左宗棠不过是一个默默无闻的竭蹶小民，更何况腐败的清朝统治集团根本无抗敌诚意，一度为"钦差大臣"的林则徐尚且落得发配充军的下场，左宗棠的抱负又何从实现？一腔爱国热忱只能付诸东流而已！1842年，清廷终于在南京与英国侵略者签订了

---

① 《毛泽东选集》横排本，第一卷第295－296页，人民出版社1966年版。
② 《左文襄公全集》奏稿，卷十八，第5页。
③ 《左文襄公全集》书牍，卷一，第10、12、16页。
④ 《左文襄公全集》书牍，卷一，第10、12、16页。
⑤ 《左文襄公全集》书牍，卷一，第11－12页。
⑥ 《左文襄公全集》诗文集第3页。
⑦ 《左文襄公全集》书牍，卷一，第16页。

丧权辱国的城下之盟。目睹"洋事卒成和局，实意念所不到"，左宗棠痛心疾首，不得不发出"市不可绝，则鸦片不可得禁。自此亿万斯年之天下，其奈之何？"① 的悲叹，其忧国之心，爱国之诚岂非跃然纸上！

爱国主义是"千百年来巩固起来的对自己的祖国的一种最深厚的感情"②，而"爱国主义的具体内容，看在什么样的历史条件之下来决定"③。近代中国，由于外国资本主义入侵成了一个灾难深重的国家，因此，爱国主义的突出表现就必然是坚决抵抗外来侵略势力，捍卫国家、民族利益。左宗棠的爱国思想正是在后来收复新疆、抵抗沙俄侵略的斗争中闪出了火花。他病死于抗法战争前线，临终时仍口授遗折表述未酬壮志："惟此次越事和战实中国强弱一大关键，臣督师南下，迄未大伸挞伐，张我国威，怀恨生平，不能瞑目。"④ 这悲壮的遗言，为左宗棠爱国主义思想增添了光辉。当然，左宗棠毕竟是地主阶级的代表人物，他的爱国思想不可能脱离地主阶级的利益和时代的限制。

(载《史学月刊》1982年第3期)

---

① 《左文襄公全集》书牍，卷一，第22页。
② 《列宁全集》（中文版）卷二八，第168－169页。
③ 《毛泽东选集》横排本，第二卷第486页。
④ 《左文襄公实录》第一册第8页。

左宗棠办洋务的出发点是"富国强民"

　　左宗棠是我国近代史上一位杰出的爱国主义者。他所从事的洋务活动，从一个侧面展示了一个爱国者的思想风貌，闪烁着爱国主义思想的火花。下面拟就左宗棠办洋务的出发点，略加论述。

　　青年时代的左宗棠很推崇林则徐、龚自珍、魏源、包世臣，深受其经世致用思潮的影响。当英国殖民者加快侵略步伐时，左宗棠在探索经世致用之学的同时，又增添了研究外国的新内容，"自道光十九年海上事起，凡唐宋以来史传、别录、说部及国朝志乘、载记，官私各书有关涉海国故事者，每涉历及之，粗悉梗概"①。诚然，清政府的"闭关政策"和左宗棠本人的"布衣"身份大大限制了他对世界大势的认识，他对外国的了解仍然是贫乏而肤浅的，但他追随林、魏的脚步，坚持面对现实，"睁开眼睛看世界"的方向无疑是正确的。

　　面对"船坚炮利"的侵略者，林则徐组织人力翻译外国报纸，开创了研究西方的风气。魏源则提出了"师夷长技以制夷"的新课题，在他编著的《海国图志》一书的自叙中明确写道："是书何以作？曰：为以夷攻夷而作，为以夷款夷而作，为师夷之长技以制夷而作。"这一新课题的提出，对左宗棠影响很大。他决心将"师长"的主张付诸实践。1865年，他上书总理衙门，强调"中国自强之策，除修明政事、精练兵勇外，必应仿造轮船，以夺彼族之所恃"②。1866年他又正式上疏清廷，详细阐明加强海防的重要性："臣愚以为欲防海之害而收其利，非整理水师不可，欲整理水师，非设局监造轮船不可。泰西巧，而中国不必安于拙也。泰西有，而中国不能傲以无也。"③ 他分析当时的形势说，不但西洋各国"互相师法，制作日精"，就是东方的日本也开始起步，"不数年后，东洋轮船亦必有成"④。在"强权就是公理"的国际社会中，落后必然挨打，左宗棠曾形象地比喻说："彼此同以大海为例，彼有所挟，我独无之，譬犹渡河，人操舟而我结筏；譬犹使马，人跨骏而我骑驴，可乎？"⑤ 为此，他建议先办造船厂。1870年，左在西北听到新造轮船相继下水的消息时，兴奋地写信给船政大臣沈葆桢说："今船局、艺堂既有明效，以中国聪明才力兼收其长，不越十年，

---

① 《左文襄公全集》奏稿，卷一八，第5页。
② 《左文襄公全集》书牍，卷七，第25页。
③ 《左文襄公全集》奏稿，卷一八，第1页。
④ 《左文襄公全集》奏稿，卷一八，第2页。
⑤ 《左文襄公全集》奏稿，卷一〇，第4页。

海上气象一新，鸦片之患可除，国耻足以振矣！"①这自然是一厢情愿的估计，与实际情况大相径庭，但是，通过学习西方先进技术以振国耻，的确是左宗棠办洋务的出发点。

左宗棠"富国强民"的出发点，也鲜明地反映在他办洋务的实践活动中。

首先，左宗棠办洋务，贯穿着自尊和自信的精神。在对外交涉中，左没有奴颜和媚骨。鸦片战争期间他反对妥协投降，沉痛地告诫当权者："和戎自昔非长算，为尔豺狼不可驯"②；在第二次鸦片战争中他写信给胡林翼，主张抵抗到底，认为"夷务屈辱至极，恐将更有不堪者，然窃意华夷杂处，衅端之开必速，彼时以一支劲旅护天津，而后与之决死战，当可得志。但只求勋归诸公勿参异论以惑视听，则吾事谐矣"③。"天津教案"发生后，处理此事的曾国藩宣称"唯有委曲求全之一法"④；左宗棠则持不同态度，认为"津民之哄然群起，事出有因，义愤所形，非乱民可比。正宜养其锋锐，修我戈矛，隐未不可犯之形"⑤，力主爱护、扶植人民的爱国热情。中法战争爆发，他一再表示要"亲率大军一往图之"⑥，并在局势十分严峻时，不顾身体虚弱和73岁的高龄奔赴前线、担当抗法重任，最后病死在福州。

左宗棠承认"中不如西，学西可也"⑦，却不甘落后。他说："中土智慧岂逊西人？如果留心仿造，自然愈推愈精"，"意十年之后，彼人所恃以傲我者，我亦有以应之矣！"⑧左宗棠提倡学习西方先进的技术，却不迷信洋人，妄自菲薄，这正是其办洋务的可贵之处。

左宗棠在创办近代企业的过程中，坚持自造和自己管理的独立自主原则，反对外国控制，强调发展民族工业，注重培养本国科技人才。在创办马尾船政局时，左宗棠提出在局内附设"艺局"，"招十余岁聪俊子弟，延洋师教之，先以语言、文字，继之图画、算学，学成而后督造有人，管驾有人，轮船之事始为一了百了"。⑨1869年6月10日，船政局制成第一艘轮船"万年青"号下水。由于左宗棠强调培养本国技术力量，"该轮船自管驾官游击贝锦泉以下，正副管轮管队、舵工、水手、管水汽表、头二等升火各色人等，均系浙江宁波府人居多，无

---

① 《左文襄公全集》书牍，卷一一，第8—9页。
② 《左文襄公全集》诗集，第4页。
③ 《左文襄公全集》书牍，卷四，第59页。
④ 《左文襄公全集》奏稿，卷三五，第39页。
⑤ 《左文襄公全集》书牍，卷一一，第14页。
⑥ 《左文襄公全集》书牍，卷二六，第46页。
⑦ 《左文襄公全集》书牍，卷一七，第32页。
⑧ 史耜孙辑：《湖湘相国左文襄公致史公士良手札》。
⑨ 《左文襄公全集》书牍，卷八，第62页。

一洋人在内"①。这在当时的确是难能可贵的。左宗棠的人才观是颇有见地的。他一向提倡研究有实用价值的学问,培养有真才实学的人才,反对读书人寻章摘句,埋头科名。他认为人才培养上的差别在于:"中国之睿智运于虚,外国的聪明寄于实,中国以义理为本,艺事为末,外国以艺事为重,义理为轻。"②。为此,他在创办马尾船政局时特设"求是堂艺局",积极培养制造和驾驶轮船的人材。

左宗棠还坚决反对外国势力控制铁路、电线、矿山等新式企业,他说:"电线、铁路行止在我,外人非能干预。"③

左宗棠办洋务很重视民办工业的发展。1885年2月7日,左在一份《试办台糖遗利以浚饷源》的奏折中,以"与民争利不若教民兴利之为得也"作为指导思想,奏称:"惟以官经商可暂而不可久,如官倡其利,民必羡之,有的实之户不搭洋股者,呈资入股,应准承课充商,官本既还,止收岁课,不必派员管厂"④。这一段话说明:第一,官办企业应给民办企业起带头示范作用,但官办企业不是发展方向;第二,要吸收民间资本入股,变官办为官商结合;第三,通过归还"官本",不派官员管厂等措施,使企业逐步向完全民办过渡。当民族资本还处在襁褓之中时,通过政府的倡督,将一部分有可能被"洋股"吸收的本国资本转到官商合办的企业中来,并逐步使之摆脱"官督"的控制,无疑将有利于民族资本的发展。

左宗棠于1885年去世,从事洋务活动前后不过20年左右,而且其中十五六年是在戎马生涯中渡过的。他不是与洋务运动相始终的人物,其办洋务的规模、影响都不及李鸿章。但他炽热的爱国主义精神,可贵的民族自尊心、自信心,却是李鸿章之流所不能望其项背的。

(载《湖南师院学报(哲学社会科学版)》1984年第1期)

---

① 《总署收三口通商大臣崇厚文》,台湾编《海防档》(乙)《马尾船厂上》第199页。
② 《左文襄公全集》奏稿,卷一八,第4页。
③ 《左文襄公全集》奏稿,卷六一,第8页。
④ 《左文襄公全集》奏稿,卷一八,第4页。

左宗棠与晚清边疆危机

左宗棠是晚清时期的名将,也是我国近代杰出的爱国者。19世纪中叶以后,资本主义列强频频入侵中国,海防、塞防同时告急,外国侵略者给中国人民制造了无穷的苦难。但中华民族并没有屈服,而是不屈不挠,前仆后继,饱经磨砺,从不气馁。许多仁人志士以"天下兴亡,匹夫有责"为己任,不畏艰苦,不怕牺牲,表现出"苟利国家生死以,岂因祸福避趋之"(林则徐语)的崇高民族气节,左宗棠就是他们中突出的一个。

左宗棠(1812—1885),字季高,一字朴存,湖南湘阴人。他是中国近代杰出的政治家、军事家、思想家,同时也是一位在半封建半殖民地时代没有奴颜媚骨,敢于坚决抵抗外侮的民族英雄。在民族危机、边疆危机空前严重的时代,他敢于挺身而出,引"边防艰巨为己任"①,敢于斗争,从不屈服,正如《清史稿》本传所说,他对待侵略者的态度就是"锋颖凛凛向敌"!鲁迅先生把我国历史上那些埋头苦干、拼命硬干、为民请命、舍身求法的人称之为"中国的脊梁",将左宗棠列入"中国脊梁"式人物之一,应不为过。

一

道光二十年(1840),鸦片战争爆发。这一事件对于中国来说,堪称数千年未有之大变局。正是由于这次战争使中国的独立主权开始丧失,领土完全遭到破坏,社会经济也逐渐发生了深刻变化。

西方殖民者的这次大举入侵,震惊了中国社会。传统知识分子中的有识之士不但关心时局,而且开始了解敌人,研究对手,寻求制服侵略者的策略和手段。当时左宗棠只是个年仅28岁的"山野之民",身无一官半职,而且生活在较为偏僻的湖南安化(时在安化陶家设馆授徒),但他以一颗炽热的爱国之心,密切注视战局发展。当林则徐以钦差大臣身份赴广东查禁鸦片时,左宗棠已预感到侵略者不会善罢甘休。为知己知彼,克敌制胜,他勤奋地收集并阅读有关记载外国情况的书籍,"自道光十九年海上事起,凡唐、宋以来史传、别录、说部及国朝志乘、载记,官私各书有关涉海国故事者,每涉及之,粗悉梗概"②。为及时了解

---

① 杨东梁编:《中国近代思想家文库·左宗棠卷》(以下简称《左宗棠卷》)第192页,中国人民大学出版社2012年版。

② 杨东梁编:《左宗棠卷》第60页。

前线战况，形势变化，左宗棠经常与京中和省城的亲友保持通讯联系，要求他们在"见闻之余，备以见示"①。

左宗棠不仅关心时局变化，而且抱定"天下兴亡，匹夫有责"的信念，视自己为抵御外侮行列中的一员。他一面分析英国"包藏祸心，为日已久，富强之实，远甲诸蕃"，决不可轻敌；一面又提出了"练渔屯，设碉堡，简水卒，练亲兵，设水寨，省调发，编泊埠之船，设造船之厂，讲求大筏、软帐之利，更造炮船、火船之式"的具体御敌措施。②并建议发动渔民、水勇乘坐小艇黑夜袭击敌人。左宗棠还郑重告诫当局，对侵略者决不能妥协、退让："和戎自昔非长算，为尔豺狼不可驯！"③

战争的进程和结局让左宗棠大失所望，当英国侵略者以数千之众横行东南沿海，而清军则节节败退时，左宗棠一再表示"令人愤懑"，"不胜愁愤"，"愁愤何言"。④ 道光二十年（1840），被道光帝派到广东的琦善私自与英国人签订割地、赔款的"川鼻草约"。消息传来，左宗棠极为气愤，他痛斥琦善"以奸谋误国，贻祸边疆，遂使西人俱有轻中国之心，将士无自固之志，东南海隅恐不能数十年无烽火之警，其罪不可仅与一时失律者比"，认为应当"斩首军前"⑤。

但当时的左宗棠人微言轻，空有一腔忧国之志，却难觅一扇报国之门。当时坚决的抵抗派林则徐曾任钦差大臣，尚落得个充军发配的下场，一个无名士子的抗敌主张又有谁人理睬！正所谓"欲效边筹裨庙略，一尊山馆共谁论？"⑥ 道光二十二年七月（1842年8月），清廷代表与侵略者在江宁（今南京）签订了丧权辱国的《江宁条约》（《南京条约》）。左宗棠目睹屈辱的"城下之盟"，为之痛心疾首。他在写给老师贺熙龄的信中说："时事竟已至此，梦想所不到，古今所未有。虽有善者，亦无从措手矣。"⑦ 忧国之心，报国之忱，跃然纸上！

鸦片战争后近十年，太平天国农民革命狂飙突起，首义广西，挺进湖南，滚滚风雷震撼着清王朝的统治。正是在风云变幻的阶级较量中，左宗棠在朋友的荐举下先后两次进入湖南巡抚幕府，从而开始了他的从政生涯。

左宗棠在与太平军的对垒中显露出的才干使他名噪一时。咸丰十年（1860）夏，左宗棠在湖南募勇5000余人，别组"楚军"，后被任为浙江巡抚、闽浙总督，并于同治四年（1865）底在广东嘉应州（今梅州市）镇压了太平军余部。以后又调任赴西北，任陕甘总督，镇压捻军和回民起义，从而开始了他的西北之

---

① 《左宗棠卷》第383页。
② 《左宗棠卷》第383页。
③ 《左宗棠卷》第735页。
④ 《左宗棠卷》第384页。
⑤ 《左宗棠卷》第386页。
⑥ 《左宗棠卷》第382页。
⑦ 《左宗棠卷》第388页。

缘，也成就了他后来收复新疆的丰功伟绩。

二

左宗棠为捍卫祖国领土完整做出的最大贡献是他在19世纪70年代以边防艰巨为己任，力排众议，率师西征，一举收复了占我国领土面积1/6的新疆地区。

新疆自古以来就是我国领土不可分割的一部分，当时被称为"西域"。2000多年以前，西汉宣帝时就曾在这里设"西域都护府"进行有效管辖。东汉明帝时，曾派班超出使西域，公元91年，班超任西域都护，驻节龟兹（今库车西南）。唐朝时，又在西域设置了安西、北庭两个都护府。直至清朝乾隆年间，平定了准噶尔和大、小和卓的叛乱，西域重归版图，称为"新疆"。

新疆各兄弟民族在长期的历史活动中，与汉族同呼吸、共命运，共同创造了悠久、灿烂的中华文明。而到了19世纪六七十年代，统治阶级内部围绕着新疆的命运展开了一场尖锐的、复杂的斗争。斗争的焦点，是要把地域辽阔、蕴藏丰富、战略位置重要的新疆地区从祖国分裂出去，还是把它保留在中华民族大家庭之中。

同治三年（1864），天山南北爆发了反清武装斗争。而一些当地封建主和宗教上层分子乘势而动，扯起"排满、反汉、卫教"的分裂旗帜，鼓吹"圣战"，先后建立了五个割据政权。这一混乱局势，为中亚浩罕汗国军官阿古柏和沙皇俄国的入侵提供了可乘之机，从而出现了震惊全国的西北边疆危机。

阿古柏入侵新疆后，先后占领了喀什噶尔、叶尔羌、和阗、阿克苏、库车。到同治九年（1870）秋，又攻陷达坂城、吐鲁番、乌鲁木齐和玛纳斯南城，侵占了新疆大部分地区，并在其占领区内建立名为"哲得沙尔汗国"的殖民政权，进行着极端野蛮、黑暗的统治。沦陷区的各族民众大批沦为奴隶，过着非人的生活，莫不痛心疾首。

新疆问题之所以严重，还在于英、俄两国的插手。19世纪的英、俄是争霸世界的两个殖民大国，当时双方都在向中亚推进，剑拔弩张，互不相让。阿古柏政权出现后，英、俄都想控制它，使其成为各自战略棋盘上的一枚卒子。同治十年（1871），沙俄悍然出兵占领我国伊犁地区，为鲸吞新疆夺取了一个桥头堡；英国也不甘示弱，加紧了与阿古柏的勾结，其商品、军火、间谍源源不断地涌入新疆。这样，收复新疆的斗争就不但要粉碎阿古柏势力，而且要与英、俄两霸进行较量。

在西北形势岌岌可危的时候，时任陕甘总督的左宗棠以垂暮之年毅然承担起收复新疆的重任。当沙俄侵占伊犁后，正准备告老还乡的左宗棠立即表示："今既有此变，西顾正殷，断难遽萌退志，当与此虏周旋。"①

面对新疆危机，清政府内部却出现了两种截然不同的意见，这就是持续了几个月之久的"海防与塞防之争"。直隶总督兼北洋通商大臣李鸿章坚决反对出兵，他的理由是："论中国目前力量，实不及专顾西域"，并强调"海防"重于"塞防"，认为"新疆不复，与肢体之元气无伤；海疆不防，则腹心之大患愈棘"。在李鸿章看来，西征即或成功，亦不过"徒收数千里之旷地，而增数千百年之厄漏，已为不值"②，刑部尚书崇实也唱着同一腔调道，新疆"纵能暂时收复"，"万里穷荒，何益于事？"③ 湖南巡抚王文韶则认为新疆地位重要，且当时形势严峻，"我师退一步，则俄人进一步；我师迟一日，则俄人进一日。事机之急莫此为甚"，"但使俄人不能逞志于西北，则各国必不构衅于东南"，因此主张"全力注重西征"。④

左宗棠坚决主张出兵收复新疆。一方面，他强调"海防、塞防二者并重"⑤；另一方面，又指出出兵新疆是当务之急："若此时即停兵节饷，自撤藩篱，则我退寸而寇进尺，不独陇右堪虞，即北路科布多、乌里雅苏台等处恐怕亦未能晏然"⑥。后来又强调："若新疆不固，则蒙部不安，匪特陕、甘、山西各边时虞侵轶，防不胜防，即直北关山，亦将无晏眠之日。"⑦ 他还反复重申：国家领土寸尺不能让人。最后，清政府采纳了左宗棠的意见，做出了收复新疆的决定。同时，任命左宗棠为钦差大臣、督办新疆军务，委以筹兵、筹饷以及指挥西征军的全权。"暂罢西征"之议遂寿终正寝。

受命之后，左宗棠昼夜筹划，精心准备。准备工作除了集结、训练、部署军队之外，主要是筹粮、筹饷、筹转运。数万大军军粮的筹集乃是大事，左宗棠对此极为重视。他广辟粮源，四处采购（甚至购买了一批俄粮）。又指示张曜的"嵩武军"在哈密大兴军屯，以谋自给。同时还指示部下处理好"军食"与"民食"的关系，避免竭泽而渔，与民争食。当军事行动开始时，在作战前沿地区已集中了军粮 2480 万斤。

西北用兵，自然条件恶劣，运输极为困难。满载军需物资的车辆、牲畜跨戈壁，越沙漠，穿峪谷，翻天山，涉河流，踏泥沼，艰难险阻，可想而知！当时调集的运输工具计有：大车 5000 余辆，驴、骡 5500 余匹，骆驼 29000 余头，连作战的士兵也不得不参加运输，除自携武器、装备外，还要背负一部分粮食。

---

① 《左宗棠卷》第 735 页。
② 顾廷龙、戴逸主编：《李鸿章全集》奏议六，第 164 页，安徽教育出版社 2008 年版。
③ 崇实：《请缓西征宽筹国用以备海防由》，中国第一历史档案馆《军机处录副》，《防务类》第十号。
④ 《同治朝筹办夷务始末》卷九九，中华书局 2008 年版。
⑤ 《左宗棠卷》第 393 页。
⑥ 《左宗棠卷》第 519 页。
⑦ 《左宗棠卷》第 169 页。

筹饷是左宗棠最头痛的事。当时，清政府财政拮据，入不敷出，捉襟见肘。不但中央"部藏无余"，地方也"库储告匮"。军饷一年需800余万两，除户部拨款一部分外，多由省、关（海关）分摊，称为"协饷"。"海防议"起，各省、关所解饷银仅二百几十万两，缺口很大。左宗棠为筹措军饷伤透了脑筋，"昼夜焦思，无从设措"①。为摆脱困境，他只好咬牙去借外债。洋人借机敲诈，利息竟高达一分二厘五，超过英、法当时贷款利息的三倍多，利息总额超过借款数的一半，所以《申报》批评此种贷款是"剜肉补疮""饮鸩止渴"。左宗棠自己也非常痛心，他给朋友写信说："夫用兵而至借饷，借饷而议及洋款，仰鼻息于外人，其不竞也，其无耻也，臣之罪也！"②但为了让新疆重回祖国怀抱，权衡利弊得失，左宗棠只得忍痛吞下这个苦果。最后，清政府批准他借外债500万两，同时从户部库存中划拨200万两，又要求各省关从"西征协饷"项内提前拨解300万两，总计1000万两之数，算是解决了军费难题。

左宗棠收复新疆的基本战略战术是"先北后南""缓进急战"，即根据敌人重南轻北的部署，首先攻击阿古柏军的"软肋"；在战役发动前，认真做好准备工作，不急于发动攻势。战斗一旦打响，就速战速决，绝不拖泥带水。同时，左宗棠还强调收复失地的正义性质："夫西征用兵，以复归疆为义，非有争夺之心"③。要求将士"以王土王民为念"，严肃军纪，严禁扰民。此外，又制定了正确的俘虏政策，对被裹挟的俘虏发给衣服、粮食，并予释放，使敌军本已不稳的军心更加涣散，从而加速了阿古柏政权的崩溃。光绪二年（1876）夏，老湘军总统刘锦棠率马步25营约1万余人作为主力出关，先后攻占黄田、古牧地和乌鲁木齐。而另一支西征军由乌鲁木齐都统金顺率领攻占了玛纳斯南城。光绪三年三月（1877年4月），刘锦棠部南下达坂城，歼敌主力，并与嵩武军张曜部和蜀军徐占彪部合力克复吐鲁番。随后清军发动秋季攻势，一路摧枯拉朽，势如破竹。至光绪三年十一月（1878年1月），南疆全部光复。

收复新疆大部分领土后，左宗棠立即着手收复伊犁地区。沙俄自然不肯轻易放弃到手的"肥肉"，它一面强迫清朝使臣崇厚签订了丧权辱国的《里瓦基亚条约》，一面又集结兵力，调动舰队，进行武力恫吓。面对沙俄的挑战，年近古稀（时年69岁）的左宗棠老当益壮，大义凛然，表示"衰年报国，心力交瘁，亦复何暇顾及！"④他厉兵秣马，拟订了三路出兵收复伊犁的作战计划。同时又"舆榇出关"，把大营从肃州（今酒泉）迁到前敌的哈密，做好了捐躯沙场的一切准备。不过，清政府却没有与沙俄抗衡到底的决心和勇气，于光绪七年正月二

---

① 《左宗棠卷》第171页。
② 《左宗棠全集》书信三，第70-71页，岳麓书社2009年版。
③ 《左宗棠卷》第238页。
④ 《左宗棠卷》第178页。

十三日（1881年2月12日）与俄国签订了中俄《伊犁条约》。由于谈判代表曾纪泽的外交努力和左宗棠的积极备战，伊犁地区的大部分回归祖国怀抱，但仍有霍尔果斯河以西的一万多平方公里的土地沦为异域。此外，清政府还支付了一笔900万卢布的所谓"赔偿费"。

收复新疆是左宗棠一生中的得意之作，也是中国近代抵抗外侮史上难得一见的辉煌胜利。这一壮举不但为全体中国人所赞叹，也得到外国有识之士的高度评价。一百多年前，有位叫史密斯的美国人在1890年出版了一部名为《中国人的气质》的书，在评价左宗棠收复新疆之役时曾说，"左宗棠的'农垦大军'彻底完成了它的使命，其伟绩可以这样评论：在任何现代国家的史册上都是卓著的。"

左宗棠的部下和朋友杨昌濬也赋诗一首，歌颂这一伟业，诗云："大将筹边尚未还，湖湘子弟满天山，新栽杨柳三千里，引得春风度玉关。"这首诗改写了唐人王之涣《凉州词》里的佳句"羌笛何须怨杨柳，春风不度玉门关"，并赋予了新的意境。西征的清朝大军正是沿着夹道成荫的"左公柳"，把春天带到边塞，让春风吹拂到玉门关外！

左宗棠收复新疆的伟业，影响、教育了几代中国人，时至今日，我们则更加深刻地体会到了此举深远的历史意义。

三

左宗棠不仅非常重视西北边疆的安危，也极为关切东南海防的建设，他强调"海防、塞防二者并重"，只不过在不同的历史时期，有不同的侧重点而已。事实证明，海防、塞防兼顾论是左宗棠的一贯思想，而非权宜之计。两次鸦片战争，敌人都是从海上入侵。1860年，英、法联军甚至从大沽登陆，占领天津，攻陷北京，火烧圆明园，成为中国近代史上的奇耻大辱。这对左宗棠的刺激是刻骨铭心的。他深知，要抵御强敌从海上入侵，就必须建立一支强大的近代海军，否则永远不能改变"有海无防"的被动局面。而建设一支近代海军又必须学习西方先进的军事技术，制造近代轮船。在左宗棠看来，自造轮船是"中国自强要着"。

同治三年（1864）夏，左宗棠向清廷上《拟购机器雇洋匠试造轮船先陈大概情形折》，强调自造轮船，建设近代海军的必要性："自海上用兵以来，泰西各国火轮兵船直达天津，藩篱竟成虚设，星驰飙举，无足当之"，"臣愚以为欲防海之害而收其利，非整理水师不可，欲整理水师，非设局监造轮船不可。泰西巧而中国不必安于拙也，泰西有而中国不能傲以无也。"左宗棠深知在"强权

 《左宗棠卷》第194页。

就是公理"的国际社会中，落后必然挨打，他曾形象地比喻："彼此同以大海为利，彼有所挟，我独无之。譬犹渡河，人操舟而我结筏；譬犹使马，人跨骏而我骑驴，可乎？"① 正是在这一思想指导下，经清廷批准，左宗棠于同治五年七月（1866年8月）亲至福州海口罗星塔购得马尾山下民田100多亩作为厂基。聘请法国人日意格、德克碑为正、副监督，创办了马尾船政局（福州船政局）。他一面从外国订购造船机器、轮机、船槽，一面聘请西方工程技术人员。同时，又设立"求是堂艺局"（后称"船政学堂"），以培养本国造船、驾驶人才。尽管不久左宗棠即调任陕甘总督，并推荐沈葆桢接办船政，但他"身已西行，心犹东顾"，仍一直关注着船政局的建设。

马尾船政局从同治六年十二月（1868年1月）开工到光绪三十三年（1907）停办，35年间共造军舰、商船40艘。其中，为福建水师制造了绝大部分军舰，同时也有少量自造战舰装备于南洋水师（如轻巡洋舰"寰泰""镜清""开济"号等），北洋水师（如巡洋舰"平远"号等）；三支舰队的大部分军官均毕业于船政学堂。因此，马尾船政局被誉为中国近代海军的摇篮。

19世纪80年代，法国殖民者加紧了对中国邻邦越南的侵略，不但要变越南为殖民地，而且还企图入侵我国西南地区。时任法国总理茹费里甚至狂妄叫嚣："必须征服那个巨大的中华帝国是不成问题的"②，祖国西南边疆正笼罩着乌云。

面对法国侵略者的步步紧逼，左宗棠主张针锋相对，积极备战。他于光绪九年三月三十日（1883年5月6日）上奏朝廷说："窃谓和局可暂不可常，其不得已而出于战，乃意中必有之事。"③ 为防止法军入侵内地，时任两江总督、南洋通商大臣的左宗棠，认真部署了长江口防务。他于光绪九年春巡视了沿江炮台，校阅防军实弹打靶，并挑选精卒，严明赏罚，订立规程，又鼓励将士们说："但能破彼船坚、炮利、诡谋，老命固无足惜，或者四十余年之恶气藉此一吐。自此凶威顿挫，不敢动辄挟制要求，乃所愿也！"④ 在给朝廷的奏折中，也表示："遇有寇警，应亲临前敌督战，防所即其汛地。如敌人轮船冲过白茅沙总要隘口，则防所即是死所，当即捐躯以殉！"⑤ 左宗棠还重视发动民众力量，他大办渔团，并亲临校阅，晓以大义，颁示奖惩，使各地渔团"无不欢欣鼓舞，踊跃争先"⑥。

光绪十年四月（1884年5月），当李鸿章与法国代表在天津签订《中法简明条约》，处处退让时，左宗棠向清廷反复陈述了援越抗法的重要意义。他指出：

---

① 《左宗棠卷》第596页。
② 鲍威尔：《茹费里与法兰西帝国主义的复兴》（英文版）第169页，1944年版。
③ 《左宗棠卷》第324页。
④ 《左宗棠卷》第625页。
⑤ 《左宗棠卷》第325页。
⑥ 《左宗棠全集》奏稿八，第42页，岳麓书社2009年版。

"若置之不顾，法人之得陇望蜀，势有固然"，"若各国从而生心……鹰眼四集，圜向吾华，势将猞糠及米，何以待之？此固非决计议战不可也"。① 左宗棠一面坚决主战，一面则积极备战。他派部将王德榜组织"恪靖定边军"，开赴前线。该军抵达前线后，驻扎在镇南关、谅山一带，配合冯子材部作战，后来（1885年3月）终于取得了镇南关、谅山大捷的胜利。

事实证明，清廷的妥协退让并没有换来和平，法国侵略者得寸进尺，于光绪十年七月初三日（1884年8月23日）突然袭击马尾港内的福建水师，使之几乎全军覆没。清廷不得不向法国宣战，并任命左宗棠为"钦差大臣、督办福建军务"。左宗棠以73岁的高龄慷慨出征，奔赴福建前线。到福州后，他一面组织防务，安定人心，修复炮台，巡视海口。同时又派王诗正率一军突破敌人海上封锁，渡海赴台，以固台防。不久，镇南关、谅山大捷的消息传来，战局发展正朝着对中国有利的方向转化。而出乎人们预料的是，清廷不但不乘胜追击，扩大战果，反而谋求妥协，与法国签订了屈辱和约。消息传来，左宗棠悲愤无比，竟赍志而殁。临终时他口授"遗折"道："而越事和战，中国强弱一大关键也。臣督师南下，迄未大伸挞伐，张我国威，遗恨生平，不能瞑目！"②

这铿锵悲壮的遗言，闪烁着左宗棠强烈的爱国思想光芒！

（载《东北史地》2014年第2期）

---

① 《左宗棠卷》第694页。
② 《左宗棠卷》第374页。

左宗棠"舆榇出关"

1850年1月3日（道光二十九年十一月二十一日）夜晚，长沙岳麓山下停泊着一艘官船。船舱内，两个初次见面的朋友在开怀畅饮：一个是白发苍苍的老者，另一个是风华正茂的书生。他们叙谈风物，议论时政，秉烛达旦，大有相见恨晚之慨，而主要话题之一是新疆的形势。这两人就是中国近代史上的著名人物——林则徐和左宗棠。

林则徐不仅是近代史上杰出的爱国主义者，也是一位有远见卓识的封建政治家。他既英勇抗击了来自海上的侵略，又通过在西陲的三年实地考察，发出了"终为中国之患者，其俄罗斯乎"的警告①。而当时左宗棠仅是湖南的一个举人，在二三十年后，他才面对沙俄这一严重威胁。

一

19世纪五六十年代，沙皇俄国先后掠夺了中国一百四五十万平方公里的土地。但欲壑难填，他们的七河省（沙俄侵占我喀尔巴什湖以东以南地区后设立的一个省）省长科尔帕科夫斯基疯狂叫嚣说，要"占领塔城、伊犁和喀什噶尔，并在该处安置俄国移民"②。1865年，中亚浩罕汗国军官阿古柏入侵我国南疆，抢占了天山南北大片领土，建立了"哲得沙尔汗国"反动政权。沙俄见有机可乘，遂于1871年5月中旬，悍然入侵我国伊犁地区。伊犁各族人民为保卫祖国神圣领土英勇奋战，因力量悬殊终于失败。7月4日，固尔札（今伊宁市）沦陷。从此，伊犁地区各族人民生活在沙俄侵略者铁蹄下。

在收复新疆的问题上，清朝政府统治集团内部曾发生激烈的争论。以李鸿章为首的集团力主放弃新疆，集中财力，充作"海防之饷"；而以左宗棠为首的主战派则力主收复新疆，认为"若此时即拟停兵节饷，自撤藩篱，则我退寸，而寇进尺"③，因而积极主张保护西北边防。左宗棠的主张自然有利于维护国家的统一。在全国人民舆论的压力之下，清政府采纳了左宗棠的意见，于光绪元年（1875）任命他为钦差大臣，督办新疆军务。

为了避免两个拳头打人，左宗棠收复新疆的计划是分两步走。首先，集中力

---

① 李元度：《林文忠公事略》。
② 哈尔芬：《俄国在中亚的政策》。
③ 《左文襄公全集》奏稿，卷四六，第36页。

量摧毁以南疆为巢穴的阿古柏反动政权。其次,三路出击收复伊犁。

1876年夏天,在克服了筹饷筹粮等困难后,左宗棠挥戈西指,分三路大举出击。在新疆各族人民支持下,清军一路摧枯拉朽,势如破竹,阿古柏屡战屡败,被迫在库尔勒服毒自杀(一说为部下所杀)。1878年1月,天山南北除伊犁地区外,均告克复,从而粉碎了英国、沙俄侵略我国西北地区、分割中国领土的阴谋。

沙俄占领伊犁后,不相信清政府能收复新疆失地,曾虚伪地声称:"俟关内外肃清,乌鲁木齐、玛纳斯各城克复之后,即当交还。"① 而当清军果真席卷天山南北时,沙俄又拒不交还伊犁。1879年10月2日,去俄国谈判的崇厚竟在沙俄胁迫下擅自签订《交收伊犁条约》(即《里瓦基亚条约》,以下简称"崇约"),以丧失大片领土和赔款500万卢布为代价换回几座空城。消息传来,舆论大哗,左宗棠更是痛心疾首,他语重心长地提醒清政府:"武事不兢之秋,有割地求和者矣!兹一矢未闻加遗,乃遽议捐弃要地,餍其所欲,譬犹投犬以骨,骨尽而噬仍不止。目前之虑既然,异日之忧何极?此可为叹息痛恨者矣!"② 为了挽回局势,左宗棠提出"先之以议论","决之以战阵"的方针,并希望拼力一战,从沙俄手中收复全部失地。在爱国浪潮的震慑下,清廷不得不将崇厚治罪,改派曾纪泽赴彼得堡谈判。同时命左宗棠统筹兵事,为打仗做准备。

沙俄见到手猎物将成画饼,更恼羞成怒,一面由其驻北京代办凯阳得(Кояндер.А.)到清政府"总理衙门"虚声恫吓;一面又调兵遣将,大搞军事讹诈。数万俄军集结于同中国北部、东部和西部相毗连的地区,仅西部边境就有1万多人(其中驻在伊犁的有30个步兵连和20个哥萨克骑兵连,共步骑7000余人)。此外,一支由23艘军舰(包括2艘铁甲舰、13搜巡洋舰)组成的舰队由黑海驶往日本长崎,准备封锁中国海面。一时间阴云密布,战争大有一触即发之势。

此时,已经69岁的左宗棠决心奋起迎击沙俄的猖狂挑战,把自己的余年献给捍卫祖国领土主权的事业,他在给朋友的信中说:"衰年报国,心力交瘁,亦复何暇顾及?"③ 他拟订了一个三路出击收复伊犁的军事计划:东路以伊犁将军金顺所部万人扼守精河一带,阻截俄军东窜,并调金运昌的"卓胜军"马步2000人协助;中路以"嵩武军"统领、提督张曜率步骑5000人出阿克苏,沿特克斯河径趋伊犁,另调步骑2000余人归其节制(这是主攻方面);西路则由湘军总统刘锦棠率步骑万余人出乌什以图进攻;后路各重要驻点都分别有军队驻防。为了便于就近指挥,左宗棠还准备亲率马步出屯哈密。

---

① 《新疆图志》卷五四,"交涉"2,第2页。
② 《左文襄公全集》书牍,卷五五,第31页。
③ 《左文襄公全集》书牍,卷二三,第39页。

二

艰苦的边塞生活和繁忙的军务,对年近古稀的左宗棠来说是很不适应的。1879年夏天,他在肃州(今甘肃酒泉)大营患风湿疹子,爬搔不宁,夜不能寐。这年冬天,伊犁局势越来越紧张,调兵遣将,运筹帷幄,更无一点闲暇,左宗棠终于病倒了。一天早晨,刚刚披衣起来,忽吐鲜血数十口。"衰病日臻"的左宗棠,时刻担心自己来不及完成收复伊犁的使命。为争取时间,实现"与西事相始终"的誓言,左宗棠不惜埋骨于黄沙雪岭之中,"至马革桐棺,则固非所计矣!"①

在一切部署妥当后,1880年5月26日,左宗棠率领亲军六大哨1000多人离开肃州,出嘉峪关向哈密进发(另四哨步兵和炮队作为先头部队已出关)。为表示抗俄决心,他义无反顾,"舁榇以行"②。抬着棺材去和侵略者拼命,这是何等悲壮的一幕啊!左宗棠决心一扫鸦片战争以来笼罩在中华民族头上的阴霾,一吐遭践踏、受欺凌的恶气。他在给朋友的信中说:"自洋务兴,中国为岛族所轻侮,耻不能振,言之慨然","为望俄事,非决战不可。连日通盘筹画,无论胜负云何,似非将其侵占康熙朝地段收回不可!"③

从肃州起程,29日行抵玉门。自古以来,玉门几乎成了人们西行的极限,在墨客骚人笔下,玉门更给人以凄凉之感,王之涣的《凉州词》中不就有"羌笛何须怨杨柳,春风不度玉门关"的句子吗?但此时此刻,左宗棠胸中并没有"西出阳关无故人"的惆怅,反而充满着"黄沙百战穿金甲,不破楼兰终不还"的杀敌报国豪情。尽管他年近七旬,却无暮日西垂、老之已至之感,而是像他自己所说的:"壮士长歌,不复以出塞为苦""虽知壮不如人,而孤愤填膺,诚有不知耄之已及者"④。

三

6月2日,左宗棠行抵安西州,沿途尽是沙碛,不但人烟罕见,就连草木也非常稀少。目睹眼前的荒凉景象,左宗棠立即从自己的养廉银中拨出2000两交付地方官购买种羊,无偿发给当地百姓和驻屯士兵,以发展畜牧业。在隔壁行军

---

① 《左文襄公全集》书牍,卷二四,第6页。
② 李元度:《国朝先正事略续编》卷一《左文襄公宗棠》。按:该文发表时此处文献出处标为《清史稿》,《清史稿》载:"舁榇发肃州",今予以改正。
③ 《左文襄公全集》书牍,卷二四,第75页。
④ 《左文襄公全集》书牍,卷二四,第27页。

时，左宗棠凭轼眺望，观察到有些沙石之间芦苇丛杂，近水地方还见到榆、柳等树，于是心中产生了一个疑问："既产草，则必宜禾""奚仅宜榆柳，不宜蔬果乎？"在戎马倥偬之中，他想到了发展畜牧业和农业生产："拟先以畜牧导民，而令其渐谋耕获。"经历一千五百华里艰苦行军后，6月15日，左宗棠终于到达哈密，受到当地各族人民的热烈欢迎，"父老扶杖而观，不远数百里"。①

冒暑行军戈壁，使左宗棠肝病复发，经医药调治，才稍觉好转。抵哈密后，他不顾旅途劳累、身体不适，立即着手部署军事，一面加强巴里坤、古城、安西等主要据点的防务；一面派古城局委员刘思谦就近增设三个驿站，与科布多西南八站相连，遇有急报，即星夜驰递。同时，通过书信往来与刘锦棠、张曜等反复商讨进兵路线。

哈密与吐鲁番被称为关外的"火炉"，气温高达39℃以上，中午11点到下午5点之间更是酷热难当。左宗棠的中军大营离哈密城三里左右，全部用泥土建造。他住在军营中，与将士同甘共苦，据当时亲自访问过哈密大营的德国人福克回忆说："爵相（指左宗棠）年已七旬，身在沙漠之地，起居饮食简省异常，内无姬妾，外鲜酬应之人，其眷属家人多未带至任上，唯一人在寨。"福克还详细记录了左宗棠在哈密大营的一天起居：

> 黎明即起，往菜园眺望，半晌即回，见属员，事毕，约七点钟。早膳，菜六盘，膳毕，握笔看公事，至十二钟。膳毕，仍看公事，至五、六点钟，又往菜园督看浇灌后回。晚膳毕，偕营务处及余等谈天至十二点钟安睡。②

通过这样一个作息时间表，可以看到左宗棠一天的工作在10个小时以上，而睡眠却只有四五个小时。更有趣的是，在羽檄交错、人马擐甲之中，左宗棠宝贵的一点余暇竟是用来"学圃"。他在青年时代就对农学有着特殊爱好，曾自称"湘上农人"，不但阅读了大量农学书籍，甚至亲自试验，以期得到好收成。在哈密军营中，左宗棠开辟了约20亩菜园，诸色瓜果俱全，还写信给在兰州的儿子左孝同，让他托人"速买红白萝卜子及天鹅蛋种子寄来，以便散给各营哨，愈多愈妙"③。

四

左宗棠虽然报国心切，调兵遣将，运筹帷幄，厉兵秣马，蓄势待发，但他并不是最后决策人，是否出兵伊犁，决定要在北京做出。

---

① 《左文襄公全集》书牍，卷二四，第37页。
② ［德］福克：《西行琐录》。
③ 《左文襄公家书》卷下。

1880年6月,曾任"洋枪队"头目的英国人戈登受清政府之聘来北京"调停"。戈登先到天津同力主妥协的李鸿章密谈,他露骨地威胁说:"你要作战,就要把北京的近郊焚毁,把政府档案和皇帝都从北京迁到中心地带去,并且准备作战五年。"① 6月21日,清政府在北京召开紧急会议,参加的有文华殿大学士、北洋大臣兼直隶总督李鸿章,南洋大臣兼两江总督刘坤一等。李鸿章的意见左右了会议,协办大学士全庆、工部尚书翁同龢、礼部尚书徐桐等都赞成委曲求全、与俄妥协,两天后即形成"一致意见"上奏。腐败无能的清政府遂于6月26日发出上谕,决定寄希望于谈判。它一方面表示屈从沙俄和列强的压力(英、德、法、美四国曾就惩办崇厚一事提出所谓"抗议"),将崇厚"暂免斩监候罪名,权行监禁",一面通知驻英、法公使曾纪泽,令其赴俄国彼得堡重开谈判。

为了压抑主战派的高昂斗志,在曾纪泽抵彼得堡后,清廷于8月11日发出调左宗棠回京的谕旨,表面理由是"见在时事孔艰,正须老于兵事之大臣,以备朝廷顾问"。第二天,清政府又进一步做出妥协姿态,将崇厚免罪开释。8月29日,左宗棠在哈密大营接到召他回京的"六百里加急"廷旨。眼看抗俄大计付诸东流,左宗棠壮志未酬,十分苦闷,他在一封家信中表白此时的心情说:"俄意欲由海路入犯,而在事诸公不能仰慰忧勤,虚张敌势,殊为嘅然。我之此行,本不得已。"② 在给嵩武军统领张曜的信中,左宗棠对谈判结局极为担忧,并满腔怒火地斥责了那些不顾民族利益的软骨头:"俄事尚未定议,而先以兵船东行,为恐喝之计,谟谋诸公便觉无可置力,国是混淆。计抵京时,错将铸成矣!为之奈何!"③

尽管清政府畏敌如虎,可色厉内荏的沙俄也同样惴惴不安,直接参加谈判的俄国外交部高级顾问若米尼承认:"战争对于我们将是耗费巨大、没有止境而又无益的。"④ 当左宗棠奉召回京时,沙皇政府不明白清廷的真实意图,以为中国"有动兵之意",有些着慌。1880年12月11日,俄方首席代表、代理外交大臣格尔斯询问曾纪泽:"我风闻左中堂现在进京,恐欲唆使搆兵,不知确否?"一个多月后,格尔斯、毕佐夫(俄国驻华公使)再次提及此事:"皇帝谓有传闻左相奉召入京,务须及早定议,免生枝节。"⑤ 可见,左宗棠的积极备战对曾纪泽的外交谈判起了后盾作用。1881年2月24日,经过6个多月的谈判后,中俄《伊犁条约》在彼得堡签字了。

《伊犁条约》仍然是个不平等条约,中国不但丧失了霍尔果斯河以西的领土

---

① 布尔戈尔:《戈登传》(英文版),转引自马士《中华帝国对外关系史》(中文版)第二卷第369页。
② 《左文襄公家书》卷下。
③ 《左文襄公全集》书牍,卷二四。
④ 耶拉维奇:《俄国在东方1876—1880》(英文版)第116页。
⑤ 《金轺筹笔》,转引自《小方壶斋舆地丛钞》第三帙,第379、394页。

和一些其他权益,而且还被勒索900万卢布的赔款。但与一年多前的"崇约"相比,总算争回了一部分主权,收复了特克斯河流域。一个英国外交官评论说:"中国已迫使俄国做出了它从未做过的事:把业已吞下去的领土又吐出来了。"①

事情竟是这样巧合,中俄《伊犁条约》签字的那一天恰恰是左宗棠由哈密长途跋涉后到达北京的日子,左宗棠"计抵京时错将铸成矣"的预言不幸成了现实,他在给刘锦棠的信里痛切地说:"不料和议如此结局,言之腐心。"② 充分表现出左宗棠火一般的爱国热忱。

诚然,左宗棠镇压农民起义的罪责无可逭逃,但他的爱国主义精神和对祖国统一的贡献是应当充分肯定的。

(载《人物》1982年第4期)

---

① 包罗杰:《马格里传》第351页,伦敦1908年版。
② 《左文襄公全集》书牍,卷二五。

左宗棠"舆榇出关"说不应摒弃

《人物》编辑转来穆渊同志《左宗棠"舆榇出关"说质疑》(以下简称《质疑》)一文,读后颇受启发,相信这对该问题的探讨和澄清是会有益处的。下面拟就《质疑》中的主要论点略抒浅见,以求教于穆同志和史学界同行。

一、关于史料来源问题

《质疑》作者认为,"舆榇出关"的记载只有《清史稿·左宗棠传》中一条孤证,而《清史稿》又讹误甚多,因此不足为凭。

其实,情况并非如此,至少不像《质疑》所说《清史稿·左宗棠传》中的一段话是"大家引用的最早的史料依据"。仅就笔者涉猎的材料看,有关左宗棠"舆榇出关"的记载,至少有五条之多,录如下,以资佐证:

(1) 李元度:《国朝先正事略续编》卷一,《左文襄公宗棠》载:"四月,公发肃州,舁榇以行。五月,抵哈密。"

(2) 王定安:《湘军记》卷十九,第二十二页载:"四月乙卯,宗棠发肃州,舁榇以行。五月乙亥,抵哈密,……"

(3) 《新疆图志》卷一〇七,《名宦·左宗棠传》载:"四月,宗棠发肃,舁榇以行"。

(4) 朱孔彰:《左文襄公别传》(见缪荃孙《续碑传集》卷六,第十五页)载:"四月,公发肃州,舁榇以行,五月,抵哈密。"

(5) 《清史稿》卷四一二《左宗棠传》载:"六年四月,宗棠舆榇发肃州。五月,抵哈密。"

以上所引五种著作的作者,情况是各不相同的。李元度是左宗棠的同时代人,而且是老乡(李是湖南平江人,左是湘阴人),曾入曾国藩幕府,率兵与太平军作过战。他博涉群书,又习掌故,所言当非子虚乌有;王定安也是左的同时代人,他跟从曾国藩兄弟多年,书成后又曾与郭嵩焘(左的小同乡,曾与左有过密切交往,后来反目)一起"商订得失,漏者补之,疑者缺之"(曾国荃语);《续碑传集》为缪荃孙所编,编者为光绪进士,曾创办江南图书馆,民国成立后,主要从事目录学研究,其搜索传记始于1881年(光绪七年),成于1910年(宣统二年);《新疆图志》为王树枏所编,成书于宣统年间,清朝最后一任新疆巡抚袁大化曾为之作序。即使拿《清史稿》来说,虽然讹误甚多,也并非全无参考价值。

以上各书都众口一词地肯定了左宗棠确有"舆榇出关"之事。虽然这些记载（当然也可能互相转抄）是否信史尚可以继续研究，但在未发现足以否定这一历史事实的其他材料（更不要说权威性材料）之前，对以上记载是不应武断摒弃的。笔者在《左宗棠"舆榇出关"》一文中引用"舁榇以行"一语，出处注释有误，特此说明并向穆渊同志致谢。

二、关于是否符合情理的问题

《质疑》一文认为"舆榇出关"无此可能，理由是在"军情紧急，兵贵神速"的情况下，"把一口笨重的棺材带出关外，本身就是令人怀疑的"。关于这一点，我想还是从当时的实际情况做些分析为好。

左宗棠当时年已古稀，而且身体不好，早在同治十一年十一月（1872年12月），他给儿子写信时就说："我年逾六十，积劳之后，衰老日增"，"腰脚则酸疼麻木，筋络不舒，心血耗散，时患健忘，断不能生出玉门关！"① 光绪五年六月（1879年8月），他在家信中又说："我近来为风疹所苦，缠延数月，服药无效"②。光绪六年，在他69岁高龄时，以如此衰弱的身躯，面对如此凶恶的敌人，踏上如此艰苦的征程，左宗棠不能不为可能发生的情况（即死于新疆前线）做些安排，这应该是符合人之常情的事。

那么，在当时条件下运一口棺材有没有可能呢？诚然，从肃州（酒泉）至哈密共十八站，约一千五百华里，中间还要过八百里戈壁，路上的困难是可想而知的。但既然收复天山南、北两路时，连笨重得多的大炮（出塞清军配备有德国后膛炮）和上千万斤的军粮都可以运往前线，为什么一口小小的木棺反而运不成呢？

至于"舆榇"和"舁榇"是否不同，那至多是个搬运棺材的具体方式，不是实质性问题，似可不必多做探究。

以上意见当否？请指正。

（载《人物》1984年第4期）

---

① 《左宗棠家书》卷下，第52页。
② 《左宗棠家书》卷下，第72页。

左宗棠曾想投太平军吗

有一种传说：咸丰二年（1852），后来成为清朝"中兴名臣"的左宗棠曾谒见太平军领袖，并献攻守建国之策，结果未被采纳。此说流播甚广，甚至被一些史学著作采用。该传言是否可信呢？

关于左宗棠投太平军的最早记载，见于光绪三十一年（1905）发表的历史小说《洪秀全演义》（连载于香港《有所谓报》和《少年报》），作者黄世仲（字小配，广东番禺人）。翌年，由香港《中国日报》社排印成单行本。该书写道：左宗棠"当洪天王入武昌时，曾上书天王，劝他勿从外教，洪天王见他不明种族，又不识君民同重的道理，因此不甚留意他。他满望上书洪天王，得个重用，故经许多人聘请过他，他倒不愿出。今见洪天王没有什么意思，心中就有些不快，暗忖欲作胡元时的刘因（元代理学家，诗人，以不仕元朝闻名），怎奈自己不能久耐。继思晋时王猛，曾佐苻坚，遂定了注意。先受湘抚张亮基之聘，参赞戎幕。继又受湘抚骆秉章之聘"①。又说："当秀全初下武昌时，湖南举人左宗棠尚未出仕，曾上书于秀全，力称秀全武将有余，文事不足；且称秀全不宜信仰外教，宜尊崇孔子。"②

此前三年即光绪二十八年（1902），留日学生杨毓麟（字笃生，湖南长沙人）曾著《新湖南》说："湖南人如胡、左二公，固非无度外之思想者也"，左公"蔑时语其家人说：'朝廷待我固不可谓不厚'；少间，又语曰：'误乃公事矣，在当日不过一反手间耳'！此言故人子弟多闻之者"③。此说虽未直接提及左宗棠投太平军一事，却从侧面认为他在当时有反清的思想倾向。

其后，日本学者稻叶君山于1914年出版《清朝全史》，也曾写道："据长沙人言，洪天王围长沙时，有一人布衣单履，与天王论攻守、建国之策。天王不能用，其人乘夜逃去。后湘人欲缚此献策者，因不知其姓名，其事遂寝。然考清末刊印之书，有曰《支那》（即宋教仁、黄兴于1905年在东京创办的《二十世纪之支那》杂志，撰稿人多为两湖留日学生）者，以为此人即左宗棠也，且劝洪天王弃天主耶稣，专崇儒教。"

著名历史学家范文澜沿袭并进一步肯定了这一说法，其代表作《中国近代

---

① 黄世仲：《洪秀全演义》第368页，湖南人民出版社1981年版。
② 黄世仲：《洪秀全演义》第424页，湖南人民出版社1981年版。
③ 张枬、王忍之编：《辛亥革命前十年间时论选集》，第一卷下册第619页。

史》曾有这样的表述:"据比较可信的传说,当太平军围长沙时,左宗棠曾去见洪秀全,论攻守、建国的策略,劝放弃天主耶稣,专崇儒教,秀全不听,宗棠夜间逃走。"①

研究太平天国史的资深学者简又文在其《天平天国全史》一书中,也曾述及此事。他写道:"据传说:左宗棠初以怀才不遇,郁郁不得志,尝投太平军,劝勿倡上帝教,勿毁儒、释,以收人心。惟洪、杨以立国之源头及其基础乃在新教,不能自坏之,不听。左乃离去,卒为清廷效力。"

此传说自清末至今已流播了一个世纪有余,曾引起不少人的兴趣。那么,历史真相到底如何呢?笔者认为当时的左宗棠并不具备投太平军的必要性和可能性。可从四个方面分析:

第一,生活环境不允许。

从经济状况看,咸丰二年(1852)左右,左宗棠已年届"不惑",有了一份自己的家业。八九年前,即在湘阴柳家冲置田70亩,又种茶植桑,读书万卷,自得其乐。道光二十九年(1849),复到省城长沙开馆授徒,又添一笔不错的收入。

从社会地位看,左宗棠于20岁中举,可谓少年得志。又得到陶澍(曾任两江总督)、林则徐(曾任湖广、两广、云贵总督)、贺长龄(曾任云贵总督)等高官名流的赏识。当左宗棠18岁时,贺长龄即破格"以国士见待"②;陶澍初识左宗棠,"一见目为奇才"③;林则徐久闻左宗棠之名,道光二十九年(1849)冬,特派人至柳庄(即柳家冲),召其会于长沙湘江舟中,"诧为绝世奇才"④;咸丰元年(1851),清廷开"孝廉方正科",收罗人才,翰林院编修郭嵩焘以左宗棠应举,但被左氏婉拒;次年,贵州黎平知府胡林翼向新任湖南巡抚张亮基推荐左宗棠,称誉其"才品超冠等伦"。可见,此时的左宗棠在上流社会中,已经声名鹊起,远非像洪秀全起义前只是个默默无闻的穷书生。

从社会关系看,左宗棠的亲戚师友中不乏显宦达贵:陶澍、贺熙龄(贺长龄之弟,曾任都察院监察御史)是他的儿女亲家;林则徐、贺长龄是他的忘年交;胡林翼(后来官至湖北巡抚)是他的世交兼挚友;郭嵩焘、郭崑焘兄弟是他的同乡兼朋友。试想,身处这样一种社会关系网络中,左宗棠怎么可能冲破罗网去投敌对阵营的洪秀全呢?

---

① 范文澜:《中国近代史》第121页,人民出版社1953年版。
② 《左文襄公全集》书牍,卷二二,第16页。
③ 左孝同:《先考事略》,转引自罗正钧《左文襄公年谱》卷一,第14页。
④ 《胡文忠公遗集》卷五五,第22页。

第二，主观动机不具备。

左宗棠出身一个书香门第，耕读之家。6岁读《论语》《孟子》，9岁作制艺（即八股文），寻绎汉宋先儒遗书，从小接受儒家思想熏陶，研读程朱理学，思想深处很难摆脱"忠、孝、节、义"的封建伦理窠臼。让他以一个清廷叛逆者的身份出现比登天还难！

另外，左宗棠从青年时代起就有很高的抱负，经常以诸葛亮自期，立誓要"为播天威佐太平"。封妻荫子、青史留名是他一生的追求，封建士大夫的"正统观"也不可能让他站到清王朝的对立面去。

第三，时间安排不接轨。

传说左宗棠投太平军发生在咸丰二年（1852）。此前，他一直住在湘阴柳庄，"日与庸人缘陇亩"，且"别有一段乐意"①。是年（农历）八月，为自保计，从柳庄迁至湘阴县东白水洞"避乱"。十九日，新任湘抚张亮基抵长沙，立即致书左宗棠称"思君如饥渴"。左氏遂应聘"出山"，并于二十四日与张亮基一道"登梯"进入被太平军包围的长沙城。其间并不存在与太平军接触的时间段。

再从太平军方面看，咸丰二年四月下旬，太平军从广西入湖南，连克数州县后，于七月初三（8月1日）攻占郴州，二十七日抵长沙城下被阻。两天后，前敌总指挥西王萧朝贵中炮阵亡。直到九月初一，洪秀全才从湘南的郴州赶到长沙城外。时左宗棠已经进城，两人不存在见面的时间。

第四，地点选择不相符。

传说洪、左见面的地点一为武昌，一在长沙。太平军攻占武昌是在咸丰二年十二月初四（1853年1月12日），此时左宗棠正在长沙张亮基幕府，得到高度信任，张"一以兵事任之"②。次年正月初二，太平军放弃武昌，顺江东下。十天后，左宗棠才随调署湖广总督的张亮基离开长沙，向武昌进发。二十二日抵武昌。此时，太平军撤离武昌已有20天，根本不具备洪、左会面的空间条件。至于说左宗棠在长沙谒见太平军领袖，更是天方夜谭。当时一个在长沙城内抗拒，一个在城外猛攻，双方正在进行你死我活的搏杀，如何能会面献策！

既然"左宗棠投太平军"绝无可能，那么流言怎么会广为传播呢？

传言起于20世纪初，是与当时民族民主革命运动高涨的形势密切相关的。一些民主革命宣传家借助"先贤"威名，打着他们的旗号，以求达到动员民众反清的目的。正是在这样的历史背景下，左宗棠投太平军的传言也就应运而生了。而且左宗棠本人的个人经历中，确实存在一些"疑点"，不能不引起人们的

---

① 《左文襄公全集》书牍，卷二，第1-2页。
② 罗正钧：《左文襄公年谱》卷一，第29页。

猜测。比如，咸丰三年（1853）九月，左宗棠离开张亮基幕府回到家乡后，坚持"暂不出山"；后任湖南巡抚骆秉章三次礼聘，他都"托词谢之"，颇有点蛰居待时的意味。这明显与他建功立业、"以诸葛亮自期"的抱负不符。其实，左宗棠当时确实想沉下心来，深入观察一下眼前的政治形势，以便把握复出的时机，而不是盲目行动。这与他平生处世谨慎、遇事深思熟虑的性格特点是相符的。

（载《清史参考》第 35 期，总第 341 期，2013 年 9 月 23 日）

左宗棠：追求近代中国富强的奋斗者

美国《新闻周刊》2000年第一期"千禧年一句话"栏目刊载了最近一千年全世界40位"智慧名人"，其中中国有三位，即成吉思汗、左宗棠、毛泽东。

作为"智慧名人"，左宗棠"智慧"的表现是什么？"名人"的内涵又是什么？仁者见仁，智者见智。依我的看法，左宗棠是"中兴"清朝之名臣，求强求富之名贤，抗敌御侮之名将，一生清廉之名宦，简而言之就是八个字：名臣、名贤、名将、名宦。

一、"中兴"清朝之名臣

左宗棠生活的时代是一个病入膏肓的封建衰世，真可以说是"日之将夕，悲风骤至"①，当时呈现的社会画面是：土地兼并严重，社会风气败坏，军队腐化，灾害频仍，民变四起……用晚清思想家龚自珍的话来概括就是，"各省大局，岌岌乎皆不可以支日月，奚暇问年岁？"②

面对这样的封建衰世，左宗棠却想做一个挽狂澜于既倒的风云人物，于是他加入了镇压太平军、捻军和西北回军的行列。

作为一个封建时代的读书人，左宗棠在科举的道路上走得并不顺利，他只中过举人，三次考进士都失败了，他的个人事业实际是从幕府开始的。咸丰二年（1852）秋，他进入湖南巡抚张亮基幕府，得到高度信任，用左宗棠自己的话说："事无巨细，尽委于我。"这次只干了七个月，因张亮基调走而辞归。过了一年半，他应新任巡抚骆秉章之聘再次成为巡抚幕府的核心人物，而且一干就是六年。他在当时所起的作用，有位叫潘祖荫的官员做了这样一句概括："国家不可一日无湖南，湖南不可一日无宗棠也！"③

社会评价这么高，左宗棠自视就更高。诸葛亮自比管仲、乐毅，而左宗棠就自比诸葛亮。青少年时代的左宗棠家里很穷，甚至不得不入赘周家，做"倒插门"女婿。穷归穷，人却非常自负，他在自己书房门口贴着一副对联，上联是"身无半亩，心忧天下"，下联是"读破万卷，神交古人"。在给朋友写信时，经常落款"亮白"，有时干脆署名"老亮"，真是毫不客气，活脱脱的一副狂态。

---

① 龚自珍：《尊隐》，《龚自珍全集》上册第87页，上海人民出版社1975年版。
② 龚自珍：《西域置行省议》，《龚自珍全集》上册第106页。
③ 潘祖荫：《潘文勤公奏疏》，第22－23页。

从咸丰十年（1860）六月起，左宗棠奉命组建了"楚军"，并在三个月后开赴江西，又进入浙江与太平军作战，开始成为独当一面的统帅，过了一年多就升任浙江巡抚。不久，再担任闽浙总督。同治三年（1864）二月，他从太平军手中夺取杭州城，然后南下福建，进入广东，镇压了太平军余部。

同治五年（1866）九月，左宗棠调任陕甘总督，被派到西北去镇压捻军和回军。在陕甘地区，他制定了"先捻后回，先秦后陇"的战略方针，一直打了七年仗，到军事行动基本结束时，他已过了"耳顺"之年（即60岁）。而此时，摇摇欲坠的清王朝在湘军、淮军的支撑下，终于熬过了自己的统治危机，迎来了所谓的"同治中兴"，左宗棠也就成为中兴清王朝的名臣之一。

二、求强求富的名贤

近代历史对于中国人来讲的确是太屈辱、太痛苦、太不堪回首了！面对列强的入侵，面对主权沦丧、山河破碎，面对贫穷落后，一些仁人志士、先知先觉走上了"求富求强"之路。左宗棠就是这些为中国富强而奋斗的"仁人志士"中的一位。

（一）创办马尾船政局——不甘"人跨骏而我骑驴"

青年时代，左宗棠就钻研经世致用之学，并受到魏源的影响，他认为"此时而言自强之策，又非师远人之长，还以制之不可"。由于洋人的坚船利炮轰开了中国的大门，当时主张学习西方的中国人自然首先想到要制造轮船。

左宗棠的观点是"泰西巧，而中国不必安于拙也。泰西有，而中国不能傲以无也"，一个"不必"，一个"不能"，充分表现了左宗棠的务实态度和求新精神。左宗棠强调，在列强争雄的时代，中国决不能处于停滞、落后状态，他做了一个形象的比喻："彼此同以大海为利，彼有所挟，我独无之。譬犹渡河，人操舟而我结筏；譬犹使马，人跨骏而我骑驴，可乎？"[①] 正是从这一点出发，1866年，左宗棠在福建马尾创办了近代中国最早具有现代意义的造船厂（江南制造总局虽成立于1865年，但到1867年才开始造轮船）。

（二）创办兰州机器制呢局——开发大西北的先驱

办军火工业是为了"求强"，办民用工业则是为了"求富"。光绪六年（1880），经过左宗棠的积极筹办，终于在兰州建立了甘肃机器制呢局。机器都是从德国进口的，大小零件足足装了四千箱，当时的运输条件只限于人力、畜力和

---

① 《左文襄公全集》奏稿，卷一八。

木船，相当原始。这批笨重的机器从德国运来，再从上海运到兰州，真是历尽千难万险。不过，这对极端落后的中国西北地区来说真是个破天荒的壮举。我国第一个近代化的机器毛纺企业就这样在偏远的甘肃诞生了，这本身就是一件具有深刻意义的事：一方面，它是西北地区民族工业的滥觞；另一方面，它又为西北近代工业的发展培养了技术骨干。这个厂几度停办几度恢复，新中国成立后创办的兰州第二毛纺厂，还是以该厂原来遗留的两架顺毛机为基础办起来的。

当然，左宗棠一生的最得意之笔、最夺目之举，也是为后人所怀念的事业，还是他挥戈西指，收复新疆。正是这一壮举，使得他名垂青史、光照后人，成为晚清时期抗敌御侮的名将。

三、抗敌御侮之名将

在列强虎视鹰瞵而国势又极度衰微的时代，左宗棠排除种种阻力和困难，"引边荒艰巨为己任"，毅然出兵收复了沦陷达14年之久的新疆，为祖国保住了一片大好河山。他那种"雄师亲驻玉门关，不斩楼兰誓不还"的万丈豪情，至今仍让人们感叹不已！

新疆自古就是中国领土，同内地的政治、经济、文化联系绵延不断。同治三年（1864），这里爆发了反清武装斗争，局面比较混乱，这就为中亚浩罕汗国军官阿古柏和沙皇俄国的入侵提供了可乘之机，从而出现了震惊全国的西北边疆危机。

阿古柏侵入新疆后，先后占领了喀什噶尔、叶尔羌、和阗、阿克苏、库车，到同治九年（1870）秋天，又攻陷了达坂城、吐鲁番、乌鲁木齐和玛纳斯，侵占了新疆的大部分地区，并在占领区建立名为"哲得沙尔汗国"的外来政权，进行极端野蛮、黑暗的殖民统治，沦陷区的各族民众大批沦为奴隶，南疆人民莫不痛心疾首。

新疆问题所以严重还在于英、俄两国的插手。19世纪的英国和俄国，是两个正争霸世界的殖民大国，双方都向中亚地区推进，剑拔弩张。阿古柏政权出现后，英、俄双方都想控制它。同治十年（1871）沙俄出兵占领了我国伊犁地区，夺取了妄图鲸吞新疆的一个重要桥头堡；英国当然也不甘落后，他们加紧了与阿古柏的勾结。这样一来，收复新疆的斗争变得十分复杂和艰巨，因为这意味着不但要粉碎阿古柏入侵势力，还要同野心勃勃的英、俄两霸做坚决斗争。

在西北形势岌岌可危的时候，左宗棠以垂暮之年毅然承担起收复新疆的重任。在沙俄侵占伊犁的时候，正准备告老还乡的左宗棠立即表示："今既有此变，西顾正殷，断难遽萌退志，当与此虏周旋！"① 那么，清政府的态度如何呢？对于新疆问题，清廷内部出现了两种截然不同的意见，这就是持续了几个月的"海防与塞防之争"。李鸿章是坚决反对出兵的，他的论据是"论中国目前力量，实不及专顾西域"，并强调"海防"要重于"塞防"，认为"新疆不复，于肢体之元气无伤；海疆不防，则腹心之大患愈棘"。李鸿章对新疆问题的价值判断是"徒收数千里之旷地，而增千百年之巵漏，已为不值"②。刑部尚书崇实把话说得更加直白，他认为，新疆"纵能暂时收复"，"万里穷荒，何益于事？"③ 左宗棠的意见是针锋相对的，一方面他强调"海防、塞防二者并重"；另一方面，又指出进兵新疆是当务之急："若此时即拟停兵节饷，自撤藩篱，则我退而寇进尺，不独陇右堪虞，即北路科布多、乌里雅苏台等处恐亦未能晏然"④。同时还强调："若新疆不固……匪特陕甘、山西各边时虞侵轶，防不胜防，即直北关山，亦将无晏眠之日"⑤。他反复重申：国家领土寸尺不能让人！最后，清政府采纳了左宗棠的意见，做出了出兵新疆的决定。并任命左宗棠为钦差大臣，督办新疆军务，委以筹兵、筹饷、指挥军队的全权。

受命之后，左宗棠昼夜筹划，静心准备。他的准备工作除了军队的集结、训练、调动外，主要是筹粮、筹饷、筹转运。俗话说"兵马未动，粮草先行"，数万大军军粮的采集不是件小事，他派员四处采购，又指示"嵩武军"统领张曜在哈密大行军屯，并注意处理好"军食"与"民食"的关系。当军事行动开始时，已筹到军粮4000余万斤。

西北用兵，自然条件恶劣，运输更加困难，满载军需物资的车辆、牲畜经戈壁、涉沙漠、穿峡谷、翻天山，艰难险阻，可想而知！当时调集的运输工具计有：大车5000余辆、驴骡5500余头、骆驼29000头，士兵除自携武器、装备外，还要背负一部分粮食。

筹饷是让左宗棠最头痛的事。当时清政府财政入不敷出，捉襟见肘，不但中央"部藏无余"，地方也"库储告匮"，要打仗却拿不出钱！左宗棠为军饷的问题"昼夜焦思，无从设措"，"绕帐彷徨，不知所已"！⑥ 为摆脱困境，他只好咬着牙去借外债。外债可不是那么好借的，洋行乘机敲诈，利息高达一分二厘五，而在当时英、法两国的贷款利息一般是3.5～4厘。高利贷的利息总额竟超过了借款数的一半，所以《申报》批评这种贷款是"剜肉补疮""饮鸩止渴"。左宗

---

① 《左文襄公全集》书牍，卷一一。
② 《李文忠公全书》奏稿，卷二四。
③ 崇厚：《请缓西征宽筹国用以备海防由》。
④ 《左文襄公全集》奏稿，卷四六。
⑤ 《左文襄公全集》奏稿，卷五〇。
⑥ 《左文襄公全集》奏稿，卷四六。

棠自己也非常痛心,他写信给朋友说:"夫用兵而至借饷,借饷而议及洋款,仰鼻息于外人,其不兢也,其无耻也,臣之罪也!"① 可没有这笔借款,收复新疆的大业就将成为泡影。权衡利弊得失,左宗棠只得忍痛吞下这个苦果。最后,清政府批准他借外债 500 万两,同时又从海关划拨 200 万两,要求各省、关再拼凑 300 万两,总计 1000 万两,算是解决了军费的难题。当接到清廷批准他西征预算的谕旨时,左宗棠大喜过望,老泪纵横,跪诵再四,感激涕零。

作为收复新疆的最高统帅,左宗棠一方面加紧整顿,训练部队,"勤加演习,精而又精";另一方面,又尽量配备比较先进的武器,在西征军中,甚至出现了一支专业化炮兵——侯名贵炮队。一位外国观察家评论说:左宗棠的西征军"基本上近似一支欧洲强国的军队"②。

左宗棠收复新疆的基本战略是:"先北后南,缓进速战"。"先北后南"是从空间角度说的,根据敌人重南轻北的部署,首先攻击阿古柏的"软肋";"缓进速战"是从时间角度说的,就是讲准备工作不怕慢,一定要万无一失;战斗一打响就要快,速战速决,不能拖泥带水。同时,左宗棠强调收复故土的正义性,"西征用兵,以复旧疆为义,非有争夺之心"③,要求将士"以王土王民为念",严格军纪,严禁扰民。此外,还制定了正确的俘虏政策,如达坂城之役,毙敌 2000 余人,俘虏 1200 人,全部予以释放。这些措施的施行,得到新疆各族人民包括一部分被裹挟者的支持,加速了阿古柏政权的崩溃。

南疆收复之后,左宗棠又着手收复伊犁地区。沙俄当然不肯轻易放弃他们已抢到手的"肥肉",他们一面强迫清廷使臣崇厚签订了一个丧权辱国的条约;另一方面又集结兵力,派遣舰队,进行武力恫吓。此时,年已 69 岁的左宗棠决心奋起面对沙俄的挑战,甚至打算一举收复因《瑷珲条约》失去的大片国土。左宗棠厉兵秣马,拟订了向伊犁三路出击的军事计划,同时还亲出嘉峪关,把大本营从肃州(今酒泉)迁到了靠近前线的哈密。当时正值盛夏,哈密气温高达 39℃。而左宗棠身体不好,因积劳而吐血。为表示抗俄决心,他置劳累疾病于不顾,"舆榇出关",做好了捐躯疆场的一切准备(连死都准备了,还有什么没有准备的呢?)不过清政府却没有与沙俄抗衡到底的勇气,最终与沙俄签订了《伊犁条约》。由于谈判代表曾纪泽的外交努力和左宗棠在前线的积极备战,伊犁地区的大部分回归到祖国的怀抱,但仍被沙俄夺去了霍尔果斯河以西一万多平方公里的土地,并支付了一笔所谓的"赔偿费"。为压抑主战派的高昂斗志,清廷决定调左宗棠回京"以备顾问",左宗棠壮志未酬,非常苦闷,在家信中,他批判

---

① 《左文襄公全集》书牍,卷一六。
② 包罗杰:《阿古柏伯克传》(英文版),第 275 页。
③ 《左文襄公全集》奏稿,卷四八。

当朝勋贵"虚张敌势",又表示"我之此行,本不得已"。①

左宗棠一生的闪光点就在于:面对侵略者他始终保持着高昂的斗志,《清史稿·左宗棠传》评价他是"锋颖凛凛向敌"!他最后还是病死在抗法战争的前线——福州。死后,有人送了一副挽联:"绝口不谈和议事,千秋独有左文襄"②,这副挽联正是左宗棠一生事业的真实写照。

当然,左宗棠一生事业的得意之笔还是收复新疆,这一壮举不但为全体中国人所赞赏,也得到某些外国有识之士的高度评价。一百多年前,有位叫史密斯的美国人在1890年出版了一部名为《中国人的气质》的书,在评价左宗棠收复新疆之役时,曾这样说:

> 左宗棠的"农垦大军"彻底完成了它的使命,其伟绩可以这样评价:在任何现代国家的史册上都是最卓著的。

左宗棠的部下杨昌濬也曾吟诗一首,歌颂收复新疆的伟业,诗云:"大将筹边尚未还,湖湘子弟满天山,新栽杨柳三千里,引得春风度玉关。"西征的清朝大军正是沿着夹道成荫的"左公柳",把春天带到了边塞,让春风吹到了玉门关外!

四、一生清廉之名宦

左宗棠一生,一任巡抚(浙江),三任总督(闽浙、陕甘、两江),并以大学士入值军机处,在总理衙门行走,参与清廷的最高决策。但他绝大部分时间却是在戎马倥偬中度过的,从政时间虽然不长,却力图有所作为,有所建树。

(一)整顿吏治,兴利除弊

在封建官吏中,左宗棠确实是一个比较有远见的人物,他懂得要从根本上维护封建统治,就必须发展生产,安定民生,单靠镇压农民起义是解决不了问题的。他在浙江用兵时,就一面令军士就地耕垦,解决军粮困难;一面又采购籽种,购买耕牛,召农民耕垦。到西北后,又实行大规模屯田;同时注意总结推广农业生产技术,甚至力主在新疆使用农业机器。此外,他还刊刻《种棉十要》《棉书》等书籍分发陕、甘两省,并且"移浙之桑,种于西域"③,力图在新疆发展丝织业。

水利被称为农业的命脉,特别是在干旱的西北地区,如果不解决水的问题,

---

① 《左文襄公家书》卷下。
② 《左文襄公荣哀录》。
③ 《左文襄公全集》书牍,卷二四,第18页。

就根本无法进行农业生产，所以左宗棠非常重视兴修水利。他指示地方官说："水利所以养民，先务之急，此为最切"①。在宁夏，他修复了汉渠，在河州（今甘肃临洮）他支持部将完成了抹邦河灌溉工程。还指示地方官在西宁、河西走廊加紧修复水渠，同时在陕甘大力推广凿井灌田。收复新疆后，又分别在天山南北修复坎儿井和水渠。

左宗棠对植树造林更是情有独钟，他在陕甘一带开展了大规模的"绿化"活动，据不完全统计，先后在陕甘地区种树近44万株。有记载说，经过左宗棠的大力倡导，自泾州以西至玉门关，"夹道种柳，连绵数千里，绿如帷幄"②，这就是有名的"左公柳"。

以上是"兴利"。在"除弊"方面，首先是严禁鸦片，他发布命令，广为劝诫，同时严令地方官四出查禁，还派专人到地方密查，一旦发现种植罂粟，决不姑息。又派兵到宁夏盘查，发现罂粟一律拔除，地亩充公，并把宁夏知府和五个州县长官革职撤任。这样雷厉风行的禁烟，自林则徐以后实为罕见。其次，左宗棠还力图革除一些官场陋习、繁文缛节。对文书报告，他要求简明扼要、言之有物，在一份批语中，他斩钉截铁地说："一切称颂贺候套禀，概置不览，且拉杂烧之"，③ 坚决反对官话、套话。对贪官污吏，更是严惩不贷。左宗棠整顿吏治的办法是"察吏""训吏"和"恤吏"，说白了就是考察官员、教育官员、爱护官员。用左宗棠的话说是："训之使不至为恶，恤之使可以为善"。如何来甄别官吏呢？左宗棠有他的标准，他说：

> 官无论大小，总要有爱民之心，总要以民事为急，随时随地切实体贴，所欲与聚，所恶勿施。④

他在一份官员的禀帖上，还做了这样一段批示：

> 做官要认真，遇事耐烦……一切心肠都在百姓身上，如慈母抚幼子，寒暖饥饱，不待幼子啼笑，般般都在慈母心中，有时自己寒暖饥饱翻不觉得。如此用心，可谓真心矣！⑤

也就是说，爱护百姓要达到"忘我"程度。

为官清廉的左宗棠甚至拿出自己的薪俸，贴补生活困难的官员；对贪赃枉法的，一经发现，绝不留情。甘肃总兵周东兴侵吞赈灾银被发现，左宗棠在奏明朝廷后，立即将其军前正法；甘肃徽县代理知县"一意营私"，被予惩办，包庇他

---

① 《左文襄公全集》批札，卷二。
② 隆无誉：《西笑日觚》。
③ 《左文襄公全集》批札，卷二。
④ 《左文襄公全集》批札，卷六。
⑤ 《左文襄公全集》批札，卷二〇。

的官员也受到"记大过"和"永停差遣"的处分。

（二）以身作则，清廉为本

左宗棠官做到总督、大学士，但他一生清廉，不收受身外之财物。他在陕西时，一位福建前下属送来一盒燕窝，左宗棠说：这是一件珍贵的礼物，他不能收受。于是转给了生病的将领，并折价奉还。他从陕甘总督位子离任时，陕西布政使（主管一省财政的大员）王思沂怕他进京时手头不宽裕，决定把以前陕西经收甘肃的一笔捐输尾款送给他，被左宗棠坚决拒绝，他说："近时于别敬概不敢受。至好新契之例赠者，亦概谢之……俸外不收果实，义有攸宜。至甘捐尾款，储为关陇不时之需，以公济公，于事为合，弟已去任，不能指为可取之数。"①

左宗棠崇尚俭朴，在陕甘总督衙门、在肃州大营，经常亲自灌园种菜。他对自己的孩子，家属要求也很严，他给子女立下规矩："在督署住家，要照住家规模，不可沾染官场气习，少爷排场，一切简约为主。署中大厨房，只准改两灶，一煮饭，一熬菜，厨子一，打杂一，水火夫一，此外不宜多用人。"②左宗棠做闽浙总督时，他的眷属去福州，路过闽西北崇安县，知县热情款待。后来左宗棠路过崇安，当面向知县偿还了这笔"招待款"。左宗棠从不随便安插私亲和包庇家属，连他的女婿想追随老丈人，都被拒绝了。他有一位亲家的儿子贺昇运牵涉到"罂粟禁种案"内，也照样受到了处分。

尽管左宗棠官居一品，他的遗产却只有 25000 两银子，每个儿子只能分到 5000 两，还不到李鸿章遗产的 1/100。容闳在《西学东渐记》中说，李鸿章有"四千余万金以遗子孙"，梁启超说，李鸿章"大约数百万金之产业，意中事也"，就按最低的估算，左宗棠的家产也不足李鸿章遗产的 1/100，按最高估算，李的遗产是左的 1600 倍。光绪三年（1877），他存下的"薪俸"大约有 40000 余两，但正值陕、甘大旱，他一次就捐银 13000 两用于救灾，他给朋友写信说："弟之归计尚可敷衍，当用之灾区，于心始安！"③

左宗棠经常爱说的一句话："不欲以一丝一粟，自污素节。"左宗棠是这样说的，也是这样做的！

最后，我想归纳一下，讲了半天左宗棠，他身上蕴藏、散发着三股气，即正气、骨气和霸气，这就是他留给我们后人的精神财富！

（《凤凰卫视》"世纪大讲堂"专题演讲稿，2006 年 4 月 15 日播出）

---

① 《左文襄公全集》书牍，卷二五，第 12 页。
② 《左文襄公家书》卷下。
③ 《左文襄公全集》书牍，卷二〇，第 48 页。

"千秋独有左文襄"：历史上的左宗棠及其功绩

左宗棠（1812—1885），是我国近代杰出的政治家、军事家、思想家，也是一位在半殖民地半封建时代的中国，没有奴颜媚骨，敢于抵御外侮的杰出爱国者。综观左宗棠的一生，审视他的历史贡献，可以归纳为三点，即：近代中国国家统一、主权完整的捍卫者；中国近代化的先驱之一；中国优秀传统文化的继承者、发展者和践行者。

一

早在青年时代，左宗棠就是一个关注国家前途、命运的有志之士。1840年（道光二十年），英国侵略者发动了鸦片战争，时年28岁的左宗棠不过是个"山野草民"，却极为关注时局的发展，勤奋搜集、如饥似渴地阅读有关外国的资料，以便了解对手、认识敌人。他以保国卫民为己任，提出"练渔屯、设碉堡、简水卒、练亲兵、设水寨、省调发、编泊埠之船、设造船之厂，讲求大筏软帐之利，更造炮船、火船之式"① 等具体御敌措施。

1858年（咸丰八年），发动第二次鸦片战争的英、法联军北上攻占大沽口。其时左宗棠仅是湖南巡抚骆秉章的一位幕客，他却积极建议："夷务屈辱至极，恐将更有不堪者。然窃意华夷杂处，衅端之开必速。彼时以一支劲旅护天津，而后与之决死战，尚可得志。"② 形势发展果不出左宗棠所料，"更有不堪"的局面出现了：1860年（咸丰十年），英、法联军攻占天津，劫掠北京，火烧圆明园，咸丰帝仓皇逃往热河行宫。此时，左宗棠已被任命为"襄办曾国藩军务"，并独自组成一支"楚军"。他立即向曾国藩请求，由自己率兵北上"勤王"，但此议因清廷已经与侵略者签订屈辱和约而未果。

左宗棠为捍卫祖国领土和主权完整而做出的最大贡献，是他在19世纪70年代力排众议，克服种种困难，率师一举收复新疆地区。1865年1月，中亚浩罕汗国军官阿古柏入侵我国南疆，势力直达乌鲁木齐，并建立了所谓"哲德沙尔汗国"的殖民政权。随即，沙俄趁火打劫，出兵强占伊犁，以作为它鲸吞新疆的桥头堡。英国也不甘落后，加强了对南疆的渗透，力图把阿古柏政权纳入自己的控

---

① 《左宗棠全集》（以下简称《全集》）书信一，第16页，湖南人民出版社1987—1996年版。
② 《全集》书信一，第298页。

制范围。新疆绝大部分地区沦陷，出现了严重的边疆危机，震动朝野。恰在此时，日本又从海上入侵台湾，西北、东南狼烟并起，海防、塞防同时告急。是否立即出兵收复新疆成为清廷内部争论的焦点。廷臣和有关督抚意见分歧，莫衷一是。直隶总督李鸿章提出："新疆不复，于肢体之元气无伤；海疆不防，则腹心之大患愈棘"①，要求停撤西征之军。陕甘总督左宗棠则一面强调"东则海防，西则塞防，二者并重"，一面又指出出兵新疆是当务之急："若此时即拟停兵节饷，自撤藩篱，则我退寸而寇进尺，不独陇右堪虞，即北路科布多、乌里雅苏台等处，恐亦未能晏然。"② 他还反复重申：国家领土寸尺不能让人。最后，清政府采纳了左宗棠的意见，任命他为钦差大臣、督办新疆军务，委以筹兵、筹饷以及指挥西征军的全权。

为收复新疆，左宗棠不畏艰苦，殚精竭虑，为西征筹兵、筹粮、筹转运。因军饷匮乏，不得不四处求告，甚至不惜背负骂名，重息举借外债。为提高西征军的战斗力，出关前还加强了部队的整顿和训练，配备了较为先进的武器，制定了"先北后南，缓进速战"的战略、战术原则；又重申军纪，严禁杀掠奸淫，并推行正确的俘虏政策，对被裹胁的俘虏发给衣服、粮食，予以释放，使敌人不稳的军心更加涣散，从而加速了阿古柏政权的崩溃。收复新疆之役在左宗棠的运筹帷幄和广大将士的英勇奋战下，在全国人民特别是新疆各族民众的大力支持下，一路势如破竹。从光绪二年六月至光绪三年十一月（1876年4月至1878年1月），历时一年半，终于收复了除伊犁之外的全部失地。

为收复伊犁地区，左宗棠一面反对赴俄使臣崇厚签署的丧权辱国的《里瓦几亚条约》，痛陈"目前之患既然，异日之忧何极？此可谓叹息痛恨者矣！"③ 一面提出"先之以议论""决之以战阵"的方针，并拟订了一个三路出击，收复伊犁的计划。已近古稀之年的左宗棠老当益壮，大义凛然，表示"衰年报国，心力交瘁，亦复何暇顾及！"④ 1880年5月（光绪六年四月）下旬，左宗棠率亲兵千余人"舆榇出关"，把大营从肃州（今酒泉）迁到靠近前线的哈密，既表示抗俄的决心，也做好了捐躯沙场的准备。1881年2月12日（光绪七年正月二十三日），中俄新签了改订的《伊犁条约》，由于谈判代表曾纪泽的外交努力和左宗棠的积极备战，伊犁地区的大部分回归祖国怀抱，但仍有霍尔果斯河以西的一万多平方公里的土地沦为异域。此外，清政府还支付了一笔900万卢布的所谓"赔偿费"。这仍是个不平等条约，但相比崇厚签订的条约，总算收回了一些权益。

在收复新疆的过程中及新疆重归版图后，左宗棠力图"为新疆划久安长治之

---

① 《李鸿章全集》奏稿六，第164页，安徽教育出版社2008年版。
② 《全集》奏稿，六，第188页。
③ 《全集》奏稿，七，第421页。
④ 《全集》书信三，第535页。

策"。在经济上，他着力于减轻赋税，修筑道路，兴修水利，推广蚕丝；在政治上提出"设行省，改郡县"，先后五次奏请在新疆建省以巩固国家统一。

收复新疆是左宗棠一生中的得意之笔，也是中华民族在中国近代抵抗外侮史上（除抗日战争外）难得一见的胜利。这一壮举不但为全体中国人所赞叹，也得到外国有识之士的高度评价。1890年，有位叫史密斯的美国人在他的著作《中国人的气质》一书中评论道："左宗棠的'农垦大军'彻底完成了它的使命，其伟绩可以这样评论：在任何现代国家的史册上都是卓著的。"

左宗棠的部下和朋友杨昌濬曾赋诗一首歌颂收复新疆的壮举，诗云："大将筹边尚未还，湖湘子弟满天山。新栽杨柳三千里，引得春风度玉关。"这首诗改写了唐诗《凉州词》中的佳句，展现在人们眼前的一幕是：西征的清朝大军沿着夹道成荫的"左公柳"，把春天带到边塞，让春风吹拂到玉门关外。

进入19世纪80年代，法国侵略者吞并越南南部后，继续进攻北越，并觊觎我国西南地区，甚至疯狂叫嚣"必须征服那个巨大的中华帝国"。面对侵略者的步步紧逼，时任两江总督兼南洋通商大臣的左宗棠清醒地认识到，"窃谓和局可暂不可常，其不得已而出于战，乃意中必有之事"①。基于这样的判断，他立即行动起来，巡视沿江炮台，校阅民间渔团，部署长江口防务，力主援越抗法。1884年（光绪十年），左宗棠在一份"时务说帖"中断言："迨全越为法所据，将来生聚、训练、纳税、征粮，吾华何能高枕而卧？若各国从而生心……鹰眼四集，圜向吾华，势将猰貐及米，何以待之？此固非决计议战不可也。"② 1884年8月23日（光绪十年七月初三日），法国不宣而战，其海军袭击了福建水师和马尾船厂，中法战争正式爆发。左宗棠以72岁的高龄及衰病之躯，被任为钦差大臣、督办福建军务，并于12月14日进驻福州。一抵前线，他立即布置防务，亲自巡视马江两岸，又派军乘渔船偷渡援台；并请移福建巡抚于台湾，迈出了台湾建省的过渡性一步。1885年9月5日（光绪十一年七月二十七日），左宗棠病逝于福州，临终口授遗折称："越事和战，中国强弱一大关键也。臣督师南下，迄未大伸挞伐，张我国威，怀恨平生，不能瞑目。"③ 在祖国饱受欺凌、中华民族灾难深重的时代，左宗棠以其铮铮铁骨、报国豪情，"锋颖凛凛向敌"④，这样一种宝贵的品格和精神永远为后人所景仰，正如有人在一首挽诗中所赞颂的："绝口不谈和议事（所谓'和议'实则屈辱投降——引者），千秋独有左文襄！"⑤

---

① 《全集》奏稿，八，第262页。
② 《全集》札件，第607-608页。
③ 《全集》奏稿，八，第604页。
④ 《清史稿·左宗棠传》。
⑤ 《全集》附册，第783页。

二

19世纪中叶,中国面临着"数千年未有之变局"和"数千年未有之强敌"(李鸿章语)。这一变局的特征是近代化的历史潮流席卷世界,也席卷中国,国家近代化的标志是,发展科学技术,以机器生产代替手工劳动。而中国早期的近代化则是从军事层面开始的,其主要目的在于抵御西方列强入侵,即魏源倡导的"师夷之长技以制夷"。对此,左宗棠极为赞赏,认为"默深《海国图志》于岛族大概情形言之了了,譬犹禹鼎铸奸,物行无遁,非山经海志徒恢奇可比"①。为把"师长"的主张付诸实践,他大声疾呼:"策士之言曰'师其长以制之',是矣。一惭之忍,为数十百年之安,计亦良得,孰如浅见自封也。"② 左宗棠把"师夷长技"的首选定位在仿造轮船上,因为"从海上用兵以来,泰西诸邦以机器轮船横行海上,英、法、俄、德又各以船炮互相矜耀……此时而言自强之策,又非师远人之长,还以治之不可"③。1864年,左宗棠曾在杭州试造蒸汽船,1866年(同治五年),他正式上折要求建设近代化造船厂:"臣愚以为欲防海之害而收其利,非整理水师不可;欲整理水师,非设局建造轮船不可。"左宗棠形象地比喻说:"彼此同以大海为利,彼有所挟,我独无之。譬犹渡河,人操舟而我结筏;譬犹使马,人跨骏而我骑驴,可乎?"④ 正是在左宗棠强烈要求下,清政府迅速批准了兴办近代造船厂的计划。1866年8月,左宗棠选择在福州马尾山下购得民田200多亩为厂基,并聘请法国人日意格、德克碑为正、副监督,创办了马尾船政局(亦称福州船政局)。他一面从外国订购造船机器、轮机和船槽等;一面聘请西方工程技术人员。同时,设立"求是堂艺局"(即后来的船政学堂),以培养本国的造船和驾驶人才。不久,左宗棠调任陕甘总督,特推荐"久负清望"的沈葆桢出任"总理船政",他自己也表示"身已西行,心犹东顾",一直关注着马尾船政局的建设。马尾船政局终于成为我国第一家真正意义上的近代化造船厂,"为中国制造肇端之地"⑤,亦可谓"中国海军萌芽之始"⑥。

左宗棠来到陕甘后,也非常重视西北地区的开发建设,特别对在甘肃创办近代民用工业寄予厚望。早在创办马尾船政时,他就提出"有适民生日用者,均可次第为之"⑦。1878年5月(光绪四年四月),左宗棠委托上海采运局委员胡光墉

---

① 《全集》书信三,第346页。
② 《全集》诗文·家书,第292页。
③ 《全集》札件,第575页。
④ 《全集》奏稿,三,第60、63页。
⑤ 《邮传部奏议类编》续编卷一。
⑥ 池仲祐:《海军大事记》。
⑦ 《全集》奏稿,三,第61页。

向德商订购织呢机器，招聘德国技术人员，利用西北盛产羊毛的优势，设立机器毛纺厂，以"为边方开此一利"①。1880年5月（光绪六年四月），4000余箱购自德国的机器设备辗转运抵兰州，计有各种机器60余台、纺锭1085个。是年9月，"兰州机器织呢局"正式开工生产，成为我国第一家机器毛纺厂。虽然该厂后来因经营不善被裁撤，但毕竟是我国近代开发大西北的先声。左宗棠也不愧是我国近代化的先驱之一。

三

左宗棠的历史贡献还表现在他是一位中国优秀文化传统的继承者、发展者和践行者。他不仅是我国近代一位著名的政治家、军事家，同时也是一位杰出的思想家。他的爱国思想、经济思想、从政理念、军事思想、教育思想都有独到之处。

中国自古即提倡"富贵不能淫，威武不能屈"的斗争精神和"成仁""取义"的献身精神。左宗棠不仅秉承先贤遗训，而且付诸实践，在中国近代反侵略斗争中，他始终坚持抗击外侮，反对妥协、投降。当英国侵略者挑起鸦片战争时，左宗棠振臂高呼："和戎自昔非长算，为尔豺狼不可驯。"②当新疆大片土地沦丧，边疆危机空前严重时，左宗棠愤然表示："何敢自惜残生，置身事外。"③为收复被沙俄强占的伊犁，他又"舆榇出关"，并表示："至马革桐棺，则固非所计矣。"④ 在中法战争中，他宣称"但能破彼船坚、炮利、诡谋，老命固无足惜"！如遇"寇警"，"防所既是死所，当即捐躯以殉"⑤，其铮铮铁骨、为国效命的精神无愧于中华民族的英雄。

自强、自立是中华民族的传统美德，左宗棠从救国、救民的目的出发，坚持对自强精神的追求。他说："我能自强，则英俄如我何！不能自强，则受英之欺侮，亦受俄之欺侮，何以为国？"⑥ 此言是多么深刻且有远见，即使在今天，仍可作为全体中华儿女发愤图强、实现中国梦的格言。

左宗棠还继承了中国传统的"民本"思想，强调"为政先求利民，民既利矣，国必与焉""欲知民事，必先亲民""一片心肠都在百姓身上"⑦，并进而提倡"兴利除弊"，为民造福。他是这样说的，也是这样做的。在陕甘主政十几

---

① 《全集》书信三，第297页。
② 《全集》诗文·家书，第459页。
③ 《全集》奏稿，五，第403页。
④ 《全集》书信三，第583页。
⑤ 《全集》奏稿，八，第263页。
⑥ 《全集》书信三，第570页。
⑦ 《全集》札件，第427、270、139页。

年,坚持整顿吏治,严惩贪污,禁种罂粟,举办赈务,振兴农牧,筑路植树,开矿设厂,兴办教育。凡是于国于民有利的事,总是尽力去做。左宗棠为官,不但奉公守法,认真做事,而且严于律己,磊落做人。他拒收任何不正当的收入,俸金多用于捐款赈灾、兴教办学、资助廉吏,正如他在一封家信中所言:"我廉金不以肥家,有余辄随手散去,尔辈宜早自为谋。"① 在晚清官场,这是一般为政者很难做到的。时至今日,也仍有积极的借鉴意义。

诚然,如同一切历史人物一样,左宗棠不是"完人",他必然受到历史时代、阶级地位和个人思想认识的种种局限。作为一个封建时代的政治家、军事家、思想家,他不可能跳出封建旧垒,他的思想和行为必然会打上时代和阶级的烙印,这是毋庸讳言的,也是我们不应苛求于前人的。

(载《光明日报》2016年4月9日)

---

① 《全集》诗文·家书,第196页。

刘锦棠与新疆建省

18世纪中叶，清军平定准噶尔和回部，统一了天山南北，并将这一广袤的地区定名为新疆。1762年（乾隆二十七年），清政府正式设置伊犁等处将军（简称伊犁将军），管辖天山南北驻防，兼管全新疆行政事务，下设都统、参赞大臣、办事大臣、协办大臣、领队大臣等官员。喀什噶尔参赞大臣"总理南疆事务"，乌鲁木齐参赞大臣（后改都统）掌管乌鲁木齐及其以东地区军政事务。

清廷对新疆的管理是灵活多样的，除了推行上述的"军府制"外，在南疆的维吾尔族聚居区又实行"伯克制度"，即在驻扎大臣的直接监督下，设置各级伯克（官名），由当地贵族担任；在北疆的哈密、吐鲁番又建立"扎萨克"制度，封王赐爵，统治属民；对迁居乌鲁木齐、巴里坤、哈密等处的内地民户则实行州县制度，行政上隶属于甘肃，同时服从当地军事长官节制。

1864年（同治三年），新疆爆发了大规模的维吾尔族、回族反清武装起义，而掌握起义领导权的少数宗教上层分子，以所谓"圣战"为口号，扯起"排满、反汉、卫教"的旗帜，先后建立数个地方割据政权。更有甚者，某些割据头目引狼入室，导致中亚浩罕汗国军官阿古柏入侵，占领了南疆七城，建立伪政权。沙俄又趁机侵占伊犁全境，使新疆陷入严重动乱中。

在西北形势岌岌可危之时，陕甘总督左宗棠极力主张出兵新疆，收复失地。经过一场激烈的"海防与塞防之争"，清廷最后决定西征，并任命左宗棠为钦差大臣、督办新疆军务。而作为西征军的主力正是由西宁兵备道刘锦棠率领的"老湘军"。

刘锦棠（1844—1894），字毅斋，湖南湘乡人。15岁即随叔父刘松山镇压太平军，以后又赴西北与陕甘回民军作战。1870年（同治九年），刘松山战死后，他接统"老湘军"。1876年（光绪二年）春，刘锦棠以"总理行营营务处"身份，率"老湘军"25营万余人经河西走廊开赴前敌，时年32岁。清军一路势如破竹，经黄田、古牧地等战役后，一举攻克乌鲁木齐。略经修整，"老湘军"又在由提督张曜率领的"嵩武军"和由总兵徐占彪率领的"蜀军"合作下，取得"达坂城—吐鲁番之役"的重大胜利。1877年10月初，清军发动秋季攻势，刘锦棠率骑兵2000余人，穷追阿古柏残部，"三旬之间，迅扫贼氛，穷追三千里，收复东四城（库尔勒、库车、阿克苏、乌什），歼敌数千，追回难民数十万。决机神速，古近以来，实罕其比"①。年底，攻克南疆重镇喀什噶尔（今喀什），随即收复叶尔羌、和阗，至此，南疆全部光复。1880年夏，左宗棠"舆榇出关"，驻哈密，表示誓死一战的决心，同时拟分兵三路规复被沙俄占领的伊犁地区。左宗棠以军事准备为后盾，支持了曾纪泽正在与俄国进行的外交谈判，伊犁大部分地区得以回归祖国怀抱。

新疆收复之后，应如何治理？是恢复旧的军府制，还是建立行省？这成为当时亟待解决的问题。早在嘉庆末年，经世派学者龚自珍就撰写过《西域置行省议》的文章，主张在新疆建省，推行郡县制。但当权者漠然视之，此建议如泥牛入海，无人问津。经过同治以来十余年的动乱，清朝在新疆的统治机制遭到摧毁，旧的统治制度"荡然无存，万难再图恢复"②。光绪初年新疆重归版图后，痛定思痛，左宗棠于1877年7月上《遵旨统筹全局折》，正式提出在新疆设立行省的建议，但左氏不久即调离西北，建省计划未能落实，这一使命就落到了接替左宗棠出任"督办新疆军务"的刘锦棠身上。

新疆要不要改设行省，在朝廷内外发生过争议。当时，翰林院编修刘海鳌就认为，新疆地广人稀，难以自成一省，因此"郡县未可遽设"③；文华殿大学士兼直隶总督李鸿章在给四川总督丁宝桢的信函中也说"新疆改设行省，财力实有不逮"，并冷嘲热讽道："左翁老矣，贻累后人，未敢许为经国远谟。"④曾任布伦托海办事大臣的李云麟也反对建省方案，认为"新疆建省，窒碍难行"⑤。但左宗棠不为所动，又连上两折，进一步论证了新疆建省的必要性和可行性。时任钦差大臣、督办新疆军务的刘锦棠根据他对新疆的实地考察，在与陕甘总督谭钟麟多次磋商后，于1882年9月5日（光绪八年七月二十二日）提出了一个新疆建省的具体方案。他首先充分肯定了新疆建行省的必要性，"欲为一劳永逸之计，固舍增设郡县，别无良策"⑥，但又考虑到单独建省的实际困难，提出：新疆仍归陕甘总督节制，另外添设甘肃驻新疆巡抚一员，驻乌鲁木齐，加兵部尚书衔，统管新疆全境军政事务；在甘肃新疆巡抚下面，设布政使一员，亦驻乌鲁木齐；旧有镇迪道员加按察使衔，"兼管全疆刑名驿传事务"。如实施这个方案，新疆既成为一个独立行政省区，又与陕甘两省保持密切联系，实际上把包括新疆在内的西北地区连成一个整体。

经过慎重考虑，清廷最后批准了刘锦棠的建省方案。由刘锦棠主持，先在南

---

① 《左文襄公全集》批札。
② 《刘襄勤公奏稿》卷三。
③ 《光绪朝东华录》第二册，第1289页。
④ 《李文忠公全书·朋僚函稿》卷一八。
⑤ 李云麟：《西陲事略》。
⑥ 《刘襄勤公奏稿》卷三。

北两路各设道、厅、州、县，又选派官吏，增设衙署，疏通驿站，并于1882年8月增设阿克苏道和喀什噶尔道，截至1882年上半年，在南疆地区，厅、州、县的建制已初具规模。1884年11月7日（光绪十年九月三十日）清廷发布上谕，正式宣告新疆建省。随后，刘锦棠被任命为首任"甘肃新疆巡抚"，加兵部尚书衔，统辖全疆官兵，驻乌鲁木齐；又调甘肃布政使魏光焘为"甘肃新疆布政使"，随巡抚驻扎。1885年，刘锦棠、魏光焘分别从哈密、兰州抵达乌鲁木齐，设府办事，新疆建省遂成事实。

新疆正式建省后，行省体制并未能在全疆完成，一是南路仍然保留"伯克"的名目，与州县官并立；二是北路的伊犁、塔城地区仍归伊犁将军管辖，照样实行军府制。为了统一体制，在刘锦棠的一再要求下，清政府终于在1887年下令，将"所有伯克名目全行裁汰"①，从而极大地削弱了维吾尔族封建主的传统特权，巩固和加强了新疆建省的成果。为解决伊、塔地区的管辖问题，1885年9月，刘锦棠上《伊塔各大臣分别应裁应留折》；1886年5月，又上折指出："伊犁及塔尔巴哈台等处原系新疆北路，辅车相依，不容漠视，拟请仿照镇迪道之制，置设伊塔道一员，驻扎伊犁，兼管塔城事务，改伊犁抚民厅为府，改塔城通判为抚民同知，加理事衔，兼管屯田水利，庶几官事有联，而屯政亦因之具兴。"②但这一建议遭到伊犁将军色楞额的反对。刘锦棠坚持巡抚统领全疆的原则不动摇，几经周折，清廷终于在1889年统一由巡抚统辖全疆，将军改为驻防。从此，伊犁将军仅管伊、塔两地防务，权限大为缩小。

19世纪80年代新疆建省的历史作用和意义是不言而喻的。首先是它维护和巩固了祖国的统一。建省后，当地传统的社会组织发生了重大变革，并改变了原来"治军之官多、治民之官少"的局面。中央政府的政令可以通过各级地方政府（道、府、州、县）层层下达，便于贯彻执行，使"政令不通"的弊端得到根本改善；其次，密切了新疆各族人民之间的往来，避免了政出多门、互相扯皮、彼此隔膜，有利于各民族的沟通、融合；第三，由于行政管理的协调一致，对于兴修水利、整治道路、发展蚕桑、兴办实业等带来诸多便利，从而促进了新疆地区生产的发展，使新疆"数年以来，荒芜渐辟，户口日增"③。

总之，新疆建省对巩固多民族国家的大业是具有重大意义的关键一步。刘锦棠在建省过程中的作用及建省后对新疆经济复苏和发展的贡献是不可磨灭的。

（载《清史参考》第2期，总第173期，2010年1月11日）

---

① 《平定陕西甘肃新疆回匪方略》卷二〇。
② 《刘襄勤公奏稿》卷一〇。
③ 《刘襄勤公奏稿》卷一〇。

从郑成功到刘铭传

在祖国宝岛台湾开发史上,郑成功与刘铭传是两位让人永远铭记、永远传颂的历史人物。他们两人,一位活跃在 17 世纪明清交替之际,一位叱咤于 19 世纪国难当头之时;一位是收复台湾的英雄,一位是保卫台湾的名将;一位是开发台湾的奠基人,一位是台湾近代化的创始者。尽管两人的历史背景、个人经历、时代使命均不相同,但他们都为捍卫祖国领土完整,为台湾的开发与建设做出了独特的贡献,至今仍为人民所景仰。

台湾自古以来就是中国领土,正如郑成功所说:"然台湾者,中国之土地也"①。大约30000 年前的远古时代,大陆同台湾是连在一起的,至今发现最早的台湾先民——"左旗人"就是从大陆东南迁徙而去的。汉代以来,史书中不断有大陆人民渡海赴台的记载。公元 230 年,吴主孙权派将军卫温、诸葛直率甲士万人至台湾。以后千余年来,两岸人民在经济、政治、文化等方面的联系更趋紧密。元至元十八年(1281),中央政府在澎湖设巡检司,专门管理澎湖和台湾,为我国在台湾设官建制之始。

1624 年(明天启四年),台湾为荷兰人侵占。荷兰人在台湾的殖民统治延续了 38 年,至 1661 年(清顺治十八年)始被民族英雄郑成功所驱逐,台湾得以回归祖国怀抱。

郑成功(1624—1662),原名森,福建南安人。出生于日本长崎,接受传统儒家教育。21 岁被南明隆武帝赐以朱姓(即所谓"国姓"),改名成功,这也是他被称为"国姓爷"的由来。

郑成功以厦门、金门作为主要抗清基地,鼎盛时期拥有将士 20 万人,大小战舰 5000 余艘,但他被清军大败于南京城下后,只能退守金、厦两岛。为开辟一个理想的抗清基地,郑成功遂着手进行收复台湾的准备。1661 年(清顺治十八年,明永历十五年)4 月,郑成功率军赴台,他在致荷兰殖民者的公开信中,义正词严地指出:台湾和澎湖应由中国政府管辖,因为"岛屿上的居民都是中国人,他们自古以来占有并耕种这一土地"②。经过 10 个月的战斗,荷兰殖民者被迫投降,退出了热兰遮城(又称台湾城,今台南市安平区)。郑成功一举收复台湾,既拯黎民以解倒悬之苦,又复国土终使金瓯无缺。郑氏于复台后曾赋诗云:

---

① 连横:《台湾通史》上册第 17 页,商务印书馆 1983 年版。
② 《台湾研究集刊》1988 年第 2 期。

"开辟荆榛逐荷夷，十年始克复先基，田横尚有三千客，茹苦间关不忍离。"① 真是百感交集，欣慰无限！

郑成功收复台湾后，即积极将大陆的政治、文化制度移植于斯。首先是推行大陆的郡县制，在台湾设一府（承天府）二县（天兴县、万年县）。同时推行屯垦，制定法律，兴办学校，振兴贸易。郑成功还亲自视察、慰问土著居民，当地民众"男妇壶浆，迎者塞道"②。郑成功一举收复故土后，又为台湾的发展殚精竭虑，昼夜操劳，结果竟一病不起，英年早逝，年仅38岁。郑氏政权在台湾经历三世，1683年（康熙二十二年）夏，清廷派福建水师提督施琅率水陆官兵2万余人，战船200余艘从铜山（今东山）出发，于澎湖大败郑军。9月，郑克塽（郑成功孙，郑经子）归降，康熙帝终于克取台湾，实现了全国统一。

康熙帝统一台湾后，进一步拓垦土地，200年内，台湾从一个开发相当薄弱的岛屿发展成为一个经济较为繁荣的区域。但鸦片战争之后，随着西方列强的入侵，战略地位和经济价值均十分重要的台湾早为侵略者所觊觎。英、美等国都对它垂涎欲滴。日本更于1874年（同治十三年）直接以武力犯台。法国也不甘落后，当它于1883年（光绪九年）12月挑起中法战争时，其新闻媒体甚至公开叫嚣："占据海南、台湾、舟山！"③而法国政府确实有占领台湾的企图。在新的历史条件下，面对列强窥伺的险恶形势，为保卫和建设祖国的东南门户，刘铭传挺身而出，力挽狂澜于既倒，成为中国近代史上保卫台湾、并竭力推进台湾近代化的著名爱国将领。

刘铭传（1836—1896），字省三，安徽肥西县人，世代务农。自幼好读杂书，尤喜治兵家言。后投身李鸿章的淮军，参加镇压太平军与捻军。在镇压农民起义的过程中，他统率的"铭军"扩充至万余人（最盛时达20000人），且装备精良，分步、骑、炮等兵种，成为淮军主力。刘铭传本人也因军功升至直隶提督，晋封男爵。镇压农民起义，无疑是刘铭传一生中不光彩的一页，但作为"督办台湾事务"和台湾首任巡抚，他毅然率军抗法，并以开发台湾、保卫祖国东南海疆为己任，这一光辉业绩不但功在当代，亦彪炳青史、光耀千秋，世世代代为后人所传颂。

1884年8月，法军进犯基隆，被刘铭传率部奋勇击退。同年10月，法军又猛攻基隆、沪尾（今淡水），刘铭传毫不动摇地坚持"撤基援沪""保卫台北"的战略方针，获得名闻中外的"沪尾大捷"，终使法军在台湾不能得逞。

中法战后，鉴于台湾重要的战略地位，清政府于1885年（光绪十一年）正式宣布台湾建省，并任命刘铭传为首任巡抚。依刘铭传的本意，台湾建省应有准

---

① 《延平二王遗集》。
② 杨英：《先王实录》第251页，福建人民出版社1981年版。
③ 《帝国主义与中国海关》第四编《中国海关与中法战争》第43页，科学出版社1957年版。

备、分步骤进行，但清廷迅速颁布建省诏令，他毫不犹豫、全力以赴，以极高的热情落实建省的具体步骤。

作为台湾首任巡抚，刘铭传一面加紧筹划台湾防务，一面加快台湾各方面建设。在加强防务方面，他增设了海岸炮台，并整顿军制，用新法练兵；又设军器局、军械所，改进、充实装备。在开发、建设台湾方面，刘铭传抚垦清赋，增设郡县（划台湾省为三府、一州、三厅、十一县），发展交通、兴建铁路、创办邮电、掘煤采油、振兴农业、开设学堂。他还引进华侨资本，发展对外贸易，大搞市政建设，真是全面出击，百废俱兴。经过六年经营，台湾的近代化事业在全国各省中不但最具规模，且成效显著。这种一往无前的魄力、这种只争朝夕的实干精神，实非一般人所能比拟，刘铭传堪称晚清有远见的且对台湾贡献最大的政治家。

但是，刘铭传却生不逢时，他在抵抗法国侵略者时的辉煌战绩，却因清廷的腐败无能、妥协退让而不能取得应有的成效；他在台湾所从事的卓有成效的近代化建设，也因清廷的国势衰微、国力羸弱而不能进行到底。1895年，清廷在甲午中日战争中屡战屡败，最后签订了令全国人民痛心疾首的《马关条约》，台湾被割让给日本，刘铭传在台湾苦心经营的事业亦付诸东流。当日本宣告"台湾平定"的消息传来时，在家乡养病的刘铭传立刻昏厥过去，1896年元月十二日，这位首任台湾巡抚终于含恨离开人世。

从郑成功的讨荷复台到刘铭传的抗法卫台，从郑成功的披荆斩棘、开拓台湾到刘铭传的全面规划、建设台湾，中间经历了200余年，真是斗转星移，其间中国由所谓"康乾盛世"的发轫一步步沦落到半殖民地半封建的地位，由一个金瓯无缺的独立国家变成一个主权不完整的落后大国。时代变了，面对的形势不同了，面对的敌人不一样了，当时的中国面临的正是"数千年未有之变局""数千年未有之强敌"，而刘铭传正是顺应时代的需要，高扬爱国主义旗帜，成为中国近代史上杰出的爱国主义人物，成为台湾近代化建设的先驱。尽管受时代和阶级的局限，刘铭传的奋斗只能是一幕悲剧，但他在抗击法国侵略和推动台湾近代化建设方面所做的贡献却名垂青史，永远值得我们纪念。

关于刘铭传的史与剧

刘铭传（1836—1896）是中国近代史上保卫台湾、建设台湾的著名爱国将领。35集电视连续剧《台湾首任巡抚刘铭传》（以下简称《刘铭传》），以艺术的表现形式生动而真实地刻画了这位值得纪念的历史人物，让两岸更多的中国人了解他、记得他。同时，通过再现刘铭传保台、建台的历史画面，让我们深刻认识到大陆与台湾唇齿相依的密切关系和血浓于水的手足亲情。

刘铭传，字省三，安徽肥西县人，世代务农。他自幼好读杂书，尤喜治兵家言。青年时代参加李鸿章的淮军，镇压太平军和捻军。他统率的"铭军"共18营七八千人，成为淮军主力之一。后"铭军"扩充到12000人（最盛时达20000人），且装备精良，有步、骑、炮等兵种，战斗力颇强。刘铭传本人也因军功升至直隶提督，并晋封男爵。

1864年（同治三年）5月，清军10余万人围攻常州，刘铭传部首先攻入城内，在太平军护王府中获国宝——"虢季子白盘"。此盘为西周宣王时代器物，道光中，陕西眉县令徐燮钧从民间获得，带回常州。太平军破常州，因不识宝将其用作马槽。刘铭传获此国宝后，于家乡刘老圩内盖盘亭一座，并作《盘亭小录》以记其事。此后数十年间，此宝几经劫难，直至1950年春，刘铭传曾孙刘肃曾将盘献予国家，现珍藏于中国国家博物馆。

在刘铭传一生中，镇压农民起义无疑是不光彩的一页，但他作为封疆大吏保卫台湾、开发台湾的业绩却彪炳史册，为后人所传颂。

1883年12月（光绪九年十一月），中法战争爆发，东南海疆告急，半年后清廷起用刘铭传督办台湾事务。1884年8月，法军进犯基隆，刘铭传率部奋勇将其击退；同年10月，法军又猛攻基隆、沪尾（今淡水）两地，刘铭传从战略大局出发，"撤基援沪""保卫台北"，取得闻名中外的"沪尾大捷"。法军损失惨重，在台湾不能得逞，加之1885年3月在镇南关大败，更是一蹶不振。在相持半年多后，终于撤军归国。

鉴于台湾重要的战略地位，清政府于1885年（光绪十一年）正式宣布台湾建省，并任命刘铭传为首任台湾巡抚，在经过两年的准备后，开始正式施行建省诏令。

刘铭传一面加紧筹划台湾防务，一面加速台湾各方面的建设。在加强防务方面，他督促增设海岸炮台，整顿军制，以新法练兵；同时还兴办了军器局和军械所，以改进、充实装备。在开发建设台湾方面，他做了五方面的工作：

(1) 抚垦清赋。所谓"抚垦"就是招抚少数民族（高山族），辟路开荒；所谓"清赋"就是清丈土地，增加地方财政收入。经过整顿后，垦荒达数十万亩，地方财政收入增加三倍以上。

(2) 增设郡县。调整行政区划为三府（台湾府、台南府、台北府）、一州（台东直隶州）、三厅（澎湖、南雅、埔里社）、十一县（台湾、凤山、嘉义、彰化、淡水、宜兰、新竹、恒春、安南、基隆、苗栗）。

(3) 发展交通、矿业，兴建铁路。设铁路局，铺设由大稻埕至基隆的铁路全长32公里（其中穿越狮球岭的隧道长573米），1891年完工通车，并继续向南直达新竹。又在台北设邮政总局，传递信件；并由怡和洋行承建由基隆经沪尾、台北、台南至安平，由安平至澎湖，由沪尾至福州间的电报线。1886年设商务局，购置轮船8艘，开辟至上海、香港、新加坡、西贡、吕宋等地的航线。又设煤务局、煤油局，恢复基隆煤矿，购机器采油。还设磺务总局和硫磺厂，产品运至上海，销售全国。此外，刘铭传还破天荒地筹建一座水力发电所，在台湾进行电力开发。

(4) 发展农业。刘铭传在台湾提倡水利，种茶、栽桑、养蚕、植棉。实行樟脑专卖，赞助机器制糖。

(5) 创办新式学堂。早在1874年（同治十三年），赋闲在家的刘铭传就曾提出："中国不变法、罢科举、火六部例案，速开西校，译西书以厉人才，不出十年，事不可为矣！"① 任台湾巡抚后，刘铭传把自己的建议付诸实践，于1887年在台北办西学堂，设英文、法文、地理、历史、算术、测绘、理化、汉文等课程，并聘有丹麦人、英国人做教习。另外，还设立电报学堂，培养电报专门人才。

经过6年的经营，台湾在全国23个省份中是近代化事业最具规模且成效显著的省份，刘铭传苦心孤诣，功不可没！

甲午中日战争后，台湾于1895年割让给日本，全国人民痛心疾首，刘铭传多年的心血付诸东流，他寝食难安，心力交瘁。在日本宣布占领台湾后的两个月，这位爱国名将饮恨与世长辞！

刘铭传辞世至今已有108年（本文撰于2004年），但全体中国人民特别是台湾人民永远不会忘记他，在台北市的"二二八公园"内就有刘铭传的半身铜像供人瞻仰。台北还有以刘铭传命名的大学、中学、小学和以他名字命名的马路。1951年，台北市小学生们必唱的"台北市民歌"中就有这样的词句："温暖的阳光下，依然矗立着斑驳的古城门，它好像在告诉我们：刘壮肃公的功绩犹存"（"壮肃"是刘铭传死后清廷给他的谥号）。围绕着刘铭传，两岸也有着频繁交

---

① 《刘壮肃公奏议》卷首。

往，刘铭传的玄孙女刘学馥从1996年至2002年曾三次访台，时任台北市长的马英九见到刘学馥的第一句话就是："你的先祖刘铭传是我的偶像。"亲民党主席宋楚瑜则对刘说："你的先祖是台湾的第一任巡抚，对台湾近代化建设贡献很大，我们现在是在他建设的基础上发展。"

现在，两岸的艺术家、电视工作者们共同创作、拍摄了电视连续剧《台湾首任巡抚刘铭传》。该剧是在历史真实的基础上进行艺术创作的，它不但使刘铭传抗法和治台的业绩重闪光芒，熠熠生辉，也让后人对这位首任台湾巡抚的爱国情怀、实践智慧及实干、开拓精神充满景仰之情。

《刘铭传》一剧高扬了中国人民反抗外来侵略、保卫祖国领土完整的爱国主义旗帜，反映了台湾人民与祖国大陆的骨肉亲情，歌颂了两岸人民为建设台湾、促进台湾近代化事业不畏艰险、披荆斩棘的顽强战斗精神。

《刘铭传》一剧还充分揭露了资本主义列强（在当时主要是法国和日本）为攫取具有重要战略意义的宝岛——台湾的狼子野心和种种鬼蜮手段，同时也鞭答了封建官场的腐败和晚清朝廷的无能。

今天，"台独"分子为达到把台湾从祖国分裂出去的罪恶目的，不惜歪曲历史，美化侵略者，制造了种种舆论，妄图颠倒黑白，混淆是非，蛊惑人心。但是，任何人都不能篡改历史，谎言即使重复千遍，也不会变成真理。历史长河的流淌不会依某些人的意志为转移，正是"尔曹身与名俱灭，不废江河万古流"！

（本文作于 2004 年 7 月）

张之洞与海南岛开发

张之洞（1837—1909）是清末著名的封疆大吏，也是19世纪80年代后洋务派重要的代表人物之一。光绪十年（1884），他调署两广总督，在为期五年的粤督任上，对海南岛的开发比较重视，并做出了一定成绩。

一

现已正式建省的海南岛位于南海西北部，陆地面积为3.4万平方公里，是我国仅次于台湾的第二大岛。西汉时期，中央政府已开始在海南岛设置郡县，汉武帝元封元年（公元前110），曾建珠崖、儋耳两郡。但海南远隔中原，历史上一直被视为"不毛之地"，直到唐代中叶，贬官到崖州（州治在今海南省琼山县南）的李德裕仍有"崖州在何处，生度鬼门关"之叹。明代时，在海南置琼州府，属广东省。清代改琼州府为琼崖道，共辖三州十县（琼山、临高、乐会、定安、会同、澄迈、文昌、昌化、感恩、陵水、儋州、崖州、万州），仍属广东省。

到了近代，随着西方殖民者用军舰和大炮敲开中国的大门，与台湾一起被称为"海上双目"的海南岛，自然为列强所垂涎。咸丰八年（1858）签订的中英、中法《天津条约》中，琼州即被开放为通商口岸。同治六年（1867），一些德国商人在递交普鲁士政府的"在华德侨备忘录"中，竟公然提出台湾和海南岛"不过是名义上属于中国罢了。如果给德国人这些岛……那末他们在较短的时期，就能使德国在东亚具有举世都感到的威力"①。在西方侵略者中，法国对海南岛的野心最大，也最露骨，它在19世纪80年代初加快了侵略越南和中国的步伐。光绪九年（1883），法国议会在追加900万法郎侵越军费后，再通过拨款2000万法郎、派遣15000名侵越军队的提案。同时，法国报纸放肆叫嚣："向中国要索干涉越南的赔款，占据海南、台湾、舟山！"② 事实上，法军对海南岛的军事价值相当重视，"自六月（光绪十六年六月，即1884年七八月间——引者注）以来，法船屡往窥探"③。中法战争期间，18艘法舰竟悍然抢占崖州榆林港作为海军驻泊之所，而清朝地方官员居然坐视不管、秘而不宣。

---

① 迈尔茨：《德国殖民政治以前的历史》，转引自［德］施丢克尔《二十世纪的德国与中国》第80页，生活·读书·新知三联书店1963年版。
② 《帝国主义与中国海关》四《中国海关与中法战争》第43页，科学出版社1957年版。
③ 《张文襄公全集》卷九，第19页。

总之，由于海南岛的丰富资源及其地理位置的重要，使西方殖民者垂涎已久，"非惟一国之觊觎，实为列邦所属目"①！

二

光绪十年四月二十八日（1884年5月22日），张之洞由山西巡抚调署两广总督。其时，法军正大举进犯中越边境，清军节节败退，南疆震动。张之洞到任后，首要之急是筹办防务，他一方面亲自巡阅海口，重新部署珠江口和广州城的战守之备；同时又认真筹划了琼州（府治在海南岛琼山县）、廉州（府治在广东合浦县）、潮州（府治在广东海阳县）三府的防守事宜。此外，还积极为广西、福建、台湾、云南等前线各省派遣援军，接济军火，筹措军饷。但腐败的清政府竟在取得镇南关大捷与临洮大捷后，向侵略者屈服，签订了屈辱卖国的《中法会订越南条约》。

中法战后，张之洞强调"款局虽定，边防难撤"，把加强两广防务视为持久之计，对设防海南岛亦很关注。他认为"琼州一岛""孤峙大洋，逼近越境"，"为海疆第一要冲"，②因此，在战争期间即铺设了琼州至廉州之间的海底电缆，以速军报。同时，又提出在琼州、廉州各筑炮台十余座，配置了克房伯大炮十余尊。战后，张之洞更明确提出了"内绥黎客，外筹海防"的治岛方针。

黎族是海南岛最早的居民，他们吃苦耐劳，勇敢坚强，为开发海南岛做出了重要贡献。

张之洞为了"筹琼之安"，提出必须从"抚黎开山"着手，而以"治军防海"为归宿。③ 加强对黎族控制的一项重要措施则是设立"抚黎局"，张之洞命在岭南、南丰、凡阳、番岵、乐安、廖二弓、茅地、古振州等要冲之地分设"抚黎局"八处，各派委员一两人主持局务，并募土勇数10～100名以资弹压。"抚黎局"负责平决争讼、缉拿"盗匪"，修路垦田，设墟招商等事务。在明朝时，封建政府在力不能及的黎族聚居区多设有世袭"总管"，张之洞则将其一律革除，另从黎族上层中选拔村长、峒长，管辖多处村峒，还加委把总、外委等职衔，这些土目官佐均"由地方官选黜，不准世袭"④。这样固然加强了清政府对黎族人民的压迫和剥削，但对沿海地区与五指山区的交流，对密切黎、汉人民的联系也有一定的促进作用。

中法战争后，中国西南门户洞开，南部和西南部地区受到日益严重的威胁。

---

① 《张文襄公全集》卷二七，第18页。
② 《张文襄公全集》卷二三，第24页。
③ 《张文襄公全集》卷一八，第20页。
④ 《张文襄公全集》卷二一，第9页。

面对这一局势，张之洞把海南岛看成保卫南疆的一个重要前哨基地，因而他治岛方针的侧重点是"治军防海"（或曰"外筹海防"）。光绪十二年（1886），兵部侍郎曾纪泽（前任驻法使臣）上奏清廷，要求重视筹划海南岛的经久之计，他说："近日琼州情形，较之台湾尤为吃重，法人既据全越，即不能忘情于琼州。在我宜增琼州之守备以杜法人觊觎。"①张之洞对曾纪泽的建议深表赞同，称之为"深明形势，切中肯綮之论"，并进一步指出："琼州离省过远，限隔大洋，若非豫为筹备完固，令其可战可守，自固藩篱，一旦有事，无论水陆赴援，断无不及"②。他特别强调"自固藩篱"，也就是必须提高海南岛自身的防卫能力。

经过与督办钦廉防务冯子材、广东水师提督方耀、署陆路提督郑绍忠以及琼州镇、道等反复商量，张之洞决定"就琼州原有之制兵酌设练军、加足练饷，一洗绿营积弊"，又规定"先将马兵、战兵尽数归练，不敷之数，以守兵补足"③。琼州一岛原有制兵七营（琼州镇标左、右两营、崖州协、万州营、儋州营、海口营、海南营），每营抽练陆军一底营（计250名），计练军七底营共1750名；又整顿水师拖船七号（分拨崖州二号、儋州二号、海口二号、海安一号），共配拨练军250名，水陆练军共计2000人。同时还正式确定练军官兵月饷额，想通过足兵足饷以提高防军的战斗力。

光绪十三年十二月五日（1888年1月17日），张之洞乘坐轻巡洋舰"广甲"号由广州抵琼州海口，登岸校阅了炮台和府城，测绘人员还测量了海口港。因海口外滩海岸平衍、海滩散漫，难于防遏，张之洞建议在海口城西五里的秀英山上筑炮台7座，城西十里之西场地筑炮台3座，每台配备24英寸口径大炮一尊。海口城后西南之大英山筑台5座，配备15英寸口径大炮五尊，同时筑一东西长墙，开修道路，通行炮车，"炮台远攻，车炮近击，交相为济"④。

光绪十五年七月初三日（1889年7月30日），法国军舰非法侵入琼州岛南端的榆林港，沿港测量、订桩、插标，这些举动"非特显背条约，实属包藏祸心"。为此，张之洞一面下令将桩标撤毁，一面照会法国领事表示抗议，要求"严切禁阻"，同时派署琼州镇总兵李先义率军舰前往榆林勘测。榆林是天然良港，处两山怀抱中，水深港阔，为侵略者虎视眈眈。对这样一个海军必争之地，张之洞计划在港东、西两岭各筑炮台3座，共配置15英寸新式长炮6尊，同时调派陆军一营驻扎，以"亟图预防之针"。

---

① 《张文襄公全集》卷一八，第20页。
② 《张文襄公全集》卷二七，第18页。
③ 《张文襄公全集》卷二三，第24页。
④ 《张文襄公全集》卷二七，第19页。

三

光绪十三年（1887）二月，张之洞拟订了《抚黎章程》十二条上奏朝廷，这是他开发海南岛的一个总纲。这个章程可归纳为三个方面。

（一）政治方面

（1）实行"剿抚结合"的统治政策。所谓"剿除乱黎，招抚良黎""投诚者免，抗拒者诛"。

（2）设官治理，加强对黎民的政治控制。无论"生黎""熟黎"，一律剃发改装，黎民必须缴呈枪械，呈送户口册，并在黎族聚居地点设局总、土目，"自为约束"，但需由地方官选黜。

（3）土目必须做出"永远不敢杀掠、抗官、藏匿匪徒"的保证，并具结存案，黎民如有违犯，由土目拿获送官惩办。

（4）在全岛新开大路 12 条（东路 3 条，西路 3 条，南、北、东北、西南、西北、东南各 1 条）。道路规定宽一丈六尺，最险窄处也不得少于八尺，同时分开小路，与大路会合。道路开通后，在山内要隘处"设官安营，以资化导控制"。这项工程以土著黎民为前驱，士兵、团丁通力合作，开岛填坡，伐木搭桥，终于在 1889 年全部竣工。

（二）经济方面

（1）保护汉族地主和求抚黎族封建主对原有土地的占有权，"有主之田断不能强索"。

（2）减轻田赋。"开通田业，三年内不收赋税。三年之外，务从轻则起征。"

（3）鼓励开矿，又照顾黎族上层利益。"黎境有矿各山由官商开采者，给钱租赁，绝不强行占据。"

（4）设场互市，"公平交易"。在各黎族峒口设场互市，以汉民的盐、布、百货交换黎区的粮食、木材、药物等，"严禁汉民讹赖盘剥，总令于黎人有益"。

（三）文化方面

在黎区每数村设一"义学"，延请塾师，学习汉语、汉文。

张之洞提出的《抚黎章程》，就其实质来说无疑是要维护清政府在海南的封建统治秩序，其强化"社会治安"、加紧控制黎族人民的目的是显而易见的。特别是他对黎族人民实行"剿抚兼施"的反动政策，更是在充满血腥的大棒上又涂上一层光亮的油彩，这除了表明地主阶级的统治政策除残酷性一面外，还有欺骗性的一面。

但是在分析张之洞的《抚黎章程》时，绝不能仅仅局限于阶级实质这一点，而更应把这一"章程"放到当时整个国际、国内形势的全局中，放到海南地区历史发展的长河中去考察、评价，才能得出比较符合实际的结论。

张之洞治理海南岛的出发点和方法是很明确的，概括地说，就是要"因其头目以省兵力，息其杀掠以安土民，开其矿利以徕商贾，蕃其杂粮以资军食。内安食足，而后可言防海"①。《抚黎章程》中提出的开发资源、修建道路、减轻田赋、促进贸易以及提倡学习汉语言文字等措施对海南岛本身的经济、文化发展无疑会起到促进作用；另外，《抚黎章程》是在民族危机日趋严重，东南海防倍受关注的特定历史条件下提出的，"内安食足，而后可以言防海"，稳定海南局势，加强对全岛的开发，将不仅会影响海南地区以后的发展，也直接关系到整个中华民族（当然也包括黎族人民在内）的长远利益。

为了具体贯彻《抚黎章程》，张之洞又提出了五项善后措施，并积极组织落实。

1. 移民屯垦，垦田给奖

为了鼓励开垦，首先是缓征薄赋，如文昌县，人稠田少，每年都有不少人出洋做工，张之洞饬县令出示："民人愿入山垦种者，听其自择地段认垦，报官勘明给照，三年内免其升科。"② 但一般穷苦百姓，往往为零星认垦，很难较快提高农业生产。为改变这一状况，张之洞雄心勃勃地提出要"广集商民，大开阡陌"，并制定政策"格外鼓励"，规定："有能集资前往，雇募黎歧开垦，一人名下认垦至千亩及万亩以上三年成熟者酌量给以千、把、外委武职。"③ 时隔不久，这一政策在某些地区已见成效："琼山之帕幪塘，临高之番岖等处地方开垦成田者数百亩至二三千亩不等"④。

2. 招商伐木，伐木免税

森林资源是海南的一宝，张之洞认为：开发海南"尤以伐木、垦田为当务之急"⑤，而"商务以林木为大宗"⑥。过去由于交通梗阻，运输困难，成本太高，商人往往裹足不前。为此，张之洞指示雷琼道朱采在"抚黎局"内附设招商局，负责开采山木，并委派专人经办招商伐木事务。采伐木材分官办、商办两种形式，官办由官员率"土勇"采伐，然后转售商人；商办则指定地点、限制

---

① 《张文襄公全集》卷一八，第20页。
② 《张文襄公全集》卷二一，第7页。
③ 《张文襄公全集》卷二三，第28页。
④ 《张文襄公全集》卷二六，第9页。
⑤ 《张文襄公全集》卷二三，第27页。
⑥ 《张文襄公全集》卷二一，第7页。

范围，发给许可凭证才能开采，木料"量材纳税"（如系黎产，则公平价买）。又规定"凡由琼州出口木材，三年之内所有关税、厘金暂行宽免""三年之后再行察看情形，量征厘税"①。由于政策优惠，粤商集股投资活跃，至光绪十五年（1889），陵水、万州、崖州一带已出木材10余万株，商人集资前往认办者仍络绎不绝。

3. 助商开矿，力为保护

光绪十一年（1885），广东香山人张廷钧就集资购置机器，到海南岛昌化县属大艳山募黎做工，开采铜矿。两年后，机器运到，张廷钧"不惜工本，开采甚力"。十五年（1889），山岩倾塌阻塞龙口，但张"并无退沮"，决计另开口门。对开采大艳山铜矿，张之洞非常重视，他希望广东设局铸钱能"取资琼产"，而不需要外购洋铜，但在创始阶段，商人无利可图，必须给予支持，"唯有减轻成本，始足以徕商贩而惠民黎"②。因此，张之洞上奏朝廷，"拟将昌化石绿及铜斤凡贩运出琼州海口者，自光绪十四年（1888）起三年之内所有山税及关税、厘金概行暂免"，同时还规定"其余琼属五金等矿如有集资开办，亦即一律办理，暂免税厘"③。后来又勘得会同、乐会交界的双滩铅矿，同样招商试办。

4. 废除世袭，设官治理

张之洞提出在地处冲要的边远地区——安定之十万峒、安定之凡阳、万州之什密峒、感恩之古振州、崖州之大本弓、琼山之水会所等地设同知、通判、州判、县丞等官，负责弹压地方和经理开垦、招商、修路事宜。革除从明朝以来黎寨的世袭"总管制"，由地方官选派村长、峒长，用任免制代替世袭制。

5. 力除苛累，设立义学

严饬各属核减黎村粮赋，"如有奸商欺骗盘剥，团丁扰索，奸民诬害，一并严行惩办"④。为使黎民粗通汉语、汉文，先在万州设义学六处，其他各州县也饬令一律酌办。

在以上几项措施中，垦田、伐木、开矿是张之洞开发海南岛计划的三根支柱。按他的估计，"材木之利在一年以后，垦田之利在两年以后，铜矿之利在三年以后"。张之洞虽不幻想他的开发计划会使海南"骤致富庶"，但他相信，只要认真去办，"总可期琼地商、民生计日裕，公家亦资其益"⑤。

总之，在我国近代史上，张之洞和冯子材都是为开发海南岛奠定基础的人

---

① 《张文襄公全集》卷二三，第28页。
② 《张文襄公全集》卷二三，第29页。
③ 《张文襄公全集》卷二三，第29页。
④ 《张文襄公全集》卷二三，第9页。
⑤ 《张文襄公全集》卷二一，第8页。

物。在列强鹰瞵虎视，民族危机日益加深的形势下，作为决策者的张之洞把开发海南岛与加强国防建设放在一起考虑，是颇有战略眼光的。他所制订的开发海南的计划，在当时的历史条件下确实起过积极作用。

（载《清史通讯研究》1988年第3期）

张之洞与汉阳铁厂

1961年,毛主席曾讲到,中国近代工业的发展不能忘记四位先驱人物,而讲到重工业、钢铁工业,则不能忘记张之洞(另外三位是张謇、卢作孚和范旭东)。

张之洞(1837—1909),直隶南皮(今属河北)人。他于同治年间中进士,授职翰林院,之后先后出任山西巡抚、两广总督、湖广总督等职。晚年调任体仁阁大学士、军机大臣,兼管学部事务。他一生致力于兴办洋务,曾在广东设立枪弹枪炮厂、编练近代军队、试造浅水轮船、开设水陆师学堂、筹办织布官局、筹设炼铁厂;在湖北创实业、练新军、兴文教,使湖北成为清末各省推行"新政"的样板,产生了全国性影响。张之洞既是"清流派"的一员骁将(清流派是晚清统治集团内的一个政治派别。他们评议时政、弹劾大臣、指斥宦官,对内主张整饬纪纲,对外主张抗击列强侵略),也是继曾国藩、左宗棠、李鸿章之后,晚清洋务派最重要的代表人物之一。

在张之洞的洋务事业中,创办汉阳铁厂堪称一个壮举。

为什么要办炼铁厂呢?在张之洞看来,中国人所需外洋之物,"洋布、洋米而外,洋铁最为大宗。在我多出一分之货,即少漏一分之财,积之日久,强弱之势必有转移于无形者"。他把办铁厂看作"开辟利源之要政",在《筹设炼铁厂折》中就明确提出要"杜外铁之来",以后又强调说:"中国创成此举,便可收回利权。""若再不自炼内地钢铁,此等关系海防边防之利器,事事仰给于人,远虑深思,尤为非计。"① 归纳起来,张之洞创办钢铁厂的目的,就是为了开辟利源、收回利权,发展重工业以富国强兵,巩固国防。

还在两广总督任上时(1889),张之洞就有了创办钢铁厂的计划,并委托驻英公使刘瑞芬代购机器设备。调任湖广后,拟办的工厂也随之改设湖北。光绪十六年(1890)春,张之洞在武昌设立"湖北铁政局",派候补道蔡锡勇为总办,负责筹办勘矿、建厂、开煤等事宜。蔡氏为广东人,毕业于广州同文馆,担任过清政府驻美公使馆的翻译官;回国后在广州任实习馆教员,后受聘于张之洞,任洋务局委员,在当时的中国官场,也称得上是一位"洋务通"了。

炼铁厂的厂址择定在汉阳县大别山下。这里南枕大别山,北滨汉水,西临大江,气势宏阔,交通方便。厂址占地长600丈,宽百丈。1890年年底,炼铁厂动

---

① 张之洞:《豫筹铁厂成本折》。

工,各分厂历时3年陆续建成,其中包括生铁厂、贝色麻铁厂、熟铁厂、西门士钢厂、钢轨厂、铁货厂等6个大厂和机器厂、铸铁厂、打铁厂、鱼片钩针厂、打铜厂、翻砂厂、木模厂、锅炉厂等8个小厂。汉阳铁厂共设有生铁炉两座,炼钢炉4座,另配有洗煤机、焦炭炉,机器设备则主要购自比利时;工程技术人员40多人分别聘自比利时、英国和德国。总工程师亨利·贺伯生(Henry Hobson)是英国人,据驻英公使薛福成介绍说,此人"学艺颇精,于选地、建厂、安机、熔炼各事均甚谙练"[1]。为培养本国人才,张之洞还于光绪十九年(1893)选派20名华人工匠到比利时学习一年,回国后充当技术骨干。

炼铁必须要有铁矿石和煤炭,因此在创办汉阳铁厂的同时,张之洞还定议开采大冶铁矿。大冶属武昌府,离长江岸边的黄石港颇近。张之洞聘请了一支由德国人组成的探矿队前往勘察,发现这里的铁矿蕴藏丰富,估计若每年开采10000吨,可供开采2000年。而矿石含铁量高,可达64%。这一发现让德国政府垂涎不已,他们竟与总理衙门交涉,要求获得开采权,但被张之洞断然拒绝。在煤炭供给方面,大冶有王三石煤矿、明家湾煤矿,江夏还有马鞍山煤矿。从当时的规模来说,汉阳铁厂"实兼采铁、炼钢、开煤三大端为一事"(张之洞语),可以看作我国第一个近代钢铁联合企业。

光绪二十年正月初四日(1894年2月15日),铁厂锻铁炉开炉,五月二十五日(6月28日),生铁大炉开炼,二十七日(6月30日)正式出铁。以当时的规模,汉阳铁厂每年可产生铁21900吨。按张之洞的估算,如果发挥全部生产能力,每年可产精钢、熟铁30000吨,当然,这个指标事实上从来没有达到过。后来,因经费不足,铁厂由官办转为商办,于光绪二十二年(1896)由盛宣怀接手。从1896年至1901年,该厂共生产生铁26800吨、熟铁700吨、钢1600吨、铁轨22100吨、铁器3700吨以及其他铁制品。据光绪二十五年(1899)的汉口贸易报告,汉阳铁厂生产的钢材有15000吨用于铁路建设(制造钢轨和铆钉),同时还向日本出口钢铁,价值82000海关两。

一百多年前,在贫穷落后的中国,张之洞能举办一个有相当规模的钢铁联合企业,无疑是很有魄力的壮举。汉阳铁厂是当时亚洲的最大钢铁厂,那时,"中国之外,自日本以及南洋各国各岛,暨五印度(指印度)皆无铁厂"(张之洞语),日本的八幡制铁所直到1901年才开始投产,比汉阳铁厂晚7年。汉阳铁厂不仅开了中国近代钢铁工业的先河,也成为亚洲第一家现代化钢铁联合企业,使中外人士刮目相看。有人认为,武汉将"成为中国的匹兹堡、米克里斯布鲁及威斯法里亚"(此三地为当时欧美诸强国的钢铁生产中心)。

创办汉阳铁厂在当时的中国甚至亚洲都堪称壮举,但这个"壮举"在封建

---

[1] 薛福成:《出使日记》卷三。

主义的统治下，却步履艰难，前途黯淡。铁厂开始为官办，由清政府拨给巨款，前后六七年间共花费了560多万两白银。因糜费过多，亏耗甚大，产品成本高而销路不畅，企业运转到了无法维持的地步。再加上产量不多，质量不高，燃料供应不足，致使批评之声四起，连清政府也在光绪二十一年八月（1895年10月）间发出上谕，责备张之洞说铁政局经营数年，未见成效。面对重重困难，张之洞一筹莫展，他向清政府表白说："开办以来，巨细万端，而皆非经见，事机屡变，而意计难周，经营积年，心力交困。"① 光绪二十二年（1896），张之洞把汉阳铁厂及大冶铁矿交给亦官亦商的盛宣怀，由他招商股100万两接办。汉阳铁厂虽然由官办改成了商办，但管理体制并没有多大变化，经营状况也没有得到根本改善。

张之洞办汉阳铁厂没有取得他预想的成效，究其原因，除了封建制度的制约外，也还有其本身的局限性。张之洞追求富国强兵，也意识到创办现代工业的重要性，但他的文化理念、知识结构基本上是陈旧的，对办近代企业几乎一无所知，因此在创办汉阳铁厂时不可避免地犯了很多错误，主要有以下几点：

其一是关于厂址的选择，未选产煤、产铁的黄石和大冶，而确定在离煤铁矿较远且地势低洼的汉阳，实为失策。其二是向英国订购炼钢炉时，张之洞没有听取相关建议，先对铁砂进行化验，反而武断地说："中国之大，何处无煤铁佳矿，但照英国所有者购办一份可也。"② 结果购置的三座炼钢炉有两座为酸性转炉，与含磷较多的大冶铁矿石不相匹配，严重影响了产品质量。其三，由于事先考虑不周，煤炭供应不上，使生产常陷停顿，从而不得不高价购买开平生产之煤，甚至从国外进口焦炭，造成严重浪费。

张之洞对中国近代工业，特别是钢铁制造业的创办是有贡献的。同时，我们也看到，在当时的历史条件下，也有他难以避免的局限性。他创办近代化钢铁企业的历史业绩还是值得肯定的，他留下的经验与教训也值得借鉴。

（载《清史参考》第34期，总第205期，2010年10月11日）

---

① 张之洞：《铁厂招商承办议定章程折》。
② 转引自吴杰编《中国近代国民经济史》第375页，人民出版社1958年版。

"亦官亦商"的盛宣怀

盛宣怀，"有中国第一代实业家"之称，是晚清中国大名鼎鼎又颇具争议的人物。作为上海交通大学创办人，他的半身铜像至今仍矗立在该校校园内。

盛宣怀（1844—1916），字杏荪，江苏武进（今属常州市）人。其父盛康曾任湖北粮道、盐法道，一生注重经世致用之学，辑有《皇朝经世文续编》，这对盛宣怀后来热衷办"洋务"产生了一定影响。

盛宣怀在科举的道路上屡屡受挫，22岁才中秀才，以后三次参加乡试，都名落孙山，连个举人都没考上，从此绝意科举。"读书不成去学剑"，盛宣怀于同治九年（1870）进入湖广总督李鸿章的幕府，随其赴陕西镇压回民起义，初步展示了他的能力。以后，李鸿章调任直隶总督，大办"洋务"，盛宣怀就成了李氏办"洋务"的左膀右臂。"时文忠（李鸿章死后谥文忠）为直隶总督，务输海国新法，图富强，尤重外交、兵备。公则议辅以路、矿、电线、航运诸大端为立国之要，与文忠意合"①。

盛宣怀的一生与中国近代化事业紧密相关。当时中国处在贫穷、落后的时代，他不仅创办和经营了轮船、电报、煤铁开采，而且涉足冶炼、铁路、纺织、银行、文教卫生等新兴事业。有学者统计过，盛宣怀在参与中国近代化事业的进程中，占据十一个"第一"的位置：①参与创办中国第一家民用航运企业——轮船招商局；②拟就中国第一个民办企业章程——《轮船招商局章程》；③创办中国第一家电讯企业——天津电报局；④创办中国第一家内河轮船航运公司——山东内河小火轮航运公司；⑤创办中国第一家近代银行——中国交通银行；⑥在原汉阳铁厂基础上，创办中国第一家商办钢铁联合企业——汉冶萍煤铁厂矿公司；⑦督办修建中国第一条南北干线铁路——芦汉铁路；⑧创办中国第一所工科大学——北洋大学堂（今天津大学前身）；一年后又创办了南洋公学（今上海交通大学前身）；⑨创办中国第一所正规师范学校——南洋公学师范班；⑩倡议成立中国红十字会，并担任第一任会长；⑪创办中国第一所民办图书馆——上海图书馆。②

作为一名实业家，盛宣怀为中国近代化事业做了不少实事。那么，他办近代实业又有哪些特点呢？

---

① 陈三立：《盛公墓志铭》。
② 夏东元：《盛宣怀的业绩》。

首先，盛宣怀具有"官"与"商"的双重身份和性格。即所谓"一手官司印，一手算盘，亦官亦商，左右逢源"（李鸿章语）。

做官方面，他从候补知府、候补道员做起，至43岁时（1886年）实授山东登莱青兵备道兼烟台东海关监督，6年后调补天津海关道兼天津海关监督，协助直隶总督、北洋大臣李鸿章办理洋务、外交，后授大理寺少卿、宗人府府丞、办理商务税事大臣、工部左侍郎、邮传部右侍郎。宣统三年（1911），授邮传部尚书，官居从一品，旋解职。

经商方面，19世纪70年代起，凡中国创办的主要近代工商企业，很少有盛宣怀未参与的。同治十一年十二月（1873年1月），轮船招商局成立，他是会办（总办为唐廷枢），负责拟订章程，主管漕运和揽载；光绪元年九月（1875年10月），他拟订《湖北煤厂试办章程》，并于翌年出任湖北开采煤铁总局提调；光绪六年（1880）秋，在天津设电报总局，他为总办；光绪八年八月（1882年9月），金州矿务局于上海成立，他任督办；是年冬，中国电报总局设于上海，他亦任督办；光绪十一年七月（1885年8月），受命任轮船招商局督办；光绪十九年十一月（1893年12月），规复上海织布总局（原厂失火被焚），改名"华盛纺织总厂"；光绪二十二年四月（1896年5月），督办汉阳铁厂，旋任铁路总公司督办。

在盛宣怀"亦官亦商"的身份中，"商"占主导方面。他身上的官衔多数是虚职，很少赴任理事，其主要精力还是放在办企业上。他所创办的近代企业，除湖北煤厂以失败告终外，多数取得了成功。所以，有学者说盛宣怀"是处于非常之世，走着非常之路，做了非常之事的非常之人"（夏东元语）。

盛宣怀办近代实业的第二个特点是以开风气、敌洋产、收利权为主要目的。他所上《轮船章程》序言中就写道："火轮船为中国必不能废之物，与其听中国之利权全让外人，不如藩篱自固。"他到湖北办矿务，也是"欲开中国之风气，以收外洋之利权"①。他经营电报事业，颇含力争主权的思想，"凡欲保我全权，只争先人一着，是非先自设电线，无以遏其机而杜其渐"②。盛宣怀举办近代实业的一个出发点是"力保华民生计起见，倘有可以收回利权者，无论何事必须设法筹办，方于国计民生两有裨益"③。正是在这样一个前提下，他提出了一个举办近代企业的方针，即"权自我操，利不外溢，循序而进，克期成功"④。

第三个特点是提倡"官督商办"的经营方式。在盛宣怀看来，"商受其利而

---

① 盛档：《上李鸿章详》，光绪十年闰五月。
② 盛档：《禀李鸿章稿》，光绪八年。
③ 盛档：《上北洋大臣王文韶禀》，光绪二十一年四月。
④ 《寄直督王夔帅》。

官操其权，实为颠扑不破之道"①。在经营电报时，盛宣怀就指出："此等有益富强之举，创始不易，持久尤难，倘非官为维持，无以创始；若非商为经营，无以持久。"尽管"官督商办"的经营方式存在种种弊端，但在以"官本位"为特征的中国封建社会中，筹办近代企业这个新生事物如没有"官"的提倡与支持，可以说是寸步难行。更为难能可贵的是，盛宣怀在倡导"官督商办"之时，把"顾商情"放在重要位置上。办电报局时，他便提出："其本则尤在厚利商民，力图久计。"② 同时，盛宣怀还提出了商人与国家利益一致性的论断："商人之利，亦国家之益也。"③

第四个特点是在办实业的过程中，盛宣怀强调人才的培养。他说："实业与人才相表里，非此不足以致富强。"④ 盛宣怀意识到人才培养的重要性和紧迫性，认为"搜罗今日之梓楠，培养他年之桢干，为一代得治人，胜于为百代立治法"⑤。他一再强调"得人尤为办事之先务"⑥。举办现代企业必须依靠新式科技人才，而这些人才的来源又必须依靠自己的培养，聘用外国技术人员只能是短期应急，而非长久之计。正是基于这样的认识，盛宣怀才下决心创办北洋大学堂和南洋公学，为中国的近代化事业培养了一批英才。

盛宣怀办实业、办教育都很有成就，为中国近代化所做出的贡献功不可没。但他在政治上却相当保守，一生未能跳出洋务派"中体西用"的窠臼。光绪二十四年（1898），变法维新运动进入高潮时，盛宣怀与维新变法唱反调，声称"中国根本之学术不必更动"⑦。光绪二十六年（1900），义和团运动爆发，盛宣怀先后致电两广总督李鸿章、两江总督刘坤一、湖广总督张之洞，发起"东南互保"，奉行剿拳、护使、不援京师的方针。这一方针既迎合了列强稳定长江流域的需要，也保护了东南地区官僚地主阶级的利益。

宣统三年（1911），武昌起义爆发，盛宣怀立即致电正在彰德"养疴"的袁世凯说，"此乱蓄之已久，若不早平，恐各省响应"⑧，力促其立即出山，"万勿迟疑"，挽救清廷危局。在维新、革命的大潮中，盛宣怀扮演的是维护清朝封建统治的角色，这是他的政治悲剧。

（载《清史参考》第 5 期，总第 220 期，2011 年 2 月 14 日）

---

① 盛档：《详定大略章程二十条》。
② 《电报局招商章程》。
③ 盛档：《详定大略章程二十条》。
④ 《格致课艺全编》卷二。
⑤ 盛档：《致李鹤章函》，光绪三年正月。
⑥ 盛档：《上李鸿章禀》，光绪四年八月。
⑦ 《复陆伯察阁学》，光绪二十四年六月二十三日。
⑧ 盛宣怀：《愚斋存稿》卷八七。

回族爱国将领左宝贵

在中日甲午战争中，中国军队涌现出两位著名的爱国将领，一位是海军的邓世昌，另一位就是陆军的左宝贵。

左宝贵（1837—1894），字冠亭，山东费县人，回族。他不但是我国近代史上著名的爱国将领，也是我国回族有国际影响的历史人物。

光绪年间，左宝贵以记名提督、广东高州镇总兵驻守沈阳。他性情耿直，治军严谨，"凡御灾悍患，修城作役，与士卒同甘苦，用人行政，不受夤缘苞苴，赏功罚过一秉大公"①。因此，"在沈阳，无论高贵的、卑下的都敬他、爱他"②。

1894年夏天，朝鲜半岛上空布满阴霾，野心勃勃的日本军国主义者利用朝鲜爆发东学党起义的机会，派兵入侵朝鲜。6月5日，日本组成了指挥战争的大本营，9日夜晚，第一批登陆的日军进驻朝鲜首都——汉城，很快侵朝日军就骤增至12000人，肆意干涉朝鲜政务，胁迫朝鲜国王与中国绝交，战争迫在眉睫，而驻朝的清军只有直隶提督叶志超、太原总兵聂士成率领的6营3000余人。

清政府对战争几乎毫无准备，在日军步步紧逼之下，总揽外交、军事大权的李鸿章仍然幻想沙俄和英国能够出面"调停"。7月25日，日本不宣而战，在朝鲜半岛海面突然袭击中国海军和运兵船。随后，日本陆军又进攻牙山西北40里的成欢中国驻军，守军聂士成部一触即溃，清军主帅叶志超吓破了胆，还未见到敌人的影子就匆忙放弃公州阵地，向北狂奔。本来牙山到平壤只有几百华里，可叶志超为躲避日军截击，竟用了近一个月时间，绕行1000多里，直到8月21日，才狼狈逃到平壤。这时清政府已被迫于8月1日对日宣战，各路援军也纷纷开赴平壤。

驻守奉天（今沈阳）的左宝贵，一直在密切注视着日本侵略者的动向。他清醒地看到朝鲜是中国的门户，中朝两国唇齿相依，唇亡则齿寒。因此，当日本出兵朝鲜时（1894年6月），左宝贵便立即派专人到汉城"出探绘图，为进兵之计"，而且"禀请添军置炮，预备不虞"③。7月底，清政府电令奉军援朝，其时左宝贵早已整装待发，他挑选了马步6营约3000多人准备出征。英国的一个目击者说："左将军的军队是满洲唯一的真正军队，训练非常好，永远保持着紧张

---

① 《左忠壮公在奉始末事迹》。
② Dugald Chlistie，《沈阳三十年记》。
③ 《（光绪）费县志》卷一一《左宝贵传》。

的精神，仿佛立即就要有行动的样子。"① 在接到电报后的 48 小时内，奉军的先头部队已经开拨，次日，左宝贵率后续部队踏上征程，并于 8 月 6 日赶到平壤。左宝贵一到平壤立即进行部署，一面派侦探化装成朝鲜百姓向前深入 300 余里，刺探敌情；一面又于 8 月 20 日派出一支骑兵冒着大雨去接应牙山溃军。

平壤是朝鲜北部的重镇，也是王室的旧都所在，它背靠峰峦重叠的高山，面向波涛滚滚的大同江，形势极为险要。到 8 月份，聚集在这里的清军计有左宝贵的奉军、丰升阿的"奉天盛军"、马玉昆的毅军、卫汝贵的盛军（淮军一部）四支，号称"四大军"，加上从牙山逃回的叶志超部"芦防军"，总共有 35 营一万六七千人。无论从兵力看，还是从装备看，应该说平壤的防御力量是不弱的，但李鸿章却采取被动挨打的战略方针，他指示部队"可守则守，不可则退"，根本没有抵抗的决心。平壤城虽然大军云集，却各自为政，"漫无布置"，有的军营甚至置酒高会，沉湎于歌舞酒色之中。尤其可笑的是，当贪生怕死的叶志超捏造"战功"上报时，清廷居然赏他白银 20000 两，并于 8 月 31 日，将这个本应严惩的败军之将擢升为驻朝"诸军总统"。此令一下，"一军皆惊"②。

各路清军到平壤后也一度出城进击，但在中和县南遇到日军偷袭，"他军皆惊，军士伤亡甚多，惟宝贵悍之不动"③。9 月 9 日，左宝贵得知日军已分道向平壤推进，立即整队回防，并赶到城中与叶志超面商对策。左宝贵力主凭借坚城挫敌凶焰，义正词严地斥责叶志超的逃跑路线。叶理屈词穷，不得不在表面上"唯唯谢过"④。于是各军划分防区、做坚守打算：左宝贵奉军、丰升阿盛军、江自康仁字营守北城；叶志超"芦防军"守西城；卫汝贵盛军当南城和西南面；城东则由马玉昆部毅军防守。

左宝贵的防区在城北玄武门一带，这里跨山筑城，是平壤的制高点，而且地处要冲，扼据通往中国的后路孔道。左宝贵在城外筑有两道防线，共五座堡垒（第一道三座，第二道两座），其中牡丹台峰顶堡垒紧逼城门，地势高峻，是最重要、最坚固的一座。

1894 年 9 月上旬，日军 16000 余人分四路向平壤进攻。9 月 11 日，左宝贵闻讯即派所部三营出玄武门行 80 里，向大同江上游索敌，适逢日军步兵第十旅团（即"朔宁支队"）准备渡江包抄平壤东北，双方发生遭遇战，"自辰至申，不分胜败"⑤。正当紧要关头，身为全军统帅的叶志超竟以"羽箭"将左部三营调回平壤，使敌军得以乘虚渡江，抢占山头。12 日，日军主力第九旅团的前锋

---

① Dugald Chlistie：《沈阳三十年记》。
② 聂士成：《东征日记》，中国近代史资料丛刊《中日战争》第 6 册第 13 页，新知识出版社 1956 年版。
③ 《（光绪）费县志》卷一一《左宝贵传》。
④ 易顺鼎：《盾墨拾余》。
⑤ 《朝警记》四。

进抵大同江东岸,以牵制清军。13日,从元山出发的一个日军混成联队占领平壤北面的顺安,截断了清军退向义州的通道,完成了对平壤的包围。

9月14日,日军"朔宁支队"和"元山支队"进抵平壤外围,并抢占了城北几座山头,左宝贵亲自率队出城争夺,终因敌人在兵力和装备上都占有优势未能成功,他回到城内,"亲量大炮准头,连环仰攻"①。当天夜晚,只知保命的叶志超又准备逃跑,左宝贵得讯后,"怒发上冲,须眉皆竖"②,立即派亲兵把叶监视起来。

第二天凌晨,四路日军对平壤发起总攻。日军的计划是以陆军少将大岛义昌率领的混成旅团担任正面进攻,摆出要从城东、东南突破的架势,以吸引清军注意力于东面,然后出其不意从背面和侧面攻入平壤。战斗打响后,东面防军马玉昆部浴血奋战11个小时,日军伤亡很大,被迫退守水湾桥。当正面日军发起猛攻的同时,从背面攻击的"元山支队"已在北汉山顶以巨炮攻垒;其"朔宁支队"也从东北方向逼近奉军堡垒。面对两路敌军的强攻,左宝贵镇定自若,他登上城垣,指挥部队沉着应战。双方鏖战良久,"倭人死伤无数"③,但终因敌众我寡,北门外四座堡垒相继失守。两路日军会合后,即从三面向城外最后一座堡垒——牡丹台垒发起总攻,在猛烈炮火掩护下的敌人,尝试了三次突击才攻陷该垒。左宝贵见局势已经无法挽回,决计以身殉国。他端端正正地戴上翎顶,穿上黄马褂,凭城誓师,以激昂的语言鼓励将士们:"建功立业,此其时也!"④ 并亲自指挥一门重炮向敌人猛烈射击。不久,炮手阵亡,左宝贵也已挂彩,他仍奋不顾身,上前亲自开炮。左营营官杨建春(左的表弟)见敌人炮火密集,想把左宝贵拖下炮台暂避,"宝贵击以掌"⑤,拒绝后退一步。在激烈的战斗中,这门大炮也被敌人炮火击毁,左宝贵腿上又中了一弹。据一位亲历这场战斗的哨官回忆说,左"很敏捷地用一块布将伤口裹好以后,站起来继续鼓舞士兵作战"⑥。不幸左宝贵颈部再次被流弹击中,他强忍剧痛,继续坚守指挥岗位,最后"连受枪伤,洞胁穿喉而陨"⑦。为了祖国,为了中华民族,为了朝鲜免遭日本侵略者的蹂躏,他顽强不屈,流尽了最后一滴血。

左宝贵牺牲后,人们非常悲痛,纷纷悼念他,缅怀他。在朝鲜平壤,出现了一个"左将军七星门外显圣"的民间传说。据传,在左宝贵殉难三周年(1897年9月15日)的晚上,细雨绵绵,有位叫林善华的老人从朋友家赴宴归来,他

---

① 《朝警记》四。
② 《(光绪)费县志》卷一一《左宝贵传》。
③ 姚锡光:《东方兵事纪略》,中国近代史资料丛刊《中日战争》第1册第22页。
④ 《左忠壮公在奉始末事迹》。
⑤ 易顺鼎:《盾墨拾余》。
⑥ Dugald Chlistie,《沈阳三十年记》。
⑦ 《(光绪)费县志》卷一一《左宝贵传》。

一踏上七星门（平壤城西门，出此门即是通中国的大道）的石阶，眼前竟出现了一个跨着白马的军人，他"高挥着在暗淡中仍然发着白光的军刀，向北方走去"，人们传说"这骑白马的将军就是左宝贵的英灵。"①

平壤战役后，清代爱国诗人黄遵宪挥笔写下《悲平壤》一诗，集中表现了广大民众对爱国将领的崇敬和对懦夫、怕死鬼的鄙薄，诗云："翠翎鹤顶城头堕，一将仓皇马革裹。天跳地踔哭声悲，南城早已悬降旗。"（左宝贵战死后，叶志超无耻地在城上插起白旗，并于当天晚上率全军溃退）在反抗侵略的斗争中，那些置国家、民族利益于不顾的软骨头只配钉在历史的耻辱柱上，而为祖国、为民族英勇献身的将士则将永远留在人民的记忆里。

（载《文史知识》1982年第10期）

---

① 中国近代史资料丛刊《中日战争》第6册第97-98页。

谭嗣同的献身精神

中国历史翻到多灾多难的近代一页，中华民族面临着的是亡国灭种的惨祸，我们的国家几乎到了存亡绝续的紧迫关头。在这一特定的历史条件下，一向为中华民族所崇尚的献身精神，在爱国主义的基石上更加发扬光大，成为我们的国魂和民魂，在近代中国的历史舞台上占据着特殊位置。而在为祖国独立、富强，为民族振兴、崛起而献身的无数仁人志士中，谭嗣同是璀璨夺目的一位。

一

谭嗣同身上体现的献身精神有他的思想渊源和心理前提，有着深刻的历史文化积累。勤奋好学的谭嗣同，在其青少年时代就熟读了儒家经典及墨子、庄子等古代思想家的典籍，具有深厚的"国学"基础。甲午之年，谭嗣同开始涉猎一些西方书籍，特别是有关自然科学的知识。光绪二十二年（1896），他又从著名佛学家杨文会学佛，"因得遍窥三藏，所得日益精深"[1]。儒家"成仁、取义"的思想和佛学"不生不灭""大无畏"的思想都对他献身精神的形成产生很大影响。南宋末年的民族英雄文天祥临终遗言道："孔曰成仁，孟曰取义，惟其义尽，所以仁至。读圣贤书，所学何事？而今而后，庶几无愧！"这无疑是谭嗣同效法的榜样。另外，谭嗣同受佛家"不生不灭"教义的影响很深，他笃信人是有灵魂的，"灵魂者，即不生不灭之知也"[2]，"知身为不死之物，虽杀之亦不死，则成仁取义，必无怛怖于其衷。且此身未及竟者，来生固可以补之，复何所惮而不亹亹"[3]。在谭嗣同看来，"故夫善学佛者，未有不震动奋厉而雄强刚猛者也"[4]，他正是带着对另一个世界的美好向往，带着对变法事业的坚定追求从容就义的。谭嗣同所焕发出的献身热忱以及不畏艰险、勇往直前、刚毅果决的气概，对他同时代的人和后来的改革者、革命派来说，都具有一种超凡的魅力。

谭嗣同献身精神的心理前提是强烈的忧患意识，也是激情和理性的结合。清军在甲午战争中的惨败，丧权辱国的《马关条约》的签订深深震撼了谭嗣同，"悲愤至于无可如何"，他"及睹合议条款，竟忍以四百兆人民之身家性命，一

---

[1] 梁启超：《谭嗣同传》，《谭嗣同全集》（增订本）第557页，中华书局1981年版。
[2] 谭嗣同：《仁学》，《谭嗣同全集》第311页。
[3] 谭嗣同：《仁学》，《谭嗣同全集》第309页。
[4] 谭嗣同：《仁学》，《谭嗣同全集》第321页。

举而弃之,大为爽然自失"①,遂有"四万万人齐下泪,天涯何处是神州"② 之叹。强烈的忧国忧民之心促使他报国之情愈切,救世之志愈坚。

在谭嗣同身上,忧患意识并没有导致其消极、厌世,而是激励出他满腔的爱国热忱。他认为挽救危亡的唯一出路就是赶快变法,遂决心投入维新运动,为实现自己的政治理想,"杀身灭族"亦在所不惜!

我们在考察谭嗣同献身精神形成的过程中,不仅应该关注他的忧患意识和报国激情,也不应该忽视他思想中的理性因素。谭嗣同撰写的变法理论著作——《仁学》正是其献身精神的理性表现。谭嗣同在《仁学》中以"冲决网罗"的气概对君主专制统治进行抨击,指出"二千年来之政,皆秦政也,皆大盗也"③,并提出了"兴民权""废君权"的深刻命题,他正是带着这样一种使命感去奋斗,去流血,并平静地走向自己的生命尽头。故而在临刑前才留下"死得其所,快哉快哉"的绝语。

二

谭嗣同的献身精神无疑是从我国优秀的传统文化中吸取了丰富的营养,并反映出时代风貌,因而带有其鲜明的特色。以我的观察,他的献身精神具有以下三个特点。

第一,利人、救人。谭嗣同特别崇尚佛家"普度众生"和墨家"兼爱"的思想。他强调"救人之外无事功,即度众生之外无佛法"④,因而认为"蠢尔躯壳,除救人外,毫无他用"⑤;又说"吾自少至壮,遍遭纲伦之厄,涵泳其苦,殆非生人所能任受,濒死累矣而卒不死;由是益轻其生命,以为块然躯壳,除利人之外,复何足惜!深念高望,私怀墨子摩顶放踵之志矣!"⑥ 强调要学习墨子为推行"兼爱",虽损伤身体,亦所不顾的精神。

第二,报国、救国。即把献身精神与变法事业紧紧联系在一起。谭嗣同相信,只有变法维新才能救中国,因而积极投身维新运动。他明知在晚清时期的中国推行改革事业是极其艰险的事,但"明知山有虎,偏向虎山行",矢志不渝,义无反顾。他给老师欧阳中鹄的信中说:"平日互相劝勉者,全在'灭身灭族'四字""今日中国能闹到新旧两党流血遍地,方有复兴之望"⑦。戊戌政变发生

---

① 谭嗣同:《上欧阳中鹄书》,《谭嗣同全集》第 153 页。
② 谭嗣同:《有感》,《谭嗣同全集》第 542 页。
③ 谭嗣同:《仁学》,《谭嗣同全集》第 337 页。
④ 谭嗣同:《仁学》,《谭嗣同全集》第 371 页。
⑤ 《湖南历史资料》1957 年第 4 期。
⑥ 谭嗣同:《仁学》,《谭嗣同全集》第 289-290 页。
⑦ 谭嗣同:《上欧阳中鹄书》,《谭嗣同全集》第 474 页。

后，谭嗣同为事业、为国家献身的精神也发挥到了极致，他毅然放弃一切可以逃生的机会，"日不出门，以待捕者"，慨然表示："各国变法，无不从流血而成，今中国未闻有因变法而流血者，此国之所以不昌也，有之，请自嗣同始！"①

第三，谭嗣同的献身精神仍无法完全摆脱封建忠孝观念的羁绊，因而也具有不可避免的历史局限性。他虽然声称要"冲决伦常之网罗"，反对"死节"观念，但毕竟脱离不了时代和环境的制约。谭氏殉难后，梁启超在所撰《谭嗣同传》中曾提及，谭嗣同曾亲口对他说："不有行者，无以图将来；不有死者，无以酬圣主"。刘人熙认为谭嗣同在变法失败后不急于避难是因为"不忍遹逃累老亲"②。这些记载和解读虽不一定很准确，但也不无道理，因为这正是谭嗣同思想局限性的表现。

三

谭嗣同的献身精神不但对当时的改革者具有强烈的激励作用，促使他们为改造社会、拯救国家勇往直前，不断进取，而且对后来的革命者也有强大的感召力，成为他们推翻腐朽的清政权，夺取民主革命胜利的精神支柱。著名的民主革命宣传家陈天华称赞谭嗣同是"轰轰烈烈为国流血的大豪杰"③；《革命军》的作者邹容则题诗云："赫赫谭君故，湖湘士气衰，惟冀后来者，继起志勿灰"；更有革命志士回顾说："我们在最初，都是看了《仁学》一类的书，才起来革命的"④。

即使在为实现四个现代化事业而奋斗的今天看，谭嗣同的献身精神仍然是我们的一份珍贵的历史遗产，值得我们认真继承和借鉴，为社会主义精神文明建设服务。须知，不但反帝、反封建的民主革命时期需要献身精神，进行社会主义建设也同样离不开献身精神的滋润。在改革开放时代，面临商品经济大潮和利己主义价值观的冲击，我们更需要倡导为社会进步、国家富强、人民幸福而献身的精神。

(本文是1997年8月为"海峡两岸谭嗣同思想学术研讨会"提供的论文)

---

① 梁启超：《谭嗣同传》，《谭嗣同全集》第556页。
② 刘人熙：《蔚庐亥子集》。
③ 陈天华：《猛回头》，中国近代史资料丛刊《辛亥革命》第2册第144页。
④ 邹鲁：《中国国民党史稿》第1242页。

光绪帝死因探析

据清朝官方宣布,清代倒数第二位皇帝载湉于光绪三十四年十月二十一日(1908年11月14日)酉刻(下午5至7点)崩逝于西苑(今中南海)瀛台涵元殿。另据时任协办大学士、军机大臣鹿传霖的日记所载,准确的死亡时间为"酉正二刻五分"(即当日下午6点35分)。光绪帝虽然长期精神忧郁,疾病缠身,但死得确实比较突然,特别是他的辞世与其"母后"(实则为伯母和姨妈)兼政敌慈禧皇太后的亡故相差竟不到二十四小时,这不能不引起人们极大的疑惑和种种猜测。这难道真是一种巧合吗?

多年来,有不少记载认为光绪是被谋害致死的,如《慈禧外纪》《瀛台泣血记》《我的前半生》等书均持此说;也有记载认为他"死于病盖无疑也"①。近来又有学者通过对清宫医案(即"脉案")的分析后得出结论:光绪帝从病重到临终之时"既无中毒或者伤害性的征象,也没有突然性暴亡的迹象,应该是属于正常的病亡"②。孰是孰非?笔者拟就所接触的有关资料做进一步探析。

载湉是个"老病号",患有多种慢性病,经常看病吃药。光绪三十四年九月中旬(也就是逝世前一个月)以后,病情有逐步好转的迹象,据诊治医师屈桂庭的观察,"呼吸渐入常态,用药也颇有效""病状颇有进步"③。那么,为什么一个月后病情又急转直下,以致不治呢?

先排列一下光绪帝临终前十天有关活动的记载吧。

据清官方档案《起居注册》所记,从光绪三十四年十月初十日至十五日六天中,皇帝均到仪鸾殿慈禧住所"请安",并陪同太后到颐年殿听戏,还陪侍吃早、晚饭。只是到了十六日才稍有变化,从这天起到十九日四天中,光绪仅"诣仪鸾殿皇太后前请安"④,而无陪膳、听戏等活动。再从处理政务的情况看,据时任军机章京的许宝蘅说,因慈禧"感冒伤风",十月十二日、十三日未召见军机,至十四日上午九时则"御勤政殿召见军机"⑤;十五日,"有外国使节觐见,两宫出御勤政殿"⑥;十六日,慈禧、光绪在瀛台召见了礼部尚书溥良、直隶提

---

① 徐一士:《凌霄一士随笔》,山西古籍出版社1997年版。
② 朱金甫、周文泉:《从清宫医论光绪帝湉之死》,《故宫博物院院刊》1982年第3期。
③ 屈桂庭:《诊治光绪帝秘记》,陈赣一:《睇向斋谈往》,上海书店1998年版。
④ 《清代起居注册》(光绪朝),第八十册。
⑤ 许宝蘅:《巢云簃日记》(稿本)。
⑥ 《夬庐居士年谱》(稿本)。

学使傅增湘,"数语而退。太后神殊惫,上天颜黯澹"①。也就是说到十六日为止,光绪帝的身体状况基本是正常的,不但能依惯例坚持每日向皇太后"请安"(甚至坚持到了十九日上午),而且可以参与政务活动。

再从一些目击者的观察看,光绪帝当时的身体状况没有捱不过十月二十一日这个"大限"的样子。有当事人证明,十七日前,光绪并无病危迹象,举例如下:

(1)据翰林谭祖庵、宫内伶人教师田际云说:"大变之前二日,皇上步游水滨,意态活泼。"②

(2)内务府三席大臣增崇接到光绪帝病重的"知会"(通知)后曾说:"前天,继子(指内务府次席大臣继禄)受命带大夫请脉后,他下来说,带大夫的时候,'上头'还站着呢!"③

(3)更早些时候,陆润庠为光绪"请脉"后,甚至"出语人曰:'皇上本无病,即有病亦肝郁耳,意稍顺当自愈,药何力焉!'"④

异常情况的出现是在十月十七日晚上。当晚,内务府急召医师杜钟骏(由浙江巡抚推荐),"遽言'皇上病重',至前门来一骑云:'速去,速去。'行未久,又来一骑为内务府来催促者。至内务公所,周景涛已请脉下来,云:'皇上病重。'"杜钟骏诊脉后即对内务府次席大臣继禄及六位军机大臣(奕劻、载沣、世续、张之洞、鹿传霖、袁世凯)说:"此病不出四日,必有危险。"十八日,再次"请脉",结论是:"脉疾而细,毫无转机。"⑤这一天最值得关注的事情是西医屈桂庭(字永秋,毕业于北洋医院)对光绪帝病状的描述:"是日,帝忽患肚痛,在床上乱滚,向我大叫:'肚子痛的了不得',时中医俱去,左右只余内侍一二人,盖太后亦患重病,宫廷无主,乱如散沙。帝所居地更为孤寂,无人管事……而最可异者则频呼肚痛——此系与前病绝少关系者。"⑥

按屈桂庭的判断,光绪帝十八日的症状与他以前的病情几乎很少联系,完全是一种突发的新情况,可以说是风云突变,险象环生。这一天,光绪已"不能坐,未召军机",原定要接见日本侯爵锅岛直大的安排亦临时撤销,而慈禧也病情加剧,当天已"未进食"⑦。十九日"停起",未召见大臣。至十九日晚,宫内更采取了极为罕见的举措,"禁门增兵卫,讥出入,伺察非常"(讥:检查、盘问)。同时,据恽毓鼎(时任御史兼起居注官,为光绪近臣)说:"诸阉出东华

---

① 恽毓鼎:《崇陵传信录》,《近代稗海》第十三辑,四川人民出版社1985年版。
② 徐一士:《凌霄一士随笔》,山西古籍出版社1997年版。
③ 察存耆:《关于光绪之死》,《文史资料选辑》总56号。
④ 胡思敬:《国闻备乘》,上海书店1998年版。
⑤ 杜钟骏:《德宗请脉记》,《近代资料》总122号。
⑥ 屈桂庭:《诊治光绪帝秘记》。
⑦ 屈桂庭:《诊治光绪帝秘记》。

门净发，昌言驾崩矣。"① 而杜钟骏在《德宗请脉记》中也说，十九日夜，他和其他医师被"促起"，"闻宫内电话传出，预备殡天仪式。疑为已经驾崩，宫门之外，文武自军机以次守卫森严"②。这些传言和判断当然不会是空穴来风，如无确凿证据，太监和医师们怎敢妄谈当今皇上的死活！根据十七日晚至十八日光绪帝突发的病情及十九日宫中的异常举动，我们可以初步断定：十九日内廷一定发生了重大的非常事件。按照合乎逻辑的推断，这个事件就是光绪帝于十月十九日夜晚（或者二十日早晨）撒手人寰。

　　翌日（二十日），上午，宫中"寂无闻"，似乎在等待着一个惊天消息的公布。这一天，已经病危的慈禧竟强撑身体，于巳刻（上午九至十一时）、午刻（十一时至下午一时）两次召见军机大臣安排后事。据《光绪朝上谕档》载，第二次召见在当日十二点钟后，"召见于寝宫"，并发布了两道"懿旨"，一道是"醇亲王载沣之子溥仪著在宫内教养，并在上书房读书"；另一道是"醇亲王载沣为摄政王"③，正式把政权交给了光绪的弟弟载沣，这也等于是间接宣布了光绪的死讯。如果光绪果真死于十月二十一日，而之前一天（二十日）就把嗣君接入宫中，并任命一位摄政王，也显得不合程式（尽管光绪、慈禧病重，但慈禧不能确定两人何时咽气）。

　　那么，慈禧是不是在自知病重不起时真的对光绪下了毒手呢？从现有文献资料看，确有相当证据证明光绪死于非命。据恽毓鼎说，当十月初十日慈禧生日祝寿时，听到"帝闻太后病有喜色"的谤言，竟当面怒斥光绪说："我不能先尔死！"④ 第二天，慈禧就制造了光绪病重的舆论，对张之洞说："皇上病日加剧，头班用药不效。"⑤ 三四天后又决定了皇位的继承问题。大约在十四、十五日，首席军机大臣、庆亲王奕劻被打发到易州去视察陵工（十五日启程，二十日返京）。奕劻离京后，慈禧紧急密召文渊阁大学士、军机大臣世续，体仁阁大学士、军机大臣张之洞入内，确定了立溥仪为嗣、以载沣主国政的"大计"。令人不解的是，这样一种"定国计"的后事安排，竟然是在"是时德宗固无恙"⑥ 的情况下做出的。无疑，种种迹象说明慈禧已决定对光绪下毒手了。

　　对在位的皇帝（尽管是位傀儡皇帝）下毒是要冒极大风险的事！那么，由谁去完成慈禧交办的"特殊任务"呢？有人说是李莲英⑦，也有人说是袁世凯进

---

① 恽毓鼎：《崇陵传信录》。
② 杜钟骏：《德宗请脉记》，《近代资料》总122号。
③ 中国第一历史档案馆：《光绪宣统两朝上谕档》。
④ 恽毓鼎：《崇陵传信录》。
⑤ 杜钟骏：《德宗请脉记》，《近代资料》总122号。
⑥ 胡思敬：《国闻备乘》。
⑦ 德龄：《瀛台泣血记》。

药所致。① 但更有可能的下毒者是太后宫中的二总管崔玉贵。当时，李莲英已经失宠。也有记载说，自庚子年后李曾着意改善与光绪的关系为自己留条后路。而在宫内，崔玉贵则"独揽大权"。有记载说，光绪去世前几天，"崔玉贵反伴为'事外人'，告假出宫，以避物议"②，这岂不是在玩"此地无银三百两"的把戏！更何况庚子之变太后、皇帝出逃时，崔玉贵曾亲自把珍妃推入井中，若慈禧死于光绪之前，崔自度必不能活。慈禧的授意加上自己保命的本能，崔令小德张具体操作，此时"小德张之名尚微，人不注意也"③。

如果光绪果真死在十月十九日晚上（或二十日早晨），那么发生在十九日晚以后有关光绪的行踪又作何解释呢？因为据清宫医案记载，二十日上午，张仲元（太医院院判）、施焕（御医）、吕用宾（湖广总督推荐）、杜钟骏（浙江巡抚推荐）、周景涛（福建推荐）、忠勋等医师都曾入宫为皇帝看病，并书有"脉案"。二十一日凌晨及上午，张仲元、全顺、忠勋等御医以及外省推荐的杜钟骏、周景涛等医师最后一次入宫诊视，这又是怎么回事呢？唯一能够解释的就是这些诊断过程和记录只是为了掩人耳目，实际则是慈禧及其亲信精心导演的一出滑稽剧，就如同秦始皇病死沙丘后，赵高"秘不发丧"，以鲍鱼乱尸臭的把戏一样。再从二十一日子刻的脉案来看：脉息"如丝欲绝"，"肢冷气陷"，"二目上翻，神识已迷，牙齿紧闭"④，这也说明医师们在二十日和二十一日凌晨所看到的不过是光绪帝的尸身罢了！

总之，综合各方面的材料，我们可以做出这样的判断：光绪是在慈禧的策划下中毒身亡的。

（载《商丘师范学院学报》第24卷第5期，2008年5月）

---

① 溥仪：《我的前半生》第21页，中华书局1977年版。
② 徐一士：《凌霄一士随笔》。
③ 徐一士：《凌霄一士随笔》。
④ 中国第一历史档案馆：《光绪帝脉案》。

略论张謇的政治追求

张謇诚然是公认的中国近代一位著名的实业家和教育家,但众所周知,他同时也是一位著名的政治活动家。张謇的主要事业是办实业和兴教育,然而,他却非常强调处理好政治、教育、实业三者之间的关系,所谓"政虚而业实,政因而业果,学兼虚实为用,而通因果为权"①。尤其是在辛亥革命前后,以张謇为代表的江浙资产阶级立宪派十分活跃,对晚清政局的演变具有重要影响。

一

张謇一生为之奋斗的事业就是求祖国之富强,在他看来,欲达富强之目的,处日益严重的民族危机之中,唯有对外力御强敌,对内改良政治,振兴经济,发展教育。如此,民族才有希望,国家才有前途。

光绪五年（1879）,年方26岁的张謇在替别人草拟的奏疏中大发宏论,希望清廷切实加强战备,以御外侮:"即如今日诸夷逼处,环伺眈眈,恫喝要求,累岁相望。其宜战而不宜和,无智愚皆知之。而中国握重兵而负凤望,始终坚持议战者,惟左宗棠一人。其余则或以书生谈兵,而无以征信于天下","兵凶战危,亘古无万全之策,而胜败之理,一决于气之盛衰。"② 光绪八年（1882）,张謇作为吴长庆的主要幕僚随军赴朝鲜处置"壬午兵变",应对由于日军入朝造成的紧张局势。他不但参与了这次行动的全过程,而且撰写了《乘时规复流虬策》《朝鲜善后六策》等政论文章。尽管这些文章的基调未能摆脱封建上国思想的框框,但确反映出他强烈的忧患意识和对日本发动侵略的警惕性。

光绪十年（1884）,中法战争爆发,日本又在朝鲜策划了"甲申政变",当时已返回故里的张謇对边疆危机仍极为关注,他"愤中国之不振",为挽回颓势屡有建议,他告诫驻朝将帅"不可再赔兵费于日,更蹈从前覆辙"③,又代拟《条陈朝鲜事宜》,指出"中国以朝鲜为门户,朝鲜亦倚中国为长城","朝鲜与中国唇齿相依,利害相因,大权一失,实祸随之",要求朝廷"时时有必战之心,事事图能战之实"④。为抵御法军北犯,张謇还亲身投入备战工作,参与了

---

① 《东游日记》,张孝若编《张季子九录》专录,卷四,中华书局1931年版。
② 《代夏学政沥陈时事疏》,《张季子九录》政闻录,卷一。
③ 《为韩乱事致驻防吴提督孝亭函》,《张季子九录》政闻录,卷一。
④ 《代某公条陈朝鲜事宜疏》,《张季子九录》政闻录。

筹办当地滨海渔团，草拟了《渔团章程》。前线传来谅山大捷的消息，张謇兴奋异常，认为"此宜足禁持和之口"①。

十年后，张謇预言"以中国为其掩试军事之地"的日本终于发动了甲午战争。时值张謇金榜折桂，授职翰林院，遂"极力主战"，成为帝党中的重要决策人物。他指斥李鸿章主和误国，请求"另简重臣，以战求和"②。后因守制南归，在家乡举办团防，当获悉屈辱至极的马关和议的内容时，张謇激愤不已，大声疾呼："几罄中国之膏血，国体之得失无论矣！"③ 为挽救时局，以图振作，他代张之洞起草《条陈立国自强疏》，阐明救亡主张，要求加强国防，广开新学，提倡商务，讲求工艺，出洋考察。

当时张謇勾画的自强之策，还没有超出洋务派的思想范畴，于政治改革几乎没有提及。然而对腐朽龌龊的封建官场，张謇是厌恶的，面对"风气日坏，朝政益不可问"④ 的局面，他表示"愿成一分一毫有用之事，不愿居八命九命可耻之官"⑤。不愿为官，并非不关心政治，而是鄙薄腐烂透顶的官场，不愿与之同流合污。如何使濒临绝境的封建政治得到改良呢？在列强瓜分狂潮的刺激下，在维新派"民权"思想的影响下，张謇提出了"去官毒"的主张。光绪二十三年八月初十日（1897年9月6日），张謇致书《时务报》主持者汪康年："走以为所恶于君权者，官毒之害也。"他欲保君权，同时也点明了"官毒"与"君权"的密切联系（即"官毒不藉君权不横"）。虽然此论的前提在于"保君权"，又特别申明官毒、君权"二事实不相关"⑥，但毕竟反映出他对"君权"存在某种程度的不满。

维新运动的兴起激起了张謇重登政治舞台的热情，他于光绪二十四年三月十六日（1898年5月6日）到达北京。四月二十三日（6月11日），光绪帝诏定国是，宣布变法。而张謇只提出过一些温和的经济改革主张，对政治变革则持消极态度，他与翁同龢的共同看法是虽"法顽必变"，但"有可变者，有竭天下贤智之力而不能变者矣"⑦。他们的改革指导思想与康、梁全面变革的计划显然是不合拍的。后来，张謇曾这样追述与维新派的关系，"余与康梁是群非党，康梁计划举动，无一毫相干者"⑧，这是符合实际的。当变法障碍重重，局势日益险恶时，张謇于六月三日（7月21日，即翁同龢革职归里半个多月后）请假南归，

---

① 《张謇日记》，光绪十年闰五月十五日。
② 《推原祸始防范未来请去北洋折》，《张季子九录》政闻录。
③ 《张謇日记》，光绪二十一年四月初六。
④ 《啬翁自订年谱》卷上，第26页。
⑤ 《致沈家培函》，《张季子九录》文录。
⑥ 《汪康年师友手札》第二册第1804页。
⑦ 《翁松禅致张啬庵手书》。
⑧ 《张季子九录》专录，卷七。

离开了京城湍急的政治漩涡。

张謇不赞成康、梁的变法，而主张一种更温和、渐进式的改革。正如其子张孝若所说，张謇"看了当时宫廷的纷乱，亲贵的昏聩，内政处处腐败，外交断送权力，越看越痛心，也认为非变法不可"①。光绪二十六年十二月十日（1901年1月29日），被八国联军赶到西安的慈禧太后迫于形势，不得不打出"变法"旗号以取悦列强，欺骗世人。张謇等闻讯颇受鼓舞，两个月后就写出了《变法平议》，洋洋洒洒两万余言，比较全面地阐述了自己变革的政治主张。

《变法平议》首先对变法的必要性和紧迫性进行了论述，认为："法久则弊，弊则变亦变，不变亦变"。其变法的内容共有42条，分为吏、户、礼、兵、刑、工六大部类，并提出分三个阶段逐步实施。《变法平议》提出的改革措施并没有超出"百日维新"的范围，其中虽有"置议院"一项，但这种"议院"仅由京外四五大臣自辟议员组成，不过是个由官僚招聘组成的咨询机构，与西方资产阶级议院不可同日而语。

在《变法平议》中，特别突出了张謇渐进式的改革思想。它批评戊戌变法"乘积弊之后，挟至锐之气，取一切之法而张之，上疑其专而下不喻其意"②。"主张在不流血不纷争的状态范围内，循序改进"。③ 他的观点是宁可慢一点，只求有成效，与其"意行百里而阻于五十"，不如"日行二三十里者不至于阻而犹可达也"。④

张謇正是在新世纪伊始之际亮出他的变法旗帜的。这位自称"生平万事居人后"⑤ 的改革者，其行进的步伐总要比时代的弄潮儿慢半拍。早在1902年，国内进步舆论已经关注立宪问题，1903年5月的《大公报》在一篇题为《论中国之立宪要义》的文章中说："今日中国政府又将出现一新问题，其机已动，其端已见，其潮流已隐隐然涌出者，顾为何哉，盖立宪问题是也。"⑥ 而张謇公开赞成君主立宪则在光绪二十九年（1903）赴日本考察之后。在日本的70天里，他参观了博览会，考察了日本的教育与实业，得出的结论是：中国所以不能像日本那样迅速富强起来，"抉其病根，则有权位而昏惰者当之矣"⑦。要想富强起来，必须改良政府，改变政体，"不变政体，虽枝枝节节以补救亦无益耳"⑧！从此，他积极投身立宪运动。

---

① 张孝若：《南通张季直先生传记》，中国近代史资料丛刊《辛亥革命》第4册第156页。
② 《变法平议》，《张季子九录》政闻录，卷二。
③ 张孝若：《南通张季直先生传记》，中国近代史资料丛刊《辛亥革命》第4册第156页。
④ 《变法平议》，《张季子九录》政闻录，卷二。
⑤ 《怡儿生志事》，《张季子九录》诗集。
⑥ 《东方杂志》光绪三十年，第五期"内务"。
⑦ 《东游日记》，《张季子九录》专录，卷四。
⑧ 内藤太郎：《袁世凯》（中译本）第104页。

张謇推动君主立宪的手段不外有三，即：向"官员友人"进劝；为封疆大吏代撰鼓吹立宪的奏稿；译刻《日本宪法》直送内廷。张謇是个真诚的立宪主义者，他把个人的进退、国家的前途、民族的希望都与立宪紧紧联系在一起了。

张謇的政治追求还有一个重要目标，即渴望政局的稳定。求稳怕乱的思想像幽灵一样伴随着他的整个政治生涯。戊戌维新期间，新旧两派势成水火，张謇立劝维新派不要"鲁莽"从事，颇不以康、梁举动为然，他曾说："在京闻康有为与梁启超诸人图变政，曾一再劝勿轻举，亦不知用何法变也。至是张甚，事固不必成，祸之所届，亦不可测。"① 对于较康、梁更为激进的谭嗣同，张謇竟斥之为"好奇论""谬妄已甚"②。光绪二十七年（1901）年初，张謇撰《变法平议》，仍批评"喜言新法者""逞快喉舌"，"毒流大区而危及宗社"，主张"上破满汉之界，下释新旧之争"，视融合新旧的折中调和路线为"变法之命脉"。

光绪二十六年（1900）夏，义和团运动狂飙突起，席卷京津，慈禧迫于形势对外"宣战"。帝国主义列强组成联军，入侵中国，攻陷北京。张謇视义和团为"匪"，比之为"黄巾、白波再见"③，并积极参与了"东南互保"活动。当时"盐枭"首领徐宝山（绰号徐老虎）自称"两江两湖大元帅"，活跃于长江下游，以"勤王"相号召。张謇唯恐东南不稳，致书刘坤一倡"招抚"之策，认为如此则可"内患苟弥，可专意外应矣"④。并先后与沈瑜庆（正阳关淮盐督销）、施炳燮（刘坤一亲信幕僚）等密议，又与刘坤一会面，促其对"东南互保"的计划拍板定案。为追求东南地区的相对"稳定"，张謇不惜积极奔走，策动东南督抚与列强"合作"来维护半殖民地半封建的统治秩序。然而，旧的统治秩序毕竟是难以维护的，革命正以前所未有的势头向前推进，仅仅十年后，震惊全国的辛亥革命爆发了。

张謇最不愿意见到"颠覆眩乱"的局面，他认为只有立宪才能避免革命，因为立宪"持私与公之平，纳军与民之轨，而安中国亿兆人民于故有"⑤。当武昌起义爆发后，他曾到南京劝江宁将军铁良、两江总督张人骏"援鄂"，同时希望清廷公布宪法，召开国会，以平民愤。但一旦当他认清"绝弦不能调，死灰不能爇，聋虫不能聪，狂夫不能智"⑥ 时，并没有固执己见，而是立即改弦易辙，由立宪转向民主共和，并寄希望于"和平光复"的模式，以避免更大范围内"极烈之暴动"。他还致函江苏谘议局赴京请愿代表，明确表态要顺应历史潮流，

---

① 《啬翁自订年谱》卷下，戊戌六月。
② 《张謇日记》，光绪二十四年八月十五日。
③ 《张謇日记》，光绪二十六年五月二十一日。
④ 《为拳乱致刘督部函》，《张季子九录》政闻录，卷一。
⑤ 《年谱自序》，《张季子九录》文录。
⑥ 《张季子九录》诗录。

"下走何力,岂能扼扬子之水,使之逆流?"①

革命形势迅猛发展,各省纷纷独立,在张謇看来,当时只有袁世凯才是唯一能够稳定政局的中心人物。于是在南北议和期间,他致力于让袁世凯出面总揽大权,以便在全国范围内恢复"统一"与"秩序"。当袁世凯终于登上临时大总统的宝座,国内出现暂时和平假象后,张謇也欣欣然以为统一与秩序指日可待,遂把主要精力转向了企业经营和地方自治。

1913年3月,"宋案"发生,激起国内政局的轩然大波。南方革命党人酝酿发起了倒袁的"二次革命",对此,张謇是坚决反对的,他说:"稍能看报识时务者,则皆鉴于前辙,惴惴焉怀生命财产之忧,孰肯以汗血所得之金钱,供二次三次革命不已之挥霍,自买今年明年纠缠不了之苦痛。人心如此,钱从何来?无所得钱,凭何革命!"②因此,力主"持之镇静",坚持"法律解决"。

国民党人的"二次革命"被镇压后,袁世凯竟敢冒天下之大不韪,以帝制自为。于是,一场新的反袁风暴在全国兴起。面对新的动荡政局,张謇请假南归,欲置身局外,同时又寄希望于黄兴回国"调和南北",或以"换马"方式,由冯国璋取代袁世凯来恢复"秩序"。但"护国之役"起于云南,南方各省相继响应,张謇又立劝袁世凯"急流勇退",以早日结束战争。袁世凯死后,南北军阀混战不已,张謇日夜渴求和平、安定的幻梦彻底破灭,这位"饱尝世变"的老人只有心酸地表示"不愿再涉政界"③,无可奈何地退出了政治舞台。

纵观张謇一生,其政治追求可归纳为三个方面,即祖国的富强与政府之改良、渐进式的改革以及政局的稳定。

二

我们在审视张謇的政治态度和追求时,更应着眼于深入探究形成此种追求的内在原因。

首先,应该看到真诚的爱国精神、强烈的忧患意识乃是张謇追求的精神支柱。张謇21岁时离开家乡通海地区,从此,走南闯北,投笔从戎,漂洋过海,进一步开阔了眼界,使他对国内政局的演变、列强侵华的动向有了较为清醒的认识。甲申中法之役后"即愤中国之不振",尤其是甲午战役,割地之多,赔款之巨,屈辱至极,张謇"益愤"。随后各国纷纷攫取租借地,划分势力范围,亡国灭种之祸迫在眉睫,他见此情景忧心如焚。正是在这炽热的爱国热情驱使下,张謇一度成为政坛上极为活跃的人物。

---

① 《张謇未刊函札》。
② 《调和南北致孙少侯王铁珊函》,《张季子九录》政闻录,卷一。
③ 《张謇未刊函札》。

时代的列车跨入20世纪，戊戌后有意逃避政治的张謇终于重登政治舞台，投身立宪运动。他赴日考察，为的是学习东方邻邦的富强之道，回国后趋向实行君主立宪，正是赴日考察的直接结果。他深忧国势衰微，又感自身力薄，遂在光绪三十年正月初一（1904年2月16日）的日记中自责道："海氛方恶，国势方危，区区一隅之地，一人之身所应尽之义务，曾未一一著有效果，而齿又增矣。可愧！可愧！"

另外，经济利益可以说是张謇政治追求的有力杠杆。尽管张謇兴办企业和教育的目的在于富国安邦，可实际的经济利益不能不影响他的政治态度。从光绪二十一年（1895）冬天起，张謇开始了他的办厂活动，创业4年，至光绪二十五年四月十四日（1899年5月23日）大生纱厂正式开工，从此，张謇正式成为中国一个新的社会群体——资产阶级中的重要一员。

光绪二十六年（1900）秋，义和团运动爆发后，大生纱厂趁洋纱进口减少之机产销两旺。光绪三十年（1904），日俄战争爆发，大生又因日纱在中国市场减销而获利更丰。光绪三十三年（1907）春，大生二厂建成，到辛亥革命爆发前夕，大生两厂的纯利累积已达370余万两，资本总额也增加到近200万两。也就在这一年夏天，张謇把他创办的另外19家企业合并组成通海实业总公司。光绪三十四年（1908）后，他又陆续投资创办银行、航运、堆栈等企业。辛亥革命前，一个以纱厂为中心，实力雄厚的经济实体——大生资本集团已经形成，而且张謇的投资范围还在不断扩大，从光绪二十五年（1899）到民国十五年（1926）28年间，张謇共创办了各类企业42个。他甚至雄心勃勃地提出了"棉铁主义"的口号，梦想建立一个融轻、重工业于一体的民族近代经济体系。

辛亥革命后，中国的民族工商业有了一定程度的复苏。大生两个纱厂的纯利也逐年大幅度增长，其中，大生一厂1911年为201520两，1913年即达到367691两，利润从17.83%增至32.54%；大生二厂同期的纯利，也从112962两增至286821两，利润率从13.05%增至33.13%。丰厚的经济利润使得张謇更加看重市场的平稳和政局的安定。当"二次革命"爆发时，他最担心的是"实业生计大受损害"，甚至不分是非曲直，指责国民党抵抗派为"可恨！"其理由是"沪上罔死之民之众，损失市产之巨……即通（州）实业之受损亦数十万矣"①。

除了爱国精神、阶级地位、经济利益对张謇的政治追求、政治态度产生重要影响外，社会交往、人际关系和传统教育对他的政治追求也具有触媒的作用。比如好友范当世、周家禄等都敢于面对现实，抨击时弊，他们关心社会，关心时局，强调"行事当为天下全局，不当为一己沽直名"②，希望张謇能"任天下之

---

① 《张謇未刊函札》。
② 《张謇日记》，光绪二年二月二十九日。

重而应世变"①。对此,张謇都视之为金玉良言,以为"足以药生平之病"②。朋友间的砥砺与切磋对于张謇强烈的社会责任感和忧患意识的形成产生了积极影响。

从甲午到戊戌,张謇又与以翁同龢为代表的帝党人物交往密切,并在他们的影响下积极主战,并参与了变法维新,其对李鸿章主和误国的抨击更是震惊朝野,爱国热情跃然纸上。戊戌变法期间,张謇在北京的活动不过两个半月,时值变法高潮,他与翁同龢频频接触,"无所不谈"③。显然,翁同龢"西法不可不讲,圣理之学尤不可忘"④的温和变革思想在张謇身上留下了深刻烙印,使他与康、梁主张不能合拍,对维新变法态度消极,终于在维新与守旧势力斗争激烈之际离开京城,置身局外。

张謇所接受的正统儒学教育对他政治观点的形成所产生的影响也是毋庸置疑的。少年时代,张謇读的书无非是"四书""五经"之类的儒家经典,同治十一年(1872),19岁的张謇从海门训导赵彭渊学习胡广等的《四书大全》和宋明理学著作。两年后,张謇由家乡到了江宁,在这个东南的文化中心结识了李小湖、薛蔚农、张裕钊等国内知名学者,号称"桐城大师"的张裕钊对他影响最大。同时,张謇还选读了一些中国史学名著,从16岁时起读《纲鉴易知录》《通鉴纲目》,稍长,读《资治通鉴》《三国志》《史记》《前汉书》。以后又读了《老子》《庄子》《管子》《晏子》以及顾炎武的《日知录》、黄宗羲的《明夷待访录》等,深受明末清初朴学大师经世致用思想的影响。张謇还对《周易》颇有研究,晚年屡屡自称一生得力于《易》。但是他对《易》的理解却着眼于"守正处中",而不是其中的变化观点。长期接受封建旧式教育,又囿于科举制艺的束缚,使张謇不能不背上中国传统文化的沉重包袱。诚然,这里既有历史智慧的启迪、先哲思想的感化,也有传统惰性的困扰、封建毒素的纠缠,所缺乏的正是西方近代民主意识的滋养,因而其政治思想很难突破忠君的格局。

张謇的性格特点使其政治追求更具独特风格——务实、求稳、善变的风格。张謇出身于一个普通农家,祖父因家境穷困而为赘婿,父亲时生活稍有改善,买了二十几亩地,但张謇兄弟仍需参加农作并兼作杂工,其父的家训是:"子弟非躬亲田间耕刈之事,不能知稼穑之艰难"⑤。生活环境的锻造和家庭教育的熏陶,使张謇成年之后仍保留着农民那种讲求实际、不尚空言、不务虚名、憨厚纯朴的性格。

---

① 周家禄:《寿恺堂集》卷二八,第2页。
② 《张謇日记》,光绪二年二月二十九日。
③ 《翁文恭公日记》戊戌四月廿五日。
④ 《翁文恭公日记》戊戌四月廿三日。
⑤ 《述训》,《张季子九录》文录。

张謇在他的政治生涯中，从不轻易接受某种观点和主张，他只相信通过自己亲身观察、体验后认为是正确的东西。一旦认准了前进的方向、追求的目标，就会不遗余力，孜孜以求，有一股不达目的誓不罢休的韧劲。最初，他追求政治改良，却与民权思想相抵牾，只是在亲自考察了日本后，尤其是在君主立宪的日本于日俄战争中获胜后，他才改弦更张，积极投身立宪运动。他醉心于君主立宪，为之奋斗不懈，甚至当革命党人已首义武昌，他仍在动员南方清军"援鄂"。但张謇不是顽冥不化的人物，他讲求实际，不轻变，却往往在关键时刻，在事态发展的转折关头，做出合理的选择。

光绪二十四年闰三月十六日（1898年5月6日），正当维新运动步入高潮时，他赶到北京参与变法；光绪三十年三月二十日（1904年5月7日），他欣然应邀去南京代张之洞、魏光焘起草请求立宪的奏稿；宣统三年九月二十三日（1911年11月13日），他又与其他立宪派头面人物联名电请内蒙古各界人士赞成共和，成为转向共和的一次公开亮相。这三次政治态度的重大转变，当然与时局的变化紧密相关，却不能视之为政治投机，而应该说是一种经过深思熟虑后做出的合乎历史潮流的政治选择，同时也是张謇的个人性格在政治实践中的具体反映。

三

对于张謇的政治追求，以往论者见仁见智，评价不一，因而有必要对此种追求的合理性与局限性做进一步说明。

尽管研究者会从不同方面和角度来发表意见，但无论如何似不应漠视张謇政治追求中合理而有价值的一面。

张謇一生政治追求的主调是君主立宪，甚至可以说，他的政治生命是与立宪运动紧紧联系在一起的，所谓"一生之忧患、学问、出处，亦尝记其大者，而莫大于立宪之成毁"①。真可谓成也立宪，败也立宪。

我国几千年来一直实行君主专制制度，素来缺少民主政治的意识，可以说，从第一个奴隶制国家——夏朝开始，君主专制代代相传，从未有过民主政治。到了近代，随着西方列强的入侵，民族危机加深，才提出向西方学习的命题，首先是"师夷长技"，搞了"同光新政"，以后又搞了戊戌维新。19世纪70—90年代，"宪法"一词开始在书刊中出现，直至光绪十九年（1893），郑观应才在《盛世危言》一书中首次提出了"立宪法""开议院"的建议。19世纪与20世纪交替之际，立宪才作为一个实际政治运动出现于中国大地，这种近代西方的政

---

① 《年谱自序》，《张季子九录》文录。

治制度让更多的中国人大开了眼界。这无异是在延绵数千年的封建专制制度的一潭死水中投进了一块足以激起民主涟漪的石头。对于祖祖辈辈只知道"朝廷""君上"的芸芸众生来说，无疑是一种启蒙。应该说，立宪在当时是一种时代要求，尽管与同时兴起的民主革命运动相比，它是一列驶向同一方向的慢车，并在改造还是推翻清政府的问题上各执一端、相互对立，但在否定君主专制制度这个根本点上却是一致的，在向西方学习以及向学习西方卓有成效的日本学习这一点上，也是并行不悖的。毛泽东所描绘的"先进的中国人""经过千辛万苦，向西方寻找真理"的历程中，同样有着以张謇为代表的真诚的立宪主义者的足迹。

我们当然有必要把"真立宪"与"假立宪"区别开来。张謇倡导立宪运动，其根本目的在于求民生之安定，祖国之富强，如他所说："时受外界刺激，悲忧日集，群相晤语，每至流涕。愚者千虑，皆谓非实行立宪，无以救之"①，立宪是要"安中国亿兆人民于故有，而不致颠覆眩乱者也"②。宣统元年十一月（1909年12月），各省谘议局代表在上海开会，发动联合请愿。会议结束后，张謇在饯别宴会上撰文与代表共勉说："我中国神明之胄，而士大夫习于礼教之风，但深明乎匹夫有责之言，而鉴于亡国无形之祸，秩然秉礼，输诚而请，得请则国家之福，不得请而至于三、至于四、至于无尽，诚不已，则请亦不已，未见朝廷之必忍负我人民也。即使诚终不达，不得请而至于不忍言之一日，亦足使天下后世，知此时代人民固无负于国家，而传此意于将来，或尚有绝而复苏之一日。"③尽管这种表态显得苍白无力，但字里行间却充满着爱国的热情，其真诚的愿望与悲壮的气概溢于言表。

虽然立宪运动失败了，但张謇的政治追求并非完全没有效果。首先，它作为一个颇具声势的政治运动，对封建专制主义无疑是种有力的冲击，至少使清政府在言论自由这一点上已经有了松动。一位美国评论家在论及宣统元年（1909）召开的谘议局和资政院会议时曾说："中国过去从来没有人像现在这样坦率直言过"④。其次，立宪运动的失败彻底暴露了清廷的冥顽不化，证明它是不会向人民让步的，使不少人丢掉了依靠这个腐朽朝廷的改革去实现民主宪政的幻梦，从而对辛亥革命的爆发客观上起了舆论动员作用。这种警醒影响所及也包括张謇本人在内，他在一份电文中就清楚地表明对这个无可救药的朝廷已经失去了信心："自先帝立宪之诏下，三年以来，内而枢密，外而疆吏，凡所为违拂舆情，摧抑士论，剥害实业，损失国防之事，专制且视前益剧，无一不与立宪之主旨相反。

---

① 《郑孝胥张謇等为在上海设预备立宪公会致民政部禀》，转引自《中华民国档案史料汇编》第一辑，第100—101页。
② 《年谱自序》，《张季子九录》文录。
③ 张謇：《送十六省议员诣阙上书序》，《国风报》第一年第二期。
④ 威廉·埃利斯：《革命的中国》，1911年10月28日美国《展望》杂志。

枢密、疆吏，皆政府而代表朝廷者也。人民求护矿权、路权无效，求保国体无效，求速开国会无效，甚至求救灾患无效。"① 既然一切救国救民的和平努力都遭到清廷无情拒绝而没有效果，那么，人民还能够容忍吗？这个朝廷还有存在的必要吗？

当然，在张謇的政治追求中也有保守和落后的内容，亦即有它局限的一面。首先是阶级的局限。作为中国民族资产阶级上层的代表人物，他不可能摆脱中国资产阶级与生俱来的阶级性格，这种性格的表现就是重近利而不计长远，怕动乱而追求安定。民国三年（1914），卓越的资产阶级革命家、宣传家朱执信就直截了当地指出中国资本家的政治性格是："不惮牺牲将来以求曲全现在。"② 列宁在《社会民主党在民主革命中的两种策略》一书中曾经这样来描述俄国资产阶级的政治追求："对资产阶级更有利的是要资产阶级民主性的种种必要的改革比较缓慢地、渐进地、谨慎地和不坚决地进行，即用改良的办法而不用革命的办法进行，要这些改革对'尊贵的'农奴制设施（如君主制度）尽可能谨慎些，要这些改革尽可能少地去发扬小百姓即农民特别是工人的革命的自动性、主动性和毅力，因为不这样的话，工人就会更容易如法国人所说的'把枪支从右肩移到左肩'，就是说，更容易用资产阶级革命供给他们的武器，用这个革命给予他们的自由，用清除了农奴制的基地上所产生的民主设施，来反对资产本身。"③ 这一精辟阐述同样适用于用来透视中国资产阶级，尤其是适用于透视这个阶级上层的政治代表。

其次是认识上的局限。虽然张謇在开风气之先上有许多过人之见，但他对腐败透顶而又顽固不化的清政府仍然抱有幻想。当保路风潮席卷全国，清朝统治已经濒临崩溃时，张謇竟与郑孝胥、汤寿潜等立宪派头面人物相继进京，觐见摄政王载沣，并转而赞成"干路国有"政策，甚至还为清廷对付川、粤、鄂铁路风潮出谋划策。他向清廷表示："謇十四年来，不履朝籍，于人民之心理，社会之情况，知之较悉，深愿居于政府与人民之间，沟通而融合之。"④ 清廷对他表现出来的"热情"和礼遇更使张謇怦然心动，也进一步模糊了他对时局的清醒估计。

第三是个性的局限。张謇为人质朴、务实，老成、持重有余，灵活、敏捷不足。他不拒绝接受新思想、新事物，但反应却不够灵敏、迅速。他声称"生平万事居人后"虽然不无戏言成分，倒也符合其本人的性格特点。这一特点反应在政治上，必然是保守、求稳。

---

① 《九月二十九日请袁内阁代辞宣慰使农工商大臣电》，《张謇函稿》第 27 册。
② 《朱执信集》上卷第 150 页，中华书局 1979 年版。
③ 《列宁选集》第一卷第 542 页，人民出版社 1972 年版。
④ 《请新内阁发表政见书》，《张季子九录》政闻录，卷三。

总之，张謇作为中国近代著名的实业家、教育家是人们所公认的，而对他的政治追求，政治实践却评价歧异，褒贬不一，但只要清除"左"的影响，坚持实事求是的原则，对张謇的一生进行全面考察，就必然会得出科学的、符合实际的结论。

（载《清史研究》1996 年第 2 期）

杨毓麟与《新湖南》

1911年4月27日（农历三月二十九日）的黄花岗之役震惊了中外，"是役也，碧血横飞，浩气四塞，草木为之含悲，风云因而变色"（孙中山语）。消息传到英国，正在那里的杨毓麟痛悼革命同志的惨烈牺牲，"忧伤过度，夜不成寐"，加之当时列强瓜分中国的消息广为传播，更使他病情加剧，"头肿更大，愈不成眠"①，遂于当年7月8日（农历六月十三日）在利物浦投海自尽。临终前，托友人石瑛将其积蓄100英镑转寄黄兴以充革命经费，另30镑为赡养母亲之用。后友人将其遗体葬于英国利物浦公墓。

杨毓麟，字笃生，一号叔壬，改名守仁，湖南长沙人。"少好学问"，稍长，遍读群书，"先儒性理，经世论略，百家杂著，无所不窥"②。1897年（光绪二十三年），以拔贡参加乡试中举，翌年又赴京会试，分发广西知县，未赴任。时湖南维新风气大盛，在巡抚陈宝箴、按察使黄遵宪、学政江标等的支持下，1897年10月在长沙成立时务学堂，宣传变法思想，培养维新人才。到1898年春夏间，师生已共有200余人。学堂以熊希龄为提调（校长），梁启超为中文总教习，李威格任西文总教习，康门弟子韩文举、欧榘甲、叶觉迈等均充教习之职，杨毓麟也厕身其中。由于维新人才聚集，时务学堂吹进了一股清新空气，不仅康有为的"素王改制"思想得以传播，而且出现了某些赞成资产阶级民主政治的论点，"堂内空气日日激变"（梁启超语）。但几个月后，北京发生政变，"六君子"就义于菜市口，形势急转直下，湖南支持新政的几位主要官员陈宝箴、黄遵宪、熊希龄都被革职，省内创办的新政绝大部分被废除，杨毓麟也迁往乡间避难。1899年，杨毓麟应江苏学政瞿鸿禨之聘，入其幕府。不久辞归。1900年至1901年间，就馆于湘绅龙湛霖家，并于1902年经龙湛霖资助，携其子龙绂原东渡日本留学，先后入宏文书院和早稻田大学。

将近四年的留学生活使杨毓麟的民主革命思想趋于成熟。他到日本不久，就参加了孙中山领导的兴中会。1902年，在中国留日学生运动史上是一个重要的年头，这一年留日学生人数增加的幅度和规模都是空前的。一批青年人怀着爱国救亡的热情来到异国他乡，希望从向西方学习富有成效的日本那里找到救亡的途径和经验。他们尽情沐浴着欧风美雨，贪婪地吸收着一切新的思想、新的经验，

---

① 曹亚伯：《武昌革命真史》上册第367页，上海书店出版社1982年版。
② 曹亚伯：《武昌革命真史》上册第370页。

正如鲁迅后来所回忆的:"凡留学生一到日本,急于寻求的大抵是新知识。除学习日文,准备进专门的学校之外,就赴会馆,跑书店,往集会,听演讲。"① 这使他们对资本主义文化的了解和对中国国情的认识都较为实际而深刻了。

留日学生以"灌输新思想新知识于国内"为己任,因而各种宣传新思想的刊物如雨后春笋一样纷纷出版。1902年12月,杨毓麟与黄兴、梁焕彝、樊锥、周家树等创设湖南编译社,发行《游学译编》杂志,成为留学生中以省为单位的第一份刊物,刊物上的许多文章都出自杨毓麟手笔。一个多月后,湖北留日学生也创办《湖北学生界》,这两份刊物"所译著之文字,皆以民族民权为依归。两湖革命思潮,多发源于二杂志矣"②。也就在这年年底,杨毓麟撰写、发表了使他名噪一时的著作《新湖南》。

1903年春夏之交,一场具有广泛群众性的爱国拒俄运动在留日学生中迅速兴起。当时沙俄政府横蛮拒绝按约从我国东北撤军,并提出七项无理要求,妄图变我国东北为其殖民地。消息传出后,在留日学生中引起强烈震动,他们集会演讲,组成拒俄义勇队。杨毓麟也积极投身这一爱国运动,并报名参加义勇队,愿赴前敌。由于清政府勾结日本当局进行破坏,义勇队不久即告解散,改名"军国民教育会",一部分激进分子义无反顾,继续向前,把矛头直指卖国政府,规定以"鼓吹、起义、暗杀"为斗争的主要手段。杨毓麟在复杂的斗争中愈激愈厉,他同黄兴、龚宝铨等人团结少数骨干于"军国民教育会"中秘密组成暗杀团,"研究爆发物十余种","欲先狙击二三重要满大臣,以为军事进行之声援,所订规章,极为严密"。③ 为了学习制造炸药的技术,经冯自由介绍,杨毓麟专程赴横滨结识留日工科学生梁度。在付出了一目失明的代价后,他终于掌握了这门技术,并用来为革命事业服务。后人评价说:"党人能自造炸弹,自守仁始"。④

1904年夏,杨毓麟偕周来苏、苏鹏等携带自制炸药从日本归国,潜入北京,并约集同志在天津设立机关,筹划爆破皇宫和颐和园,以造成强烈的政治影响。这一计划准备达数月之久,终因时机不合,未能如愿。南归后,与蔡元培、杭辛斋等在上海密设机关,一面团结日本留学生,一面策应华兴会(成立于1904年2月)准备发动长沙起义。10月下旬,长沙起义在准备过程中为地方当局侦悉,未经发动,即遭破坏。黄兴逃到上海,组织爱国协会,设机关于上海新闸路余庆里(英租界),推举杨毓麟为会长。不久,因一偶然事件余庆里机关被破获,黄兴、章士钊、苏鹏、张继等先后被捕,杨毓麟仅以身免。后黄兴化名脱险,与刘揆一逃亡日本,设法营救被捕同志。杨毓麟则避居北京,改名守仁,混迹政界,

---

① 鲁迅:《因太炎先生而想起的二三事》,《且介亭杂文末编》。
② 刘揆一:《黄兴传记》,中国近代史资料丛刊《辛亥革命》(四)第275页。
③ 冯自由:《新湖南作者杨笃生》,《革命逸史》第二集第126页。
④ 曹亚伯:《武昌革命真史》上册第37页。

准备打入敌人心脏,以为革命声援。

居京期间,杨毓麟经学务大臣、吏部尚书张百熙(湖南长沙人)推荐,任译学馆教员。时清廷派五大臣出洋"考察"宪政,他认为这是一个继续发展的机会,遂力谋以随员参与其事。当时,革命党人金猷澍在保定高等学校与同志吴樾、马鸿亮、赵声等组织秘密团体——"两江公学",杨毓麟应邀至保定"主盟立誓",以后,每月定期赴保定参加聚会。1905年,革命形势急剧发展,吴樾、金猷澍力主暗杀清廷要员。杨毓麟一面告诫他们慎重行事,指出"事不密辄败";一面为他们提供了自制炸弹。不久,清廷迫于全国高涨的革命形势和改良派开国会、立宪法的呼声,不得不做出"立宪"姿态,以骗国人。杨毓麟对此极为愤慨,他对吴樾说:"清廷伪为预备立宪,遣五大臣出洋考察政治,以愚吾民。悲中国永无再见天日之会矣!"[①] 9月24日,吴樾携带杨毓麟的自制炸弹登上了五大臣的专车,决心以自己的鲜血去戳穿"立宪"的骗局。其实,这种暗杀活动并无助于革命的真正成功,但他们那种赴汤蹈火、敢于殉事业的高尚情操,却是值得尊敬的。

在惊魂稍定之后,五大臣于1905年年底启程出洋了。杨毓麟因未暴露身份,仍以随员同行,抵东京。时中国同盟会成立不久,遂与黄兴、张继、陈天华、宋教仁等筹商扩充组织和如何实行方略。根据革命需要,杨毓麟辞去随员职务,返回上海,约集同志,以商号为掩护设立江海交通机关。1907年春,他与于右任等在上海创办《神州日报》并任记者,表示要"藉此以鼓吹排满,尽吾天职可也"[②]。其时,萍浏醴起义失败,武昌日知会亦遭破坏,湘、鄂许多革命党人被捕,杨毓麟均积极组织营救。同年秋,桂阳人朱滋莱因经常资助革命遭追捕,经毓麟掩护逃往福建。辛亥时,朱滋莱策动姻亲福建提督孙道仁反正,为福建光复做出了贡献。

1908年,毓麟以起义一时难于发动,遂应留欧学生监督蒯光典之聘为秘书赴英。他身在欧洲,心系祖国,密切关注着国内革命活动。1910年,汪精卫、黄澍忠等谋刺摄政王的炸药就是由杨毓麟从苏格兰购的。杨毓麟直接参加或间接支持的暗杀活动历受挫折,事实说明采取个人恐怖的斗争手段是一种错误政策,它不但严重脱离了广大群众,也使自己一次又一次遭受打击。杨毓麟本人终因经不起多次挫败而自杀,他的经历充分暴露了小资产阶级革命家急于求成和不相信群众的个人英雄主义弱点。

---

① 曹亚伯:《武昌革命真史》上册第373页。
② 本处及以后引文均引自《新湖南》,见张枬、王忍之《辛亥革命前十年间时论选集》第一卷下册,第612—648页。

二

杨毓麟的《新湖南》写于1902年冬，是一部在民主革命中产生过很大影响的通俗著作。

杨毓麟深受康门弟子欧榘甲《新广东》（写于1902年春）一书的影响，"读而韪之"。他关于湖南"自行独立"的主张，就直接借鉴《新广东》"各省自立"的意见，但欧的自立创议只是一种介于保皇与革命之间的折中方案，而《新湖南》的内容则大大前进了一步。

《新湖南》首先注重形势分析，他不但剖析了湖南、中国面临的危局，而且纵论了世界大势和欧美列强的政策，"故欲知湖南之祸之决不可逃，非确知欧美诸国对付东亚之政策不可"。

杨毓麟指出"诸强国之谋我中国也，不遗余力矣"，而考察欧美国家所以强盛并积极对外扩张的原因，作者认为其远因是"民族建国主义"，近因是"由民族主义一变而为帝国主义"。在杨毓麟看来，帝国主义的原动力一是"国民生殖蕃盛之力之所膨胀"，一是"国民工商业发达资本充实之所膨胀"（即经济发展与人口膨胀）。这种认识虽不很准确，但已能从经济角度看问题，显然抓住了要害。他还进一步分析帝国主义的方针是"以殖民政略为主脑，而以租界政略、铁道政略、矿产政略、传教政略、工商政略为眉目"，从而揭露了帝国主义的侵略本质。基于对列强帝国主义政策的认识，杨毓麟认为，照此下去，未来的历史必然是"彼族至华美至瑰丽之舞台，而吾国民至凄恻至萧条之枪林剑树也"。

《新湖南》还初步揭露了帝国主义和中国封建势力之间的依存关系，它一针见血地指出清政府实质上是一个卖国政府，它与帝国主义的关系是一种主仆关系、虎伥关系："满洲政府为之伥，而列强为之虎；满洲政府为之囮，而列国为之罗。"对以王先谦、叶德辉为代表的湖南地方豪绅，作者认为他们的政治归宿必然是屈膝于帝国主义脚下，"执箪食壶浆以迎非族，而呼大英、大美、大法、大德万岁者，即此人也"。

在《新湖南》一书中，杨毓麟崇尚西方资产阶级政治学说，他认为西方的"民族建国主义"必须以个人权利主义为辅翼："欧人之言政治者，疾专制之腐败，思有以大革除之也，乃倡个人权利之说。所谓个人权利者，天赋个人之自由权是也"，"是故个人权利主义者，非个人权利之说，实公德之建筑场也。故天赋人权者，生人之公理也，天下之正义也"。杨毓麟大声疾呼，必须倡导民族建国主义和个人权利主义，亦即资产阶级民族主义和民主主义。

《新湖南》的一个重要主张是要"改造社会"，并要求施以激烈的破坏手段："非隆隆炸弹，不足以惊其人梦之游魂；非霍霍刀光，不足以刮其沁心之铜臭"，

"呜呼！破坏之活剧，吾曹安得不一睹之！破坏之悬崖，吾曹安得不一临之！"杨毓麟明确反对枝枝节节的改良，公开主张进行武装暴动，他认识到"不能仍旧社会而组织之，必须破坏旧社会涤荡之！"他为暴动大唱赞歌："今日之言暴动者，立义也""今日之言暴动者，爱国也""今日之言暴动者，贞士也"。杨毓麟关于武装革命的主张是基于对形势的认识，是从反帝、反封建以拯救祖国危亡出发的，而并非出于一种单纯"排满"的狭隘种族观念。他的这一认识，在同时期的资产阶级革命党人中也是凤毛麟角，难能可贵。

《新湖南》所反映出来的思想，表明杨毓麟已跳出改良主义范围而成为一名民主革命的斗士。他痛快淋漓地歌颂破坏，赞美暴动，在康、梁的影响、改良主义的浪潮还占优势的时候，是具有先导作用的。1903年是中国近代思想界划时代的一年，从此开始，在思想舞台上，革命思潮取代了改良主义的主角地位。自立军起义和拒俄爱国运动的失败固然对这一转变起了重要作用，但《新湖南》的问世以及一批留日学生刊物的出版，无疑使中国思想界的面目为之一新，为资产阶级民主革命思想的广泛传播打下了坚实基础。《新湖南》的另一个特点是处处着眼湖南实际，所以在湖南地区流传最广，对于湖南青年走上民主革命的道路起了重要的觉醒和鼓舞作用。

当然，由于杨毓麟本人刚刚从改良主义的阵营中脱胎出来，对西方资产阶级的社会政治理论掌握得并不系统，因而《新湖南》一书在不少地方仍与改良主义划不清界限，比如，一方面主张实行革命破坏；一方面又害怕群众的自发斗争；一方面主张"排满革命"（所谓"排满"主要是指推翻清政府），一方面又说"苟有不必排满而得存湖南者，吾辈不必排满可也"。再者，由于杨毓麟受俄国民粹派的影响较深，所以在《新湖南》中，对俄国民粹派和民粹主义十分赞赏："今世界各国中破坏之精神，最强盛者莫如俄国之无政府党，无政府党言破坏之渊薮也。"对俄国民粹派个人英雄主义的盲动行为也非常佩服："呜呼，何其壮也！"这一思想对于指导中国的民主革命无疑是极为有害的，其危害性已被后来的实践所证明。

（载《益阳师专学报》1991年第4期）

近代史论

评戚本禹的《爱国主义还是卖国主义？》[1]

1967年3月，戚本禹抛出《爱国主义还是卖国主义？》一文，以批《清宫秘史》为名，大兴问罪之师。其实《清宫秘史》不过是一部普通历史题材的影片，戚本禹却借题发挥，叫嚷"围绕着《清宫秘史》这部反动影片"，"是以毛主席为首的无产阶级革命派同一小撮反革命修正主义分子"，"开展了一场严重的斗争"，并杀气腾腾地鼓噪"重新提出这个问题"，就是为了"一定要把这一小撮反革命修正主义分子打倒"。这就和盘托出了他们批判《清宫秘史》的罪恶目的。原来他们搬出《清宫秘史》，不过是为篡党夺权制造根据，通过这个所谓批判，为林彪、江青一伙阴谋篡党夺权制造舆论。本文仅就戚本禹颠倒历史，歪曲、混淆爱国与卖国、革命与改良、反帝与排外等问题做一些分析，还历史以本来面目。

一、爱国与卖国

在爱国与卖国问题上，戚本禹混淆黑白，做了根本颠倒。他的逻辑推理是：《清宫秘史》是一部宣扬卖国主义的反动影片——作者姚克是一个反共卖国的反动文人——影片肯定的人物光绪、珍妃都是卖国求荣的帝国主义代理人——谁肯定《清宫秘史》，就是与姚克站在同一反动立场，并与光绪、珍妃是"心有灵犀一点通"的卖国主义者。逻辑推论的最终结果，正是该文着眼之处。很明显，这套模式完全是主观唯心主义的虚构。

在中国近代史上，爱国主义的具体表现是什么？主要是在反侵略战争中，保卫祖国，坚决抵抗帝国主义入侵；或在民族危亡之际，对腐朽没落的封建统治，锐意改革，力除时弊，直至起来革命，用暴力推翻垂死的封建制度。反之，对帝国主义侵略者屈膝投降，甚至为维护腐朽没落的封建制度不惜出卖民族利益，才是彻头彻尾的卖国主义者。

被戚本禹称之为卖国主义的《清宫秘史》，究竟是爱国主义还是卖国主义的呢？这就要看影片的具体内容和主要倾向是什么，要看作者对客观历史进程提出的问题抱什么态度。《清宫秘史》的内容，以戊戌变法为主线，其历史背景上起中日甲午战争，下止义和团运动。当时的中国正面临着"瓜分豆剖"的严重民

---

[1] 与王俊义合作。王俊义，中国社会科学出版社原总编辑，曾任中国人民大学清史研究所所长、教授。

族危机，"若箭在弦，省括即发"①。客观历史形势提出了两个迫切需要解决的问题：一是抵抗外来侵略，挽救民族危亡；再是要为已产生的资本主义向前发展创造条件。面对这些问题，不同的阶级和派别，表现出截然不同的态度。以康有为为代表的维新派，代表新兴民族资产阶级的利益，要求变法维新，救国图强。这种变法主张，得到"不愿作亡国之君"、颇想有所作为的光绪皇帝的支持。以慈禧为头子的封建顽固派，却极端仇恨任何含有积极意义的改革，他们十分露骨地说："宁可亡国，不可变法。"最后变法运动被慈禧等残酷镇压。在历史事实面前，谁爱国，谁卖国，岂不一目了然！《清宫秘史》以电影艺术形式，大致上反映了这个时期的历史实际，对维新派和支持变法运动的光绪给予了肯定和赞扬；对慈禧等封建顽固派给予鞭笞和揭露。这样的影片有什么理由说它是卖国主义的呢？当然由于时代和作者世界观的局限，《清宫秘史》确有这样那样的缺点和错误，对此完全可以争鸣讨论，而不能像戚本禹那样，随意将影片及其作者在政治上判以死刑。姚克也并非像戚本禹说的是一个"投靠国民党反动派""解放前夕逃亡海外""坚持反革命立场的反动文人"。他在30年代是一个从事写作、翻译的文化人，和鲁迅、斯诺等有过密切的交往。抗日战争时期，姚克在沦陷后的上海，有感于民族危亡，写了《清宫秘史》这个电影剧本。

戚本禹对颇有点爱国主义的光绪、珍妃和姚克破口大骂，而对近代史上显赫的卖国投降派慈禧，却讳莫如深，不是有点奇怪吗？怪也不怪，叛徒江青连做梦都想当女皇，如果贬斥慈禧，岂不有损"旗手"之嫌？戚本禹既开脱了真正的卖国派慈禧，又抓住剧本中的珍妃讲过"各国一定会原谅皇上"这样一句话大做文章，把光绪、珍妃打成"帝国主义的代理人"。当然，维新派和帝党，由于阶级的局限，对某些帝国主义确抱有幻想，但是，这与政治上的投降卖国是两回事。辛亥时期的资产阶级革命家同样对帝国主义有过不切实际的幻想，是不是也要把他们打成卖国主义呢？

光绪4岁当皇帝，到1888年，名义上说是"亲政"了，实际上仍然是一个"上制于西后，下壅于大臣，不能有其权，不能行其志"的政治傀儡。② 在光绪的一生中，仅仅在戊戌变法这一很短的时间内，表现出政治上的相对主动性。他喜欢读新书，议新政。康有为上书说，如不变法图强，"沼吴之祸立见，裂晋之事即来"，"且恐皇上与诸臣求为长安布衣而不可得"，③ 打动了这位年轻皇帝的心弦，促使他积极支持变法，甚至于说："吾变法但欲救民耳，苟能救民，君权之替不替何计焉！"④ 当然，光绪决不会置"救民"于君权之上，他无非是想改

---

① 康有为：《上清帝第五书》，中国近代史资料丛刊《戊戌变法》第2册，上海人民出版社1957年版。
② 梁启超：《戊戌政变记》第20页。
③ 康有为：《上清帝第五书》，《戊戌变法》第二册第197、199页。
④ 梁启超：《戊戌政变记》第156页。

变自己的傀儡地位，但在民族灾难深重之时，光绪毕竟想通过变法使国家富强起来，这样的考虑和行动怎么能说成是卖国呢？固然，光绪不同于康有为等维新志士，可是他同慈禧之间的矛盾和斗争，也非纯属宫廷内部的权力之争，实际上还贯穿变法和反变法的斗争。至于珍妃，史书记载不多，她是侍郎长叙的女儿，14岁时选为珍嫔，很得光绪宠爱，其师傅文廷式和哥哥志锐，在甲午战争中都是著名的主战派，弟弟志锜同维新派关系密切，"尝侦宫中密事，输告新党"①。珍妃本人无疑是同情变法、希望光绪掌权的，《清宫秘史》对此亦有突出反映，她因遭慈禧忌恨，在1900年被沉井杀害，只活了25岁。戚本禹无视这些历史事实，竟把珍妃斥之为"帝国主义的代理人"，岂不是天大的笑话吗？

戚本禹伪造历史，冤诬古人不过是"项庄舞剑，意在沛公"，借批《清宫秘史》为名制造阴谋。现在，阴谋已经揭穿，沉冤终要昭雪。

二、革命与改良

戚本禹挥舞的另一根大棒，就是讨伐所谓"改良派"及正确评价改良运动的人们，叫嚷："对资产阶级改良主义抱有什么态度，实际上是对社会主义道路和资本主义道路抱什么态度的问题。"他蛮横地断定，变法维新在19世纪末叶的中国，"只能是一条虚伪的、行不通的反动道路"。因而，谁要是肯定戊戌变法，谁就是"疯狂地为资产阶级共和国呼喊，为西方资产阶级文明呼喊，为资产阶级改良主义道路呼喊"，必定是要在现实政治生活中，坚持走资本主义道路。这是多么荒谬的逻辑！

马克思主义的一条基本原则是，在分析任何一个问题时，必须"以条件、地点和时间为转移"②，戊戌变法是19世纪末中国的资产阶级改良运动，它与同时代欧洲一些资本主义国家中出现的以反对社会主义革命为目的的改良主义，在背景、性质和历史作用等方面都根本不同。当时，西欧的资产阶级民主革命已经结束，无产阶级革命运动方兴未艾，改良主义对无产阶级革命来说，起着腐蚀剂作用。而中国到19世纪六七十年代，由于一部分官僚、地主和商人直接投资近代工业，近代资本主义才得以产生。甲午战争之后到戊戌变法时期，从帝国主义和封建主义夹缝中，民族资本又争得些发展，民族资产阶级通过自己的政治代表要求建立立宪政治，发展资本主义经济，于是爆发了1898年的变法运动。此时的维新派，针对空前的民族危机，提出求富图强的改良主张，有力地冲击了封建的政治和经济，无疑顺应了历史潮流，是积极的、进步的，与同时代欧洲的资产

---

① 胡思敬：《戊戌履霜录》卷四《志锜传》。
② 斯大林：《辩证唯物主义和历史唯物主义》。

阶级改良主义，在性质、作用方面，显然不能同日而语。

戚本禹无视中国的历史实际，为了影射攻击，以售其奸，竟肆意歪曲改良与革命的关系，把"改良"一词视为反动、反革命的同义语。对于改良与革命的关系，马克思主义经典作家有过不少精辟论述。列宁在指出革命"是一条最直接的、对人民最有利的道路"的同时，又说，君主立宪的道路"一点也不排斥革命，这条道路也在间接地酝酿并发展革命的因素，不过这条道路比较漫长，比较曲折"①。列宁又说："改良行动通常是缓慢地、审慎地、逐渐地前进，而不是倒退。"② 由此可见，改良和革命是历史前进的两种不同形式，当革命条件尚未成熟时，改良就起着动员舆论、积聚力量的作用。

戊戌变法的重要意义正在于，它造成了巨大的社会思想变动，形成了近代中国第一次思想解放的潮流。康有为、梁启超、谭嗣同、严复等资产阶级启蒙思想家们，或著书立说，创立维新变法理论；或翻译西方著述，传播欧洲资产阶级思想。他们还成立学会、建立学堂、创办报纸。各地学会、学堂、报纸如雨后春笋般纷纷兴起，分布于江苏、湖南、直隶、广东等省，变法维新思想，一时风靡全国。使传统的中国思想界受到一次巨大冲击。当时许多爱国知识分子都被席卷进来，影响了整整一代人。在103天的变法运动中，维新派虽只是通过光绪皇帝，发表了一道道并未真正执行的改革"上谕"，但对数千年来被封建专制窒息的中国思想界，却产生很大的震动。对此，伟大的民主革命先行者孙中山先生是有切身体会的，当他在1895年10月领导第一次广州起义失败后，曾被不少人看成"大逆不道"的"乱臣贼子"，甚至远在檀香山的亲友也视他为"洪水猛兽"。而戊戌变法后两年爆发的惠州起义（1900年10月），虽然同样失败了，社会舆论却大不相同，同情赞助革命的人空前增多。五年间"前后相较，差若天渊"，使身临其境的孙中山先生"睹此情形，中心快慰，不可言状"③。可见，正是戊戌变法带来的社会思想变动，促进大批知识分子从改良走上革命。也正是从这个意义上，可以说，戊戌变法为辛亥革命做了准备。

林彪、"四人帮"及其御用文人戚本禹之流一贯标榜"最革命"，似乎可以超越任何历史范围来批判改良运动、批判资本主义，否则便不足以显示其"左派"身份。然而，这些醉心于在中国建立封建法西斯专政的丑类们，有什么资格去评论和讥笑19世纪末发奋图强以发展资本主义为目标的维新改革家呢？

---

① 《反对抵制》，《列宁选集》（中文版）第一卷第715页。
② 《论黄金在目前和在社会主义完全胜利后的作用》，《列宁选集》第四卷第576页。
③ 《建国方略》，《孙中山选集》上卷第174页，人民出版社1956年版。

三、反帝与排外

《爱国主义还是卖国主义？》用了很大篇幅来侈谈"怎样对待义和团的革命群众运动"。诚然，影片《清宫秘史》在表现义和团反帝爱国运动时，由于作者以资产阶级客观主义态度去渲染义和团的消极面，从而掩盖了它反帝爱国的主流。那么，打着批判《清宫秘史》，歌颂义和团运动幌子的戚本禹，难道真要歌颂义和团反帝爱国的本质方面吗？否！这完全是政治骗子的谎言。试看戚本禹笔下的叙述和议论吧："浩浩荡荡的革命群众，头裹红巾，腰缠红带，鞋镶红边，手持大刀长矛，在大街上威风凛凛地游行"，"他们把驻有外国使馆的东交民巷改名为'切洋街'，御河桥改为'断洋桥'，义和团在游行时，经常同市民齐声高呼'杀洋鬼子'的口号，使帝国主义分子听了发抖"，"在义和团运动中，青少年是一支最生动、最活跃的力量，他们在这次伟大的革命运动中，建立了不朽的功勋"。

这难道是在讲历史？什么"红巾""红带""红边"，什么"青少年是一支最生动、最活跃的力量"，什么"切洋街""断洋桥"等等，这些精心选择的材料和词句，不用加什么注脚，人们一眼就能看穿戚本禹在这些字里行间中包藏的祸心。文章分明是用义和团比附"红卫兵运动"，妄图利用一部分青少年的幼稚与狂热，去破坏党的外交路线，制造混乱。

毋庸置疑，义和团运动有不可磨灭的历史功绩，它以阻止帝国主义瓜分中国的阴谋而载入史册。由于帝国主义对中国的疯狂掠夺，以及外国侵略者（特别是一部分传教士）在中国土地上为非作歹，激起了中国人民的无比仇恨，在这样的背景下，义和团发展为具有广泛群众性的反帝爱国组织。我们肯定义和团的革命性、爱国性，肯定这场运动的本质和主流，是尊重历史的辩证法，而不是不加分析地肯定义和团运动的一切，甚至连那些盲目排外的行动，也当成"反帝"的内容加以宣扬。义和团运动是半封建半殖民地社会中农民阶级自发的反帝爱国运动，他们提出"灭洋"这个笼统的排外主义口号，所谓"三月之中都杀尽，中原不准有洋人"，进抵涿州后，进一步展开毁坏"来自洋人"的铁路、电线，乃至各种洋货的斗争。这些表现了他们对帝国主义的认识仅仅停留在低级的感性阶段。农民阶级本身落后、保守的消极面，在这个运动发展过程中，必然要表现出来。如毛泽东同志所说，这主要表现在他们"笼统的排外主义的斗争上"。

排外主义是封建制度的必然产物，自给自足的自然经济是产生排外主义的经济基础，乾隆皇帝有一段很典型的话说："天朝物产丰盈，无所不有，原不藉外夷货物，以通有无"①。这是连一些正常的经济贸易往来也加以拒绝。到了19世纪中叶，当权的封建统治者，在西欧资本主义迅速发展的情况下仍然夜郎自大，孤陋寡闻。他们在西方资本主义的侵略面前，束手无策，毫无作为，却盲目仇视来自西方的一切新事物，视轮船、铁路、电报为"奇技淫巧"，决不愿"变而从夷"。那个主张利用义和团的顽固派徐桐连算学也斥为"洋鬼子的学问"，对世界的茫然无知竟达到如此可笑的程度。

中国长达数千年的封建社会、延绵不断的封建制度、小生产的汪洋大海，就是排外主义产生的温床和土壤。排外主义和封建主义是一对孪生兄弟，排外无非是要把"老祖宗"的一套供起来，万古不变。鲁迅说过："排外则易倾于慕古，慕古必不免于退婴。"② 一针见血地指出了排外的实质是倒退。

新中国成立后，我们曾经认真批判过"洋奴哲学"，在全国人民中进行了爱国主义教育，提高了民族自信心，这是完全正确而必要的。但是，与此同时，封建的闭关锁国思想和排外主义的幽灵却在游荡。毛泽东同志在《论十大关系》中就指出："对外国的科学、技术和文化不加分析地一概排斥，和……对外国东西不加分析地一概照搬，都不是马克思主义的态度，都对我们的事业不利。"③然而，排外主义思想与封建主义思想并未得到认真清算，到了"四人帮"横行时期，又被煽动起来并发展到登峰造极的地步，给党的事业带来了极大的损失。这是一个深刻的教训。

（载《光明日报》1979年12月11日）

---

① 乾隆五十八年（1793）给英王乔治三世的《上谕》。
② 《新俄画选》小引，《鲁迅全集》第七卷，第768页，人民文学出版社1973年版。
③ 《毛泽东选集》第五卷第287页，人民出版社1977年版。

近代爱国主义与民族虚无主义

在中华民族发展史上，爱国主义从来就是巨大的精神力量，几千年来，不管出现了几多大风大浪，历尽了多少人间沧桑，由几十个大小民族组成的中华民族一直能稳固地结合在一起，一个重要原因是因为我们有爱国主义这样一种伟大的凝聚力和向心力在不断发挥作用。尤其是到了近代，中国因落后而挨打，面临着亡国灭种的巨大危难时，爱国主义传统就越发显示出勃勃生机，闪烁着熠熠光辉。以拯救祖国，振兴中华为目的的爱国斗争更加高涨，并发展到一个更新、更高的阶段。另一方面，当门户大开之后，由于西方文化的传入，也出现了一股全盘否定中国传统文化的民族虚无主义逆流，从而与近代爱国主义形成尖锐对立。

一、近代爱国主义与民族虚无主义的发端及特点

爱国主义属于历史范畴。它在中国源远流长，历代相传，并随着政治制度和经济基础的变化，随着社会历史条件的变化而变化，正如毛泽东所指出的："爱国主义的具体内容，看在什么样的历史条件下来决定。"①

1840年，鸦片战争爆发，英国首先用坚船利炮打开了中国的大门。随后，西方资本主义列强频频入侵，强迫清政府签订了一系列不平等条约，中国一步步沦为半殖民地半封建国家，近代中国正经历着一种特殊的历史条件，用当时人的话说就是面临着"数千年未有之变局"，遇到了"数千年未有之强敌"（李鸿章语）。在近代中国社会的各种矛盾中，帝国主义和中华民族的矛盾成为最主要的矛盾，"帝国主义侵略中国，反对中国独立，反对中国发展资本主义的历史，就是中国的近代史。历来中国革命的失败，都是被帝国主义绞杀的，无数革命的先烈，为此而抱终天之恨"②。争取民族独立成了摆在中国人民面前的一个极为迫切的问题，列强掀起的侵略狂潮势必激发中国社会各阶层人民更大的爱国主义热情。当时，摆在爱国主义者面前的任务是：对外反对帝国主义侵略，捍卫祖国的独立和主权完整；对内反对与列强沆瀣一气、出卖民族利益的封建统治者，推翻封建专制，改变祖国的贫弱面貌，这就是中国近代爱国主义新的内容和特点。

爱国主义作为一种观念形态的社会意识和社会心理，是一定政治和经济的反

---

① 《毛泽东选集》第二卷，第486页，人民出版社1966年版。
② 《毛泽东选集》第二卷，第640页。

映。近一百多年来的历史表明，中国在经历了漫长的封建时代以后，已经产生了资本主义生产方式，尽管这种生产方式还处在襁褓中，成长的道路相当艰难，但毕竟在曲折地前进。1851年至1864年的太平天国农民革命，以它提出的《资政新篇》而带上时代印记。1898年，资产阶级维新派抱着强烈的爱国情绪举起变法旗帜，想步日本明治维新的后尘，通过自上而下的改革以挽救民族危亡。孙中山为首的资产阶级革命派则以振兴中华为己任，通过辛亥革命推翻了清朝政府，建立了中华民国。但是资产阶级共和国的方案并不能够救中国，中国仍然处在帝国主义和封建主义的黑暗统治下。1919年的五四运动中，中国工人阶级以独立姿态登上政治舞台，并于1921年创建了自己的政党——中国共产党，从此，中华民族民主革命有了新的领导者，中国人民的爱国主义也揭开了崭新的历史篇章。

与近代爱国主义相对立的民族虚无主义，发端于五四时期，泛滥于20世纪二三十年代。至于说"全盘西化"倾向的出现则还要更早一些，甚至可以说19世纪末叶已露端倪。当时的维新志士都相信："要救国，只有维新，要维新只有学外国。"在戊戌变法的高潮中，短时期内社会上竟出现了"家家言时务，人人谈西学"的局面。1898年，湖南邵阳人樊锥（1872—1906）就在《湘报》上发表文章，宣传爱国与维新思想，主张"人人平等，权权平等"，并宣称"革从前，搜索无剩，唯泰西是效"。此外，《湘报》还发表了易鼐的《中国宜以弱为强说》，文章说："若欲毅然自立于五洲之间，则必改正朔，易服色，一切制度，悉从泰西。"在当时的维新派中，他们的思想是很激进的，不但充分表现出救亡图存的爱国热忱，也隐隐约约流露出民主的意识。当然，他们对中国传统文化还缺乏科学认识，对封建顽固派于中国进步的破坏作用估计不足，对帝国主义国家也抱有幻想，甚至认为只要中国向西方学习，自行变法，就会得到列强支持。他们所提出的"唯泰西是效"和"悉从泰西"的口号也容易导向绝对化。

20世纪初，各种西方思想已传入中国，在思想领域引起了很大变动。而当时的中国正面临着更加深刻的民族危机，爱国的知识分子更加痛切地感到被宰割、被奴役的亡国灭种惨祸正在逼近。"路漫漫其修远兮，吾将上下而求索"，一些爱国志士在黑暗中积极探寻救国救民的真理，"那时，求进步的中国人，只要是西方的新道理，什么书也看"①。越来越多的爱国知识分子认识到救国就必须革命，必须推翻在中国延续了2000多年的封建帝制，向帝国主义的走狗清政府开战。当时，在革命民主派队伍中还出现了一个宣传国粹主义的派别，代表人物是国学大师章太炎以及刘师培（早年加入光复会、同盟会，后变节）等。1905年，《国粹学报》在上海问世，国粹派认为被称为"国粹"的中国文化是立国之

---

① 《毛泽东选集》第四卷第1474页，人民出版社1960年版。

本,"国粹存则其国存,国粹亡则其国亡"。他们指出,不但要反对清王朝和君主专制制度,而且要反对"醉心欧化"的风气,既要学习和接受西方文明,又要尊重祖国传统文化,表现了强烈的民族意识。但是国粹派的主张又流露出浓厚的封建思想,他们要保存的"国粹",也主要指封建文化的内容。在新文化运动中,针对国粹主义风行,受西方思想影响的激进知识分子,以李大钊、陈独秀、胡适、吴虞为代表,掀起了反国粹主义思潮。他们认为中国要走向新生,就必须向西方学习,举起"民主与科学"的大旗,向专制和愚昧宣战。陈独秀说:"要拥护那德先生,走向统一和富强,就必须向西方学习,学习西方的民主和科学,反对专制和愚昧,便不得不反对国粹和旧文学。"① 当时的反国粹主义思潮对于反对封建主义,唤醒民众觉悟无疑起了警钟作用,但由于它本身存在的片面和过激的弱点,特别是对传统文化没有采取科学的分析态度,把它说成一片黑暗,一文不值,从而走上了民族虚无主义的极端。从20年代末到30年代,宣扬民族虚无主义的"全盘西化"论喧嚣一时,但由于日本帝国主义入侵和抗日战争的全面爆发,抗日救亡运动极大地调动了全国人民的爱国热情,民族虚无主义也就难以找到市场了。

二、近代爱国主义与民族虚无主义对待中外文化的态度

对待传统文化和外来文化,近代爱国主义和民族虚无主义采取的态度是显然不同的。

我们是一个历史悠久的国家,几千年来,人民对祖国的感情积累得极其深厚,爱国主义的传统源远流长而又牢不可破。中华民族世世代代生息、繁衍在以黄河、长江流域为中心的共同地域,他们不断地开发这片辽阔的土地,积累着物质和精神财富,并形成共同的生活习惯、民族心理和优秀的传统,所有这些都构成爱国主义思想的源泉。中国人民的爱国主义虽然在不同历史时期有不同的表现形式,但一些基本内容则不会改变。这些基本内容是:第一,在开发祖国、改造祖国的斗争中,表现出一股不畏艰险、奋发向上的精神;第二,维护祖国统一,反对民族压迫,倡导民族团结,同分裂祖国的言行做不懈斗争;第三,坚决反对外来侵略,维护国家领土、主权的独立、完整,决不向敌人屈服、妥协;第四,坚持社会进步的方向,促进祖国繁荣、富强。

在中国近代,中华民族面临着生死存亡的严峻选择:闭关与开放,前进与后退,革新与守旧,振兴与灭亡。中国近代的爱国主义者既珍视自己的光荣传统、

---

① 陈独秀:《〈新青年〉罪案之答辩书》,1919年1月《新青年》第6卷第1号。"德先生",即"德谟克拉西",英文Democracy(民主)的音译。

优秀遗产，愿意使之发扬光大，又不墨守成规，勇于改革，敢于创新，不断推动历史前进。他们注意吸收外来文化的丰富营养，也不随意践踏和抛弃民族文化，因为这种本土文化恰恰是中华民族赖以生存和发展的基石，是爱国主义的精神支柱。

毛泽东在《论人民民主专政》一文中，曾这样描写近代先进的中国人寻找救国救民真理的经过："自从一八四〇年鸦片战争失败那时起，先进的中国人，经过千辛万苦，向西方国家寻找真理。洪秀全、康有为、严复和孙中山，代表了在中国共产党出世以前向西方寻找真理的一派人物。那时，求进步的中国人，只要是西方的新道理，什么书也看。向日本、英国、美国、法国、德国派遣留学生之多，达到了惊人的程度。国内废科举，兴学校，好像雨后春笋，努力学习西方。"[1] 在近代中国，真爱国还是假爱国，重要的试金石之一在于是抱残守缺、故步自封，开历史的倒车；还是面对现实，顺乎潮流，不断探寻新的道路。鸦片战争中，民族英雄林则徐正是抱着"苟利国家生死以，岂因祸福避趋之"的信念，开始了新的探索。为求知己知彼，克敌制胜，他"日日使人刺探西事，翻译西书，并购其新闻纸"[2]，同时购买西洋大炮和外国船只，主张了解西方，学习西方，成为中国近代史上睁眼看世界的第一人。林则徐的好友魏源则沿着他开拓的爱国之路，在《海国图志》一书中，提出了"师夷之长技以制夷"的纲领性方针，强调"欲制外夷者，必先悉夷情"。同时，还主张发展民用工业、商办企业，相信只要认真接受先进国家的新鲜事物，必将"风气日开，智慧日出，方见东海之民犹西海之民"，祖国富强指日可待。魏源首创"师长"，成了后来许多爱国志士挽救危亡、寻求真理的方向。

太平天国农民革命的主要领导人洪秀全走了另一条道路，他要用武器的批判来改造中国。洪秀全把西方基督教理想中的天国与农民要求解放的愿望结合起来，幻想在人间建立一个农民的"天国"，后来，他又批准颁行了洪仁玕提出的《资政新篇》，力倡在中国开矿、设厂、修铁路、造轮船、办报纸，发展公共福利事业，传播和宣传西方文明，具有明显的资本主义色彩。

甲午战争之后，洋务派苦心经营的"自强新政"在人们心目中破了产，一些爱国知识分子在向西方学习的道路上又迈上了一个新台阶。人们认识到"要救国，只有维新，要维新，只有学外国"，康有为颇有信心地认为，只要"上师尧舜三代，外采西洋强国"，"则中国之论强，可计日待也！"严复也说西洋有今天的发展，主要是近五十年到近二百年间的事，"则我何为而不奋发耶！"

中国民主革命的伟大先行者孙中山先生，早年也曾提出过"人能尽其才，地

---

[1] 《毛泽东选集》第四卷第1474页。
[2] 魏源：《道光洋艘征抚记》（上），见《圣武记》卷十。

能尽其利,物能尽其用,货能畅其流"的革新主张,但清政府的腐败、卖国使他认识到"和平方法,无可复施",从而坚定地走上民主革命的道路。他大声疾呼要努力学习西方:"我们中国先是误于说我中国四千年来的文明很好,不肯改革,于今也都晓得不能利用,定要取法于人。若此时不取法他现世最文明的,还取法他那文明过渡时代以前的吗?"①

近代爱国主义的代表人物几乎都主张向西方学习(尽管在程度上、认识上有差异),但是他们却不鄙薄中国的传统文化,没有忘记本民族文化的"根",而是不约而同地遵循"融贯中西"的原则,并根据近代中国的历史条件去进行再创造。魏源在提出"师夷之长技"时,正是从悠久的中国历史文化中看到了中华民族的聪明智慧,他说,"中国智慧,无所不有,历算则日月薄食,闰余消息,不爽秒毫;仪器则钟表晷刻,不亚西土;至罗针壶漏,则创自中国而后西行;穿扎扛鼎,则无论水陆皆擅勇力"②,他相信只要虚心学习别人的长处,"因其所长而用之""因其所长而制之",就一定会"风气日开,智慧日出,方见东海之民,犹西海之民"③。戊戌维新志士们也是"会通中西"的,如梁启超就提出了外来学说中国化,被维新派公推为中国"中西学之第一人"的严复也提出"统新故而观其通,苞中外而计其全"④。辛亥革命前的章太炎则认为提倡国粹与推行欧化可以"并行不悖"⑤。至于中国民主革命的先行者孙中山先生,虽然生活在国外的时间较多,受封建传统束缚较少,却一再强调要尊重祖国的历史和文化。辛亥革命爆发以后,他就宣布:"将取欧美之民主为模范,同时仍取数千年旧有文化而融贯之。"⑥对于盲目抄袭西方模式的留学生,孙中山做了中肯的批评:"其故在不研究中国历史、风俗、民情,奉欧美为至上。他日引欧美以乱中国,其此辈贱中国书之人也"⑦。他认为对中国文化应取分析态度,不应一笔抹杀:"持中国近代文明以比欧美,在物质方面,不逮固甚远,其在心性方面,虽不如彼者亦多,而能与彼颉颃者正不少,即胜彼者,亦间有之"⑧。对于五四新文化运动中出现的民族虚无主义倾向,对新文化运动绝对否定传统道德,孙先生是不赞成的。他在1924年春天关于民族主义的演讲中,曾这样强调:"我们现在要恢复民族的地位,除了大家联合起来做成一个国族团体以外,就要把固有的旧道德先恢

---

① 广东省社会科学院历史研究室等编:《孙中山全集》第一卷第281-282页,中华书局1981年版。
② 魏源:《筹海篇》三,《海国图志》卷二。
③ 魏源:《筹海篇》三,《海国图志》卷二。
④ 严复:《论教育书》。
⑤ 章太炎:《论国粹无阻于欧化》。
⑥ 《孙中山全集》第一卷第560页。
⑦ 《孙中山全集》第一卷第444页。
⑧ 《建国方略》,《孙中山选集》第160页。

复起来，有了固有的道德，然后固有的民族地位，才可以图恢复。"①

孙中山先生既反对中国封建的旧文化，又不全盘否定中国固有的文化传统，既努力学习西方，又不完全模仿西方。他强调要把西方先进文化和中国优秀传统结合起来，简单地说就是"取法现代""尚友古人"。作为一位伟大的爱国主义者，他为改造中国耗尽了毕生精力。他注意研究中国，也注意研究外国，注意研究现状，也注意研究历史，如要遴选近代中国寻找救国救民真理的杰出代表，中山先生是当之无愧的。

近代历史告诉我们，真正的爱国主义并非国粹主义，更不是民族虚无主义。恰恰在如何对待民族文化和西方文化的问题上，爱国主义与民族虚无主义形成了尖锐对立。在民族虚无主义者看来，民族传统文化纯属糟粕，毫无可取之处；另一方面，他们又把西方文化奉若神明，认为它全属精华，必须全面移植。全面否定传统文化，正是要全盘西化，为达全盘西化之目的，又必须彻底否定传统。

民族虚无主义在近代中国的抬头主要是五四新文化运动时期。五四运动是一场反帝、反封建的伟大爱国运动和意义深远的思想启蒙运动。"五四运动的杰出的历史意义，在于它带着为辛亥革命还不曾有的姿态，这就是彻底不妥协地反帝国主义和彻底地不妥协地反封建主义。""五四运动所进行的文化革命则是彻底地反对封建文化的运动，自有中国历史以来，还没有过这样伟大而彻底的文化革命。当时以反对旧道德提倡新道德、反对旧文学提倡新文学，为文化革命的两大旗帜，立下了伟大的功劳。"② 但是，新文化运动的倡导者们在思想上存在一种片面性，对西方文化和传统文化尚缺乏一种科学态度。他们只看到新文化与旧文化尖锐对立的一面，而没有看到二者还有互相联系、互相依赖、互相渗透的一面。

1918 年 7 月，新文化运动的主将陈独秀在《新青年》上发表文章说："若是决计革新，一切都应该采用西洋的新法子，不必拿什么国粹，什么国情的鬼话来捣乱。"③ 其与封建文化势不两立的态度倒是很鲜明，但同时也开了"全盘西化"论的先河。当时还有一个北大学生毛子水（新潮社成员）写了一篇题为《国故和科学的精神》的文章，为了证明"国故在今日世界学术上，占不了什么重要的位置"，竟然颠倒黑白，歪曲历史，胡说什么中华民族"从前没有什么重要的事业，对于世界的文明，没有重大的贡献；所以我们的历史，亦就不见得有什么重要"④，把中华民族的历史和文化贬得简直一无是处。那时的"全盘西化"论者（当时还没有明确提出"全盘西化"这一概念）对祖国的文化遗产采取了虚

---

① 《孙中山全集》第九卷第 243 页。
② 《毛泽东选集》第二卷第 659－660 页。
③ 《今日中国之政治问题》，《新青年》第 5 卷第 1 号。
④ 《新潮》第 1 卷第 5 号（1918 年 5 月）。

无主义态度，因而就不可能正确解释文化来源问题，也无法正确处理大量的文化遗产。这不但不利于培养人民群众的民族自尊心和自信心，不利于发扬爱国主义精神，也不利于对国粹主义进行批判，必然会为复古派留下活动阵地。

"五四"以后，一部分人继承了科学和民主的精神，并接受了马克思主义；也有一部分人分道扬镳，向右的方向发展，使民族虚无主义进一步系统化、理论化，这一方面的代表人物是胡适和陈序经。胡适对中国民族文化几乎全盘否定，他认为中国传统文化"是很贫乏的"，都是使中国人"抬不起头来"的东西。在胡博士眼中，中国"几千几百年之久的固有文化"，"是不足迷恋的，是不能引我们向上的。那里面浮沉着的几个圣贤豪杰，其中当然有值得我们崇敬的人，但那几十颗星儿终究照不亮那满天的黑暗"①。胡适的结论是："我们必须承认我们自己百事不如人，不但物质机械上不如人，不但政治制度不如人，并且道德不如人，知识不如人，文学不如人，音乐不如人，艺术不如人，身体不如人。"② 所以，胡适表示他"完全赞成"陈序经的"全盘西化"，或者换一种说法，叫作"充分世界化"。

首先明确提出"全盘西化"这一概念的是陈序经。在陈序经看来，"西洋文化是世界文化的趋势"，"中国事实上是趋于全盘接受西洋文化"③。陈序经公开宣称"中国的一切都不如西方"，必须"把西方的一切都接受过来，好的坏的都要，不仅要民主与科学，也要军国主义和金力主义"④。

抗日战争开始以后，马克思列宁主义在中国土地上日益深入人心，并与中国的革命实际紧密结合起来。中国共产党人领导的文化新军向帝国主义文化（包括买办文化）和半封建文化展开了猛烈进攻，声势浩大，威力猛烈，所向披靡；而胡适之流则负隅顽抗，继续坚持"全盘西化"论，以对抗无产阶级领导的人民大众的反帝反封建的新文化。胡适宣称西方资本主义文化不但是过去三四百年的"大潮流""大方向"，而且也是今后"世界文化的大趋势"，将来"一定获胜"。他攻击社会主义文化"不过是一个小小的逆流""一个小小的反动"，妄言一定要失败。⑤ 胡适一方面咒骂社会主义文化是"极权文明"，"压制个人的发展""阻碍人格与创造力"⑥；一方面又把西方资本主义文化吹得天花乱坠，说什么"只有自由可以解放我们民族的精神，只有民主政治可以团结全民族的力量来解决全民族的困难，只有自由民主可以给我们培养成一个有人味的文明社会"⑦。

---

① 胡适：《再论信心与反省》，《胡适文存》第四集第四卷，第62页。
② 胡适：《介绍我自己的思想》，《胡适文选》第12页，台北1986年版。
③ 陈序经：《中国文化的出路》。
④ 陈序经：《中国文化的出路》。
⑤ 胡适：《我们必须选择我们的方向》。
⑥ 胡适：《民主与反民主的观念体系的冲突》。
⑦ 胡适：《民主与反民主的观念体系的冲突》。

在当时鼓吹"全盘西化"的头面人物中，还有另一位留美博士，此人即曾任驻苏大使的蒋廷黻，他在那本五万字的《中国近代史》一书（1938年出版）中，曾公开声称："我国到了近代要图生存，非全盘接受西洋文化不可。"①

1921年中国共产党成立后，中国无产阶级和共产党人按照马克思主义的世界观观察国家和民族的命运，并经过革命斗争的实践，把我国人民近代历史上的爱国主义提高到了一个崭新的阶段，从而与过去的爱国主义有了本质的不同：它有马列主义世界观做指导，有推翻三座大山，建立新民主主义国家的奋斗目标，有共产主义道德准则为规范，同时与无产阶级国际主义相结合。以毛泽东为代表的中国共产党人，把马克思列宁主义普遍真理同中国实际、同中国优秀传统结合起来，对近百年中西文化之争做出了科学的、令人信服的总结，提出了精辟的意见和批判继承中外文化遗产的正确方针。

对待中国的传统文化，成熟的中国共产党人采取了科学态度，毛泽东指出："中国的长期封建社会中，创造了灿烂的古代文化。清理古代文化的发展过程，剔除其封建性的糟粕，吸收其民主性的精华，是发展民族新文化提高民族自信心的必要条件；但是决不能无批判地兼收并蓄。必须将古代封建统治阶级的一切腐朽的东西和古代优秀的人民文化即多少带有民主性和革命性的东西区别开来。"②又说："对于中国古代文化，同样，既不是一概排斥，也不是盲目搬用，而是批判地接收它，以利于推动中国的新文化。"③

对于外国文化（当然包括西方文化），毛泽东说："中国应该大量吸收外国的进步文化，作为自己文化食粮的原料，这种工作过去还做得很不够。这不但是当前的社会主义文化和新民主主义文化，还有外国的古代文化，例如各资本主义国家启蒙时代的文化，凡属我们今天用得着的东西，都应该吸收。但是一切外国的东西，送进唾液胃液肠液，把他分解为精华和糟粕两部分，然后排泄其糟粕，吸收其精华，才能对我们的身体有益，决不能生吞活剥地毫无批判地吸收。所谓'全盘西化'的主张，乃是一种错误的观点。"④ 以后又指出："对于外国文化，排外主义的方针是错误的，应当尽量吸收进步的外国文化，以为发展中国新文化的借镜；盲目搬用的方针也是错误的，应当以中国人民的实际需要为基础，批判地吸收外国文化。"⑤

这些原则论述既是明确的、系统的，也是科学的、有说服力的。无论是国粹主义还是民族虚无主义，都很难与之抗辩，真理必然掌握在真正的爱国者手中。

---

① 蒋廷黻：《中国近代史》第53页，岳麓书社1987年版。
② 《毛泽东选集》第二卷第667-668页。
③ 《毛泽东选集》第三卷第1032页。
④ 《毛泽东选集》第二卷第667页。
⑤ 《毛泽东选集》第三卷第1032页。

三、近代爱国主义与民族虚无主义的不同归宿

中国近代历史的进程告诉我们：爱国民主运动的前途，只能是社会主义，或者换句话说，走社会主义道路是近代爱国主义的必然归宿。反之，搞民族虚无主义只能拜倒在洋人脚下亦步亦趋，不但不能使中国走上富强之路，自己也必然会与卖国主义同流合污。

在近代中国，独立和富强的最大障碍是帝国主义和封建势力，特别是帝国主义。要救国、爱国，就必须反帝、反封建，搬掉这两座大山。"帝国主义侵略中国，反对中国独立，反对中国发展资本主义的历史，就是中国的近代史"①，这是有目共睹的。从1840年英国发动鸦片战争以来，一百年中，帝国主义强盗对中国的侵略战争，较大的就有鸦片战争、第二次鸦片战争、日本入侵台湾的战争、中法战争、甲午中日战争、八国联军侵华战争、英军入侵西藏的战争、日本全面侵华战争（即中国人民的抗日战争）等。入侵者的名单中，几乎囊括了世界主要的资本主义强国，他们先后强迫中国订立了1000多个不平等条约和协定，夺去了近200万平方公里的土地。从鸦片战争到清政府垮台，被勒索的赔款累计达13亿两白银（相当于清政府16年的全部财政收入），至于战祸的直接破坏，仅抗日战争的后8年，中国就死伤了2000多万人，财产损失约上千亿美元。鸦片战争以后，中国逐步沦为半殖民地，资本主义国家在中国享有内河航行权、关税协议权、自由传教权、修筑铁路权、驻扎军队权、设立租界权、领事裁判权以及片面最惠国待遇等等，他们在中国拥有的特权，几乎应有尽有。而到了20世纪三四十年代，日本帝国主义通过发动全面的侵华战争，更扬言要独占中国，把中国变成"大东亚共荣圈"的组成部分，这难道不是铁的事实！

但是，现实生活中确有一些人置活生生的事实于不顾，竟痴人说梦地念叨什么要在中国建立资产阶级专政的资本主义社会。对这种论调，毛泽东早在1940年就斩钉截铁地批驳过："诚然，这是欧美资产阶级走过的老路，但无如国际国内的环境，都不容许中国这样做"，"处在今天的国际环境中，殖民地半殖民地的任何英雄好汉们，要就是站在帝国主义战线方面，变为世界反革命力量的一部分；要就是站在反帝国主义战线方面，变为世界革命力量的一部分。二者必居其一，其他的道路是没有的"。② 新中国成立后，又有人总喜欢把社会主义建设中不够完善的方面归结为"缺了资本主义这一课"，提出一种"补课论"，他们把资本主义吹得天花乱坠，甚至把人家的赘瘤也视为宝贝，而对社会主义祖国则百

---

① 《毛泽东选集》第二卷第640页。
② 《毛泽东选集》第二卷第640、642页。

般丑化，妄图倒转历史车轮，重新去走发展资本主义之路。

中国的近代历史证明，只有社会主义才能够救中国。这是一百多年来热爱祖国的志士仁人、先进人物不断探索而得出的结论。在近代，先进的中国人历尽艰难向西方国家寻求真理，也曾经相信过资本主义能够救中国，为了追求祖国的解放和富强，各种各样的方案都试过了，什么"师长"说，什么农民"天国"、《资政新篇》，办洋务，搞维新，直到起来推翻清王朝的统治，建立起一个"中华民国"。结果呢？中国人民仍然处在三座大山的重压下，透不过气来，独立、繁荣、民主、富强只能是渺茫的希望，几乎看不到黑暗的尽头。只是当马克思列宁主义传入中国，中国共产党建立之后，中国革命的道路才开始根本改观，中国的先进分子开始用无产阶级宇宙观作为观察国家命运的工具，决心走俄国十月革命的道路。而作为中国近代伟大爱国主义者的孙中山先生，在他后期的活动中，在和帝国主义做斗争的问题上，他同马克思主义者达成了共识。他"积四十年之经验"，深知欲取得胜利，"必须唤起民众，及联合世界上以平等待我之民族，共同奋斗"[1]，他所提出的联俄、联共、扶助工农的三大政策成为当时革命阵营的共同纲领，这表明孙先生已经正确回答了历史进程中所提出的重大课题，这也是一个始终忠于爱国主义和民主主义的革命家探索救国救民真理的必然结果。

当马克思列宁主义传入中国之后，当中国共产党成立之后，这个无产阶级的革命先锋队就取代了领导旧式民主运动的资产阶级政党，而成为领导新的爱国民主运动的政治力量。中国共产党的历史，它的诞生、成长和壮大是同祖国的存亡兴衰，是同中国近代的爱国运动的发展不可分割地联系在一起的，正如列宁指出的："祖国这个政治的、文化的和社会的环境，是无产阶级阶级斗争中最强有力的因素。"[2] 以毛泽东为代表的中国共产党人，是把马克思主义的国际主义同中华民族的爱国主义相结合的典范，毛泽东指出："我们是国际主义者，我们又是爱国主义者，我们的口号是为保卫祖国反对侵略而战。"[3] 在伟大的抗日民族战争中，正是由于中国共产党提出了"全面的全民族的抗战"这一正确主张，坚持抗战、反对投降，正确地代表了民族利益和民族感情，因而也就受到了全国广大人民群众真正的信任和爱戴。抗日战争胜利后，中国共产党又领导中国人民进行了三年解放战争，推翻了国民党反动派的独裁统治，并永远结束了帝国主义列强在中国的特权地位，取得了民族、民主革命的伟大胜利，进而开始了社会主义革命和社会主义建设的新篇章，使社会主义祖国成为爱国主义的广阔舞台。

广大的爱国主义者通过艰难曲折的斗争实践认识到，只有在共产党领导下，走社会主义道路，中国才能富强起来。许多先进分子就是这样从爱国主义出发走

---

[1] 孙中山：《遗嘱》，《孙中山选集》下卷第921页，人民出版社1956年版。
[2] 《列宁全集》第十五卷第168页。
[3] 《毛泽东选集》第二卷第486页。

向了共产主义，社会主义成为爱国主义的归宿。当然，并不是所有的爱国者都能成为共产主义者。有的人并不愿意接受共产主义世界观，并不信仰马克思主义，甚至也不赞成社会主义制度，但是只要他们维护民族尊严，拥护祖国统一，并愿意与共产党人合作，那就在客观上有利于社会主义事业。只有那些坚持反共、反社会主义的"英雄好汉"们，即或打着"爱国"旗号招摇过市，也终将被祖国和人民所唾弃，成为民族的罪人。

社会主义是近代爱国主义的归宿，民族虚无主义则是通向卖国主义的桥梁。要振兴中华，就必须弘扬民族文化和民族精神中的精髓，只有继承传统，才谈得上突破传统。而民族虚无主义却全盘否定民族文化传统，即否定了我们的民族精神和独立品格。中华民族是一个具有自尊心和自信心的民族，坚韧不拔和自强不息的精神是我们这个民族的优良传统。如鲁迅所说："我们从古以来，就有埋头苦干的人，有拼命硬干的人，有为民请命的人，有舍身求法的人，……虽是等于为帝王将相作家谱的所谓'正史'，也往往掩不住他们的光辉，这就是中国的脊梁。"① 民族虚无主义却反其道而行之，它嘲弄、咒骂、彻底否定中国的一切文化传统。如果容许这股横扫民族文化的狂飙肆虐于祖国大地，那么，中华民族失去的将是赖以支撑的精神支柱，从而患上严重的软骨病，成为京剧《法门寺》中的贾桂，奴气十足，"中国的脊梁"将不复存在，中华民族将永不可能自立于世界民族之林。

反之，对于西方文化，民族虚无主义者却崇拜得五体投地，什么都是外国的好，连月亮都是外国的圆。从近代以来，帝国主义不但在军事上、政治上、经济上侵略我们，而且不放松文化侵略，他们通过在中国传教、办学校、接受留学生以及办所谓的"慈善"事业，造就了一批为他们服务的洋奴。帝国主义妄图在文化上泯灭我们的民族特色，使之变成他们的附庸，这是有目共睹的事实。19世纪末，有一位美国传教士曾这样说，西方传教士在中国的活动就是要进行"和平地征服"，这种征服不仅是"政治上的支配"，而且也是"在商业和制造业，在文学、科学、哲学、艺术、教化、道德、宗教上的支配"。② 帝国主义和他们培养的洋奴成了民族虚无主义的炮制者和推销商，"崇洋媚外"之风在中华大地上甚嚣尘上之日，也就是帝国主义老爷们开心之时。

在民族虚无主义的鼓噪声中，爱国主义也在其否定之列。民族虚无主义的泛滥，造成了"卖国有理，爱国有罪"的舆论空气，为帝国主义和一小撮民族败类推销卖国主义打开了方便之门。民族虚无主义的鼓吹者们竭力散布悲观情绪，污蔑自己的民族是"懒惰不长进"的民族。1930年，胡适在哈尔滨看了前帝俄

---

① 《中国人失掉自信力了吗》，《鲁迅全集》第六卷第118页，人民文学出版社1981年版。
② 转引自顾长声《传教士与近代中国》第113页，上海人民出版社1981年版。

的"租界"（苏联政府于 1924 年放弃）后，不但不感到民族的耻辱，竟然感谢带来了西方"文明"的侵略者，他说："我到了哈尔滨，看了道里（前帝俄租界——引者）与道外（前租界外的市区——引者）的区别，忍不住叹口气。自己想道：这不是东方文明与西方文明的交界点吗？东西洋文明的界线，只是人力车文明与摩托车文明的界线。"对中国境内这块曾是"国中之国"的地方，胡适赞赏备至，他把帝国主义侵略的事实撇在一边，竟吹嘘什么"摩托车的文明的好处真是一言难尽"①。民族虚无主义论者自视很进步、很摩登、很高超，但是他们的摩登和高超恰恰为帝国主义侵略者所欢迎，而为脚踏祖国土地并为自由、解放而浴血奋斗的中国人所不齿。他们既然远远脱离了自己的祖国和人民，向民族的敌人靠拢，其前途自然是很不美妙的。

四、近代爱国主义与民族虚无主义在世界观、方法论上的对立

从世界观、方法论的角度看，中国近代的爱国主义和民族虚无主义也属于不同的范畴。近代爱国论者的世界观、方法论虽伴随历史的演进而发展、变化，但基本上是遵循唯物主义的轨迹（当然也有唯心的成分）；而民族虚无主义思潮的传播者在认识论、方法论上却是唯心主义、形而上学的。

中国近代的爱国者，从龚自珍、魏源、林则徐一直到孙中山和前期的鲁迅，他们哲学思想的主要倾向是现实的、唯物的，并且具有丰富的辩证观念。他们继承了中国古代朴素的唯物主义和辩证法思想，与"天不变，道亦不变"的形而上学相对立。尤其是孙中山提出的知行学说，更鲜明地体现了他的唯物主义认识论。维新思想家康有为借"微言大义"阐发了进化论的社会历史观，他相信社会发展将按一定的规律和顺序进行："盖自据乱进为升平，升平进为太平，进化有渐，因革有由，验之万国，莫不同风。"② 当然，这些近代爱国者的思想中也有浓厚的唯心论和神秘论的因素，像康有为就声称"山河大地，皆吾遍现"③；梁启超说，他的老师把"仁"当成唯一宗旨，"苟无爱力，则乾坤应时而灭矣"④，这岂不是明白无误的主观唯心论。孙中山先生的哲学思想可以说是中国真正近代的资产阶级哲学，他把客观存在的事实看作第一性的，认识则是第二性的。他提出的知行学说把中国近代唯物主义的认识论推向了高峰。孙中山还坚信进化发展是事物的普遍规律，是不可抗拒的。这样，孙中山就与唯心主义和不可知论划清了界限，孙中山的爱国主义正是建立在这样一个哲学基础上。但由于这

---

① 胡适：《漫游的感想》，《胡适文存》第三集，第一卷。
② 康有为：《论语注》。
③ 康有为：《中庸注》。
④ 梁启超：《康南海传》。

些爱国思想家们往往也是近代爱国运动的实践者，现实的政治斗争不允许他们构造比较完备的理论体系。他们的世界观充满矛盾，唯心主义和唯物主义常常杂糅在一起。但总括起来看，他们代表着中国近代进步的哲学思潮。

中国共产党诞生后，以中国共产党人为代表的无产阶级爱国主义者开始运用马克思主义的唯物辩证法去观察世界、认识世界，从而在认识论、方法论上获得了一次飞跃。毛泽东同志等无产阶级革命领袖在指导中国历史上空前未有的爱国运动时，特别注意采取唯物的、辩证的方法，反复强调对具体情况做具体分析这样一条马克思主义最基本的原则。指出"对于任何问题应取分析态度，不要否定一切"；批评一些人"缺乏分析的头脑，对于复杂事物，不愿作反复深入的分析研究，而爱作绝对肯定或绝对否定的简单结论"[1]；强调对于现状，对于历史，对于外国事物都应有历史唯物主义的批判精神。这样就把中国人民的爱国主义建立在历史唯物论这一科学方法论的基础上，从而使中华民族的爱国主义传统在新的历史时期以全新的面貌得到了最集中、最光辉的体现。

中国近代历史上的民族虚无主义者，在方法论上则是继承并发展了以往的形而上学的思维定势和习惯的。他们对任何事物（包括文化）都取非此即彼的绝对态度，好就是一切皆好，坏就是一切皆坏。在他们看来，新与旧，今天与昨天之间是彼此隔断，完全不相干的。对今天是从昨天走过来的，新的是从旧的发展来的这样一个简单明了的道理，竟视而不见，充耳不闻。民族虚无主义论者观察事物具有极大的片面性，往往是攻其一点，不及其余。对于传统文化只看到封建性、保守性、惰性的一面，而看不到其民主性、进步性的另一面。对外来文化的态度亦如是，只不过肯定与否定的方面调了一个位置。民族虚无主义论者还把文化传统看成静止的、一成不变的固定模式，而实际上这完全是一种主观臆想，因为世界上根本就不存在这种模式。这种僵化的观点，使他们脱离历史，脱离现实，在虚无缥缈之中去构筑其空中楼阁、梦幻世界。

民族虚无主义、历史虚无主义的错误主张，在我国近代历史上虽然几次抬头，几次受到抵制，但是它的种子却绵延不绝，时不时总要冒出来闹腾一阵子。新中国成立后，就曾经两度恶性膨胀：一次是"史无前例"的"内乱"时期；另一次就是资产阶级自由化泛滥之时。尽管一次是以"左"的面目出现，一次是从"右"的方面发难，但两次都有一个共同特征，即对历史和文化传统的全盘否定，一概打倒。看来，爱国主义和民族虚无主义的斗争还要长期进行下去，只要世界上存在两种世界观、两种方法论，这样的斗争是不会停歇的。

（载《中国近代爱国主义论纲》，中国人民大学出版社1991年版）

---

[1] 《毛泽东选集》第三卷第893页。

认识近代国情的几个重大历史是非[1]

自从中国沦入半殖民地半封建社会起,中国人民就开始了挽救危亡、振兴中华的艰难而执着的探索。一个又一个救国方案被提了出来,又逐个无情地在社会生活中不断碰壁。不过,每一个救国方案的破灭,都为下一个具有更多现实合理性的新方案的出台提供了可贵的经验教训,成为发展链条中一个不可或缺的环节。在整个民主革命时期,这种探索同人们对中国国情的认识由浅入深、由表及里、由感性到理性的一步步演化紧密地联系在一起。当人们对国情的认识达到了真正合乎实际的时候,救国方案也就被置于科学的基础之上。于是,中国人民在中国共产党的领导下,经过各种艰难险阻,取得了民主革命的伟大胜利。半殖民地半封建社会最终结束。新中国建立后,中国人民继续进行关于建设社会主义的探索。当然,这已经是新的性质和新的意义上的探索了。

就中国近代史的范围而言,中国人民对于国情的认识,应该说已经经过时间的检验,被证明是合乎实际和合乎科学的。

但是,近几年来,在一些研究中国近代史的论著中,对本已由实践得出结论的有关中国近代国情的若干重大认识问题,又重新被提出来讨论,并形成了一套完全相反的体系。这就使人们不能不继续探讨这些问题,通过摆事实,讲道理,澄清历史是非,还历史以本来面目。

一

有的文章批评新中国成立以后的近代史研究"在很大程度上仍停留在对异族侵略者的口诛笔伐的感情宣泄上,这就大大淡化了我们研究的理性色彩"。有的主张要"重新评价近代西方殖民征服",认为传统的关于西方殖民主义侵略造成了东方普遍落后的观点,使"历史批判的天平倾斜了"。有的更直截了当地说:"如果没有近代西方的殖民征服,人类,特别是东方各民族所有优秀的自然才能将永远沉睡,得不到发展。"甚至说"鸦片战争是在执行一种历史的使命。是对中国闭关锁国、因循守旧政策的一种必然回应,它是用侵略手段来达到使中国向世界开放的目的。""从某种意义上来说,是鸦片战争一声炮响,给中国送来了

---

[1] 本文系与李文海合作。李文海(已故),中国人民大学前校长、清史研究所教授,曾任中国史学会会长。

近代文明。"总之，照这种逻辑，结论就是："殖民化在世界范围内推动了现代化进程。"

"殖民化"果真像有些人描述的那样美妙吗？回答这个问题，与其说求之于"感情"，不如说应该求之于事实。在中国近代史上，"殖民化"到底给中国人带来了什么，这是首先要搞清楚的。那么，不妨让我们先来回顾一下历史事实。

鸦片战争"一声炮响"，给中国送来了怎样的"近代文明"呢？我们从众多的记载中，信手拈出几条摘录如下：

1840年7月5日，英军攻入浙江定海县城，据一位参战的英国军官说："军队登了岸，英国旗就展开，从这一分钟起，可怕的抢劫光景就呈现在眼前。暴力地闯入每一幢房子，劫掠每一只箱箧，……一切这些都被收拾去，除了死尸以及被我们无情的大炮弄残废了的受伤者。"①

1841年5月22日至26日，英国围攻广州城，"被火者不下千余家，难民提男挈女呼号之声，遍于道路"②。

1842年7月21日，英国攻陷镇江，又大肆屠戮，"比户劫掠，无家不破。……无日不火，市为之空，城乡皆被蹂"③。

纵观近代中国的历史，从鸦片战争开始到列强发动的一系列侵华战争，一个确凿的事实是他们在中国大地上犯下了罄竹难书的罪行。

1860年10月，英法联军打到北京，洗劫了被誉为"万园之园"的圆明园，据英国《泰晤士报》一位随军记者估计，被劫掠和被破坏的财产，总值超过600万英镑，其实损失远远超过此数。在甲午战争中，日军攻破旅顺后，进行了持续三天三夜的大屠杀，罹难者达18000人之多！1900年7月，沙俄军队在黑龙江畔制造了骇人听闻的"海兰泡惨案"和"江东六十四屯惨案"，中国无辜居民7000余人死于非命，随后在边境地区，惨案反复出现，20余万中国人的鲜血染红了黑龙江两岸。同年8月，八国联军攻占北京，使这座古都"成了真正的坟场"。④ 全面侵华战争中，日军制造的南京大屠杀更是举世震惊，令人发指。在持续一个月的灭绝人性的屠杀中，35万中国军民倒在血泊里，整个城市被洗劫一空。而在日本军国主义发动的这次侵华战争中，我国军民伤亡总数竟达3500万人之多！

殖民主义、帝国主义的入侵对中国近代社会的影响，除了战争的直接破坏外，更加以政治上的控制和经济的掠夺。百余年来，帝国主义列强先后强迫中国

---

① 转引自古柏尔等：《殖民地、附属国新历史》（中译本）上卷第1册261页，读书出版社1947年版。
② 《骆秉章折》，《中国近代史资料丛刊·鸦片战争》（三）第498页，新知识出版社1955年版。
③ 陈庆年：《横山乡人稿》卷五，中国近代史资料丛刊《鸦片战争》（四）第702页。
④ 汤姆逊：《中国与列强》（英文版）第25页，伦敦1902年英文版。

签订了数以百计的不平等条约和协定，夺取了中国近160万平方公里的土地（不包括抗日战争时期的沦陷区），占全国领土的1/7。又勒索了累计达13亿两白银的赔款，还在中国取得了驻军权和领事裁判权，控制了一切重要的通商口岸，并在16个通商口岸中建立了被称为"国中之国"的租界。他们还控制了中国海关，从而也就左右了中国的财政（因为海关税收是清政府的一项主要收入），对清廷的内政、外交施加影响，以致清政府被称为"洋人的朝廷"（现在有的文章对把清政府称为"洋人的朝廷"也要翻案了，认为这只是轻信了辛亥时期资产阶级革命派处于革命义愤的一面之词，不足为凭。但我们认为，要想翻这个案，仅靠这样一句声明是不行的，必须要举出充分的历史事实来说明它是一个怎样不依附于帝国主义的独立政府才成）。

列强还凭借他们在中国攫取的特权大量向中国倾销廉价商品，以排挤、兼并中国的民族工业。特别是甲午战争后，列强进一步加大资本输出的力度，争先恐后地在中国开工厂、设银行、筑铁路、开矿山、胁迫借款。仅从他们控制中国铁路和矿山这一点看，就足以了解中国殖民地化加深的程度：1896—1899年4年中，列强在华攫取的路权达10096公里，几乎囊括了新中国成立前的大部分铁路干线；1895—1912年间，列强迫使清政府签订了42项出卖矿区的条约、协定、合同，掠夺了19个省区重要矿藏的开采权。这种榨取中国人民血汗、掠夺中华大地资源的"近代文明"，难道也是中国人民所企盼的吗？我们并不否认，西方资本主义文明对中国社会发展产生过积极影响，但这绝不意味着应该把功劳记在侵略者的账上，更不能用来作为颂扬殖民化的理由。

当然，讴歌"殖民化"，赞美侵略战争，并不是什么学术上的"创新"，即使不算当年殖民主义的辩护士们喋喋不休的陈词滥调，这至多也不过是相当长一段时期中，欧美史学界一直流行的"欧洲中心论"和"中国历史停滞论"的流风余韵。到20世纪五六十年代，哈佛学派更推出了"西方冲击，中国回应"的理论模式。不过西方汉学家中的有识之士也意识到了这种历史观的局限性，并对帝国主义、殖民主义偏见在学术领域的反映进行了严肃的反省和批判。有些美国青年汉学家更对"西方冲击，中国回应"模式做了较为深刻的批评，针锋相对地提出"正是中国社会本身才是一切根本变化的源泉"。然而，可悲的是，正当"回应论"在它的故乡受到强有力的挑战时，在中国学术界却受到某些人士的青睐，这难道不值得我们深思吗？

二

封建主义的统治能不能引导中国走向现代化？近年来在史学界也成了一个颇有争议的问题。一些论著对这个问题做了完全肯定的回答。有的论著认为，洋务运动本来可以使中国走向现代化，可惜康、梁发动的戊戌变法中断了它的发展，使中国丧失了一次机会；清末的"新政"和预备立宪，在政治上和经济上大力发展资本主义，又一次提供了使中国走向现代化的难得机遇，可惜其进程被辛亥革命中断了，使中国再一次丧失了机会，"当初如若避免了这场革命，中国很可能已成为当今世界头号强国"。与此同时，一大批封建统治阶级的政治代表，从奕䜣、曾国藩、李鸿章、张之洞一直到慈禧太后，纷纷被戴上"中国近代化第一人"之类的桂冠。

  当然，对所有封建统治阶级的代表人物，采取简单化的一笔骂倒的做法，是不足取的；他们中间的某些人，确实在历史上起过某种积极作用，有值得肯定之处。但是，不加分析地一律把他们称之为"文化精英的杰出的历史人物"，却也是一种新的简单化。一味讴歌曾国藩继承了"以天下为己任的爱国主义精神"；肯定李鸿章"为中国近代开的药方是切合中国实际的"，"是可以挽救中国的"；甚至认为"西太后的认识与主张并无大错"，"如果以此为共识，中国的未来与发展可能将是另外一个样子"，则未免颠倒了历史。至于把袁世凯推行的政策评价为"反映了当时社会历史发展的趋势"，称赞他的教育思想"是前无古人的"，甚至把"陈独秀、李大钊、胡适、鲁迅等一代文化大师脱颖而出"，"毛泽东、周恩来等一代无产阶级革命家在北洋时代成长起来"，都归于袁世凯和北洋政府"开明"统治的结果；把徐世昌吹捧为"推翻旧世界的先行者"；等等，则似乎很难说是什么认真的学术见解了。

  在半殖民地半封建的中国推进近代化的事业，必须要有一个政治前提，即民族独立和政治民主，换句话说，即要反对帝国主义和封建主义。列强侵略中国的目的是要把中国变成他们的半殖民地和殖民地，使地大物博、人口众多的中国成为他们的政治附庸和商品市场，他们当然不希望看到中国走上工业化之路。正如一个英国人所说："中国多织一匹（布），即我国少销一匹。"① 就封建主义而言，它在中国大地上延续了几千年，虽然到近代已经走向衰败，但仍然根深蒂固，盘根错节。以西太后为首的清政府办点"洋务"，装饰一下门面是可以的，但决不允许触动封建专制统治一根毫毛。因此，要想通过洋务运动使中国走向现代化只能是一种幻想。个中道理，有位封建官僚曾一语中的：办洋务"垂三十年而不得一逞者，皆以我皇太后主持坚定，抑而不行"②。显然，在半殖民地半封建的中国，如果不拔掉帝国主义和封建主义的根子，近代化将永无实现之日。毛泽东曾经说过，"没有独立、自由、民主和统一，不可能建设真正大规模的工业"③，这是在总结了中国走近代化道路的历史经验后得出的正确结论。

---

① 杨松等编：《中国近代史资料选辑》第288页，生活·读书·新知三联书店1954年版。
② 中国近代史资料丛刊《洋务运动》（一）第250页，上海人民出版社1961年版。
③ 《毛泽东选集》第三卷第1080页，人民出版社1991年第2版。

三

如果说殖民主义、帝国主义对中国社会起了这样那样积极的作用,封建主义能够引导中国走向现代化,那么,这种逻辑的结论自然是,以反帝反封建为基本内容的革命,是搞错了,搞糟了。有的文章也确实是这样来看待和描写革命的。在他们看来,20世纪,首先要反省的"就是革命和政治压倒一切、排斥一切、渗透一切甚至主宰一切",犯了"革命崇拜"症。据他们说,革命有很多"弊病","革命容易使人发疯发狂,丧失理性";在革命的扫荡下,"社会变得空疏、空洞,理想重新化为空想";"革命后一定会留下一种政治真空,而填补这种真空,除了再次专制,别无选择";总之,"以为革命可以解决一切问题,确实是一种幼稚病","世纪的革命方式确实带给中国很深的灾难"。他们提醒大家,应该充分注意"革命的残忍、黑暗、肮脏的一面",并力主把"革命神圣"这个"大案""翻一翻"。

"革命神圣"的大案真的要翻个儿吗?首先要看看革命给近代中国带来的到底是什么,是"很深的灾难",还是空前的进步。

爆发于19世纪中叶的太平天国农民革命虽然失败了,却扰动了封建旧秩序,资本主义因素也正是在封建主义遭到严重打击的基地上得以成长,并成为不可抗拒的倾向。《资政新篇》提出的"兴车马之利""兴舟楫之利""兴银行""兴矿藏"等主张,就是要通过发展近代工业以达到"与番人并雄"的目的。被称为中国近代史上的丰碑的辛亥革命,无疑是中国历史上的一次飞跃,它推翻了中国最后一个封建王朝,结束了在中国绵延几千年并被奉若神明的君主专制制度,破天荒地宣布了主权"属于国民全体",从而扫清了中国社会前进的巨大障碍,使民主共和的思想深入人心,其政治意义是绝不能被低估的。正是辛亥革命使中国人民得到了一次思想上的大解放。它虽然没有从根本上推翻封建势力的封建统治,却为以后的革命开辟了道路,这一历史功绩是谁也不能抹杀的。至于说到中国共产党领导的民主革命的伟大胜利,更是划时代的事件。经过100多年的奋斗,中国人民终于摆脱了帝国主义、封建主义、官僚资本主义的反动统治,结束了自鸦片战争以来的半殖民地半封建社会,从此真正地站起来了。谁能不说这是一个空前的进步!一部中国近代史足以证明这样一条真理——"革命是历史的火车头"[①]。

诚然,革命是要付出代价的,而且是很沉重的代价,因为革命是要改变旧秩序,因而它也是"最残酷的战争"。但是,正如列宁在《社会民主党在民主革命

[①] 《马克思恩格斯选集》第一卷第474页,人民出版社1972年版。

中的两种策略》所说，"革命的道路是迅速开刀使无产阶级受到的痛苦最少的道路，是直接割去腐烂部分的道路，是对君主制度以及和君主制度相适应的令人作呕的、卑鄙龌龊的、腐败不堪的、臭气熏天的种种设施让步最少和顾忌最少的道路"①。而维护旧秩序，无疑将使劳动人民持续不断地在死亡线上挣扎。仅以自然灾害在不同社会制度造成的影响为例：新中国成立前的2000多年间，几乎每年都有一次较大的水旱灾害。近代以来，由于政治腐败、列强入侵，社会动荡、经济凋敝，自然灾害带给人们的苦难也就更为严重。发生于光绪三年至四年（1877—1878）的"丁戊奇荒"一次就死了1000万人，真是惨绝人寰！而新中国诞生后，这种噩梦般的处境终于结束了。新中国成立40多年来（本文写作时），黄河下游发生10000立方米/秒以上规模的洪水12次，却没有一次决口成灾。即使发生了较严重的灾害，由于救灾及时，措施得力，也没有重演赤地千里、饿殍遍地的人间悲剧。这就是革命推翻旧制度、摧毁旧秩序的结果。

当然有人会认为改造中国也可以走改良的道路，殊不知"改良的道路是一种迁延时日的、迟迟不前的、使人民机体中腐烂部分的消亡过程缓慢得引起万般痛苦的道路"②。实践告诉我们，这条道路在中国是走不通的，戊戌维新的失败就是证明。

近年来，中国近代史研究中出现了一股批判革命之风，其风源来自西方汉学家。其实，在20世纪六七十年代，美国汉学界有关近代中国史的著作基本上是以革命史为中心来写的；而到了80年代中期，这种"革命范式"被抛弃，革命被描写成"一种畸变，一种对中国历史正常道路的偏离"，某些作者甚至断言革命"使潜存于中国文化中的恶劣习性与态度泛滥成灾"。值得注意的是，批判革命在国际史坛上似乎已成为一种时尚，从80年代开始，法国史学家对18世纪的法国大革命提出了质疑，甚至认为如果没有革命，法国倒会更快、更有效地实现现代化。

到底如何评价革命在中国近代史中的地位，人们尽可见仁见智，但有一点必须记住，那就是不应该带有任何偏见，偏见比无知离真理更远。

以上这些，实际上是涉及中国近代历史发展的最根本的问题。弄清这些问题的理论是非和历史是非，当然不能说是无谓的争论。试想，如果过去我们的前辈和先烈们走过的路统统都错了，今天后继者们的出发点、立足点和前进的方向还能对么？江泽民同志在纪念中国共产党成立75周年座谈会上的讲话中深刻指出："一个民族如果忘记了自己的历史，就不可能深刻地了解现在和正确地走向未来"，又说"以史为鉴，可以知兴替"。如果给人民了解的是一部被歪曲了的历

---

① 《列宁选集》第一卷第542页，人民出版社1972年第2版。
② 《列宁选集》第一卷第542页，人民出版社1972年第2版。

史,如果向人们提供的镜子是一面扭曲形象的哈哈镜,那么,人们从中了解到的现在和展望着的未来,从历史借鉴中得到的孰兴孰替的经验教训,还会是正确的吗?正是从这个意义上,我们认为,认真而不是马虎地,说理而不是粗暴地,尊重历史而不是主观武断地把这些是非讨论清楚,对于历史学界来说,实在是非常必要和非常重要的。

(载《高校理论战线》1996年10月)

历史文化遗产与社会主义精神文明建设

一、建设社会主义精神文明为什么要重视历史文化遗产

中国是一个有着几千年历史和文化积累的文明古国，其历史遗产之丰富是举世皆知的，"在中华民族的开化史上，有素称发达的农业和手工业，有许多伟大的思想家、科学家、发明家、政治家、军事家、文学家和艺术家，有丰富的文化典籍"①。中华民族在历史上创造的物质文明和精神文明，大大丰富了世界文化宝库，为世界历史的发展做出了巨大贡献。在新的历史时期中，党中央又提出在建设高度物质文明的同时，努力建设社会主义精神文明，提高整个中华民族的思想道德素质和科学文化素质，加强社会主义精神文明建设，这是关系社会主义兴衰成败的大事。

建设社会主义精神文明应该重视历史文化遗产。作为人类认识和改造世界成果的历史文化遗产，除了具有阶级性（并非所有的历史文化遗产都具有阶级性）外，还具有历史连续性和承继性。历史不能隔断，今天是昨天和前天的继续和发展，没有前天和昨天，今天也就失去了存在的前提。恩格斯说过，"没有希腊文化和罗马帝国所奠定的基础，也就没有现代的欧洲"②。列宁在谈到无产阶级文化和社会主义精神文明的形成时也阐述了这一观点："无产阶级文化并不是从天上掉下来的，也不是那些自命为无产阶级文化专家的人杜撰出来的，如果认为是这样，那完全是胡说。无产阶级文化应当是人类在资本主义社会、地主社会和官僚社会压迫下创造出来的全部知识合乎规律的发展。"③ 1938年10月，毛泽东在中共中央六届六中全会的报告中特别强调，学习革命理论、历史遗产和深刻地了解实际运动是不可分割的，之所以要学习历史遗产，是因为"今天的中国是历史的中国的一个发展；我们是马克思主义的历史主义者，我们不应当隔断历史。从孔夫子到孙中山，我们应当给以总结，承继这一份珍贵的遗产。这对于指导当前的伟大的运动，是有重要帮助的"。④

的确，中华民族的祖先留给后人的历史文化遗产是很丰富的，而且源远流

---

① 《毛泽东选集》第二卷第585页。
② 《马克思恩格斯选集》（中文版）第三卷第220页。
③ 《列宁选集》（中文版）第四卷第348页。
④ 《毛泽东选集》第二卷第499页。

长，有着极强的生命力，充分表现出我们的民族文化是具有深厚根底的。随着时代车轮的滚动，传统文化不断注进新的内容。到了近代，在继承古代文化辉煌成就的同时，还大量吸收了外来文化的养料，使延续几千年之久的传统文化发生了根本性变革。新中国的诞生，更使中国人民在社会生产和生活方式上发生了翻天覆地的变化。党的十一届三中全会以后，我国进入新的历史发展时期，全国各族人民正在中国共产党领导下，为创造出高度发达的社会主义物质文明和社会主义精神文明而奋斗。

建设具有中国特色的社会主义现代化，搞好社会主义精神文明建设，固然需要吸取世界现代化运动的共同经验，把当代世界（包括发达资本主义国家）的先进科学技术学到手，把国外一些行之有效的管理经验和其他有益文化学到手，努力攀登科学文化的新高峰。但是，这种攀登绝不是离开中国的国情，一笔抹杀我们的民族传统，抛弃我们的历史遗产。世界上任何一种文化都必须扎根于本民族的土壤之中，离开了这片沃土，是绝不会有持久生命力的。一位联邦德国的学者在首届中国文化学术讨论会上发言说："如果一个民族过于否定自己的传统，那么它就没有根了"；另一位外国朋友也曾对中国作家们说："我不喜欢你们讲的'中国文学要走向世界'这个口号中的'走向'这个词，'走向'就会失去最可贵的'自我'，中国文学只要'面向'世界就可以了，脚还是要站在自己的土地上。"这些国际友人的忠告岂不值得那些蔑视历史遗产和社会主义精神文明的"全盘西化"论者好好想一想！

在"文化大革命"期间，林彪、"四人帮"打着"革命"的旗号，否定一切，把历史文化遗产一概斥为"四旧"横加扫荡。这种扼杀传统、抛弃遗产的倒行逆施必将带来历史的惩罚，结果是使许多青年人乃至一些干部对祖国历史茫然无知或知之甚少，对中华民族的光荣传统、优秀的文化遗产缺乏应有的了解和起码的认识；更有少数人在资产阶级思想的腐蚀下，滋生了民族自卑心理，唯洋是从，一切都是外国的好，月亮也是外国的圆；至于海外某些以"社会批评家"自命的"文人""学者"更是危言耸听，到处宣扬中国人的"丑陋"，认定中国五千年的文化历史充满罪恶，是所谓"酱缸文化"，鼓吹"要彻底的崇洋"。一位名叫柏杨的先生说："若干年前，我在洛杉矶有一次演讲，有人问我：'你是否以当一个中国人为荣？'我脱口而出说：'我不以当一个中国人为荣，请你告诉我，中国人的荣耀在哪里？是我们国家强？是我们文明高？是我们民族对人类整个文化有建设的贡献？是我们的音乐、绘画、文学出类拔萃？我们到底有什么？请随便讲出一个我们国家有，其他国家没有，或是我们可以和其他国家同享荣耀，举得出来吗？'"[①] 显然，这一连串咄咄逼人的问话有很大的片面性，至少

---

① 柏杨：《丑陋的中国人》第41页，台湾林白出版社第九版。

不完全符合事实。柏杨先生当然不会对中国的历史和现状一无所知,那又为什么要故发"惊人"之语呢,是"爱之深,责之切"吗?未必。须知,偏激情绪代替不了科学分析,肆意谩骂更非爱国之举。

　　崇洋媚外之风并非自今日刮起,早在五四运动后,就有人在一本叫《中国文化的出路》的书中公开宣称"中国的一切都不如西方",必须"把西方的一切都接受过来,好的坏的都要,不仅要民主与科学,也要军国主义和金力主义";1929年,胡适写了一篇《中国今日的文化冲突》的文章,明确提出:"我主张全盘西化。"尽管历史已经证明这条道路走不通,但时隔几十年后,又有人老调重弹。前些时候,不就有人声称"我是欣赏'全盘西化'的"观点的吗?

　　要不要重视外国和外民族的优秀文化遗产?回答是肯定的。实际上在我国历史上,高度发展的封建文化也是学习、吸收、改造、融汇了外来优秀文化成分的。在建设社会主义精神文明的今天,我们不正是把对外开放作为一项不可动摇的基本国策吗?当然,要吸收的只是于我们有益的东西,对一切丑恶腐朽的东西则必须摒弃。对西方文化缺乏一种分析态度,只津津乐道于人家的长处,有意无意地回避其糟粕,总是一种片面性吧!

　　有人说"鲁迅主张全盘西化",其实鲁迅恰恰避免了这种片面性。他在无情抨击历史遗产中封建主义糟粕的同时,并不全盘否定中国传统文化,他说:"新的阶级及其文化,并非突然从天而降,大抵是发达于对于旧支配者及其文化的反抗中,亦即发达于和旧者的对立中,所以新文化仍然有所承传,于旧文化也仍然有所择取。"① 在那篇《拿来主义》的著名文章中,鲁迅旗帜鲜明地反对闭关锁国,指出对"洋货"无需"恐怖",强调既要占有,又要挑选,"要运用脑髓,放出眼光,自己来拿"②,即今天讲的"古为今用,洋为中用"。鲁迅的观点哪里是"全方位开放"的"全盘西化"论呢?!

　　全盘西化不但早被中国近代历史证明是根本行不通的,而且同我们今天建设社会主义精神文明的任务也格格不入。众所周知,只有在马克思主义指导下的精神文明,才是社会主义的精神文明;只有坚持马克思主义的指导,批判继承本民族的历史遗产和外国文化中有价值的成分,才能创造一种高度发达的社会主义精神文明。如果一味抹杀自己的民族传统,不加分析地照搬西方那一套,使我们历史文化遗产中许多有永久价值的东西湮没不彰,则必将造成中国人文化上、心理上的巨大空白,中华民族就不可能自尊、自信、自强,更谈不上自立于世界民族之林。总之,中国丰富的历史文化遗产是培养爱国主义思想的沃土,也是我们建设社会主义精神文明的养料来源之一。

---

　　① 《〈浮士德与城〉后记》,《鲁迅全集》第七卷第355页,人民文学出版社1981年版。
　　② 《拿来主义》,《鲁迅全集》第六卷第39页。

二、对待历史遗产的正确原则是批判继承

我们讲建设社会主义精神文明应该重视历史文化遗产，并不是说对历史遗产不分良莠、兼收并蓄。马克思主义对历史遗产的正确原则是批判继承。

在建设社会主义精神文明过程中，应如何正确对待历史文化遗产，有一个立足点的问题，我们要立足于向前看，而不是向后看，不能颂古非今。继承民族历史文化遗产中的精华，当然有保存的含义在内，但这种"保存"绝不意味着把它当成古董一样藏之密室，以供赏玩。继承的目的恰恰在于要改造和发展，使之体现时代精神，能适应今天的需要，有助于解决今天面临的问题。否则，即便是优秀的历史文化遗产，在现实生活中也不会有生命力。

所谓"儒学复兴"（或谓"儒学第三次兴起"），论者认为，中国的未来和希望在古代，在于完全保留传统文化。这种观点的提出显然是缺乏历史意识的表现，是对历史的一种反动。中国人对于自己传统文化、历史遗产的缺陷已经谈了一百多年，问题并没有解决多少。新中国成立后，在一个时期内由于我们对封建主义残余在社会生活和思想领域中的影响估计不足，从而带来了严重后果。今天我们对肃清封建遗毒的重要性有了新的认识，又怎么能再走回头路，去搞什么"完全保留"呢？须知，历史文化遗产是一定时代的产物，我们讲继承，必须以符合时代需要为前提，绝非原封不动地全部因袭，继承是一个选择、改造、推陈出新的过程。

马列主义对待历史遗产的批判继承原则，是历史唯物主义原理在文化遗产领域中的具体运用。毛泽东同志曾讲到无产阶级新文化和封建主义旧文化的关系："清理古代文化的发展过程，剔除其封建性的糟粕，吸取其民主性的精华，是发展民族新文化提高民族自信心的必要条件；但是决不能无批判地兼收并蓄。"①对这一马列主义的正确原则，现在却有人将之贬斥为"中庸"观点，认为这是离开"系统整体优势"的"零散评价"，因而"是不科学的"。这种标新立异的论点新则新矣，却很难让人苟同。首先，区分精华与糟粕，正是用历史唯物主义观点对遗产进行历史的、阶级的具体分析，它依据当时人民群众阶级斗争、生产斗争和科学实验的实践去进行检验，从而给历史一定的科学地位，怎么能说"不科学"呢；其次，像一切事物无不具有两重性一样，我国历史文化遗产也有它的两重性。如实指出这种两重性，怎么能说是"中庸"观点呢？片面强调"整体优劣"，而不做具体细致分析，必将导致看问题的绝对化和简单化，要么笼统肯定，要么笼统否定，这显然都是不合适的；第三，对历史遗产吸取精华，剔除糟

---

① 《毛泽东选集》第二卷第 668 页。

粕的原则早已被前人特别是马列主义经典作家所阐发、所实践，历史已经证明了这一原则的科学性，这是最有说服力的。

要批判地继承历史遗产，就必须认真分析历史文化遗产的两个方面：精华与糟粕。而首先应分清什么是精华，什么是糟粕；批判什么，继承什么。对待历史遗产之所以容易出现简单肯定或简单否定的倾向，是因为对精华与糟粕采取一种"一刀切"的形而上学态度。实际上，精华与糟粕除有些较易区分外，更多情况下是杂糅在一起，并非泾渭分明。比如中国传统文化中所强调的"礼"，讲的是一种等级隶属关系，维护的是封建社会中的"三纲五常"，使人的个性受到极大的压抑。但它也在一定程度上增进了人与人之间的互相依赖，把个人、家庭和国家的命运较为紧密地联系起来，使爱国主义有了坚实基础，从而有助于中华民族凝聚力的加强，总不好说全部是糟粕。就"精华"而言也不是绝对的，精华与非精华在不同的历史阶段也可以互相转化。另外，还有一些历史遗产如某些文化知识资料，也很难绝对说是精华或糟粕。对这部分处于中间状态的遗产，只要对我们还有一些作用，也应该批判继承。总之，对历史遗产要做具体分析，并细致地加以鉴别。

如上所述，继承历史遗产要遵循历史唯物主义的观点和方法，正确区别精华与糟粕，要像马克思那样，对人类社会所创造的一切，都用批判的态度加以审查，不忽略任何一点。对于历史文化遗产中封建性糟粕的一面，过去我们的批判是不深刻的。新中国成立后，在文化领域注重批判资产阶级文化，却在一个时期里忽视了对历史遗产中封建糟粕的批判，未能彻底清理，因而潜滋暗长，一有合适条件，沉渣往往泛起。

历史上，中国是一个高度中央集权制的封建国家，封建君主专制制度历时2100多年，在世界封建社会政治史上是相当典型的。在这种制度下，君主是至高无上的主宰，他通过一套庞大而较为完善的官僚机构进行统治。为了保证上下尊卑的关系，又建立了一套严格的封建等级制度，伴随着这种官僚政治必然出现争权夺利，徇私舞弊；趋炎附势，拉帮结派；因循守旧，遇事推诿；饱食终日，无所事事等诸多腐败现象。这些旧时代的沉渣是不会轻易退出历史舞台的，在林彪、"四人帮"横行之时，又到处泛滥。时至今日，在某些地方，某些单位中，也仍然存在"一人得道，鸡犬升天"，拉帮结派、任人唯亲的现象。个别人一旦掌握了一部分权力就以权谋私，不顾党纪国法，把自己负责的单位变成一家一姓的"独立王国"。在政治生活中，"家长制""一言堂"的霸道作风也已成为我们今天建设社会主义民主和法制的严重障碍。

在伦理道德方面，历史文化遗产的糟粕所造成的影响也不可低估，所谓"三纲五常""忠孝节义"虽然在近现代新旧思想的几次搏斗中受到冲击，但阴魂不散，"文化大革命中""一句顶万句"的宣传，"早请示，晚汇报""跳忠字舞"

的形式不正是绝对服从,唯书、唯上的翻版吗?

因循保守是历史文化遗产的惰性在观念形态上的又一表现。千百年来,传统的农业、手工业生产方式决定了日出而作、日入而息,周而复始的单调生活方式,人们习惯于乐天知命、安分守己。中庸、无为成为传统的儒、道、佛等学术宗教流派思想的核心,所谓"天不变,道亦不变",所谓"不为祸始,不为福先"无不是这种思想格局的反映。鲁迅先生在旧中国有感于大量的封建糟粕窒息着民族的生机,曾大声疾呼:"无论如何,不革新,是生存也为难的,而况保古"①。他不能容忍那种断送国家、民族前途的因循、保守思想,曾愤愤指出:"我独不解中国人何以于旧状况那么心平气和,于较新的机运就这么疾首蹙额;于已成之局那么委曲求全,于初兴之事就这么求全责备?"② 当然,新中国成立后,情况有了很大变化,但因循保守的心理在今天的社会中远没有绝迹,并正成为我们深入改革的主要思想阻力。

在社会生活方式方面。历史留下的包袱也很沉重,它死死缠住活人的灵魂。目前有一些地方封建迷信活动猖獗,求签拜佛、看风水之类颇为普遍,一些巫医、巫婆则大搞请神、驱邪,骗钱害人。

总之,在批判继承历史遗产时,必须警惕沉渣泛起,只有坚持吸取精华,剔除糟粕的原则,才能促进社会主义精神文明的健康发展。

三、我们要从历史遗产中吸取什么营养

几千年的优秀民族传统是中华民族赖以生存的基础,正是在这样一个基础上,我们的祖先创造了光辉灿烂的文化。今天,我们要丰富和建设社会主义精神文明,无疑就要发扬光大这些优良传统,需要从历史遗产中吸取可贵的营养。那么,哪些是我们民族传统中的真、善、美的东西呢?哪些是应该加以吸收、消化的珍品(或谓"民主性的精华")呢?

首先要珍视的是古代劳动人民追求自由、反抗剥削压迫的革命传统和爱国主义传统。

早在奴隶制时代,奴隶和平民就不断起来反抗暴政,牧野之战中的"前徒倒戈"(大批武装奴隶阵前起义),直接导致殷商奴隶主政权的垮台;西周时"国人暴动"放逐了国君厉王。在封建社会中,反抗地主阶级的农民起义更是此伏彼起,接连不断。从陈胜、吴广的揭竿而起,到被称为旧式农民战争发展顶峰的太平天国革命,大小起义不下数百次,就规模和次数而论,都为世界革命历史所少

---

① 《忽然想到(六)》,《鲁迅全集》第三卷第45页,人民文学出版社1982年版。
② 《这个与那个(四)》,《鲁迅全集》第三卷第143页。

见。起义农民敢于蔑视自称"受命于天"的封建统治者,旗帜鲜明地提出要"冲天",要用自己的"黄天"去替代统治者的"苍天";他们向往能出现平均和平等的人间世界,大声疾呼要"等贵贱,均贫富",要建立一个"无处不均匀,无人不饱暖"的理想社会。历史上劳动群众这种前仆后继、浴血奋战的斗争精神和对理想的执着追求是历史遗产中的一笔宝贵财富。

在中华民族发展史上,还有特别值得我们引以为傲的思想珍品,那就是中国人民所表现出的伟大凝聚力和向心力,即世代相承的对祖国的热爱。这种从数千年历史演变中形成的爱国主义,是历史遗产中的无价之宝。尤其是在中华民族面临生死存亡的严重关头时,就越发显示它的战斗锋芒,激励着人们为保卫祖国、变革图强、社会进步而献身。在近代一百多年的艰苦历程中,爱国主义犹如一支震撼人心的交响曲,成为中国人民巨大的精神支柱。一部中国近代史,就是中国人民反帝反封建斗争的爱国主义运动史。正是由于中国人民不畏强暴,不怕挫折,不屈不挠,再接再厉的英勇斗争,才使得帝国主义灭亡中国的美梦彻底破产。

爱国主义传统这股巨大的力量来自我国各族人民群众,突出地表现在许许多多爱国历史人物的身上。那些忧国忧民的志士仁人和抗敌御侮的民族英雄,从不同侧面表现了我们的民族精神,堪称"中国的脊梁"。如被史家称为清代"睁眼看世界的第一人"的林则徐,不但主持了震惊世界的虎门销烟,在鸦片战争时向全世界显示了中国人民纯洁的道德心和反抗外来侵略的坚强意志,而且表现出以国家为重的忘我精神:"苟利国家生死以,岂因祸福避趋之";在戊戌维新运动中,维新志士的代表康有为以救亡图存为己任,大声疾呼:"人人有责任来救自己的国家";甘愿为变法流血的谭嗣同则视死如归,从容赴难,誓用自己的鲜血去唤起人们为改革而奋斗,其献身精神真可谓"亘古不磨"!

20世纪初,资产阶级革命派成为中国大地上的风云人物,他们为推翻封建帝制,建立民主共和,争取民族独立,国家富强所表现出的高尚情操更是感人至深。为共和献身的第一人——陆皓东在筹备起义时曾跃身奋言:"男儿报国,此其时矣!"黄花岗七十二烈士之一的方声洞在绝命书中表达了求祖国富强的强烈愿望:"夫男儿在世不能建功立业以强祖国,使同胞享幸福,虽奋斗而死,亦大乐也!"这些热情洋溢、大义凛然的肺腑之言真是字字铿锵,掷地有声,至今读起来还令人热血沸腾,不能自己。在登上历史舞台的一大批民主主义战士中,孙中山是伟大的先行者,他为振兴中华、人民幸福殚精竭虑,贡献一生。当他积劳成疾,与世长辞时,仍呼喊着:"和平,奋斗,救中国!"这些可贵的革命民主主义者的爱国思想,献身精神,理应成为我们历史遗产中宝贵的一部分而被继承、发扬。

诚然,历史上的爱国主义不可避免地存在着阶级和时代的局限。在阶级社中，爱国主义必然要打上阶级烙印，劳苦大众和进步思想家的爱国思想和行动，往往备受压抑，报国无门。而在君主专制制度下，皇帝被视为国家的标志和主宰，即或一些忧国忧民的历史人物，也常常把爱国与忠君联系起来而受到极大限制。

在中国的传统思想中，除爱国主义思想外，还有一些值得肯定的东西。比如哲学思想中的朴素唯物论思想和辩证思维方式，像荀子的"天行有常"、王充的"天道自然"、范缜的"形存则神存，形谢则神灭"思想，以及老子关于"物极必反"的古代辩证法思想；又如政治思想中的民本思想，孟子提出"民贵君轻"，黄宗羲在《原君》《原臣》等名篇中对专制主义的批判等等，都是很有价值的精神遗产。

另外，刻苦耐劳、艰苦奋斗的精神也是我国各族人民世代相传的美德。我们的祖先从远古时代起就在这片大地上繁衍生息、披荆斩棘、辛勤劳作。从距今7000多年的历史遗址上，普遍发现了目前世界上已知年代最早的栽培稻堆积。我国还是世界上最早养蚕和生产丝绸的国家，在公元前的希腊著作中已有称中国为"蚕丝之国"。手工业方面，早在商周时期，青铜冶炼和铸造已相当发达，并且在世界上最早采用高炉冶铁；至于陶瓷器皿生产，更是巧夺天工，汉、唐以来大量远销国外，使我国素负"瓷器之国"的盛誉。所有这些物质财富的生产与创造，无不是我们祖先刻苦耐劳、艰苦奋斗的结果。在我国历史上，还曾广泛传颂"卧薪尝胆"等发愤图强的典型故事，也曾记录下许多思想家倡导艰苦奋斗精神的名言，像"锲而不舍，金石可镂""富贵不能淫，贫贱不能移，威武不能屈""先天下之忧而忧，后天下之乐而乐"等等，都给后人以启迪。在阶级社会中，思想、观点是有阶级性的，但其中不乏值得批判继承的合理因素。

中华民族不仅以勤劳、勇敢著称于世，其聪明才智在科学技术领域中也曾大放异彩。中国古代的科学技术在世界上曾长期居于领先地位。指南针、造纸术、火药、印刷术被称为中国古代"四大发明"，这些卓越成就为世界科学文化发展做出了不可估量的贡献。经典作家对此曾做过高度评价：马克思把火药、指南针、印刷术看作预告资产阶级到来的三大发明；恩格斯指出火药和火器的使用"是一种工业的，也就是经济的进步"，"对统治和奴役的政治关系起了变革的作用"①。

在天文、地学、数学、物理学、水利、建筑、农学、医学等方面，我们的祖先也成就卓越。精密仪器——浑天仪和地动仪的制造、地磁偏角的发现、圆周率准确的推算以及农业上育种混合选择法、豆类谷类作物轮作制的采用，世界上第一口石油竖井的开凿等在世界科技史上均遥遥领先。我国古代医学更是一座伟大

---

① 《马克思恩格斯选集》第三卷第206－207页。

的宝库，许多医学、药物学巨著如《伤寒杂病论》《本草纲目》的问世，对中国医学和世界医学做出了不朽贡献，直至今天仍具有实用价值。中国历史上的优秀科学家、能工巧匠之所以能取得卓越的成绩，正是因为中华民族热爱科学，在探求真理的道路上有一股不畏艰险、锲而不舍的精神。

在中华民族历史上，还产生了许多具有深刻反映社会生活并具有优美艺术形式的文学艺术作品。文学家、艺术家人才济济，群星璀璨，他们创作的文艺作品之所以具有很强的生命力，是因为在内容上抒发了爱国之情，并在一定程度上揭露了封建社会的黑暗、没落，歌颂了善良、纯朴的品质和对自由婚姻的追求，有着强烈的感染力。同时，在艺术形式上也给人以美好的享受。我国保留至今的文化典籍也是极为丰富的，明初编成的《永乐大典》是一部百科全书式的大类书，共辑有当时古今图书七八千种，22937 卷；清乾隆年间纂修的《四库全书》收著录之书（全书收录）2470 种，79016 卷，36078 册。这样宏伟的文献汇编，在当时世界文化之林中，是无与伦比的。

中华民族的历史文化遗产是丰富多彩的，其中有许多精华。如果我们尊重自己的历史文化遗产，并善于总结这笔遗产中的优良传统而加以继承、发展，同时又正视我们背上的历史包袱，发扬鲁迅那样的批判精神，那么，无疑将有利于我国的四个现代化建设事业，也一定会对发展中国式的社会主义精神文明起到推动作用。

（载《传统文化与现代化》，中国人民大学出版社 1987 年版）

儒家伦理在近代中国历史命运之反思

儒家伦理思想是我国传统思想的代表,它集中反映了中华民族的心理和民族性格,是中国民族精神的表现。而在近代中国的历史进程中,随着西学的传入、社会的进步、制度的变革,儒家伦理观念也受到了多次冲击,经历扬弃、吸收的取舍过程,经历"肯定—否定—否定之否定"的评价过程,它的现代价值和意义越来越被人们所认识和重视。历史证明,儒家伦理并没有失去自己的生命力,国外甚至有人预言:21世纪将是重新寻找儒家智慧的世纪。①

在探讨关于儒家伦理在中国近代历史上的命运时,我认为有几个问题值得注意。

一、儒家伦理在近代中国的稳定性和变动性

传统道德无论在古代或近代都有其稳定的因素。儒家伦理中的一些内容,像妥善处理社会人际关系、尊老爱幼、尊师重教等都不会因历史变迁而完全改变。即使到了现代,这些伦理准则和道德规范仍会长时期地影响人们的思想和行为,成为国民品格和民族心态的重要组成部分,这就是儒家伦理的稳定性。

但是,儒家伦理随着历史条件的改变,其内容也必然会发生变化。特别是到了近现代,中国社会发生了很大变化,由原来的封建社会变成了半殖民地半封建社会,资本主义生产方式和思想文化开始传入我国,维新变革的主张不胫而走,民主革命的浪潮风起云涌。儒家伦理中的封建礼教内容被进步思潮所摒弃,而传统美德的内容则被吸收,比如,康有为反对儒家"崇义抑利"的伦理观,主张"以利为义",声讨封建礼教是"杀人"义理;孙中山提出"忠"不是忠君,而是忠于国家、忠于人民,"孝"不是"父为子纲"的注脚,而是孝顺老人的美德。这就是道德观念的变动性。

二、儒家伦理在近代中国几起几落的曲折性

从19世纪中叶到20世纪初期,儒家伦理思想受到了几次较大的冲击。首先是19世纪五六十年代,洪秀全领导的太平天国农民革命运动的冲击。洪秀全把

---

① 《世纪诺贝尔奖获得者巴黎集会宣言》。

西方基督教中提出的宗教上的平等扩大到现实政治、经济上的平等,即所谓"今者深沐天恩,共成一家,兄弟姊妹皆是同胞,共一魂爷所生,何分尔我,何分异同,有衣同衣,有食同食"①。并进而提出男女平等和国家平等,即所谓"天下多男人,尽是兄弟之辈,天下多女子,尽是姊妹之群";所谓"天下凡间,分言之则有万国,统言之,则实一家"②,从而有力地冲击了封建伦理道德思想。

辛亥革命时期是中国近代历史上变动最为激烈的时期之一,变革社会政治制度的洪流也必然猛烈冲击着儒家道德伦理观。当时的进步论坛集中抨击了封建君权、封建纲常,批判了儒家"学而优则仕"的读书做官思想。资产阶级革命派的杰出宣传家陈天华曾痛斥封建君权思想使"中国经二十余朝之独夫民贼,闭塞其聪明,钳制其言论,灵根尽去,痼疾久成"③。有的文章还抨击"三纲"是"名为尊圣道,实则塞人民之心思耳"④。章太炎还批判说:"儒家之病,在以富贵利禄为心"⑤。不过时论的主要倾向是在抨击封建礼教的同时,并不全盘否定传统道德,有的文章甚至明确表示,如"糟粕六经,刍狗群籍,放弃道德,掊击仁义,其始不过见快一时,……而其极遂终为天下裂而不可救"⑥。

进入20世纪,儒家伦理思想受到了一次更为重大的冲击,这就是五四运动。这次新文化运动高举民主与科学的大旗,反对专制主义的旧思想、旧道德,这是一次冲破封建思想束缚的重要启蒙运动,其矛头直接指向"孔家店"。陈独秀在《新青年》上发表文章说:"要拥护德先生("德谟克拉西",英文"民主"的音译——引者),便不得不反对孔教、礼法、贞洁、旧伦理、旧政治;要拥护那塞先生("塞因斯",英文"科学"的音译——引者),便不得不反对旧艺术、旧宗教;要拥护德先生又要拥护塞先生,便不得不反对国粹和旧文学"⑦。被誉为"只手打倒孔家店"的吴虞,则更加尖锐地抨击儒家伦理说:"忠孝二字,就是拿来连接专制家庭的一个秘诀"⑧,"其流毒诚不减于洪水猛兽"⑨。

尽管儒家伦理思想在近代受到了严重的冲击和挑战,但是它却没有一蹶不振,更没有退出历史舞台,时隔不久,就相继出现了复苏。其中原因,我认为可以从两个方面来分析:其一,是批判者们本身在阶级和思想上的局限,像太平天国的农民领袖,就不可能摆脱浓厚的宗教色彩和封建伦理思想糟粕的影响;辛亥

---

① 洪秀全:《天情道理书》。
② 洪秀全:《原道醒世训》。
③ 陈天华:《论中国宜改创民主政体》。
④ 《国民日日报汇编》第三集《道统辨》。
⑤ 章太炎:《诸子学略说》。
⑥ 《记国粹无阻于欧化》,《国粹学报》第7期。
⑦ 陈独秀:《新青年罪案答辩书》。
⑧ 吴虞:《墨子的劳农主义》。
⑨ 吴虞:《家族制度为专制主义之根源论》。

革命时期的民主革命先驱者受历史条件的限制，对传统道德也不能做深入的科学解释，甚至在论述继承传统道德时，保留了某些封建礼教的内容；而新文化运动时期的启蒙者则对中国传统道德采取了全盘否定的偏激态度，出现了一种民族虚无主义的倾向，因而不可能对儒家伦理的历史地位做出科学的判断。其二，是儒家伦理本身具有两重性，也就是除了封建性的糟粕之外，还有合理性的精华部分，如果不加分析地一股脑儿抛弃，就如同泼洗澡水时连同澡盆内的小孩一起泼出去一样，结果必然还要回过头去重新拾起那些有价值的闪光内容。

三、政治上的开新与道德上的复旧

在中国近代史上，无论是早期改良派、洋务派，还是维新派、革命派，在政治上或在经济、文化领域中，虽然都程度不同地提倡更新，但在伦理道德上却往往倾向于复旧。比如，早期改良派冯桂芬的一个著名论点是："以中国之伦常名教为原本，辅以诸国富强之术"①；至于维新派的观点，梁启超的表述是："今世士大夫谈维新者，诸事皆可言新，唯不敢言新道德。"② 戊戌变法失败后，梁启超在《新民说》中虽然阐述了道德革新问题，但时隔不久，他就一反前说，提出"然则今日所恃以维持吾社会于一线者何在乎？亦曰吾祖宗遗留固有之旧道德而已"③。伟大的民主革命先行者孙中山先生晚年也一再强调要恢复中国的传统道德规范。1924 年春，他在关于民族主义的讲演中，曾这样强调："我们现在要恢复民族的地位，除了大家联合起来做成一个国族团体以外，就要把固有的道德先恢复起来，有了固有的道德，然后固有的民族地位，才可以图恢复。"④

那么，我们要问：为什么中国近代史上的改良者、维新者、革命者最后在伦理道德上都要强调"复旧"呢？道理很简单，因为事实证明，中国作为一个几千年的文明古国，的确有着优良的道德传统。而儒家的伦理思想又非常丰富，它是中华民族几千年来道德生活经验最集中的反映，对这样一份优秀的文化遗产，子孙后代无疑是应该给予批判继承的，这正如孙中山先生所说："这种特别的好道德，便是我们民族的精神。我们以后对这种精神，不但是要保持，并且要发扬光大，然后我们民族的地位才可以恢复。"⑤

---

① 冯桂芬：《校邠庐抗议》"采西学议"。
② 梁启超：《新民说》"论公德"。
③ 梁启超：《新民说》"论私德"。
④ 《孙中山全集》第九卷第 243 页。
⑤ 《孙中山选集》下卷第 653 页，人民出版社 1956 年版。

四、关于儒家伦理的两重性及批判与继承的问题

这个问题，其实上面已经提到了。几千年来，中华民族非常重视伦理道德的建设，重视人格和国格的教育，重视高尚理想的教育。"杀身成仁""舍身取义"既是人们不断追求的一种崇高精神境界，也是受到社会广泛赞誉的英雄壮举，正是以这种献身精神为主旋律，谱写出了那个时代一曲曲的"正气歌"。但是，我们也必须看到儒家伦理道德的另一面，即儒家的一些基本道德规范在当时又往往是直接服务于封建皇权和严格的封建等级制度的。作为封建礼教，实质是中世纪神学的一种变种，严重地束缚着人们的精神世界。

在中国近代史上，先进的中国人都比较注意对中国传统道德的取舍。当然，这是一个既重要又复杂的问题，要准确把握好是很不容易的。但近代史上的先驱们毕竟开了一个头，做了初步探索。事实证明，只有无产阶级才能最终完成这个历史使命。毛泽东曾经说过："我们是马克思主义的历史主义者，我们不应当隔断历史。从孔夫子到孙中山，我们应当给以总结，承继这一份珍贵的遗产。"[①]他又说："清理古代文化的发展过程，剔除其封建性的糟粕，吸取其民主性的精华，是发展民族新文化提高民族自信心的必要条件；但是决不能无批判地兼收并蓄。必须将古代封建统治阶级的一切腐朽的东西和古代优秀的人民文化即多少带有民主性和革命性的东西区别开来。"[②] 以毛泽东、刘少奇为代表的无产阶级革命家批判继承了传统道德中的优秀遗产，通过革命的实践活动建立了革命的、社会主义的新伦理思想。

在建设有中国特色的社会主义的今天，在建立、发展社会主义市场经济的今天，加强道德建设尤为重要。在完成建设社会主义新道德这一迫切任务的过程中，研究中国传统道德，取其精华、弃其糟粕，使之与马克思主义相结合，是一项非常重要的精神文明建设工程。

（载《儒家伦理与公民道德》，中华工商联合出版社 1996 年版）

---

① 《中国共产党在民族战争中的地位》，《毛泽东选集》第二卷第 499 页。
② 《新民主主义论》，《毛泽东选集》第二卷第 668 页。

弘扬传统美德与建设有中国特色的社会主义文化

要使我们的国家真正繁荣富强,要使中华民族真正自立于世界民族之林,光有物质文明建设,光有繁荣的经济是绝对不够的,还必须抓好精神文明建设,抓好有中国特色的社会主义文化建设,要两手抓,而且两手都要硬。

我们建设有中国特色的社会主义文化,绝不能离开马克思列宁主义、毛泽东思想的指导,这是因为历史已经证明,马克思列宁主义是无产阶级认识世界、改造世界的科学世界观。而毛泽东思想则是中国共产党人把马克思列宁主义的理论与中国革命的实践科学结合起来的强大思想武器,是马克思主义的中国化。在当代中国,作为毛泽东思想的继承与发展的邓小平理论把马克思主义在中国的发展推向了一个新阶段。我们今天建设有中国特色的社会主义文化,就一定不能丢掉马克思列宁主义、毛泽东思想、邓小平理论这个一脉相承的科学体系。

建设有中国特色的社会主义文化也离不开历史文化遗产的滋养。有中国特色的社会主义文化并非无源之水、无根之木,它源于中华民族五千年的文明史。马克思主义的思想体系,无产阶级的社会主义文化从来就不排斥人类的珍贵遗产,正如列宁所说:"马克思这一革命无产阶级的思想体系赢得了世界历史性的意义,是因为它并没有抛弃资产阶级时代最宝贵的成就,相反地却吸收和改造了两千多年来人类思想和文化发展中一切有价值的东西。"① "无产阶级文化应当是人类在资本主义社会,地主社会和官僚社会压迫下创造出来的全部知识合乎规律的发展"②。毛泽东也明确讲过:"我们是马克思主义的历史主义者,我们不应当割断历史。从孔夫子到孙中山,我们应当给以总结,承继这一份珍贵的遗产。"③

总而言之,具有中国特色的社会主义文化是指以马克思列宁主义、毛泽东思想为指导,融中华民族优秀文化与社会主义时代精神为一体,面向世界和未来的现代新型文化。

在社会主义精神文明建设中,在有中国特色的社会主义文化建设中,思想道德建设是核心,是灵魂。思想道德教育的状况将决定着中国社会的精神风貌,将决定着社会主义的改革开放能不能坚持到底,决定着跨世纪人才思想素质的高低,从而也就决定着我们事业的成败,决定着国家是否能够长治久安。而在思想

---

① 《无产阶级文化》,《列宁选集》第四卷第362页。
② 《共青团的任务》,《列宁选集》第四卷第348页。
③ 《中国共产党在民族解放战争中的地位》,《毛泽东选集》第二卷第499页。

道德建设中，弘扬传统美德又无疑是不可缺少的重要环节。

什么是传统美德？简言之，是指以往时代，在实践中被证实并受到社会公认的、高尚美好的价值观念和道德伦理规范。它是中华民族优秀文化的重要组成部分，是我国历史文化遗产的精华。

那么，传统美德包括哪些内容呢？或者说它的基本内涵是什么呢？传统美德源远流长，内容丰富，大致梳理一下，约略可归纳为以下几个方面。

（1）强烈的历史责任感和忧国忧民的精神。这是一种对祖国深深眷恋、热爱的感情流露，是对民族、社会高度负责的表现，像"先天下之忧而忧，后天下之乐而乐"（范仲淹）、"位卑不敢忘忧国"（陆游）、"天下兴亡，匹夫有责"（顾炎武）、"苟利国家生死以，岂因祸福避趋之"（林则徐）等名言就是这种精神的体现。

（2）"国而忘家，公而忘私"的整体精神。像家喻户晓的大禹治水"八年于外，三过其门而不入"①的传说；"匈奴不灭，无以家为"（霍去病）的豪言壮语；西汉贾谊提出的"国而忘家，公而忘私"②的道德原则。

（3）锲而不舍，自强不息，"天行健，君子以自强不息"③，"苦其心志，劳其筋骨，饿其体肤"④的奋斗创业精神。这是一种民族求生存，求发展，不断进取，创造美好未来的精神。

（4）尊长爱幼、热情好客、成人之美、济困扶危的互爱精神。儒家讲仁，而"仁"的核心是"爱人"，仁爱也就是成为传统美德中最具特色的部分。"老吾老以及人之老，幼吾幼以及人之幼"⑤，"己所不欲，勿施于人"⑥，等等，正是我们的祖先在道德观念方面的人道主义思考。

（5）克勤克俭、吃苦耐劳的艰苦朴素品德。勤劳节俭是中华民族的固有美德，勤劳与节俭互为表里，它是不断创造和积累社会财富、富国裕民的必要条件。"克勤于邦，克俭于家"⑦在今天也是应该提倡的。

（6）重视人生价值，追求完善人格的气节观。"气节"是一种高度自觉的道德境界和坚定不移的操守。越是在危险、困难或利益引诱面前，越得到充分显示，所谓"时穷节乃现"就是讲的这个意思。"富贵不能淫，贫贱不能移，威武

---

① 《孟子·滕文公上》。
② 贾谊：《治安策》。
③ 《易传·乾象》。
④ 《孟子·告天下》。
⑤ 《孟子·梁惠王上》。
⑥ 《论语·颜渊》。
⑦ 《尚书·大禹谟》。

不能屈"的"大丈夫"精神,①"杀身以成仁""舍身以取义"②的格言,"粉身碎骨浑不怕,要留清白在人间"(于谦)的诗句都是这种节气观的体现。

(7)讲"诚信",重礼仪的道德风尚。《荀子》讲"养心莫善于诚",《论语》说"与朋友交,言而有信",孔子说"不学礼,无以立"③,这些都是立身处世的传统美德。

(8)尊道贵德,律己修身。《老子》说"万物莫不尊道而贵德",《礼记》强调"修身为本",事实上,中华民族自古以来确实把尊重道德,重视道德教育当成重要的美德看待。

中华民族的传统美德绝不限于上面提到的几个方面,但仅此而论,足以体现了我们民族的优秀品质和精神风貌。这些传统美德不但在历史上对中国社会的发展起过积极作用,在今天也有借鉴意义。当然,我们不能简单地照搬移植,而是要分析鉴别,吸收融合,使传统美德与共产主义道德有机地统一,使传统美德与社会主义市场经济所要求的时代精神完美地结合,只有这样,传统美德才可能在新的历史条件下重放异彩。

(载《文化反思与文化建设》,中华工商联合出版社1998年版)

---

① 《孟子·滕文公下》。
② 《论语·卫灵公》。
③ 《论语·季氏》。

左宗棠研究的回顾

在中国近代史上,左宗棠是人们熟知的、有影响的历史人物。在错综复杂、千姿百态的历史进程中,左宗棠的一生是充满矛盾、呈现出繁芜交错面貌的一生。研究这样一个历史人物,对揭示我国近代史上各种矛盾斗争的真貌当能起窥一斑而知全豹的作用。同时,以尊重事实的态度来评价左宗棠的历史功过,表彰他的爱国主义精神,在今天仍能产生伸张正义、鼓舞士气的积极社会效果。

对左宗棠进行研究,可以追溯到19世纪末。左氏去世的第三年(即1888年),左的子孙即开始编辑他的全集,"于戊子夏已编校,至辛卯秋剞劂工竣"①,历时3年,纂成118卷。随后,又由罗正钧撰写《左文襄公年谱》10卷,罗的《年谱》引证了大量原始材料和各种有关著述,被称为"旁搜博辑,考证最精"②。当然,《年谱》的作者是站在封建地主阶级立场上为左宗棠树碑立传的,目的在于勾画一个"中兴名臣""倜傥儒将"的形象。这些都算不上真正的研究,只能说为后人研究准备了比较完备的材料。

辛亥革命前夜,资产阶级民主革命的宣传家们批驳君主立宪的谬论,使人耳目一新,但评论到左宗棠时,却不一笔骂倒。如章太炎既指责左宗棠"为虏将兵,以敌洪氏",又肯定他治军严整,"士卒有创伤平民者,必诛无贷"③,且视左为从古以来有大学问、成大事业的人物,赞叹"他那出奇制胜的方略,毕竟令人佩服。"④

到20世纪三四十年代,左宗棠研究出现了一个热潮。当时正值抗日战争时期,日军入侵,山河破碎,民族危机空前严重,所谓"边政"遂为人们所瞩目,左宗棠收复新疆这段历史也就自然引起了广泛兴趣。在这段时间内,学界曾先后发表过一些论文和专著,某些研究新疆的专著如曾问吾的《中国经营西域史》(1837年5月初版)、李寰的《新疆研究》(脱稿于1944年春)都有专门章节论及左宗棠收复新疆的事迹。后来还有人进一步就左宗棠与西北地区做专题研究,如秦翰才撰成《左文襄公在西北》(1946年重庆初版)、卢凤阁著《左文襄公征西史略》(1947年写成于重庆)。一些杂志也发表文章肯定左宗棠对中华民族的贡献,如《边铎月刊》第2卷第1期上,发表了一篇方骥《左文襄公治理新疆政

---

① 《左子异行述》第3页。
② 《左子异行述》第3页。
③ 章太炎:《〈革命军约法〉问答》,《民报》第22期。
④ 章太炎:《演说录》,《民报》第6期。

策之研究》的文章,编者在按语中说:"作者因感于九一八事变,深惧国防之可忧,故草斯文。"1932年年初姚欣安写了《清末新疆政策底史的发展》一文,他写道:"回忆清末时代新疆之危机,能不令人感到左宗棠之可钦乎!鄙人草此文之目的,亦在所以表彰民族之功臣,而不愿使之遗恨九泉也。"①

此时,已有人开始撰写评述左宗棠一生活动的传记。1942年戴慕贞写了《左宗棠评传》,秦翰才也曾写过《文襄公叙传》(未出版),张振佩写了题为《左宗棠》的小册子(1948年中华书局版)。此外,1938年还出版了陈其田用英文写的一本重点讲述左宗棠洋务活动的传记——《左宗棠:中国现代造船厂和毛纺厂的开拓者》(*Tso Tsung Tang*, *Pioneer of the Modern Dockyard and the Woollen Mill in China*)。在此期间内,左宗棠研究不仅为国内学人瞩目,也引起了国外研究者的注意,1937年美国人倍尔斯(W. L. Bales)写的《左宗棠传》(全名为《左宗棠——旧中国的战士和国务活动家》,*Tso Tsung Tang*, *Soldien and Statesman of Old China*)在上海问世,该书关于左氏事迹主要取材于罗正钧写的《年谱》,其较为有价值的部分是记述左宗棠在西北地区活动的章节。1942年,日本人西田保又写了一本《左宗棠与新疆问题》(属于"大陆发展丛书"的一种,在东京出版),这本书除了服务于日本侵华政策这一明显的目的外,还有一个很大弱点,即很少使用第一手材料——《左文襄公全集》,这恐怕是外国人写中国人物传记的一个通病。

这一时期出现的一股左宗棠研究热,是与民族危机严重这个历史背景分不开的,但研究者们的地主阶级、资产阶级世界观也显而易见,他们的著作在观点乃至史料运用上都存在着不少错误,尽管如此,毕竟还是做了些有益的事。

新中国成立后,越来越多的同志用唯物史观、用阶级分析方法来评价历史人物。左宗棠镇压农民起义的活动,理所当然地受到了谴责,但由于缺乏全面分析,只能在刽子手的行列中找到他的位置。20世纪50年代,围绕对阿古柏政权性质的讨论,一些同志对清兵西征开始给予积极评价。范文澜在《中国近代史(上册)》第九版(1955年版)中论及左宗棠收复新疆时,也曾实事求是地指出:"这个功绩是不可抹煞的。"1957年,《史学月刊》第7期上发表了新中国成立后研究左宗棠的第一篇专论——《左宗棠述评》(作者崔继恩),该文虽没有摆脱新中国成立以来评价的窠臼,可注意到了"左宗棠也还有他积极的一面""掩盖或一笔抹杀左宗棠尚可肯定的一面""是不恰当的",但文章反对左宗棠是爱国主义者的提法,认为如果这样看则"是十分有害的"。

粉碎"四人帮"后,随着学术思想的活跃,左宗棠研究也别开生面,1978年12月19日,《光明日报》发表了杜经国同志写的《试论左宗棠的爱国主义思

---

① 姚欣安:《清末新疆政策底史的发展》,《西北研究》第3期。

想》一文，指出左宗棠是一位"杰出的爱国者，他在抵抗外国侵略，巩固祖国西北边防方面，曾经作出重要的贡献"，他"是一个具有战略眼光的封建政治家"，从而为这个专题研究投进了一块激起涟漪的石头。

此后，左宗棠研究重新引起了史学界的注意，从1979年到1981年，共发表了大约12篇专论，主要集中论述左宗棠收复新疆和办洋务的活动。马正林认为，左宗棠"在反对帝国主义侵略新疆的问题上，却与李鸿章截然不同，成为清朝统治阶级中爱国人士的代表"①；杨策认为"我们必须对左宗棠作出一分为二的评价，既不可否定他镇压人民的罪行，也不可抹煞他规复新疆的功劳。"② 对于左宗棠办洋务的评价，亦有同志提出一些新看法，何玉畴、杜经国认为"左宗棠办洋务，虽然其根本目的是维护地主阶级的统治，但其侧重点显然是反抗外国侵略和发展民族经济"，"在一定程度上表达了中国人民不甘落后的民族自尊和志气，具有爱国主义性质"③；夏东元认为"左宗棠有着地主阶级改革派遗风并有所发展"④；余尧认为"尤为可贵的是，左宗棠在洋务活动中提出过官办不如商办的主张"⑤；张灏认为"左宗棠学习西方更着重于求实"，"从他的思想出发更容易走上资本主义改良道路"⑥。

在如何评价"海防与塞防之争"的问题上，出现了一些分歧意见，夏东元认为"左宗棠的一切活动和海防塞防之争，是不能不反映他的集团利益及湘淮二系之间的矛盾的"⑦；本人认为，海防与塞防之争"既不是一般的策略分歧，也不能看作是两个集团争权夺利的派系之争，它是要不要维护国家领土完整，要不要维护中华民族根本利益的大是大非之争，实质上是爱国与卖国的斗争"⑧。

1982年第2期《红旗》杂志发表了王震同志对学习中国近代史的意见，他提到"对历史人物要分析，不要简单化，不要有片面性"，并指出："象左宗棠这样的人物也要具体分析，一方面他镇压人民是有罪的；另一方面他在后期也捍卫过中国的主权和领土，维护了国家的统一，抵抗了英国和沙俄的扩张，对我们的民族、国家是有功绩的。"这个讲话进一步推动了左宗棠研究的深入。1983年8月，王震同志在会见左宗棠的曾孙、全国政协第六届委员、北京化工学院教授左景伊时，充分肯定了史学界重新评价左宗棠是"作了一件有意义的工作"，"这对海内外影响都很大"，并着重指出："我们是历史唯物主义者，要历史地看

---

① 马正林：《论左宗棠进兵新疆》，《陕西师大学报》1979年第1期。
② 杨策：《左宗棠与规复新疆》，《中央民族学院学报》1980年第2期。
③ 何玉畴、杜经国：《试论左宗棠与洋务运动》，《甘肃日报》1979年1月17日。
④ 夏东元：《有必要摘掉左宗棠的洋务派帽子吗？》，《文汇报》1979年2月9日。
⑤ 余尧：《左宗棠与兰州机器织呢局》，《甘肃师范大学学报》1980年第1期。
⑥ 张灏：《左宗棠经济思想初探》，《兰州大学学报》1981年第3期。
⑦ 夏东元：《有必要摘掉左宗棠的洋务派帽子吗？》，《文汇报》1979年2月9日。
⑧ 杨东梁：《"海防与塞防之争"浅析》，《光明日报》1981年2月10日。

问题，对历史人物要一分为二。左宗棠一生有功有过，收复新疆的功劳不可泯灭。"①

1982年至1983年，左宗棠研究全面铺开，并取得了丰硕成果。在这两年中，大陆学界先后发表了有关左宗棠的论文、文章近50篇。《湖南师院学报》从1983年第2期起还开辟了"笔谈左宗棠"的专栏，有助于活跃学术气氛。最近，该学报编辑部拟发表文章，综合近年来左宗棠研究的基本情况，提出了如何使左宗棠研究深入下去的建议。这是值得赞同和扶持的。

更为可喜的是，从1983年起研究左宗棠的专著亦开始问世，新疆人民出版社出版了杜经国写的《左宗棠与新疆》（1983年2月第1版），作者对左宗棠粉碎英、俄帝国主义瓜分新疆的阴谋以及收复新疆的准备、经过、善后措施做了详细、系统地介绍。该书立论严谨，叙述明快，语言生动，不失为一部佳著；同时，社会科学出版社即将出版董蔡时写的一部《左宗棠评传》；湖南人民出版社亦有出版左宗棠传记的计划。

台湾地区在1957年曾出版过李少陵写的《左宗棠》一书，1981年又出版了张家昀著的《左宗棠——近代陆防海防战略的实行家》一书，其《湖南文献》等杂志亦曾发表过有关左宗棠的研究论文。

海峡两岸都出现了一股左宗棠研究热。左宗棠的爱国主义精神激励着炎黄子孙，正如王震同志所说："现在海内外一切愿意看到祖国富强和统一的炎黄子孙，都在采取各种方式，促进祖国和平统一目标的实现，这就是可贵的爱国主义。爱国已形成一个宏大的历史潮流。历史潮流是不可阻挡的。"

（载《湖南师院学报（哲学社会科学版）》1984年第5期）

---

① 左景伊：《左宗棠的爱国主义精神在历史上闪光》，《光明日报》1983年10月16日。

史著序评

《清代法律视野中的商人社会角色》序言

陈亚平同志的书稿《清代法律视野中的商人社会角色》即将付梓①，这是一件值得祝贺的事。因为我曾是他攻读博士学位时的导师，作者特意嘱我为序，盛情难却，只好勉力为之。

重新翻阅这部书稿，亚平同志当年在校刻苦学习、努力钻研的身影又浮现在眼前。1999年，他到中国人民大学清史所做访问学者，翌年，开始攻读历史学博士学位，即以中国近世法律与商人社会角色变迁作为研究题目。2003年5月，通过了博士学位论文答辩。他的论文得到专家们的一致好评，认为这是法律社会史研究的一项有意义的探索性成果，具有较高的学术价值和现实意义，是一篇优秀的博士学位论文。以后，作者对论文进行了全面修订，完成了《清代法律视野中的商人社会角色》这一部有价值的书稿，我感到非常欣慰；同时也赞赏他在科学研究道路上不畏艰险、锲而不舍、敢于创新、勇于攀登的进取精神和兢兢业业、脚踏实地的治学态度。我希望作者在未来的学术研究中，不断取得成果。

作者的研究课题属于社会史的范畴，其着眼点在于从中国近世历史实际出发，再现传统法律视野中商人社会角色的变迁过程。从中国传统法律的变化入手来研究中国社会关系变迁问题，应该说是一个新的尝试，学术界至今似乎还很少有人涉及这一研究领域。

中国传统社会是以家庭伦理为核心的，上下、尊卑、贵贱、长幼、内外，成为维持社会人际关系的基本准则，同时也是中国传统法律的圭臬。这种人际关系的模式直接产生了"官本位"的社会观念，从而对中国商人社会角色的变迁产生持久影响。作者认为，从明代以来，中国社会出现了商业化趋势，这一趋势为从立法上改变"重农抑商"的传统意识创造了条件，商人在社会生活中的地位和作用开始发生了不同于以往社会的变化。随后，作者从清代国家财政制度及相关法律的角度考察了当时官商关系的特点，伴随国家财政对商人依赖程度的增加，商人参与和影响国家行政的机会也逐步增加。商人参与行政管理，成为政府的合作者，这与西方社会城市市民发展为封建政治的异己力量是相悖的。

作者还认为，鸦片战争后的中国商业化有了更加迅速的发展，旧的工商业群体因买办阶层及新型近代化企业的出现，其成分发生了巨大的变化。但中国商人

---

① 该书于2004年1月由中国社会科学出版社出版，本文写于该书出版前。

社会角色的演变与旧制度有着更为广泛的联系，官商彼此间的依赖更为突出，到了清末，这种官商一体的格局终于形成。由于法制改革中，放松了对在职官员经商的限制，官员经商成了晚清社会的一个重要现象。同时，由于国家工商业政策的重大改变，商人参与国家社会事务的机会和权利也逐步有了法律和制度的保证。这种官商合流局面的形成虽然有助于近代化事业的发展，但也为官员凭借权势侵吞社会财富打开了方便之门，从而激化了社会矛盾，直接导致了清朝政权的垮台。

亚平同志的这部书稿角度新颖，内容充实，论述严谨，分析透彻，反映了他在法律社会史研究领域具有的相当深厚的功底，他所取得的成果在一定程度上推进了对中国近代商人阶层的研究，填补了社会史研究中的一些空白。我认为他的这部著作有以下几个特点。

首先，作者在掌握丰富史料的基础上，借鉴国内外社会史研究的先进成果，通过考察清代法律和商人的社会地位、清代官商关系等问题，集中探讨了中国近世法律制度的改变对商业化发展的作用，特别是社会生活和社会机构变迁与法律之间的联系和关系、法律和社会之间的双重影响等问题。不但内容丰富，而且创见颇多，从而在一定程度上推进了对中国近代商人阶层的研究。

其次，作者的研究成果对我国当今的改革开放和认识社会急剧变化的总体形势具有相当的学术价值和现实意义。我们的学术研究不应该是关在书斋中去闭门造车，也不应该是玄而又玄、不着边际的舞文弄墨，更不应该是照搬西方、拾人唾余还自以为是标新立异的妄自尊大。学术研究最终是要为生产发展、社会进步、国家富强、民族和睦服务的，而亚平同志的这项研究成果对于探索中国近代落后的原因具有一定的理论价值，对于总结历史经验、深化改革以及推进我国当前的现代化建设也具有借鉴作用。

再次，在研究方法上，本部书稿也不囿于单一模式，而是充分运用了史学、法学、经济学、社会学相结合的方法，对16世纪以来中国法律与商人社会角色的变迁进行了整体研究。同时借鉴国外学者的整体历史观点与社会整体联系性的分析方法，把近代商人社会角色的变化，放到当时整个社会制度的宏观结构中加以考察，放到与过去紧密联系的历史线索中加以分析，力求不割断清代有关商业、商人之制度、政策的整体联系。研究方法的多样性无疑有利于拓展史学研究的途径，而每种途径又各有不同的视角、不同的方法、不同的范围，对历史内容认识的侧重点也各不相同，从而更有利于人们了解历史的真相，把握历史发展的脉络。

自然，中国社会关系变迁是一个大题目，不但时间跨度大，涉及学科多，且资料浩如烟海,难以穷极,以个人的绵薄之力是很难在短时间内取得显著成效和根本性突破的。只能依靠群体的力量,积沙成塔,集腋成裘,才有望获得较大成就。亚平同志的研究只是在漫长的学术道路上迈出了可贵的一步,今后还有许多问题需进一步深入探讨,在资料发掘方面也还有许多工作要做,希望他在取得已有成果的基础上继续努力,百尺竿头,再进一步。

(2004 年 3 月 22 日于中国人民大学林园)

《应变与困境：清末新政时期的意识形态控制》序言

自从有了国家，人们就生活在被意识形态控制的社会之中。正如一位法国学者所说："任何一个阶级如果不能同时既对国家的意识形态机器行使霸权，又在国家的意识形态机器之内行使霸权的话，它的统治就不会持久。"

意识形态控制其实是一把双刃剑，关键要看谁是控制的主体，控制的目的是什么。也就是说，要把这种控制导向何方。反动的阶级、反动的政权要把意识形态控制作为随心所欲、实现一己私利的工具；而进步的、革命的政治力量则要把这种控制作为鼓舞士气、凝聚人心、统一认识、造福社会的武器。从某种意义上说，在历史上的变动或改革的关键时期，意识形态控制成功与否，直接关系着事业的成败和政权的兴亡。因此，社会转型时期意识形态的整合与控制，对社会的发展变化具有重要影响。而对意识形态控制的研究无疑具有重要的理论意义和实践意义。在进一步加大改革开放的今天，如何处理好意识形态控制问题，也就成为一个重大的历史课题和一个具有现实意义的研究项目。

白文刚同志的专著《应变与困境：清末新政时期的意识形态控制》是在他撰写的博士论文基础上充实、修改而成的，他对这部书稿是下了相当功夫的。关于这样一个研究课题，20世纪80年代以前很少受到学界关注，只是从八九十年代以后，才逐步进入国内学者的视野。但研究成果较为零碎，研究主题也不够突出，系统探讨的研究成果暂付阙如，而文刚同志则在前人研究的基础上，选择清末新政时期这一时间段对晚清意识形态控制做了较为详细的探析，这无疑是一种创新，也是一个有益的探索。

作者在研究中注重问题意识，其内容涉及思想史和政治史两个领域，跨越哲学、政治学、社会学等相关学科。在研究方法上亦较有新意。在学术观点上，作者提出了清代的异端与"邪说"是不同的这一看法，认为"中体西用"是清末新政时期官方的核心意识形态，并着重挖掘了科举制度和旌恤制度的意识形态控制功能。这些都是在前人研究基础上的一个进步。也体现了作者在科学研究道路上孜孜不倦地求新、求真的探索精神和务实态度。

诚然，如作者所说，他对这一课题的研究还是初步的，书稿也不可能囊括清末意识形态控制的所有重要内容，提出的一些观点尚待检验，对这一颇具挑战性题目的研究尚待进一步深入和拓展。我们期待文刚同志在今后的教学和科研中取得更为突出的成绩。

(2007年10月31日于北京世纪城时雨园)

《外债与晚清政局》序言

外债是一种以国家信用为主体的特殊财政分配方式,同时也是金融国际化的一种表现。在世界历史发展的进程中,举债曾经是很多国家加速经济发展的一个重要杠杆;同时,它又是大国强国控制、压榨小国弱国的一种政治手段。这一"双面刃"的特征在中国近代历史上表现得相当突出:一方面,外债是与帝国主义列强对华政治控制和经济剥削密切联系在一起的;另一方面,它也在一定程度上缓解了晚清政府的财政窘境,并在客观上推进了中国经济的增长。唯其如此,对晚清外债的研究从 20 世纪以来即为学术界所关注。

晚清外债史研究在新中国成立前即已起步,20 世纪五六十年代,研究有了进一步扩展,但主要集中于揭露外债的经济侵略性质及投资的负面影响上;在研究领域方面,则着重于铁路外债。反之,研究中国近代经济史的欧美学者对晚清民初的外债往往持肯定态度,认为近代中国的经济现代化主要是由外国资本促成的。显然,两种极端观点都具有一定的片面性。"文化大革命"以后,国内史学界对外债问题有了新的认识,比较强调近代外债的"双面刃"特征;在资料上亦有了较为系统的搜集整理,研究成果在量与质的方面均有新的突破。近十几年来,更涌现出一批高水平的、具有开创性的优秀著作和论文。研究范围主要集中于战争外债、铁路外债、外债与晚清财政以及总论晚清外债等诸方面,而对外债与晚清政局的研究尚属薄弱环节。

马金华同志近年来从事中国财政史的研究,特别专注于晚清外债研究,并以《外债与晚清政局》为题,试图结合国际国内政治的大背景对晚清外债进行深入探讨。她突破传统的外债史、政治史研究模式,着力揭示外债与晚清政局的互动关系,从而有利于更加深刻地认识和理解晚清政局。

马金华同志的这部书稿,不但对晚清外债史的研究具有填补空白的作用,而且对当今我国外债政策的制定及处理中央财政与地方财政的关系也有一定的参考价值,其学术意义和现实意义是不言而喻的。同时,书稿的资料来源也较为丰富,不但参阅了大量的中外论著,而且翻阅了大量的档案资料、外文资料、报刊资料,并检索了美国国会图书馆、英国皇家图书馆所藏的有关此项研究的资料。本书坚持以唯物史观为指导,同时采用了实证分析、定量分析等方法,并运用了政治学、财政学的相关理论,又广泛吸收了最新研究成果。应该说,这是一部具有较高学术水平和现实借鉴作用的学术专著。

  当然,《外债与晚清政局》一书所论未必全都妥帖,有的地方还可以进一步深化。期待马金华同志在以后研究中锲而不舍,继续努力,以臻完善,在这一学术领域中进一步开拓创新。

               (2009年10月于世纪城时雨园)

《一八七六年的新疆》序言

任伊临先生的长篇历史小说《一八七六年的新疆》杀青了，这是件值得祝贺的事。我与伊临先生素未谋面，经北京师范大学龚书铎教授之荐，他与我联系，希望能为这部小说写篇序言。我对文艺小说没有研究，不好随便评头品足，只是鉴于作者的盛情及龚教授的举荐，只好勉力为之。

新疆自古以来就是我国领土不可分割的一部分，新疆各兄弟民族在长期的历史活动中，与汉族同呼吸、共命运，共同创造了悠久而灿烂的中华文明。而到了19世纪六七十年代，围绕新疆的命运展开了一场尖锐、复杂的斗争。斗争的焦点是把地域辽阔、蕴藏丰富、位置重要的新疆地区从祖国分裂出去，还是把它保留在中华民族的大家庭之中。

1864年（同治三年），新疆爆发了反清武装斗争，一些民族上层分子以"排满、反汉、卫教"为号召，在新疆南北建立了5个割据政权，局面比较混乱。这就为中亚浩罕汗国军官阿古柏及沙皇俄国的入侵提供了可乘之机，从而出现了震悚全国的西北边疆危机。

阿古柏入侵新疆后，先后占领了喀什噶尔、叶尔羌、和阗、阿克苏、库车。到1870年（同治九年）秋天，又攻陷达坂城、吐鲁番、乌鲁木齐和玛纳斯，侵占了新疆大部分地区，并在占领区建立了一个叫作"哲德沙尔汗国"的外来政权，进行极端野蛮、黑暗的殖民统治。沦陷区的各族民众大批沦为奴隶，南疆人民莫不痛心疾首。

新疆问题之所以严重，还在于英俄两国的插手。19世纪的英国和俄国，是当时两个争霸世界的殖民大国，双方都在向中亚地区推进，真是磨刀霍霍、剑拔弩张。阿古柏政权出现后，英、俄双方都想控制它，使其成为自己战略棋盘上的一枚卒子。1871年（同治十年），沙俄出兵占领了我国伊犁地区，夺取了一个妄图鲸吞整个新疆的重要桥头堡；英国也不甘落后，进一步加紧了与阿古柏的勾结。这就使得收复新疆的斗争变得十分复杂和艰巨，因为这意味着不但要粉碎阿古柏入侵势力，还要同野心勃勃的英、俄两霸做坚决斗争。

在西北形势岌岌可危之时，正任陕甘总督的左宗棠以垂暮之年毅然承担起收复新疆的重任。左宗棠（1812—1885），字季高，湖南湘阴人。青年时代就开始关注西北边疆问题，他22岁赴京会试，在一首诗作中对新疆"置省、开屯、时务已预及之"，并认真阅读了记述新疆史地的《西域图志》。1871年，沙俄侵占伊犁，年近六旬的左宗棠敏锐察觉到沙俄的扩张已进一步升级，"蓄谋既久，发机又速,不能不急为之备",并表示"西顾正殷,断难遽萌退志,当与此虏周旋"①。

1873年春,左宗棠明确提出了收复新疆的方略:"就兵事而言,欲杜俄人狡谋,必先定回部,欲收伊犁,必先克乌鲁木齐";"就饷事而言",则要统一各军专饷,撙节使用,"相其缓急,均其多寡"。1874年10月,清廷任命左宗棠督办关外粮饷、转运,也就是担任收复新疆之役的后勤总指挥。但当时,清廷对要否出兵西征仍心存疑虑,摇摆不定,内部出现了截然不同的意见,这就是持续了几个月的"海防与塞防之争"。直隶总督兼北洋通商大臣李鸿章坚决反对出兵,理由是"论中国目前力量,实不及专顾西域",认为"新疆不复,于肢体之元气无伤;海疆不防,则腹心之大患愈棘"②。另一种意见以湖南巡抚王文韶为代表,认为"宜以全力注重西征",论据是"但使俄人不能逞志于西北,则各国必不至构衅于东南"③。左宗棠则认为"东则海防,西则塞防,二者并重",不过"并重"不等于不分具体情况平均使用力量,而是有一个先后缓急之分,即根据不同的国防形势有所侧重。他在分析了当时形势后,指出进兵新疆是当务之急:"若此时即拟停兵节饷,自撤藩篱,则我退寸而寇进尺,不独陇右堪虞,即北路科布多、乌里雅苏台等处恐亦未能晏然"④,并反复重申:国家领土,寸尺不能让人。最后,清政府采纳了左宗棠的意见,做出了收复新疆的决策。并且,任命左宗棠为钦差大臣、督办新疆军务,委以筹兵、筹饷、指挥军队的全权。

受命之后,左宗棠昼夜筹划,精心准备,他呕心沥血地筹粮、筹饷、筹转运,又整训军队,制定了"先北后南,缓进速战"的战略战术。左宗棠还特别强调收复新疆的正义性质:"西征用兵,以复旧疆为义,非有争夺之心"⑤,他要求全军将士"以王土王民为念",严肃军纪,严禁扰民。又制定了正确的俘虏政策,对被裹挟者"均给以衣服粮食,纵令各归原部",使敌军本已不稳的军心更加涣散,从而加速了阿古柏政权的崩溃。

西征清军一路势如破竹,从1876年7月至1878年1月,只用了一年半时间就收复了天山南北的沦陷区。随后,左宗棠拟订了三路合击伊犁的军事计划,并"舆榇出关",把大本营从肃州(今酒泉)迁到前敌的哈密,做好了捐躯沙场的准备。左宗棠的积极备战有力地支持了曾纪泽在俄国的外交谈判,迫使沙皇俄国做出一定让步,使伊犁的大部分地区回归祖国怀抱。

收复新疆的胜利是一曲各族人民团结战斗的凯歌,这不仅在于参战部队是由

---

① 《左文襄公全集》书牍,卷一一,第48页。
② 《李文忠全书》奏稿,卷二四,第19页。
③ 《筹办夷务始末》卷九九,第66页。
④ 《左文襄公全集》奏稿,卷四六,第36页。
⑤ 《左文襄公全集》奏稿,卷四八,第37-38页。

汉、满、回、蒙等各民族组成,还因为这场符合中华民族整体利益的战争,得到了新疆各族人民的全力支援。西征军所到之处,无不受到"欣喜的欢迎"①,维吾尔、蒙古、锡伯等各族民众对挺进天山南北的清军"皆日夜延颈,拭目盼望"②,"军行所至,或为向导,或随同打仗,颇为出力"③。因此,可以说,收复新疆的胜利,是中华各族人民共同战斗谱写出来的壮丽诗篇。

收复新疆的壮举不但为全体中国人民所赞赏,也得到一些外国有识之士的高度评价。1890年,美国人史密斯出版了一部名为《中国人的气质》的书,曾发出这样的赞叹:"左宗棠的'农垦大军'彻底完成了它的使命,其伟绩可以这样评价,'任何现代国家的史册上都是最卓著的'。"

左宗棠的部下杨昌浚也曾吟诗一首,歌颂收复新疆的伟业,诗云:"大将筹边尚未还,湖湘子弟满天山,新栽杨柳三千里,引得春风度玉关。"这首诗改写了唐人"羌笛何须怨杨柳,春风不度玉门关"的诗句,并赋予了新的含义,西征的清朝大军正是沿着夹道成荫的"左公柳"把春天带到了边塞,让春风吹到了玉门关外。

前面花费了一些笔墨,对19世纪六七十年代新疆沦陷与收复的历史做了一个简略回顾,无非是为读者阅读这部历史小说提供一点背景材料罢了。

我对历史小说虽饶有兴趣,却没有研究,偶尔读过一点有关文章,也是一鳞半爪,少有心得。依个人浅见,历史小说必须取材于历史,同时又凭借想象虚构为小说。如郁达夫所云:"现在所说的历史小说,是指由我们一般所承认的历史中取出题材来,以历史上著名的事件和人物为骨干,再配以历史背景的一类小说而言。"④

文学创作来源于生活,却需要高于生活。同样,历史小说来源于历史,也需要高于历史,这也就是人们常说的历史小说家既要"深入历史",又要"跳出历史"。责任心、使命感强的历史小说家在搜采、琢磨史料上不敢有丝毫懈怠,战战兢兢,如履薄冰,唯恐歪曲了历史和历史人物;力求用现代的小说形态恰当而艺术地表现历史,展现出鲜活的、富于美感的历史人物和历史精神。

伊临先生以出生江南的一介书生,在新疆生活、工作了40多年,把自己的大半辈子都贡献给了新疆的建设事业。他以扎根边疆为荣,以建设边疆为宗旨,身已退休,仍孜孜不倦,笔耕不辍,写了不少有分量的、反映新疆历史和现实生活的作品。他从2002年开始酝酿本部小说的写作,力图把握住近代新疆历史的这个转折点,艺术地再现中华民族在近代反侵略、卫国土斗争中的这一幕壮举。

---

① 别里尤:《克什米尔与喀什噶尔》第31-32页,1877年俄文版。
② 曾毓瑜:《征西纪略》卷四,中国近代史资料丛刊《回民起义》(Ⅲ)第48页。
③ 《左文襄公全集》奏稿卷五一,第74页。
④ 郁达夫:《历史小说论》。

为此，他不顾个人年事已高，不惧资料搜集、实地考察中遇到的种种困难，整整奋斗了四个寒暑，其间六易其稿，今天终于把他的成果奉献于读者面前。他这种老骥伏枥、壮心不已的精神真让人感动，使人不由得肃然起敬。

《一八七六年的新疆》一书主题突出，人物鲜明，情节跌宕，故事生动，是一部歌颂新疆各族人民在中国近代史上团结一致、反对分裂、维护国家统一、宣传爱国主义的好书。当然，该书在历史感的把握、人物的刻画、细节的描写以及语言文字的运用等方面仍有一些不尽人意、尚可改进的地方。我相信，如果假以时日，伊临先生必能精益求精，再进一步。

（2009年5月2日于北京海淀）

《中国近代中央官制改革研究》序言

鞠方安同志的《中国近代中央官制改革研究》即将付梓了①，这部专著是在他十余年前所撰博士论文基础上修订而成的。因为我是他攻读博士学位的指导教师，故对他撰文前搜集资料之勤，动笔后反复打磨之苦有较深切的感受，并以此文长久未能出版问世为憾。现在，这部书稿终于能够奉献于读者之前，相信对晚清政治制度史的研究必将有所裨益。同时，也是要向方安同志表示祝贺的。

清代是我国最后一个封建王朝，它的灭亡至今也不过只有一百年。可以说，这个末世王朝是处在从传统社会向近代社会过渡的一个重要时期，我们今天的政治、经济、思想、文化、军事诸领域的发展、变化无不与之息息相关。说到清朝的官制，则是有清一代政治制度的基本组成部分，它的产生与发展以特定的社会物质生活条件为基础，以不同历史时期的文化形态为依据。由于清代是我国封建社会最后一个王朝，它的官制有可能吸收历代官制建设的经验，因此十分完备。也由于清朝是专制主义极端发展的朝代，其官制的弊端也十分突出，诸如各行政部门之间相互掣肘、制约，事权不一，机构臃肿，庸员充斥，行政效率低下，等等。

19世纪中叶的鸦片战争以后，由于西方资本主义列强入侵，国门大开，国家主权不再完整，社会形态不再单一，新的社会关系必须调整，新的官制改革势在必行。为了应对前所未有的各种国际、国内事务，增设新机构，建立新官制被提上议事日程。而清末十年（1901—1911）的官制改革是晚清官制改革一个十分重要的阶段，因为它吸收了西方的政治、法律、文化，并在世界近代化潮流的推动下，以西方资本主义国家的官制为模型进行改革，这就不可避免地导致了中国传统封建官制的逐渐解体，这是"西学东渐"，中西政治、法律、文化交流碰撞的结果。但是这种改革如同整个"清末新政"的命运一样，只能以失败告终，它对于挽救清王朝的崩溃已不能起到任何作用。当时清廷的统治已陷入空前危机，随之到来的就是覆灭的命运。

清末的官制改革，是中国社会历史进化过程中的产物。时间虽短，但其发展的规律却值得研究，它的承上启下的历史地位值得重视，它的经验教训及对后世的影响值得借鉴。这也是《中国近代中央官制改革研究》一书出版的意义所在。

鞠方安同志在撰写本书的过程中，认真研读了与本课题有关的国内外研究成

---

① 该书于2004年4月由商务印书馆出版，本文写于该书出版前。

果，参阅了大量有关专著、论文和官书、档案。在深入挖掘、研究史料的基础上，经过反复思考，仔细推敲，确定了书稿的体例、结构，形成了自己的观点、理念。并通过运用多学科的理论、方法使研究更为扎实、可靠。尤其是他在第一历史档案馆查阅了大量奏折和官方文件，发现了一些前人未曾利用过的珍稀史料（如《内阁官制初议草案》等），更为本书增色不少。

方安同志的这部专著叙事清晰，行文流畅，持论客观，有理有据，且朴实自然，不刻意修饰，读来令人信服，这也是本书的一个特点。

当然，这部即将出版的学术专著也还存在一些不足之处，比如，理论阐述的深度尚有待进一步挖掘，在语言表达上也还有可改进的余地。我衷心希望他能在学术上精益求精，百尺竿头，更进一步。

（写于 2014 年 1 月）

"辛亥百年——名家经典导读""强国之梦——近代名文导读"丛书序言[①]

十四年前,我们曾编辑过一套"近代文史名著选译丛书",共39册,由巴蜀书社出版。当时,我们诚邀了十几位在京的文史专家和出版社的几位编审组成编委会,同时,约请了数十位研究有素的作者,共同成就了此套丛书。

之所以要编辑该丛书,是要让读者特别是青年读者更多地了解一点近代中国人是如何历尽千辛万苦,探索富国强兵之路,寻求救国、救民之途的。近代中国的历史既坎坷、崎岖,又光辉、悲壮。在祖国濒临亡国灭种的危难之际,中华民族逐渐觉醒,奋起抗争。许多仁人志士高扬爱国主义旗帜,为祖国独立、民族复兴呼啸着前进,甚至献出了自己宝贵的青春和生命,在近代中国历史上谱写了一曲又一曲英勇慷慨、气壮山河的乐章。

文学是时代的心声,中国近代文学就充分突出了爱国主义这个时代的主旋律,正是这种爱国精神使中华民族得以跨过道道难关,迎来光明的前程。而今天的青年人既没有一百多年前那种举步维艰、风雨如磐的感受,也缺少丰富的近代历史知识。阅读近代名人名家撰写的名著名篇,则可以引领他们进入那个逝去不久的时代,聆听其心声,体察其情感,品味其所思所求,从而深刻地认知我们国家和民族所走过的那段路程。

今年(指2011年)适逢辛亥革命一百周年。辛亥革命是20世纪初中国历史上一次具有深远影响和伟大意义的事件,是鸦片战争以来一次完全意义上的民族民主革命,是我国民主革命进程中的一个重要里程碑。它不仅推翻了清王朝的统治,结束了中国历史上延续两千多年的封建帝制,使民主共和观念深入人心,而且为中国资本主义经济和文化的发展创造了一定的条件。正是从这个意义上,我们可以说辛亥革命为中国现代化的继续前进开辟了道路。

为了纪念辛亥革命一百周年,我们与巴蜀书社商定,从"近代文史名著选译丛书"中选出十二种,分别编成两套丛书。

一套冠名为"辛亥百年——名家经典导读",共收六种,即《孙中山文选》《黄兴宋教仁朱执信诗文选》《辛亥烈士诗文选》《章太炎诗文选》《康有为诗文选》《梁启超诗文选》。

孙中山是中国民主革命的伟大先行者,他具有坚定的革命信仰、不屈不挠的

[①] 本文与戴逸合作。

斗争精神，为祖国的独立、自由、民主、富强献出了毕生精力，鞠躬尽瘁，死而后已。他的一生是伟大的一生、革命的一生，为中国的民主革命立下了丰功伟绩。他留下了数百万字的遗著，其中不乏思想深邃、语言犀利、富有文采的名篇佳作。

黄兴、宋教仁、朱执信都是辛亥革命时期的著名人物，是革命党人中的杰出代表，也是孙中山的亲密战友。他们或因操劳革命，英年早逝；或为追求自己的政治理想，成为"为宪法流血"第一人；或极富理论才华，却惨死在军阀屠刀下。他们的诗文都有强烈的爱国、战斗精神，但其艺术风格却不尽相同，或慷慨悲壮，或清新淳朴；或奔放，或含蓄；或犀利，或深邃。因人而异，各具特色。

我们还选收了30多位辛亥烈士的诗文遗作，这些烈士具有坚定而高昂的革命斗志，并充满着必胜的信念。他们把生命的价值与祖国的富强、同胞的幸福紧紧联系在一起，无所畏惧，勇往直前。其诗文有的是临阵发出的誓言，有的是临刑时留下的遗篇，真可谓声声血泪，句句铿锵，在中国近代革命史上，谱写了惊天地、泣鬼神的悲壮一页。

章太炎是我国近代史上著名的革命家、思想家，鲁迅说他是"有学问的革命家"。他那篇《驳康有为论革命书》尖锐地批驳了保皇派的谬论，酣畅淋漓，脍炙人口。他一生著述颇丰，涉及面广，于哲学、史学、文学、语言学诸方面均有建树。尤其是他在《民报》上发表的文章，"所向披靡，令人神往"（鲁迅语），给后人留下了一份可贵的精神财富。他晚年虽脱离民众，渐入颓唐，但也不过是白圭之玷，瑕不掩瑜。

康有为、梁启超虽然是资产阶级改良派的代表，但在辛亥时期也是政坛和思想界的活跃人物。他们宣传保皇，反对革命，追求君主立宪，与革命派进行了激烈辩论。把康、梁的诗文收在"辛亥百年"丛书中，可以使读者更全面地了解辛亥时期涌动着的不同思潮，展现出的不同政治主张。须知，正确的思想总是在同错误的思想做斗争中发展起来的，两者相比较而存在，相斗争而发展。更何况康、梁也曾经位列中国近代向西方追求真理的代表人物中，也一度领舆论之风骚，只不过当时代继续前进时，他们却未能追上潮流，成了落伍者。

另一套丛书冠名为"强国之梦——近代名文导读"，共收录了《近代实业文选》《近代法制义选》《近代教育文选》《近代报刊文选》《近代经世文选》《近代名人日记选》共六种。这是从文学体裁角度入手，选编近代仁人志士为追求国家富强而发出的声声呐喊。

振兴中华的有志之士围绕如何使中国转弱为强的现实问题，提出"兴实业""振商务"等学习西方的主张。有人更身体力行，将"实业救国"论付诸实践；近代的爱国者在寻求民族振兴的道路上，还提出了改革政治及法律制度的种种主张和方案，推动了中国法制思想和法律制度的进步。至于教育，更为历代中国人所重视，时至近代，有人甚至认为"教育为立国之本"，而资产阶级革命家则提出"革命之教育"，把中国教育思想推向了一个新阶段。鸦片战争后，随着中国资产阶级的诞生，近代报刊也在中华大地上勃然兴起。开始是外国人在中国办报纸，至19世纪70年代，出现了中国人自办的近代报刊，他们鼓吹以西学为师，变法图强。甲午战争后，办报形成热潮，并成为传播启蒙思想，宣传救亡图存的锐利武器。辛亥之后，革命报刊如雨后春笋，有力地推动了革命运动的发展。此外，由于报刊文具有时效性、纪实性和趣味性，自然得到读者的青睐，对当时社会的思想、政治、文化产生了广泛而深远的影响。说到近代经世文，顾名思义则是倡导经世致用之学的产物，它宣扬进化史观和社会改革思想，标榜"采西学"，开风气，睁眼看世界，力图为纠封建末世之"时弊"而寻找一条新的出路。近代名人日记涉及近代一些著名人物的思想、活动，而且往往是亲力亲为，可作为其他史籍的佐证，具有一定的史料价值；再则，有些日记出自文学名家之手，更显得细腻生动，文采斐然。

  我们今天能够重新编辑这两套丛书，一是出于巴蜀书社的积极推动；二是有诸多作者的大力支持。由于巴蜀书社的编辑先生们精心策划，反复推敲；各位作者的兢兢业业，认真修订，终于得以在短短的两个多月时间内，将两套面目一新的丛书奉献于读者面前，这是非常令人感动的。

  星移斗转，物是人非。在我们今天重温旧章之时，其中两位作者——桑咸之教授、林庆元教授已驾鹤西去，这让我们唏嘘不已，悲痛系之！两套新版丛书的推出，也是对他们的纪念吧。

（2011年4月于北京）

《左宗棠研究文选》导言

左宗棠是我国近代杰出的政治家、军事家、思想家。《清史稿》对他的评价是"事功著矣"！辛亥革命时期，资产阶级革命派从反清立场出发，批评他"为虏将兵，以敌洪氏"，但亦不一笔骂倒，而是发自内心地赞叹"他那出奇制胜的方略毕竟令人佩服"[①]；到了20世纪三四十年代，时值日军入侵，山河破碎，国土沦丧，民族危机空前严重！闻鼙鼓而思良将，民间和学术界对左宗棠颇为推崇，意在"表彰民族之功臣，而不愿使之遗恨九泉也"[②]。

新中国成立之初，强调用阶级分析的方法评价历史人物，左宗棠因参加镇压太平天国、捻军和陕甘回民起义而被戴上"极端反动的屠户""万恶的民贼"的帽子。不久，随着研究的深入，左宗棠收复新疆的功绩得到正面肯定。"文革"结束后，学术界冲破"左"的思想牢笼，比较实事求是地来研究和评价左宗棠。一些学者撰文称赞他是"一位杰出的爱国者""具有战略眼光的封建政治家"[③]。20世纪80年代初，身为国家领导人之一的王震将军公开评价左宗棠，说"他在后期也捍卫过中国的主权和领土，维护了国家统一，抵抗了英国和俄国的扩张，对我们的民族、国家是有功绩的"[④]。此后，学术界对这位历史人物展开了广泛的研究和讨论，发表了上百篇学术论文，出版了多部专著，并召开过两次全国规模的专题学术研讨会，迎来了一个左宗棠研究高潮。此后，研究在逐步深入，从1983年起，湖南学者刘晴波、刘泱泱等历时13个寒暑，完成了《左宗棠全集》的整理、编辑工作，并由岳麓书社陆续出版问世。全书15巨册，总计约770万字，这在左宗棠研究领域是一项重大学术成就。

左宗棠不仅是中国历史上的著名人物，而且在世界上也具有相当大的影响。20世纪三四十年代，美国人贝尔斯（Bales. W. L.）、日本人西田保都曾为左宗棠作传。1944年，时任美国副总统华莱士（Wallace. H. A.）访华路过兰州，曾说："左宗棠是近百年史上世界伟大人物之一，他将中国人的视线扩展到俄罗斯、到整个世界"，"我对他抱有崇高敬意。"[⑤] 2000年，适逢公元纪年第二个千年开启，美国《新闻周刊》开辟了"千禧年一句话"栏目，刊载了最近一千年内全世界

---

① 章太炎：《演说录》。
② 姚欣安：《清末新疆政策底史的发展》，《西北研究》第3期。
③ 杜经国：《试论左宗棠的爱国主义思想》，《光明日报》1978年12月19日。
④ 王震：《学习历史，发扬爱国主义精神》，《红旗》1982年第2期。
⑤ 转引自华师大图书馆编海外资料《左宗棠专辑》。

40位"智慧名人",其中中国有3位,即成吉思汗、左宗棠、毛泽东。可见,左宗棠不仅是一位中国伟人,同时也是一位世界伟人。

纵观左宗棠的一生,审视他的历史贡献,把他定位为一位伟大的爱国者应不为过。那么,左宗棠对于近代中国,对于中华民族的突出历史贡献表现在哪些方面呢?我认为,概括起来可归纳为三点。

一、近代中国国家统一、主权完整的坚定捍卫者

清道光二十年(1840),鸦片战争爆发,面对西方殖民者的入侵,年仅28岁的左宗棠对时局极为关注。他勤奋地搜集、如饥似渴地阅读有关外国的资料,以便了解对手,认识敌人。尽管他当时只是一个"山野之民",却仍以保国卫民为己任,提出"练渔屯,设碉堡,简水卒,练亲兵,设水寨,省调发,编泊埠之船,设造船之厂,讲求大筏软帐之利,更造炮船、火船之式"①等具体御敌措施。

咸丰八年(1858),英、法联军攻占大沽口,左宗棠当时尚在湘抚幕府。他表示:"夷务屈辱至极,恐将更有不堪者然。窃意华夷杂处,衅端之开必速。彼时以一支劲旅护天津,而后与之决死战,尚可得志"②。形势发展果不出左宗棠之所料,"更有不堪"的局面终于出现了:咸丰十年(1860),英、法联军攻占天津,劫掠京师,火烧圆明园,咸丰帝仓皇逃亡热河行宫。此时,左宗棠已被任为"襄办曾国藩军务",并独自组成一支"楚军",他立即向曾国藩请求,由自己率兵北上勤王,但此议因清廷已经与侵略者签订屈辱和约而未果。

左宗棠为捍卫祖国领土完整而做出的最大贡献,是他在19世纪70年代以边防艰巨为己任,力排众议,率师西征,一举收复占我国领土1/6的新疆地区。

同治三年十二月(1865年1月),中亚浩罕汗国军官阿古柏入侵我国南疆地区,势力直达乌鲁木齐,并建立了所谓"哲德沙尔汗国"的殖民政权。随即,沙俄出兵抢占伊犁,作为鲸吞新疆的一个桥头堡。而英国也加强了对南疆的渗透,力图把阿古柏政权纳入自己的控制之下。新疆绝大部分地区沦陷,震动朝野,出现了严重的边疆危机。时值日本入侵台湾,海防、塞防同时告急,是否立即出兵新疆成为清廷内部争论的焦点。廷臣和有关督抚意见分歧,莫衷一是。直隶总督李鸿章提出:"新疆不复,于肢体之元气无伤;海疆不防,则腹心之大患愈棘。"③要求停撤西征之军。左宗棠则强调:"我之疆索,尺寸不可让人"④,

---

① 《左宗棠全集》(以下简称《全集》)书信一,第16页,岳麓书社2014年第2版。
② 《全集》书信一,第298页。
③ 《李鸿章全集》奏稿六,第164页。
④ 《全集》书信二,第375页。

"若此时即拟停兵节饷,自撤藩篱,则我退寸而寇进尺,不独陇右堪虞,即北路科布多、乌里雅苏台等处,恐亦未能晏然"①。最终,左宗棠的主张得到武英殿大学士、军机大臣文祥的支持,清廷遂决定出兵西征。

为收复新疆,左宗棠不畏艰苦、不计名利,面对重重困难,一往无前。他殚精竭虑,为西征筹兵、筹粮、筹转运。因军饷匮乏,他不得不四处求告,甚至不惜背负骂名,重息借贷。出关之前,他还加强了对西征军的整顿和训练,配备了较为先进的武器,制订了"先北后南,缓进速战"的战略、战术原则;又严肃军纪,确定正确的俘虏政策,终使收复新疆之役得以顺利展开,形成破竹之势。从光绪二年六月至光绪三年十一月(1876年7月—1878年1月),历时一年半,收复了除伊犁之外的全部失地。

为收复伊犁,清廷派崇厚赴俄谈判。结果"收回"九座空城,却付出丧失大片领土和大量赔款的代价。左宗棠对此极为愤慨,他沉痛直言:"武事不竞之秋,有割地求和者矣。兹一矢未闻加遗,乃遽议捐弃要地,餍其所欲。譬犹投犬以骨,骨尽而噬仍不止。目前之患既然,异日之忧何极?此可为叹息痛恨者矣!"②遂提出"先之以议论""决之以战阵"的方针,并称"衰年报国,心力交瘁,亦复何暇顾及!"③

光绪六年(1880)春,左宗棠拟订了一个三路出击、收复伊犁的计划。是年四月十八日(5月26日),他率亲兵千余人出嘉峪关,"舁榇以行"④,并向总理衙门提出:"察看情形,实非决之战胜("胜"字似应为"阵"字——引者)不可。"⑤但清廷对武力收回伊犁心存疑惧,一面改派驻英、法公使曾纪泽赴俄谈判;一面于七月诏调左宗棠回京"以备顾问"。对此,左宗棠内心十分痛苦,鉴于"国是混淆",只能留下深深遗憾,长叹:"我之此行,本不得已!"⑥

在收复新疆的过程中及新疆重归中国版图之后,左宗棠力图"为新疆画久安长治之策"。在经济上,他着力于减轻赋税,修筑道路,兴修水利,推广蚕丝;在政治上则提出"设行省,改郡县",先后五次奏请新疆建省,以巩固国家统一。

进入19世纪80年代,法国侵略者在吞并了越南南部后,继续进攻北越并觊觎我国西南地区。光绪八年四月(1882年5月),法军侵占河内,一年后复占南定,甚至狂妄叫嚣"必须征服那个巨大的中华帝国"⑦。面对法国侵略者的步步紧逼,时任两江总督兼南洋通商大臣的左宗棠已经清醒地认识到"窃谓和局可暂

---

① 《全集》奏稿,六,第188页。
② 《全集》奏稿,七,第421页。
③ 《全集》书信三,第535页。
④ 王定安:《湘军记》第332页,岳麓书社1983年版。
⑤ 《全集》书信三,第655页。
⑥ 《全集》"诗文·家书"第236页。
⑦ 转引自鲍威尔:《茹费里与法兰西帝国主义的复兴》第169页,1944年英文版。

不可常，其不得已而出于战，乃意中必有之事"①。基于这样的判断，他采取了一系列有效措施加强战备，如巡视沿江炮台，校阅民间组织的渔团，部署长江防务，力主援越抗法。光绪十年（1884），左宗棠在《时务说帖》中说："迨全越为法所据，将来生聚、训练、纳税、征粮，吾华何能高枕而卧？若各国从而生心……鹰眼四集，阗向吾华，势将猰貐及我，何以待之？此固非决计议战不可也。"②

光绪十年七月初三日（1884年8月23日），法国不宣而战，其远东舰队袭击了福建水师及马尾船厂，中法战争正式爆发。左宗棠以72岁的高龄及衰病之躯，被任为钦差大臣、督办福建军务，并于十月二十七日（12月14日）进驻福州。一抵前线，立即布置防务，巡视马江两岸，又派援军乘渔船偷渡赴台，并请移福建巡抚于台湾，迈出台湾建省的过渡性步骤。光绪十一年七月二十七日（1885年9月5日），左宗棠病死福州，临终口授遗折说："越事和战，中国强弱一大关键也。臣督师南下，迄未大伸挞伐，张我国威，怀恨生平，不能瞑目。"③

纵观左宗棠的一生，其最大的特点就是在民族危机深重、国家饱受欺凌的时代，他仍能"锋颖凛凛向敌"④，从不屈服，也正如左宗棠去世之后有人在一首挽联中所赞扬的"绝口不谈和议事，千秋独有左文襄！"⑤

二、中国近代化的先驱之一

19世纪中叶，中国面临着"数千年未有之变局"和"数千年未有之强敌"（李鸿章语）。这一变局的特征，是近代化的历史潮流席卷世界，也席卷中国，诚如马克思、恩格斯在《共产党宣言》中所说，资产阶级"把一切民族甚至最野蛮的民族都卷到文明中来了"。这个近代化的标志，是发展科学技术，以机器代替手工劳动。而中国早期的近代化则是从军事层面开始的，其主要目的在于抵御西方强敌入侵，这就是魏源倡导的"师夷长技以制夷"。魏源在《海国图志》中明确提出"以夷攻夷""师夷长技以制夷"的主张。对此，左宗棠极为赞赏，认为"默深《海国图志》于岛族大概情形言之了了……非山经、海志徒恢奇可比"⑥。又说"策士之言曰'师其长以制之'，是矣。一惭之忍，为数十百年之安，计亦良得，孰如浅见自封也。"⑦

---

① 《全集》奏稿，八，第262页。
② 《全集》札件，第607-608页。
③ 《全集》奏稿，八，第604页。
④ 《清史稿·左宗棠传》。
⑤ 《全集》附册，第783页。
⑥ 《全集》书信三，第346页。
⑦ 《全集》诗文·家书，第292页。

左宗棠不仅力主学习西方"长技",而且决心把"师长"的思想付诸实践。他排除"闭关锁国"的陈旧观念,倡导引进西方科学技术和先进的机器设备,于同治五年(1866)上折要求建设近代化的造船厂:"臣愚以为欲防海之害而收其利,非整理水师不可,欲整理水师,非设局建造轮船不可。泰西巧,而中国不必安于拙也;泰西有,而中国不能傲以无也"①。正是在他的强烈要求下,清政府迅速批准了兴办近代化造船厂的计划(从上奏折到批准,前后不足一个月)。同治五年七月(1866年8月),左宗棠选择福州马尾建厂,购得马尾山下民田100亩为厂基,又聘请了法国人日意格、德克碑为正副监督,创办马尾船政局(亦称福州船政局)。他一面从外国订购造船机器、轮机和船槽等;一面聘请西方工程技术人员。同时,设立"求是堂艺局"(即后来的船政学堂),以培养本国的造船和驾驶人才。尽管不久后左宗棠调任陕甘总督,但"身已西行,心犹东顾",仍一直关注马尾船政局的建设。马尾船政局成为我国第一家真正意义上的近代化造船厂,"为中国制造肇端之地"②,亦可谓"中国海军萌芽之始"③。

左宗棠来到陕甘之后,非常重视西北地区的开发建设,特别对在甘肃创办近代民用工业寄予了厚望。光绪四年四月(1878年5月),他嘱令上海采运局委员胡光墉向德商订购织呢机器,并招聘德国技术人员,决心"为边方开此一利"④。光绪六年四月(1880年5月),来自德国的全部4000余箱机器设备分批辗转运抵兰州,计有各种机器60余台、纺锭1085个。是年9月,"兰州机器织呢局"正式开工生产,成为我国第一家机器毛纺厂,也是我国近代开发大西北的先声。

三、中国优秀传统文化的承继者、发展者和践行者

左宗棠不仅为捍卫国家领土主权,推进中国近代化事业做出了贡献,同时也是中国近代一位杰出的思想家,他发扬光大了中国传统文化中的优秀思想和精神。

首先是敢于抵抗外来侵略、顽强不屈的斗争精神。中华民族不仅以勤劳朴素、刻苦耐劳著称于世,也以酷爱自由、坚决反对外来压迫而卓立于世界民族之林。毛泽东曾说过:"中国人民,百年以来,不屈不挠、再接再厉的英勇斗争,使帝国主义至今不能灭亡中国,也永远不能灭亡中国。"⑤ 中国自古以来就提倡"威武不能屈"的斗争精神,历史上出过众多铁骨铮铮的人物,左宗棠就是其中

---

① 《全集》奏稿三,第60-61页。
② 《邮传部奏议类编》续编卷一。
③ 池仲祐:《海军大事记》。
④ 《全集》书信三,第297页。
⑤ 《毛泽东选集》第二卷第595页。

之一。当鸦片战争爆发时,他坚决反对妥协投降,认为"和戎自昔非长算,为尔豺狼不可驯"①。同治十三年(1874),日军入侵台湾,左宗棠写信给办理台湾海防的沈葆桢说"我军水陆并力,乃可制此凶锋"②;在收复伊犁的斗争中,他不畏强敌,坚信"俄事非决战不可","无论胜负云何,似非将其侵占康熙朝地段收回不可"③;在中法战争中,他坚持"议和之应从缓""非决计议战不可",并准备"亲往视师"④。直至临终前口授遗折,仍以自己未能"大伸挞伐,张我国威"而"遗恨生平,不能瞑目"。⑤

第二是追求救国救民真理、矢志不渝的自强精神。中国自古强调做人要自强自立,《易传》载"天行健,君子以自强不息。"这种自强不息的精神,凝聚了民族向心力。左宗棠从救国救民的目的出发,立足于自强,他说:"我能自强,则英、俄如我何!不能自强,则受英之欺侮,亦受俄之欺侮,何以为国?"⑥基于对自强精神的追求,他才提出"中不如西,学西可也"⑦。但学习西方的目的是要打破西方的科技垄断,使自己真正强大起来,也就是左宗棠所说的"谓我之长不如外国,藉外国导其先,可也;谓我之长不如外国,让外国擅其能,不可也"。⑧

第三是为捍卫国家领土主权完整和民族生存发展的根本利益而不惜牺牲一切的献身精神。献身精神在中国历史上显现出惊人的号召力,成为一种"正气"的象征。南宋爱国将领文天祥在《正气歌》中,列举了历代为事业、理想,国家、社稷而献身或表现出献身精神的榜样:〔齐〕太史、〔晋〕董狐、张良、苏武、管宁、诸葛亮、严颜、嵇绍、张巡、颜杲卿、祖逖、段秀实等人,并以行动实践了"杀身成仁,舍生取义"的信条。与左宗棠同时代的林则徐也吟出"苟利国家生死以,岂因祸福趋避之"的名句。这种在爱国主义基础上激发出来的献身精神,更具有特殊的历史意义。

左宗棠所表现出来的为国家、民族的根本利益而献身的志向和行为,比之先贤和同时代的林则徐毫不逊色。当伊犁交涉处于紧要关头时,年近古稀的左宗棠毅然站在抗俄斗争第一线,并表示"至马革桐棺,则固非所计矣!"⑨在中法战争中,时任两江总督兼南洋通商大臣的左宗棠不但力主坚决抗法,还表示:"遇

---

① 《全集》诗文·家书,第459页。
② 《全集》书信二,第452页。
③ 《全集》书信三,第656页。
④ 《全集》札件,第579页、第578页。
⑤ 《全集》奏稿八,第604页。
⑥ 《全集》书信二,第570页。
⑦ 《全集》书信三,第117页。
⑧ 《全集》奏稿,三,第63页。
⑨ 《全集》书信三,第583页。

有寇警，应亲临前敌督战，防所即其汛地；如敌人轮船冲过白茅沙总要隘口，则防所即是死所，当即捐躯以殉。"① 马江惨败后，左宗棠更是自请赴福建前线督师，最后病逝于福州，实践了他为国捐躯的诺言。

第四是亲民爱民、"为政先求利民"的民主精神。中国儒家学说一向标榜"民本"观念，左宗棠承继了这一思想，强调"为政先求利民，民既利矣，国必与焉！"② 又说："欲知民事，必先亲民"③，"一片心肠都在百姓身上"④。左宗棠的民本思想较之前辈有进一步发展，他提出并实施"兴利除弊"为民造福的举措，大大超过了传统内容。除屯田、畜牧、兴修水利、植桑养蚕、造林、制茶外，还引进西方机器设备、办厂开矿，创办近代企业，并提出在兴办近代企业时，要"不夺民间固有之利，收回洋人夺取之利，更尽民间未尽之利"⑤。这些主张无疑具有很大的进步意义。

第五是"穷经将以致用"⑥、"上下一心，事实求是"⑦ 的践行精神。中国18世纪兴起的经世思潮对左宗棠影响很大。"务切实用"是其基本的精神，也是传统儒学所特有的一种价值取向。清代今文经学的开山人庄存与（1719—1788）主张"研经求实用"，其后继者龚自珍、魏源则借助今文经学大倡变革，为近代社会起到了"前驱先路"的作用。左宗棠从青年时代起就涉足经世致用之学，读书"讲求实行"⑧，又"自负平生以农学为长"⑨，青壮年时，于读书、写作之外，曾于湘阴柳庄日巡垄亩，亲自栽茶种树，"期尽地利"，以平日所学试行于田间，这是当时一般读书人所做不到的。

左宗棠不但推崇魏源"师夷长技以制夷"的思想，提出"中不如西，学西可也"的主张，而且付诸实践，创办了马尾船政局和兰州机器织呢局。正如他所说"天下事无不可为，如果实心实力去干，必有治效可观"⑩。左宗棠还反对不切实际的空疏学风和空洞无物的文风，提倡学以致用，要求"据实直陈"，对堆砌辞藻、言之无物的书牍都毫不留情地予以批判，称之为"官气懒残""为他人拾涕者也"⑪。在晚清官场，此种精神和作为真是难能可贵。

诚然，左宗棠不是完人，他必然要受到种种局限。作为一位封建时代的政治

---

① 《全集》奏稿，八，第263页。
② 《全集》札件，第427页。
③ 《全集》札件，第270页。
④ 《全集》札件，第139页。
⑤ 《全集》奏稿八，第539页。
⑥ 《全集》诗文·家书，第406页。
⑦ 《全集》奏稿八，第604-605页。
⑧ 罗正钧：《左宗棠年谱》第8页，岳麓书社1983年版。
⑨ 《全集》书信三，第299页。
⑩ 《全集》札件，第243页。
⑪ 《全集》札件，第243页。

家、军事家、思想家,他不可能跳出封建旧垒,他的思想必然打上时代和阶级的烙印,这是我们不能苛求于前人的。

  记得 27 年前,湖南学者编了一本《左宗棠研究论文集》,在学术界颇有影响。二三十年后,左宗棠研究有了进一步拓展,成果累累。现在,刘泱泱先生等拟再编《左宗棠研究文选》,很有必要。他们希望我为本书写一篇导言,盛情难却,只得勉而为之,不当之处,敬请方家指教。

(写于 2012 年 9 月)

《中国近代思想家文库·左宗棠卷》导言

在中国近代史上，左宗棠是一位著名的政治家、军事家，同时也是一位在半殖民地半封建时代没有奴颜媚骨、敢于坚决抵御外侮的杰出爱国者。鲁迅先生曾这样说："我们从古以来，就有埋头苦干的人，有拼命硬干的人，有为民请命的人，有舍身求法的人"，并说"这就是中国的脊梁"①。左宗棠算得上是我国自古以来"拼命硬干的人"中的一个，说他是"中国的脊梁"式的人物之一，应不为过。

一

左宗棠，字季高，一字朴存，早年自号"湘上农人"。清仁宗嘉庆十七年十月初七日（1812年11月10日）出生在湖南湘阴东乡左家塅。当时，统治中国的清王朝正急骤地走下坡路：土地高度集中，政治腐败、黑暗，国防空虚，财政拮据，鸦片大量输入，白银不断外流，阶级矛盾日益尖锐，民众反抗斗争彼伏此起，所呈现的社会画面，正如经世学者龚自珍所描绘的那样："各省大局，岌岌乎不可以支日月，奚暇问年岁？"② 就在清王朝的封建大厦濒临崩溃之时，欧美列强也加紧了对华的侵略步伐。西方资本主义头号强国——英国，正以军舰、大炮为后盾，以毒品鸦片为敲门砖，紧叩中国的东南大门；在西北，野心勃勃的沙皇俄国也迅速向东扩张，决心用武力开辟新的通向东方的道路。内忧外患纷至沓来，民族危机日益加剧的形势，给左宗棠的思想打上了时代的印记。

当然，除时代的影响外，家庭与社会的熏陶对其个人的成长、思想观念的形成也起着非常重要的作用。左宗棠出生在一个社会地位低微、生活并不富裕的"寒素之家"，他曾说过："吾家积代寒素，先世苦况百纸不能详。"③ 其祖父左人锦、父亲左观澜都是秀才出身，家有薄田几十亩，平日教几名学生，是个典型的"耕读之家"，家里的日子过得很清苦。左观澜为全家生计，不得不经常奔波在外，"非脩脯无从得食"④；遇到荒年，竟然要"糠屑经时当夕飧"。父亲去世后，

---

① 鲁迅：《中国人失掉自信力了吗？》，《鲁迅全集》第六卷第118页。
② 龚自珍：《西域置行省议》。
③ 《左宗棠全集》（以下简称《全集》）诗文·家书，第64页，岳麓书社2009年第1版，2014年第2版。
④ 《全集》诗文·家书，第458页。

唯一的一点田地留给了左宗棠长兄宗棫之子世延（时宗棫已过世）。宗棠则就读于长沙城南书院，"日食不给，赖书院膏火之资以佐食"①。艰辛的生活使青年时代的左宗棠有机会接触下层社会，了解社会的弊端，民间之疾苦。于是，"经世致用"的思潮在他的胸中激起了波澜。

左宗棠从17岁起，即好读经世致用之书，于顾祖禹的《读史方舆纪要》、顾炎武的《天下郡国利病书》、齐召南的《水道提纲》等无不毕览。道光二十三年（1843），他于乡试中举后首次赴京参加考试，写下了《燕台杂感》八首，抒发对时局的忧虑。其中之一说："世事悠悠袖手看，谁将儒术策治安？国无苛政贫犹赖，民有饥心抚亦难。"②他已感受到当时政治黑暗、饥民揭竿而起的严重社会危机。此次北上，左宗棠虽落榜而归，却在更大范围内接触到社会实际，进一步开阔了眼界，也更加注重"经世致用"之学，他表示："睹时务之艰棘，莫如荒政及盐、河、漕诸务。将求其书与其掌故，讲明而切究之。"③

在接受"经世致用"思想、探讨改革社会现实的过程中，陶澍（1779—1839）及贺长龄（1785—1848）、贺熙龄（1788—1864）等经世派官员对左宗棠影响最深。道光六年（1826），魏源代贺长龄（字耦耕，湖南善化人，时任江苏布政使）辑成《皇朝经世文编》120卷，选辑了从清初至道光初年有关经世致用的文章。左宗棠反复展读了这部文集，"丹黄殆遍"④，而且撰写评论，抒发己见。道光十年（1830），贺长龄忧居长沙，与左宗棠初次见面，左宗棠即"蒙国士见待"⑤，贺长龄还为这位青年士子敞开了家中的丰富藏书。翌年，左宗棠就读于长沙城南书院，长龄之弟贺熙龄（字光甫，号蔗农）适任该书院山长，"其教诸生，诱以义理、经世之学，不专重制艺、帖括"⑥，对宗棠极为欣赏，尝称赞道："季高近弃词章为有用之学，谈天下形势了如指掌。"⑦道光二十七年（1847），当时的名臣、两江总督陶澍（字云汀，湖南安化人）回湘省亲，在醴陵邂逅左宗棠（左宗棠时主持醴陵渌江书院），"一见目为奇才，纵论古今，为留一宿"⑧，后来两人还结为儿女亲家。陶澍病死后，左宗棠在安化陶家教读其子陶桄8年，饱览了陶澍的文稿及各种藏书。

如果说贺氏兄弟和陶澍是左宗棠经世思想的启蒙者，那么，林则徐、魏源抵御外侮的爱国思想及睁眼看世界的时代精神，则为左宗棠增添了丰富的思想营

---

① 左孝同：《先考事略》。
② 《全集》诗文·家书，第456页。
③ 《全集》书信一，第1-2页。
④ 罗正钧：《左文襄公年谱》卷一。
⑤ 《全集》书信三，第460页。
⑥ 左孝同：《先考事略》。
⑦ 贺熙龄：《寒香馆诗钞》卷四。
⑧ 左孝同：《先考事略》。

养，对其爱国及"师长"思想的形成产生了深刻影响。

左宗棠与林则徐相差27岁（算得上是两代人），两人只有一面之缘，但左宗棠对林的思想作风、从政之道却由衷钦佩，曾说："然自十数年来闻诸师友所称述，暨观宫保（指林则徐——引者）与陶文毅（陶澍死后谥"文毅"——引者）往复书疏，与文毅私所记载数事，仆则实有以知公之深。海上用兵以后，行河、出关、入关诸役，仆之心如日在公左右也"，"乌知心神依倚、惘惘相随者，尚有山林枯槁，未著客籍之一士哉！"①道光二十九年八月，林则徐因病从云贵总督任上告老回乡，十一月二十一日（1850年1月3日）在长沙湘江舟中约见左宗棠，"一见倾倒，诧为绝世奇才"②。两人"抗谈今昔"，相见恨晚，对坐之时，还曾"谈及西域时务"。是夜，"江风吹浪，柁楼竟夕有声，与船窗人语互相响答。曙鼓欲严，始各别去"③。林则徐的爱国思想及务实精神对左宗棠的启迪是不言而喻的。

除林则徐外，左宗棠还推崇龚自珍和魏源，曾说"道光朝讲经世之学者，推默深与定庵"。对魏源更是佩服得五体投地，认为他的著作"切实而有条理"，"伟为不可及"④。道光十二年（1832），魏源感于"海警飚忽，军问沓至"，发愤而著《圣武记》，希望执政者能振奋精神，仿效祖辈，建功立业。因"是记当海疆不靖时，索观者众"⑤，左宗棠就是"索观者"中一个，他深深被该书吸引，不禁赞叹说："默翁《圣武记》序次有法，于地道、兵形较若列眉，诚著作才也。后四卷附《武事余记》，其谈掌故，令人听之忘倦。"⑥《武事余记》有"兵制兵饷""掌故考证""事功杂述""议武五篇"等内容，"议武五篇"包括城守、水守、坊苗、军政、军储等篇，其中提出了"以彼长技御彼之长技，此自古以夷攻夷之上策"的观点。对主张改革社会弊政、具有强烈反侵略思想的包世臣（字慎伯，安徽泾县人），左宗棠也颇为注重，"其著论早见过盐、漕诸策及《艺舟双楫》"，直到同治十三年（1874）《包慎翁遗书》刊行后，他还特意写信给朋友，"敬乞购一全部见寄"⑦。

道光二十年（1840），鸦片战争爆发了，这是中国历史发展的一个转折点，也是左宗棠爱国思想形成的一个转折点。侵略者的炮火对很多中国人起着振聋发聩的作用，也同样震惊了左宗棠。西方列强的入侵，使中华民族与外国侵略者的矛盾成为中国社会的根本矛盾，这种变局对部分关心国事的知识分子震动很大。

---

① 《全集》书信一，第68页。
② 《胡林翼集》二，75页。
③ 《全集》书信一，第73页。
④ 《全集》书信二，第596页。
⑤ 魏源：《圣武记》第三次重订本"题记"。
⑥ 《全集》书信一，第50页。
⑦ 《全集》书信二，第434页。

当时，左宗棠正在安化陶家就馆，虽身居僻壤，却密切关注时局发展。道光十九年（1839），林则徐在广东雷厉风行地严禁鸦片，左宗棠也预感到侵略者不会善罢甘休，遂更加勤奋地阅读有关记载国外的文献。尽管他接触不到有关西方的第一手资料，但"自道光十九年海上事起，凡唐、宋以来史传、别录、说部及国朝志乘、载记，官私各书有关海国故事者，每涉猎及之，粗悉梗概"①。这样勤奋地搜集、如饥似渴地阅读有关外国的资料，乃爱国热忱使然。

　　道光二十年（1840）六月初，英军北上攻陷定海，七月，又抵天津海口。道光帝惊惶失措，将坚决主张抵抗的林则徐、邓廷桢撤职查办，并派力主妥协的琦善赴广东办理交涉。对此。左宗棠忧愤万分，在写给贺熙龄的信中，一再形容自己此时的心情是"愁愤何言""令人愤懑""不胜愁愤"。②虽局坐斗室，教习山斋，左宗棠却抱定"天下兴亡，匹夫有责"的志向，在"每披往昔海防记载，揆度今日情形"之后，提出了"练渔屯，设碉堡，简水卒，练亲兵，设水寨，省调发，编泊埠之船，（讥）〔设〕造船之厂，讲求大筏、软帐之利，更造炮船、火船之式"③等具体抗敌措施。虽系书生谈兵，但爱国之志可嘉！

　　左宗棠不满清廷排斥抵抗派、屈膝求和的媚态，发出"和戎自昔非长算，为尔豺狼不可驯"④的警告。他痛斥琦善"以奸谋误国，贻祸边疆，遂使西人俱有轻中国之心，壮士无自固之志。东南海隅恐不能数十年无烽火之警，其罪不可仅与一时失律者比"⑤。但当时腐败的清政府根本无抗敌诚意，一度任"钦差大臣"的林则徐尚且落得发配充军的下场，作为一介小民的左宗棠，其抱负又何从实现？道光二十二年（1842），清廷终于在江宁（今南京）与侵略者签订了丧权辱国的城下之盟。目睹"洋事卒成和局，实意念所不到"，左宗棠痛心疾首，至于仰天长叹："市不可绝，则鸦片不可得禁。自此亿万斯年之天下，其奈之何！"⑥忧国之心，爱国之忧，跃然纸上。

二

　　左宗棠一生主要做了三件大事，即镇压太平军、捻军及陕甘回民起义；在"师夷长技以制夷"的思想指导下，创办新式军用和民用企业；坚决抵抗侵略，捍卫国家领土完整，出兵收复新疆，并在东南抗法。鸦片战争对左宗棠刺激很

---

① 《全集》奏稿三，第64页。
② 《全集》书信一，第15、17、21页。
③ 《全集》书信一，第16页。
④ 《全集》诗文·家书，第459页。
⑤ 《全集》书信一，第24页。
⑥ 《全集》书信一，第29页。

大,他想一展抱负,却报国无门。面对险恶时局,"但愿长为太平有道之民"①。但现实却是天下并不太平,社会动荡,阶级矛盾日益尖锐,一场农民大革命的风暴已露端倪。在左宗棠的"桃花源"尚未觅就之前,太平天国运动已狂飙突起,首义广西,并挺进湖南,扰破了他"买山而隐"的清梦。滚滚风雷震撼着整个清王朝的统治,也直接危及左宗棠的切身利益。正是在风云变幻的阶级较量中,左宗棠先后两次进入湖南巡抚幕府,决心为本阶级的命运、前途一搏。

咸丰二年(1852)夏,太平军连克湖南诸州县,前锋于七月底直达长沙城下。八月,左宗棠应新任湖南巡抚张亮基之聘,入其幕府,颇受重用,献计多被采纳。十月中旬,太平军撤围北上。年底,左宗棠又协助张亮基筹划镇压浏阳"忠义堂"(清官书称"征义堂")起事。后因张亮基调任山东而辞归。咸丰三年(1853)四月,太平军西征,由江西入湖北。四年(1854)春,再克汉口、汉阳,下岳州,长沙大震。湖南巡抚骆秉章三次派人请左宗棠出山。左宗棠遂再佐湘幕六年,他督造战船,补充给养,改革征赋办法,积极筹措军饷,骆秉章倚之为左右手。

左宗棠在与太平军对垒中显露出的才干使他名噪一时,御史宗稷辰、翰林院编修郭嵩焘、署湖北巡抚胡林翼等在咸丰帝面前竞相举荐。但"天威"莫测,不久,左宗棠因"樊燮事件"险些身败名裂。

咸丰九年(1859)夏,已革湖南永州镇总兵樊燮为泄私愤,在湖广总督官文、湖南布政使文格支持下,上控左宗棠"有不法情事"。咸丰帝即令召宗棠对簿武昌,"上谕"有"果有不法情事",即可就地正法之语。郭嵩焘、潘祖荫等京官极力营救,潘祖荫甚至说:"国家不可一日无湖南,即湖南不可一日无宗棠也。"② 军机大臣肃顺在与皇帝的对答中亦称"人才难得,自当爱惜"③,宗棠终得免祸,且由此声誉更隆。不久,他受到清廷的破格重用,被授予四品卿衔、襄办曾国藩军务。曾国藩立即嘱其募勇5000,自成一军。

咸丰十年(1860)夏,左宗棠在湖南募勇5000余人,别组"楚军"。八月,由醴陵取道江西,出祁门。九月,抵景德镇,攻占德兴、婺源,与太平军对峙。咸丰十一年(1861)七月,咸丰帝病死热河,九月三十日,"两宫"皇太后(慈安、慈禧)联合恭亲王奕䜣发动"北京政变",推倒以肃顺为核心的"八大臣辅政"体制,确立了"两宫"垂帘、亲王辅政的格局。慈禧、奕䜣掌权后,更加重用湘系集团,已任两江总督的曾国藩受命节制苏、皖、赣、浙四省军务,左宗棠也受到曾国藩推荐,被任为"督办浙江军务",不久,又实受浙江巡抚,跻身地方大员行列。

---

① 《全集》书信一,第45页。
② 《潘文勤公奏疏》第25-26页。
③ 薛福成:《庸庵笔记》卷一。

左宗棠入浙的作战原则是"宁肯缓进，断不轻退"。同治元年（1862）正月，左军从皖南翻山进入浙江开化县境，攻占开化、遂安、汤溪、龙游、兰溪，又陷金华府城，再克诸暨、桐庐；东线清军则占领绍兴、萧山，逼近杭州。八月，在中法混合军（"常捷军"）配合下，占领富阳。同治三年（1864）二月，李鸿章部淮军攻占嘉兴，杭州太平军更失掎角之势。二十五日，左军攻占杭州，左宗棠也得以太子少保衔赏穿黄马褂。六月十六日，湘军攻陷天京，洪秀全时已病死，幼天王洪天贵福突围至湖州。左宗棠命楚军会同淮军攻占湖州城，太平军干王洪仁玕等保幼主转入江西。左宗棠也因夺得浙江全省被封为一等伯爵（爵名"恪靖"）。

同治三年九月，太平军余部分四路入闽。四年（1864）四月，时任闽浙总督的左宗棠至福州，而太平军已退入广东。八月又奉命入粤督师，太平军困守嘉应州（今梅州市）。十二月，清军占领州城。五年（1865）正月下旬，左宗棠返回福州，赏戴双眼花翎。

为迅速扑灭太平军，清廷在"北京政变"后，曾提出"借师助剿"的方针。对此，左宗棠颇有疑虑，曾上奏云："自洋将教练华兵之后，桀骜者多投入其中，挟洋人之势横行乡井，官司莫敢诘治"，"若不稍加裁禁，予以限制，则客日强而主日弱，费中土至艰之饷，而贻海疆积弱之忧，人心风俗日就颓靡，终恐非计。"① 又说："我不求彼之助，彼无可居之功，尚可相蔽以安。否则，衅端日积，何以善其后乎？"② 后见外国雇佣军颇具战斗力，又认为洋人可用，对那些肯为清廷卖命的洋将，更赞之曰"忠义奋发，恭谨有加。"③

同治五年八月，左宗棠调任陕甘总督，去西北镇压回民起义，遂于十一月离闽西行。其时，捻军已分为两支，张宗禹率"西捻"由河南趋商州，越秦岭，在华州击败陕西巡抚刘蓉，逼西安。清廷急命左宗棠为钦差大臣、督办陕甘军务，令其"迅即入陕"。六年正月（1867年2月），宗棠在汉口约见熟悉西北情形的旧友王柏心，接受其建议，将作战方略定为："以用兵次第论，非先捻后回不可，非先秦后陇不可"；在战术上，则针对捻军以骑兵为主的特点，提出"讲求阵法，先制其冲突，而后放枪炮；先立定脚跟，而后讲击刺"，又强调"惟多用火器，庶几制胜"④。此外，复从镇江调拨进口火药500斤，备作战之用，并通过胡光墉在上海向洋商借款120万两白银，以充军费。

同治六年（1867）春夏之交，左军自湖北樊城三路入陕。抵潼关后，即拟卡住渡口，封锁渭河，拟围西捻于渭水以北，泾、洛以东，北山以南，黄河以西的

---

① 《全集》奏稿一，第125页。
② 《全集》书信一，第542页。
③ 《全集》奏稿一，第189页。
④ 《全集》书信二，第10-17页。

狭长地区。九月，亲赴泾西，召集诸将会议，决定缩小包围圈，将西捻军就地歼灭。不料，西捻军冲破包围圈，进入北山，且与回军配合，南北、东西纵横冲突，左军难于招架。十一月下旬，西捻踏冰过黄河入晋，左宗棠极为气恼，于十二月中旬从临潼率5000人尾追。而西捻已于七年（1868）正月进至直隶易州，前锋径抵京郊卢沟桥，京师大震。左宗棠及淮军统帅李鸿章、河南巡抚李鹤章、直隶总督官文均夺职。但西捻军终因孤军无援折而南返，左宗棠抵保定，指挥所辖尾追不舍。旋西捻军入河南，扑山东，再入直隶，北上静海，逼天津。左宗棠则由大名赶到连镇，驻扎吴桥，被"交部严加议处"。五月，宗棠至盐山督师，又尾追西捻入山东。六月底，西捻遭淮军四面阻击，覆没于徒骇河畔。清廷论功行赏，晋宗棠太子太保，并受命入陕讨伐回军。八月，左宗棠抵北京"入觐"，当慈安、慈禧询及何时可平定陕甘时，左答以"非五年不办"①。

十月中旬，宗棠率亲军抵西安，召集诸将会议用兵方略。决定先平定陕北董福祥等汉族反清武装，一面屯军榆林、绥德、延安、延长，一面令刘松山统"老湘军"由晋入陕，并于十二月中旬攻占靖边镇靖堡，董福祥等投降。随后，又进击以董志原（属甘肃庆阳府）为基地的陕西回军，于八年（1869）二月下旬，占领董志原，夺取庆阳城。陕西回军北撤，投奔宁夏回军首领马化龙。三月，宗棠移营乾州，准备进军甘肃。其时，甘肃回军计有马化龙（据宁夏金积堡）、马占鳌（据河州）、马桂源（据西宁）、马文禄（据肃州）等四支。左宗棠认为应首先打击实力最强的马化龙，他说：欲平定陕甘，"非先攻击金积堡不可"，"此关一开，则威震全陇，乃收全功也。"②

五月，左宗棠分兵三路：北路进定边、花马池；中路取平凉、固原，以上两路均专意金积堡；南路则进秦州（今天水），为取河州（今临夏）做准备。九月底，北路刘松山部攻占灵州城（今灵武）。十一月初一日，左宗棠进驻平凉，受陕甘总督印绶。九年（1870）元月，刘松山战死于金积堡，"老湘军"由其侄刘锦棠（字毅斋，湖南湘乡人）继统。七月，清军攻占峡口，逼攻金积。十一月中旬，马化龙出降。十年（1871）正月，左宗棠以"不宜少留根荄，重为异日之忧"③为由，下令处死马化龙及其家属、部众1800余人。

随后，左宗棠指挥大军分三路进攻河州。八月初二日，进至安定督战。清军渡洮河后，于十月夺取河州第一道门户三甲集。十一年（1872）正月，马占鳌投降。七月中旬，宗棠进驻省城兰州。

八月初一日，刘锦棠率"老湘军"至碾伯（今青海东部），沿湟水进军峡口，解西宁城围。十二年（1873）二月初，马桂源兄弟投降被杀。西宁之役结束

---

① 《全集》书信二，第250页。
② 《全集》书信二，第150-151页。
③ 《全集》诗文·家书，第161页。

后，年届六旬的左宗棠本想告老返乡，但沙俄入侵伊犁的消息传来，使他大为震惊，当即表示"今既有此变，西顾正殷，断难遽萌退志，当与此虏周旋"①。遂派徐占彪（字昆山）率蜀军12营赴肃州（今酒泉），以扼嘉峪关。时肃州为马文禄所据。九月中旬，围攻一年半，仍劳师无功。

同治十二年（1873年）八月，左宗棠抵肃州督师。九月中旬，马文禄至大营投降被杀，部属死者1500余人。清军入城后，又滥杀5400余人，"即老弱妇女亦颇不免"②。左宗棠事后亦承认"自办军务以来，于发、捻投诚时，皆力主'不妄杀，不搜赃'之禁令，弁丁犯者不赦"，而肃州之役，则"不能尽行其志"③。因夺取肃州，宗棠亦得晋协办大学士，并获一等轻车都尉世职。

在进军陕甘的过程中，左宗棠一再强调"剿抚兼施"，特别重视善后措施，以达"长治久安"之目的。他上奏清廷说："陕甘频年兵燹，孑遗仅存，往往数百里人烟断绝。新复之地非佽给牛、种、赈粮，则垂毙之民势将尽填沟壑"，"甘肃克复一郡县，即发一处牛、种、赈粮，非是则有土无民，朝廷亦安用此疆土？"④此外，他还重视整顿吏治，在陕甘时，曾节选名家论吏治的文章，编成《学治要言》，下发地方官遵照执行。他反复强调"为政先求民利，民既利矣，国必与焉"⑤。在行政中，他还注重实际，不务虚华，表彰清官，惩治污吏。且严于律己，不受"别敬"（一种礼仪式贿赂），不受礼物，颇为时人所重。

三

近代中国面临着"数千年未有之变局"，"数千年未有之强敌"（李鸿章语），清朝统治者闭关锁国、故步自封的心态与政策，无以挽救艰难的时局和可能出现的亡国灭种之惨祸。一些有识之士开始冲破思想牢笼，提出了"师夷长技以制夷"的新命题，这对当时万马齐喑的思想界无异于一声惊雷。

左宗棠对魏源的名著《海国图志》极为赞赏："默深《海国图志》于岛族大概情形言之了了，譬犹禹鼎铸奸，物形无遁，非山经、海志徒侈恢奇可比。"⑥光绪元年（1875），左宗棠为重版的《海国图志》作序，对"师长"主张给予了充分肯定。

早在同治初年，左宗棠就决心把"师长"思想付诸实践，他首先考虑要仿

---

① 《全集》书信二，第246页。
② 中国近代史资料丛刊《回民起义》（Ⅳ）第185页。
③ 《全集》书信三，第418－419页。
④ 《全集》奏稿五，第119页。
⑤ 《全集》札件，第427页。
⑥ 《全集》书信三，第346页。

制西式轮船，认为自造轮船是"中国自强要着"。同治五年（1866）夏，又上折强调自造轮船、建设近代海军的必要性："自海上用兵以来，泰西各国火轮兵船直达天津，藩篱竟成虚设，星驰飙举，无足当之"，"臣愚以为欲防海之害而收其利，非整理水师不可；欲整理水师，非设局监造轮船不可。泰西巧而中国不必安于拙也，泰西有而中国不能傲以无也。"① 左宗棠深知在"强权就是公理"的国际社会中，落后必然挨打。他曾形象地比喻："彼此同以大海为利，彼有所挟，我独无之。譬犹渡河，人操舟而我结筏；譬犹使马，人跨骏而我骑驴，可乎？"② 正是在这一思想指导下，经清廷批准，左宗棠于同治五年七月（1866年8月）亲至福州海口罗星塔，购得马尾山下民田100多亩作为厂基，聘请法国人日意格、德克碑为正、副监督，创办了马尾船政局（亦称福州船政局）。他一面从外国订购造船机器、轮机、船槽，一面聘请西方工程技术人员。同时，设立"求是堂艺局"，以培养本国造船、驾船人才。尽管左宗棠不久即调任陕甘，但"身已西行，心犹东顾"，仍一直关注着船政局建设。

左宗棠到陕甘后，非常重视西北地区的开发建设，于屯田、开渠、筑路、植树均有所建树。特别是对在甘肃创办近代民用工业寄予厚望。光绪四年（1878），他嘱令上海采运局委员胡光墉向德商订购织呢机器，并招聘技术人员，决心"为边方开此一例"③。光绪六年四月（1880年5月），全部4000箱机器设备分批运抵兰州，计有各种机器60余台，纺锭1085个。八月，"甘肃织呢总局"正式开工生产，建成为我国第一家机器毛纺厂，也是我国近代开发大西北的先声。

四

左宗棠抵达肃州之时，新疆地区的形势已危如累卵。先是，新疆于同治三年（1864）爆发各族人民反清武装斗争，随后，取得领导权的宗教上层分子以"排满、反汉、卫教"为旗帜，鼓吹"圣战"，建立了5个割据政权，互相厮杀，征战不已。这一混乱局势，为外敌入侵提供了可乘之机。

同治三年十二月（1865年1月），浩罕汗国军官阿古柏入侵南疆，占领了喀什噶尔、英吉沙尔、叶尔羌、和阗，后又继续东进，侵占阿克苏和库车，至同治九年（1870）秋，攻陷达坂城，占领吐鲁番、乌鲁木齐，并建立了所谓"哲得沙尔汗国"的殖民政权。随即，沙俄出兵强占伊犁，作为鲸吞新疆的一个桥头堡。同时，英国也加紧对南疆的渗透，力图将阿古柏纳入自己的控制之下。

同治十二年（1873）春，左宗棠复函总理衙门，详细分析了形势，提出了

---

① 《全集》奏稿三，第60–61页。
② 《全集》奏稿三，第63页。
③ 《全集》书信三，第297页。

"从内布置，从新筹度"规复新疆的方案："就兵事而言，欲杜俄人狡谋，必先定回部；欲收伊犁，必先克乌鲁木齐"；就饷事而言，则应"将各军专饷归并为一，相其缓急，均其多寡应之不可"①。

同治十三年（1874）春，张曜、金顺、额尔庆额等部共约17000余人相继出关。七月，清廷以景廉为钦差大臣；金顺为帮办大臣，负责关外事务；左宗棠则督办关外粮饷、转运，负后勤总责。但朝廷内外在是否出兵收复新疆的问题上，意见分歧，就海防与塞防问题展开了激烈争论。

时值日本入侵台湾，至是年秋，中日签订《北京专条》，清廷不但承认日本侵台为"保民义举"，且赔款白银50万两。鉴于当时形势，总理衙门提出筹备海防的六条举措，并在沿海、沿江及有关督抚中详细筹议。为争取更多的海防经费，直隶总督兼北洋通商大臣李鸿章主张放弃新疆，认为"新疆不复，于肢体之元气无伤；海疆不防，则腹心之大患愈棘"②，要求停撤西征军饷，匀作海防之用。湖南巡抚王文韶则主张为防沙俄，应"以全力注重西征"③。左宗棠在权衡全局后，于光绪元年（1875年）三月上折指出："东则海防，西则塞防，二者并重"，"若此时即拟停兵节饷，自撤藩篱，则我退寸而寇进尺，不独陇右堪虞，即北路科布多、乌里雅苏台等处，恐亦未能晏然。"④

左宗棠的主张得到武英殿大学士、军机大臣文祥的支持，清廷遂下定决心出兵收复新疆。光绪元年三月二十七日，左宗棠被任为"钦差大臣、督办新疆军务"，金顺为帮办军务，山西巡抚谭钟麟，"督西征饷事"。

自受命之日起，左宗棠即全力关注筹粮、筹饷、筹转运。他认为西北用兵，军粮和运输是关键因素。北路在归化（今呼和浩特）设"西征采运总局"，南路则在肃州、安西、哈密分别设局筹粮，还从俄国购粮500万斤。此外，又指示"嵩武军"统领张曜在哈密屯田，垦荒19000多亩。关于运输，左宗棠主张关内以车驼为主，并征集到大车5000余辆，驴骡5500头，骆驼29000头，在运输方式上则取"节节转运"的短途接力办法。又认真组织民运，合理给予报酬，严禁骚扰民间。经过努力，在军事行动开始前，前沿地区已集中军粮2480万斤。

较之筹粮和筹运转，筹饷困难更大。左宗棠一年需军饷800余万两，除户部拨款外，多由各省、关（海关）分摊，称为"协饷"。"海防议"起，各省、关所解饷银每年仅二百几十万两，缺口很大。为摆脱窘困，左宗棠只得通过胡光墉在上海向英商高利贷款。此举颇受地方大员及舆论指责，左宗棠本人亦甚痛心。光绪二年（1876）春，清廷发出上谕，决定由户部拨款200万两，各省关提前拨

---

① 《全集》书信二，第375页、第376页。
② 《李鸿章全集》奏议六，第164页。
③ 《筹办夷务始末》（同治朝）卷九十九。
④ 《全集》奏稿六，第188页。

解"协饷"300万两，并允左宗棠自借洋款500万两，以足千万两之数。左宗棠接此上谕，大喜过望，老泪纵横，不能自已。

为提高军队战斗力，左宗棠还对西征军进行了整编集训，并裁撤冗兵，堵塞"空额"，严令出关各营勤加训练，刘锦棠在凉州（武威）训练数月后出关。左宗棠还很重视出关各军的火力配备，分别配以后膛来复线炮、七响后膛枪，同时建立一支由116人组成的专业化炮队，配置后膛炮12门。前线指挥官还使用了先进的双筒望远镜。当时一位研究中亚问题的英国学者曾说，左宗棠的西征军"基本上近似一支欧洲强国的军队"①。

对于作战的战略方针、战术原则，左宗棠都做了缜密思考，提出"官军出塞，自宜先剿北路乌鲁木齐各处之贼，而后加兵南路"，"是致力于北而收功于南也"。② 作战方法则强调"以缓行速战为义"③。这些作战指导思想和原则在实战中均见成效。

光绪二年（1876）六月下旬，清军由小路攻占黄田，旋克古牧地，歼敌五六千人，复乘胜追击，一举收复乌鲁木齐。九月下旬，又克玛纳斯南城，结束了北疆之役。此时，阿古柏妄图凭借天山之险阻遏清军南下，在达坂城、吐鲁番、托克逊三地重点设防。左宗棠分析当时的战场形势是："至南路贼势，重在达坂、吐鲁番、托克逊三处，官军南下，必有数恶仗，三处得手，则破竹之势可成。"④ 战局发展果不出其所料。

光绪三年（1877）春，清军经过半年休整，发动收复南疆之役。左宗棠在加强后路防务后，命刘锦棠率"老湘军"逾岭而南，又派张曜部"嵩武军"、徐占彪部"蜀军"分别由哈密、巴里坤西进，总计兵力20000余人。三月初七日，"老湘军"一举攻克达坂城，毙敌2000余，俘获1200人。刘锦棠又率步骑6营趋吐鲁番，与嵩武军、蜀军会师，克复吐鲁番全境。达坂城、吐鲁番之役共歼灭、俘获敌军约两万人，占阿古柏总兵力的一半，遂敲开了通向南疆的大门，造成破竹之势。四月，阿古柏暴死于库尔勒（一说"仰药自毙"，一说与部下斗殴中死去，一说病死）。七月，刘锦棠率部从托克逊西进，连克喀拉沙尔、库尔勒、库车、阿克苏、乌什。于十一月中旬收复喀什噶尔（今喀什）。月底，又复和阗。至此，除沙俄占据的伊犁外，全疆均告克复，左宗棠以功晋封二等侯爵。

光绪五年（1879）八月，赴俄谈判的崇厚在沙俄逼迫下签订了《里瓦吉亚条约》，仅收回九座空城，却割让了霍尔果斯河以西、特克斯河流域等大片领土，并应允赔款500万卢布。左宗棠得知此消息后痛心疾首，上奏道："兹一矢未闻

---

① D. C. Boulger, *The life of Yakob Beg*, 1878, p. 275.
② 《全集》奏稿六，第421页。
③ 《全集》书信二，第544页。
④ 《全集》书信三，第115—116页。

加遗，乃遽议捐弃要地，餍其所欲，譬犹投犬以骨，骨尽而噬仍不止。目前之患既然，异日之忧何极！此可叹息痛恨者矣！"① 为此，他提出"先之以议论""决之以战阵"②的方针，并表示："衰年报国，心力交瘁，亦复何暇顾及！"③ 他积极准备对俄一战，认为"俄事非决战不可"，"无论胜负云何，似非将其侵占康熙朝地段收回不可"④。

　　光绪六年（1880年）二月，左宗棠拟订了一个三路出击、收复伊犁的计划：以金顺部万人扼精河，阻截俄军东犯，另调"卓胜军"2000人协助；以张曜率步骑7000余人出阿克苏，沿特克斯河趋伊犁为主攻；以刘锦棠率步骑万余人出乌什，为西路。四月，左宗棠率亲兵千余人出嘉峪关，为表抗俄决心，他"舁榇以行"⑤，"至马革桐棺，则固非所计矣！"⑥ 五月初八日，抵哈密。但清廷对武力收复伊犁心存疑惧，遂改派驻英、法公使曾纪泽赴俄彼得堡重开谈判，并于七月调宗棠回京。不过，左宗棠的积极备战，有力地支持了曾纪泽的对俄交涉，使包括特克斯河流域在内的伊犁大部分地区重归祖国怀抱，总算争回了一些权益。

　　在收复新疆的进程中及新疆重归版图后，左宗棠还力图"为新疆画久安长治之策"。在经济上，他着力于减轻赋税，修筑道路，兴修水利，推广蚕丝；在政治上则提出"设行省，改郡县"，先后五次奏请在新疆建省，以巩固国家统一。

　　光绪七年正月（1881年2月），左宗棠应召抵京陛见，以东阁大学士入值军机，在总理各国事务衙门大臣上行走，管理兵部事务。九月，外放两江总督兼南洋通商事务大臣。时值法国加紧侵略越南，并觊觎我国西南边疆，左宗棠遂巡视沿江炮台，校阅渔团，部署长江口防务，力主援越抗法。光绪十年（1884），他在《时务说帖》中说："迨全越为法所据，将来生聚训练，纳税征粮，吾华何能高枕而卧？若各国从而生心"，"鹰眼四集，圜向吾华，势将猛糠及米，何以待之？此固非决计议战不可也！"⑦

　　光绪十年五月二十日，左宗棠奉调回京，复入值军机，极力主张对法一战。六月，法军犯基隆，七月，又于福州外港马尾重创福建水师，清廷被迫对法宣战。左宗棠不顾72岁的高龄及衰病身躯，急请赴东南前线督师，遂被任为钦差大臣、督办福建军务。八月下旬，至江宁，调旧部5000人从征。十月下旬，进驻福州，立即布置防务，巡视马江两岸；又派援军乘渔船偷渡赴台。同时，令地方士绅筹办渔团。光绪十一年六月，宗棠上疏称："台防紧要，关系全局，请移

---

① 《全集》奏稿七，第421页。
② 《全集》奏稿七，第424页。
③ 《全集》书信三，第535页。
④ 《全集》书信三，第656页。
⑤ 王定安：《湘军记》，第332页。
⑥ 《全集》书信三，第583页。
⑦ 《全集》札件，第577-578页。

驻巡抚,以资震(摄)[慑]而专责成"①,这是台湾建行省的过渡步骤。随即,又上《复陈海防应办事宜请专设海防全政大臣折》,提出设"海防全政大臣","驻扎长江,南控闽、越,北卫畿辅",南北洋兵轮各自成军,共设十大军,"归海防大臣统辖。每军设统领一员,秩比提督"。②

光绪十一年七月二十七日(1885年9月5日),左宗棠病死福州,谥文襄。临终时他口授遗折说:"越事和战,中国强弱一大关键也。臣督师南下,迄未大伸挞伐,张我国威,怀恨生平,不能瞑目。"③ 纵观左宗棠的一生,其最大的特点就是在民族危机深重、国家饱受欺凌的时代,他能"锋颖凛凛向敌"④。也正如左宗棠去世后,有人在一首挽诗中所说:"绝口不言和议事,千秋独有左文襄!"⑤

五

左宗棠在40岁以前,曾致力于经世致用之学。入仕后,即与太平军、捻军、陕甘回军作战,晚年又出兵收复新疆,并赴东南抗法。他虽一任巡抚(浙江),三任总督(闽浙、陕甘、两江),并一度涉足枢垣,却始终以军事活动为中心。在戎马倥偬之中,他仍然关心着政治、经济、国计民生问题,并不时阐发其独到见解。在他留下的700多万字的文稿中(包括奏折、咨札、批札、书牍、诗文等)蕴涵着丰富多彩的社会政治思想。当然,其中可谓精华与糟粕并存,创新与守旧同在。这正是中世纪与近代社会交汇时的一种必然现象。纵观左宗棠一生的思想主张,可简略概括如下:

(一) 爱国与忠君思想

近代中国,由于外国资本主义列强入侵,沦为一个灾难深重的半殖民地半封建国家。此时,中华民族与外国侵略者的矛盾成为各种社会矛盾中的主要矛盾,而对待列强侵华的态度,就成为中国任何一个阶级、阶层、集团、个人是否坚持民族大义的试金石,高扬爱国大旗一直是时代的主旋律。

第一次鸦片战争的爆发是左宗棠成为爱国者的起点。其后,他以"师夷长技以制夷"为宗旨,兴办洋务,力图通过学习西方的先进科学、技术达到"富国强兵"的目的,这是他爱国思想的进一步发展。19世纪70年代,左宗棠以古稀

---

① 《全集》奏稿八,第596页。
② 《全集》奏稿八,第593-594页。
③ 《全集》奏稿八,第604页。
④ 《清史稿·左宗棠传》。
⑤ 《全集》附册,第783页。

之年，出兵收复新疆，为国家统一大业做出了重大贡献。他衰年报国，不以用兵边塞为苦，即使"马革桐棺"亦"固非所计"，这是左宗棠爱国思想发展到高峰的标志。

当然，左宗棠毕竟是地主阶级的代表人物，他的爱国思想不可能脱离封建地主阶级的根本利益，也不能不受到他生活的那个时代的限制。因此，热爱祖国、抵抗侵略的思想和忠于清王朝、报答皇帝"知遇之恩"的情感，总是不可分割地交织在一起，从而形成了左宗棠性格、观点的复杂性。他的爱国思想不可避免地要打上深深的阶级烙印，忠君思想就是这烙印的鲜明标记。

（二）经世与民本思想

经世思潮在清代崛起于18世纪，鸦片战争前后，随着社会和民族危机的加剧，封建士大夫中一部分开明之士匡时济世，主张经世致用，反对脱离实际、空谈义理的学风，力图兴利除弊，强国御侮。

经世思想的核心是"民本"思想，即所谓"民为邦用，本固邦宁"①。左宗棠承继了儒家的这种"务本原之学"，强调"为政先求利民"②"保民之道，必以养民为先"③，"一片心肠都在百姓身上"④，为达"保民""养民"之目的，他发挥了经世学家（特别是包世臣）"好言利"的观点，主张以合乎"情理"的手段（财与力）去求利，"农之畔，工之器，商贾之肆，此以其财与力易之者也"⑤。他赞赏那种以一艺一技得名的人，尽管这种人为一般士大夫所不齿，但他们自食其力，有益社会："吾益人而不厉乎人，尽吾力，食吾功焉，斯亦可矣！"⑥

左宗棠的民本思想较之前辈的地主阶级改革派有所发展，为"兴利除弊"的传统举措增添了新内容。他提出的兴利措施范围要宽广得多，除屯垦、畜牧、兴修水利、植桑养蚕、造林、制茶外，还从西方引进机器设备，办厂开矿，创办近代企业，并提出"不夺民间固有之利，收回洋人夺去之利，更尽民间未尽之利"，强调"民利仍还之民"⑦。这些主张在当时无疑具有很大的进步意义。

诚然，左宗棠对西方资本主义经济的认识还非常肤浅，囿于封建时代的"农本"观点，他否认资本主义经济的先进性，竟称"彼之末富安能与我之本富争，彼之淫巧安能与我之食货比"⑧，这种幼稚可笑的评论正是他认识局限性的表现。

---

① 《尚书》。
② 《全集》札件，427页。
③ 《全集》书信三，759页。
④ 《全集》札件，139页。
⑤ 《全集》诗文·家书，244页。
⑥ 《全集》诗文·家书，第243页。
⑦ 《全集》奏稿八，第539页。
⑧ 《全集》书信三，第759页。

(三)"师长"与洋务思想

左宗棠承继了林则徐、魏源"师敌长技以制敌""师夷长技以制夷"的思想,大声疾呼:"策士之言曰'师其长以制之',是矣。一惭之忍,为数十百年之安,计亦良得,孰如浅见自封也。"① 与林、魏不同的是,左宗棠不仅是"师长"思想的承继者,而且还是这一思想的发展者和实践者。

为了达到自强的目的,左宗棠强调"中不如西,学西可也,匠之事也"②。又说:"谓我之长不如外国,藉外国导其先,可也;谓我之长不如外国,让外国擅其能,不可也。"③ 在这种思想的指导下,左宗棠创办了马尾船政局和甘肃织呢总局。他虽提倡学习西方先进技术,却不迷信洋人而妄自菲薄。办洋务初见成效后,左宗棠颇有信心地说:"后此赓续恢张,规模既得,熟极巧生,安知不突过西人耶!"④

左宗棠办洋务,坚持自造和自管的自主原则,并着力保护民族经济。他总结自己办洋务的经验时说:"因思自强之道,宜求诸己,不可求诸人。求人者制于人,求己者操之己。"⑤ 船政局创办之始,他就鲜明地强调"夫习造轮船,非为造轮船也,欲尽其制造、驾驶之术耳。"⑥ 他创办甘肃织呢总局,也是想"以中华所产羊毛,就中华织成呢片,普销内地"⑦;又强调,电线、铁路,外人也不能干预。

左宗棠还很重视对洋务人才的培养。为此,他在创办马尾船政局的同时,还创办了"求是堂艺局"(即后来的船政学堂),使"西法"得以"衍于中国"⑧。同时,他还主张向国外派出游历、游学人员(即考察团和留学生),对船政学生赴英、法留学也大力支持,认为是"题中应有之义"⑨。

(四)吏治与教育思想

左宗棠的父亲、祖父都以教书为业,他年轻时也曾主讲醴陵渌江书院、长沙朱文公祠,且在安化陶家做了八年的家庭教师。他对育才之道相当重视,曾提出"吏治—人才—人心—学术"的公式,即所谓:"天下之乱,由于吏治不修;吏

---

① 《全集》诗文·家书,第292页。
② 《全集》书信三,第117页。
③ 《全集》奏稿三,第63页。
④ 《全集》书信二,第432页。
⑤ 《全集》奏稿八,第136页。
⑥ 《全集》奏稿三,第342页。
⑦ 《全集》札件,第441页。
⑧ 《全集》奏稿三,第342页。
⑨ 《全集》书信二,第432页。

治不修，由于人才不出；人才不出，由人心不正，此则学术之不讲也。"① 在左氏看来，穷究"天下之乱"的根源就在于"学术之不讲"，换句话说，即文化教育的失败（这种说法自然不全面，也不完全正确）。故此，他希望通过兴办教育，培养出一批有学识、有操守，能为巩固封建统治出力的人才。他培养人才的着眼点在于德才兼备，名实相符，即"所贵读书者为能明白事理，学作圣贤，不在科名一路。如果是品端学优之君子，即不得科第，亦自尊贵"②。

（五）军事与作战指导思想

左宗棠是中国近代著名的军事家，他不但有着丰富的实战经验，也有一套系统的军事理论。首先，他很重视军事统筹艺术的运用，即中国古代军事家所强调的"庙算"。在国防战略上，他着眼全局，坚持海防与塞防并重的方针。在组织具体战役时，又非常重视基本打击方向的选择，比如进兵陕甘时，提出"先捻后回，先秦后陇"的方针；收复新疆时，则以"先北后南""缓进急战"为战略指导。此外，左宗棠军事理论中的另一个亮点是他的"慎战"思想，他反复讲要"慎之又慎"③，因为"打仗是过硬的事，一分乖巧着不得"④。所谓"慎"，是指思虑要周密，部署要妥帖，在军事行动前，要考虑到作战的各个方面，如敌情和己情、前方和后方、军心和民心、进攻和防御、筹兵与筹粮、平原作战与山地作战、正面进攻与侧面迂回等等。左宗棠甚至对"慎战"做了这样的概括——"慎之一字，战之本也"⑤，可以说慎战是左宗棠军事思想的核心。

六

左宗棠不仅是中国近代著名的政治家、军事家，也是著名的思想家。他一生笔耕不辍，著作等身，生前即有《恪靖伯奏稿》（同治七年福建刻本）、《盾鼻余沈》（为左氏诗文专集，光绪七年有陕西刻本、北京刻本两种）等问世。左宗棠去世后的第四年（即1888年），左氏子孙始收辑他的遗稿，并请其门人杨书霖编次、校勘。光绪十六年（1890），由长沙萃文堂刻刷局开雕，历经八年，于光绪二十三年（1897）刻成。这是一部校勘精审、用力颇勤的精刻本。

20世纪80年代初，国务院古籍整理出版规划小组将《左宗棠全集》列为第一批规划项目，由湖南社会科学院牵头承担，岳麓书社负责出版。1983年春，

---

① 《全集》书信一，第181页。
② 《全集》诗文·家书，第19页。
③ 《全集》札件，第167页。
④ 《全集》书信一，第252－253页。
⑤ 《全集》札件，168页。

刘晴波、刘泱泱等先生接受主持这一项目的任务，经各方支持，通力合作，历经13个寒暑，终于在1995年秋完成了《左宗棠全集》的整理编辑工作，由岳麓书社从80年代开始陆续出版问世，全书15巨册，总计770万字。

新编《左宗棠全集》以光绪十六年（1890）开雕的左氏家刻本《左文襄公全集》为底本，尽力访求有关文献，工作人员足迹遍及全国16个省市自治区。校点工作以准确、精当为标准，印刷装帧亦力求精美。编校者付出了大量艰辛劳动，终于取得了丰硕成果。以篇数论，新编《左宗棠全集》比底本新增文献2073篇（增加47%）；以字数论，原《左文襄公全集》约450万字，新版《左宗棠全集》则达770万字，增加约70%，这无疑是左宗棠研究中一项重要成就。

要从770万字的皇皇巨著中遴选出一部几十万字的选本，真是谈何容易！编者虽在30多年前就开始研究左宗棠这个晚清人物，但仍感选编工作之艰巨。不过既然承担此一任务，只有勉力为之。我的遴选原则（或曰标准）是：

（1）力求全面反映入编者之思想、活动，入选文稿无论在时间上（早年、中年、晚年各个时期）、活动上（政治、经济、军事、文化、教育各个方面）还是文体上（奏折、书信、诗文、札件、题词等）均力求无重大遗漏。

（2）重点选择能反映入编者主要思想（如左宗棠的爱国思想、洋务思想、军事思想、教育思想等）以及其思想演变、形成过程的论著。

（3）由于入编者的身份定位（近代著名的政治家、军事家），入选论著自然以奏稿、书信为主，因为这两部分内容更集中体现了其政治、军事思想的精华。

（4）左宗棠虽不以诗词见长，但他留下的数量不多的诗词颇具特色，且能反映其思想主张，故收入了少量诗作。

（5）在版本选择上，因新编《左宗棠全集》（岳麓书社版）内容全面、丰富，校点准确、精当，故全部选文均出自该版本。同时，此次选本校改了先前的一些讹误。其中，原史料中的讹误及对其的校改，依《全集》体例，仍用"（）"和"［］"表示，"（）"中为应删去的字，"［］"中为要增补的字。《全集》中的讹误，均已出注。

《中国近代思想家文库·左宗棠卷》终于编辑完成了，编者、出版社希望该书能对读者了解、研究左宗棠这位中国近代名人有所帮助，特别是对那些工作繁忙、时间有限而又对左氏其人颇感兴趣的读者，一部左宗棠论著选本，或许是他们所需要的。能为读者略尽绵薄之力，也是我的心愿。

（《中国近代思想家文库·左宗棠卷》，中国人民大学出版社2012年11月版）

为"中国梦"注入正能量

——《左宗棠：帝国最后的鹰派》序

湖南籍作家徐志频先生的新作《左宗棠》杀青了。作者和责任编辑都希望我能为这部新著写一篇序言。之前，中国青年出版社的编辑将书稿寄给我，征求意见。此后，作者又直接与我沟通，盛情可感！

志频先生是位作家，也是自学成才的青年文化学者。他在媒体工作多年，博览群书，勤于写作，不足40岁的年龄，竟出版了11部作品，真可谓孜孜不倦、笔耕不辍，这种勤奋好学的精神是令人敬佩的。另外，志频先生也是一位很有社会责任感的作家，他深信一个国家要有国格，一个民族要有精神支柱，一个公民要有社会责任感。他自述创作这部《左宗棠》的初衷之一，就是想把"社会正义"激活起来。那么，左宗棠到底是一个什么样的历史人物？他的所作所为与激活"社会正义"又有什么关联呢？

左宗棠（1812—1885），字季高，一字朴存，湖南湘阴人。是我国近代杰出的政治家、军事家、思想家，同时也是一位在半封建半殖民地时代没有奴颜媚骨，敢于坚决抵御外辱的杰出爱国者。鲁迅先生把我国历史上那些埋头苦干、拼命硬干、为民请命、舍身求法的人称之为"中国的脊梁"[1]，把左宗棠列入"中国脊梁"式的人物之一，应不为过。

左宗棠生活的时代是中国最后一个封建王朝——清王朝急骤走下坡路并濒临崩溃的时代。同时也是西方资本主义列强用鸦片和炮舰敲开中国大门，并一步步把中国变成半封建半殖民地社会的时代。内忧外患纷至沓来，民族危机日益加剧的形势，给左宗棠的思想打上了深深的时代印记。

除时代影响外，家庭与社会的熏陶对左宗棠个人的成长、思想观念的形成也起着非常重要的作用。左宗棠出生在一个社会地位不高、经济状况不佳的"耕读之家"，过着"非脩脯无从得食"的清苦日子。他早年就读长沙城南书院，生活相当窘迫，竟至"日食不给，赖书院膏火之资以佐食"[2]。艰辛的生活使青年时代的左宗棠有机会接触下层社会，了解社会弊端、民间疾苦，遂使"经世致用"思潮在他胸中激起无法平静的涟漪。

在接受"经世致用"思想，探讨改革社会的过程中，左宗棠是幸运的，因

---

[1] 鲁迅：《中国人失掉自信力了吗?》
[2] 左孝同：《先考事略》，转引自罗正钧：《左宗棠年谱》第9页，岳麓书社1982年版。

为他得到了当时著名经世派官员的赏识、指导和帮助。陶澍、贺氏兄弟（贺长龄、贺熙龄）、林则徐等都对他赞赏有加，待以"国士"，目为"奇才"，寄予厚望。他们的爱国思想、务实精神对左宗棠的启迪和成长是不言而喻的，林则徐在左宗棠心目中被视为"天人"；另一位著名的经世学者魏源，也深受左氏推崇，其著作被誉为"伟为不可及"①。林、魏的忧患意识与时代精神为左宗棠增添了丰富的思想营养，对其爱国及"师长"思想的形成产生了深刻影响。

左宗棠一生主要做了三件大事，即：镇压太平军、捻军及陕甘回军；在"师夷长技以制夷"的思想指导下，创办了近代军用和民用企业；坚决抵抗外侮，捍卫国家领土完整，出兵收复新疆，并在东南抗法。纵观其一生，我们应该如何来认识、评价这位历史人物呢？

历史人物是复杂、多样的，也是充满个性的，并且是处在动态的变化中。因此，研究、评价、描述历史人物，就不能简单化、静止化、模式化。回顾几十年来对左宗棠的评价，因时代不同，观点各异，往往是起伏不定，高低有别。20世纪五六十年代，因政治气候的影响、思想方法的片面，左宗棠被视为"刽子手"和法国在华的"代理人"；20世纪70年代末和80年代初，随着解放思想、拨乱反正之风吹拂学术界，对左宗棠的研究取得了很大进展，对这位历史人物的评价终能实事求是，趋于公正。如果把左宗棠放到整个中国近代历史过程中去审视，我们可以看到，他的确对于近代中国，对于中华民族做出了突出的历史贡献，其表现主要有三个方面。

第一，他是近代中国统一、领土主权完整的坚决捍卫者。1840年（清道光二十年），鸦片战争爆发，时为"山野之民"的左宗棠就密切关注时局的发展，以保国卫民为己任，并提出具体御敌的措施。第二次鸦片战争时，他也曾表达要与敌"决死战"的信念。左宗棠为捍卫祖国领土完整做出的最大贡献，是他在19世纪70年代以边防艰巨为己任，力排众议，率师西征，一举收复占我国领土六分之一的新疆，为子孙后代保住了一片大好河山。又以壮士之豪情，拼死一战的信念"舆榇出关"，以武力为后盾，收复了被沙俄霸占的伊犁地区。在1883—1885年的中法战争中，面对气势汹汹的法国侵略者，左宗棠决计议战，最终病逝于福州前线，临终还口授遗言说："臣督师南下，迄未大伸挞伐，张我国威，怀恨生平，不能瞑目！"②

纵观左宗棠一生，其最大特点就是在民族危机严重、国家饱受欺凌的时代，仍能"锋颖凛凛向敌"③。正如有人在一首挽诗中所赞扬的："绝口不谈和议事，

---

① 《左宗棠全集》书信三，第596页。
② 《左宗棠全集》奏稿八，第604页。
③ 《清史稿·左宗棠传》。

千秋独有左文襄！"①

其二，他是中国近代化的先驱者之一。19世纪中叶近代化的潮流席卷世界，其标志是科学技术的蓬勃发展，机器生产代替手工劳动。而中国早期的近代化则是从军事层面开始的。有识之士审时度势，提出了"师夷长技以制夷"的主张。左宗棠不仅充分肯定魏源等人"师长"的主张，而且决心把这一主张付诸实践。他于清同治五年（1866）勾画出近代化造船厂的蓝图，随即创办了我国第一家真正意义上的近代化造船厂——马尾船政局。总督陕甘后，又在兰州开办了我国第一家机器毛纺厂——兰州机器制呢局，成为我国近代开发大西北的先声。

其三，他是中国优秀文化传统的承继者、发展者和践行者。左宗棠不仅为捍卫祖国领土主权，推进中国近代化事业做出了贡献，同时也是中国近代一位杰出的思想家。他发扬光大了中国传统文化中的优秀思想和精神。中华民族不仅以勤劳朴素、刻苦耐劳著称于世，也以酷爱自由、坚决反对外来压迫而自立于世界民族之林。中国自古即提倡"富贵不能淫，威武不能屈"的斗争精神和"成仁""取义"的献身精神。历史上众多铁骨铮铮的人物中，左宗棠是其中之一。在近代反侵略战争中，左宗棠始终高扬爱国旗帜，坚决抗击外侮，反对妥协、投降，他振臂高呼"和戎自昔非长算，为尔豺狼不可驯！"② 在中国历史上，"杀身成仁、舍生取义"的信念曾激励着无数仁人志士为捍卫正义事业而前仆后继，呼啸前进！与先贤相比，左宗棠毫不逊色，当沙俄侵占伊犁的消息传来，他当即表示"西顾正殷，断难遽萌退志，当与此房周旋！"③ 在伊犁交涉处于紧要关头时，年近古稀的左宗棠毅然站在抗俄斗争的第一线，出屯哈密，表示"至马革桐棺，则固非所计矣！"④ 在中法战争中，左宗棠任两江总督兼南洋通商大臣，不但积极备战，而且表示如遇"寇警"，"防所即是死所，当即捐躯以殉"⑤。

左宗棠还继承和发扬了中华民族自强、自立的精神。《易传》云"天行健，君子自强不息"，左宗棠从救国救民的目的出发，表达了对自强精神的追求，他说："我能自强，则英、俄如我何！不能自强，则受英之欺侮，亦受俄之欺侮，何以为国？"⑥

在中国传统思想中，民本思想是一大特点。儒家坚持"民为贵"的理念，左宗棠承继这一思想，并加以发挥，他强调"为政先求利民，民既利矣，国必与焉！""欲知民事，必先亲民""一片心肠都在百姓身上"。⑦ 正是从这一点出发，

---

① 《左宗棠全集》附册，第783页。
② 《左宗棠全集》诗文·家书，第49页。
③ 《左宗棠全集》书信二，第246页。
④ 《左宗棠全集》书信三，第583页。
⑤ 《左宗棠全集》奏稿八，第263页。
⑥ 《左宗棠全集》书信二，第570页。
⑦ 《左宗棠全集》札件，第427、270、139页。

左宗棠提出并实施了兴利除弊、为民造福的诸多举措，不但兴屯田，修水利，植桑养蚕，造林制茶，而且设厂开矿、创办近代企业，誓要"不夺民间固有之利，收回洋人夺取之利，更尽民间未尽之利"[①]。

当然，如同一切历史人物一样，左宗棠不是"完人"，他必然受到历史时代、阶级地位和个人思想认识的种种局限。作为一个封建时代的政治家、军事家、思想家，他不可能跳出封建旧垒，他的思想和行为必然会打上时代和阶级的烙印，这是毋庸讳言的，也是不应苛求于前人的。

2012年是左宗棠诞生200周年，在这位历史伟人的故乡——湖南湘阴举行了盛大的纪念活动和学术活动。2013年，湖南籍作家、学者徐志频又经过自己辛勤的耕耘，出版《左宗棠》一书。我细读了一遍书稿，感到这是一部用力颇勤、基本尊重史实，且具有一定时代感的历史传记文学作品。作者在讲史中穿插传闻、故事，偶尔联系现实，拉近历史人物、历史环境与今人的距离。语言流畅，娓娓道来，饶有趣味，适合当今人们的阅读要求，也能起到"鉴古知今、以史育人"的作用。

当然，作家并非以历史为专业，对左宗棠这位历史人物也许还缺乏深入研究，因此，在历史事实和时代分寸感的把握上会有一些欠缺和瑕疵，这是不足为怪的。但瑕不掩瑜，志频先生献给广大读者的这部新作必将给人以启迪，给人以激励，用一句当下时髦语说：这部书为今天我们实现"中国梦"注入了正能量。

（《左宗棠——帝国最后的鹰派》，中国青年出版社2014年1月版）

[①] 《左宗棠全集》奏稿八，第539页。

《湖南出了个左宗棠》序言

陈明福先生的新著《湖南出了个左宗棠》即将由湖南人民出版社出版，作者诚恳邀我为他的这部新著写篇序言，盛情难却，只好勉力为之。

左宗棠（1812—1885），字季高，一字朴存，湖南湘阴人。他是我国近代杰出的政治家、军事家、思想家，同时也是一位在半封建半殖民地时代没有奴颜媚骨，敢于坚决抵御外侮的杰出爱国者。鲁迅先生把我国历史上那些埋头苦干、拼命硬干、为民请命、舍身求法的人称之为"中国的脊梁"[1]，将左宗棠列入"中国脊梁"式的人物之一，应不为过。

左宗棠一生做了三件大事，即镇压太平军、捻军及陕甘回军；在"师夷长技以制夷"的思想指导下创办了近代军事和民用企业；坚决抵抗外侮，捍卫国家领土完整，出兵收复新疆，并在东南抗法。纵观其一生，我们应该如何认识、评价这位历史人物呢？

历史人物是复杂、多样的，也充满个性，并且是处在动态的发展变化中。因此，研究、评价、描述历史人物，就不能简单化、静止化、模式化。回顾从左氏去世后，百余年来对左宗棠的评价，因时代不同，观点各异，往往是褒贬杂陈，起伏不定，高低有别。

对左宗棠进行研究，可追溯到19世纪末。左氏去世后的第三年（光绪十四年，1888年），他的子孙即开始编辑左公全集，历时三年，纂成118卷，随后又由罗正钧撰成《左文襄公年谱》10卷。这些都还称不上真正的研究，只能说为后人研究准备了较为完备的材料。辛亥革命前夜，民主革命的宣传家力倡推翻帝制，创立共和。他们以犀利的笔锋，淋漓尽致地批判封建专制主义，斥光绪皇帝为"载湉小丑，未辨菽麦"，使人耳目一新，但评论到左宗棠时，却不一笔骂倒。如章太炎既指责左宗棠"为虏将兵，以敌洪氏"，又肯定他治军严整，"士卒有创伤平民者，必诛无贷"，且视左宗棠为从古以来有大学问、成大事业的人物，赞叹"他那出奇制胜的方略，毕竟令人佩服"[2]。到了20世纪三四十年代，时值日军入侵，山河破碎，国土沦丧，民族危机空前严重！闻鼙鼓而思良将，民间和学术界对左宗棠颇为推崇，意在"表彰民族之功臣，而不愿使之遗恨九泉也"！[3]

---

[1] 鲁迅：《中国人失掉自信力了吗？》。
[2] 章太炎：《演说录》，《民报》第6期。
[3] 姚欣安：《清末新疆政策底史的发展》，《西北研究》第3期（1932年）。

新中国成立后，史学界强调用阶级分析方法评价历史人物，左宗棠因参加镇压太平天国运动、捻军农民起义及陕甘回民起义，被戴上"极端反动的屠夫""万恶的民贼"的帽子；又因在办洋务过程中，雇用了法国人日意格、德克碑等，被称为"法国的代理人"。20 世纪 50 年代末，随着对阿古柏入侵政权性质的讨论，左宗棠收复新疆的历史功绩才得到正面肯定。"文革"结束后，学术界在拨乱反正的大气候下，冲破"左"的思想牢笼，对左宗棠的研究、评价终能比较实事求是，一些学者撰文称赞左宗棠是一位"杰出的爱国者"，"是一个具有战略眼光的封建政治家"。20 世纪 80 年代初，身为国家领导人之一的王震将军公开评价左宗棠，指出：

> 他在后期也捍卫过中国的主权和领土，维护了国家的统一，抵抗了英国和俄国的扩张，对我们的民族、国家是有功绩的。[①]

我也正于此前开始涉足左宗棠研究领域。明福先生于 2013 年 11 月 20 日邀我写序的大札中强调："我建议您将早期研究左宗棠的过程和识见，特别是与王震将军的交往写进去，因为读者都不了解"，还嘱咐"多写写研究左公的曲折经历"。为不负明福先生的雅意，只得多赘数语，以示对他的尊重。

我研究左宗棠是从 1979 年开始的，当时正在中国人民大学清史研究所读研究生，我的学位论文题目是《左宗棠研究》。论文完成后，曾特意向中国社会科学院近代史所著名历史学家余绳武先生求教。余先生关心晚辈，奖掖后进，在认真读完后，即于 1981 年 7 月 25 日致函笔者："大作不乏理论勇气，甚佩！史实也许稍嫌简略，将来似可在此基础上加以充实，扩大成一本学术性的《左宗棠传》。"余先生又建议说："据我所知，王震同志对左宗棠问题颇感兴趣。我意您可考虑将此稿寄呈王震同志审阅，争取得到他老人家的指导。如果您有不便，我可以托人转呈。"

事后我才领悟到，余先生的建议是别有深意的。20 世纪七八十年代之交，时值改革开放之始，学术界、理论界虽然在改革春风吹拂下一片生机勃勃的景象，但也还存在某些有形无形的"禁区"，一些传统观念还在束缚人们头脑，"解放思想"毕竟是个逐步的过程。我的"麻烦"果然来了。研究所领导委托三位老师专门找我谈话，认为论文对左宗棠评价太高，对某些传统观点有颠覆之嫌，并示意如不修改，将很难在答辩会上获得通过。我知道，领导和老师们的建议是出于好意，不希望我的论文答辩节外生枝。但我仍想坚持个人的学术观点，强调文责自负，即使论文不能通过答辩，也在所不惜。

恰在此时，我收到了王震老对《左宗棠研究》一文（此文经近代史所刘存宽先生联系时供职外交部的鲁桂成转呈王老）的回复意见。他在送呈论文上密密

[①] 王震：《学习历史，发扬爱国主义精神》，《红旗》1982 年第 2 期。

麻麻地写了很多批注，可见阅读之细。1981年9月10日王老还在论文扉页上写道："我深觉杨东梁同志写得好，读了甚获教益"，又建议作者继续深造，以取得更大成绩，并望鲁桂成同志转达他的意见。王老的意见无疑给了我极大的鼓舞，但经过认真考虑，自认为不应该"拉大旗作虎皮"，更不应辜负老师们的良苦用心，所以最后采取了一种折中的办法，即把论文中有可能引起争议的内容暂时撤下来，算是保留意见。后来出版《左宗棠评传》一书（1985年由湖南人民出版社出版）时，如愿补充进去了。

拙著出版后，曾寄送王震老一册，以求指正。王老读完后，又热情致函作者称：

> 您送我的《左宗棠评传》一书，已收到，谢谢。我先读的序言、后记，而后把正文粗略读了一遍，感到您治学态度严谨，搜集史料丰富，很好。……我特推荐中央党校图书馆、各教研室、新疆维吾尔自治区、新疆生产建设兵团各学校、企业单位购买一些，供学习。

王老的评价、鼓励更督促我辈精益求精，不敢在治学上有丝毫懈怠。

我之所以把这段30多年前（至本文写作时）的研究经历披露出来，是为了还原当时正在转型中的学术环境，让今天的研究者，特别是青年学者们更深刻地体会到学术研究的艰苦，从而更加珍惜今天宽松的研究氛围。

20世纪80年代以后，左宗棠研究取得了很大进展，不但发表了几百篇论文，而且出版了多部学术专著。岳麓书社还重新整理并出版了《左宗棠全集》，共15巨册，总计约770万字。新版《全集》不仅比清末编辑的《左文襄公全集》增加了各类佚文80余万字，而且订正了原刻本中诸多错讹、颠倒、衍文、脱文等，并酌加校注，这无疑是左宗棠研究领域中一项重大的学术成就。

作为一位历史名人，左宗棠不仅在中国近代史上具有独特的地位，而且在世界范围内也有相当影响。20世纪三四十年代，美国人贝尔斯（Bales. W. L.）、日本人西田保都曾为他作传。1944年，时任美国副总统的华莱士（Wallace. H. A）访华路过兰州时，曾说："左宗棠是近百年史上世界伟大人物之一，他将中国人的视线扩展到俄罗斯，到整个世界"，"我对左宗棠抱有崇高的敬意。"[①] 2000年，适逢公历纪年中第二个一千年的开启之年，美国《新闻周刊》第一期开辟了"千禧年一句话"栏目，这个栏目共刊载了最近一千年中全世界40位"智慧名人"，其中中国有三位，即成吉思汗、左宗棠、毛泽东。可见，左宗棠不仅是一位中国伟人，同时也是一位世界伟人。

纵观左宗棠的一生，认真审视他的历史贡献，大致可以归纳为三个方面：第一，他是近代中国国家统一、主权完整的坚定捍卫者。在两次鸦片战争中，尽管

---

① 转引自华中师大图书馆编海外资料《左宗棠专辑》。

当时他在政治舞台上尚未崭露头角，却抱着"国家兴亡，匹夫有责"的信念，提出积极的御敌主张；19世纪70年代，左宗棠身为清廷重臣，终于可以一展抱负，力排众议，克服种种困难，率师西征，一举收复了占我国领土1/6的新疆地区，为子孙后代保住了一片大好河山。又豪情万丈，"舆榇出关"，以武力为后盾，为收复被沙俄霸占的伊犁地区做出了贡献。在19世纪80年代的中法战争中，面对蛮狠、狡诈的法国侵略者，左宗棠加强战备，"决计议战"，最终病逝于福州前线，并留下了"迄未大伸挞伐，张我国威，怀恨生平，不能瞑目"的悲壮遗言。

在强敌频频入侵，人民饱受欺凌的近代中国，左宗棠不畏强暴，始终坚持"锋颖凛凛向敌"①，这是何等难能可贵！怪不得有人在一首挽诗中赞叹道："绝口不提和议事，千秋独有左文襄！"②

第二，他是中国近代化的先驱之一。19世纪中叶，近代化的潮流席卷世界，也席卷中国，这个近代化的标志就是发展科学技术，以机器代替手工劳动。而早期的中国近代化是从军事层面开始的，当时的有识之士如魏源等提出了"师夷之长技以制夷"的主张。左宗棠不仅充分肯定了"师长"的命题，而且决心付诸实践。他坚信"泰西巧而中国不必安于拙也；泰西有而中国不能傲以无也"③，从而创办了马尾船政局，并使之成为我国第一个真正意义上的近代化造船厂。

为改变我国西北地区的落后面貌，左宗棠又在兰州创设甘肃织呢总局，建成了我国历史上第一家机器毛纺厂，成为我国近代开发大西北的先声。

第三，他是中国优秀文化传统的承继者、发展者和践行者。左宗棠不仅是我国近代一位著名的政治家、军事家，同时也是一位杰出的思想家。他的爱国思想、经济思想、从政思想、军事思想、教育思想都有独到之处。他承继并发扬、光大了中国传统文化中的优秀思想和精神。

中国自古即提倡"富贵不能淫，威武不能屈"的斗争精神和"成仁""取义"的献身精神。左宗棠不仅秉承先贤遗训，而且付诸实践，在中国近代反侵略斗争中，始终高扬爱国的旗帜，坚决抗击外侮，反对妥协、投降。在鸦片战争中，他振臂高呼："和戎自昔非长算，为尔豺狼不可驯。"④当新疆地区大片土地沦丧，边疆危机空前严重时，左宗棠愤言道："何敢自惜残生，置身事外。"⑤为收复被沙俄强占的伊犁，他又"舆榇出关"并表示"至马革桐棺，则固非所计

---

① 《清史稿·左宗棠传》。
② 《左宗棠全集》附册，第783页。
③ 《左宗棠全集》奏稿三，第60—61页。
④ 《左宗棠全集》诗文·家书，第459页。
⑤ 《左宗棠全集》奏稿，第5册，第403页。

矣!"① 中法战争中，身任两江总督的左宗棠积极备战，宣称如遇"寇警"，"防所即是死所，当即捐躯以殉"②，其铮铮铁骨、无畏气概大长了中国人民志气；其为国效命、无私献身无愧于中华民族英雄！

自强、自立是中华民族的传统美德，左宗棠从救国、救民的目的出发，坚持对自强精神的追求。他说：

我能自强，则英、俄如我何！不能自强，则受英之欺侮，亦受俄之欺侮，何以为国？③

此言是多么深刻且有远见！可以作为当今乃至未来全体炎黄子孙发愤自强、实现中国梦的格言！

左宗棠还承继了中国传统的"民本"思想（即所谓"民为邦本，本固邦宁"），强调"为政先求利民，民既利矣，国必与焉！"、"欲知民事，必先亲民"、"一片心肠都在百姓身上"④，并进而提倡"兴利除弊"，为民造福。此亦颇有现实意义。

当然，如同一切历史人物一样，左宗棠不是"完人"，他必然要受到历史时代、阶级地位和个人思想认识的种种局限。作为一个封建时代的政治家、军事家、思想家，他不可能跳出封建旧垒，他的思想和行为必然会打上时代和阶级的烙印，这是毋庸讳言的，但不应脱离历史环境苛求于前人。

对左宗棠这位垂名青史的人物加深研究，广为宣传，于我们当前实现富强国家的"中国梦"，无疑是有现实意义的。陈明福先生作为一位勤奋、多产的军旅作家，为此做出了孜孜不倦的努力，他那种老骥伏枥、壮心不已的精神确实令人感动！我写这篇序言，既是想阐述一点自己对左宗棠研究的心得，也是想表达个人对明福先生的由衷敬意。

（作于2013年12月；《湖南出了个左宗棠》，湖南人民出版社2015年6月版）

---

① 《左宗棠全集》书信三，第583页。
② 《左宗棠全集》奏稿八，第263页。
③ 《左宗棠全集》书信二，第570页。
④ 《左宗棠全集》札件第427、270、139页。

"红花绿叶，相得益彰"

——谈《清代诗文集汇编》作者小传的撰写

一部洋洋洒洒的鸿篇巨制——《清代诗文集汇编》（以下简称《汇编》）正由上海古籍出版社出版，现已陆续问世。这部《汇编》将有清一代268年间有一定代表性人物的诗文集悉数收入，并在每部诗文集前配以一篇作者小传，简要地介绍每一位作者，以起导读作用。这无疑是一件非常有意义的事，正如国家清史纂修工程项目总主持人戴逸教授所说："我们能编出一部三千多人的清代诗文集，配以一套完整的小传，红花绿叶，相得益彰。"

清代诗文浩如烟海，今存诗文集逾40000种，是一笔重要的文化遗产，不但对今天纂修清史有宝贵价值，而且对保存、学习、利用、弘扬中国传统文化遗产有重要意义。从如此宏富的清人诗文集中，精选出一部《汇编》，其选择原则的重要一项就是考虑到作者在清代的政治、经济、学术文化诸方面有一定地位，对清代社会的各个方面均产生过相当影响。因此，研究这些作者，介绍这些作者，就成为编纂《清代诗文集汇编》的一项必不可少的重要内容。《汇编》共收清人诗文集4058部，由于一位作者有收录数种者，故作者小传为3423篇，总计72万余字。

"历史不过是追求着自己目的的人的活动而已。"① 众多清代人物活跃在历史舞台上，从事着不同的活动，追求着各自的目的。其中既有帝王将相，也有平民百姓，既有政治、军事专家，也有商界、文坛巨子，既有能工巧匠，也有遗民逸士。在意识形态领域，他们或承传民族文化，或立志弃旧图新，有人虽地位并不显赫，却为后人留下了有价值的思想、文艺作品。这些人物经历迥异，志趣不同，品德、才能长短有别，艺术风格各有千秋，林林总总，百态千姿。而《汇编》中的作者小传就是简要介绍所收诗文集作者生平的文字。

按照规定，作者小传的内容包括姓名、字号（含别号、室名、谥号）、生卒年、籍贯、科举功名、生平履历、学术活动及对其学术成就的简略评价。每篇小传务求文字精练，言简意赅，一般为一二百字，重要人物亦以三百字为限，并要求每篇小传后面附有参考文献，以备查考。

按以上要求编写出一套含3400多人的清代诗文集作者小传，确非易事。须知，经全国史学工作者多年努力，撰写、出版的《清代人物传稿》（上、下编）只收了1500多人，现正在纂修的大型清史中的人物传记，虽然各方面代表人物

---

① 马克思、恩格斯：《神圣家族》，《马克思、恩格斯全集》第2卷第118页，人民出版社1957年版。

收罗较全，也不过3000多人。要撰写3400多个有诗文集存世人物的小传谈何容易！特别应指出的是，如许传主中，不少人物并非知名人士，史料颇难寻觅，其生平事迹或不见经传，或语焉不详。要写出他们的生卒年份、身世履历、科第著述，乃至文风特点，其难度可想而知。何况有些人物在研究中颇有争议，不但史料需要考证，而且评价不一。小传的撰写强调"秉笔直书，不做评论"，但人物的定位需要把握好，这自然为下笔着墨增添了难度。每篇小传文字不多，却应对传主加以研究，不能照搬照录旧传；有些人物学界研究比较充分，资料丰富，研究成果颇多。撰写这样的人物小传，篇幅要浓缩到二三百字，亦难把握。

另外，所选4000余种清代诗文集，除北京大学、中国人民大学图书馆所藏较为集中外，还分别藏于北京、上海等十余个省市的有关图书馆，查找极为不便。有些收藏单位对相关文献的查询利用又有种种限制，为查阅与作者小传相关的原始资料带来了诸多不便。

面对这些难题，该课题项目组加强了集体研究，经常讨论一些重点、难点问题，召开了多次业务研讨会，并先后向有关专家进行咨询。又走出校门，到许多相关图书馆查找文献，进行调研，广泛搜集资料。在撰写过程中，制订了工作计划，规定了明确的撰写要求，遵循学术规范，严格质量检查。经过项目组各位专家的努力工作，并在各方面的支持下，《清代诗文集汇编》作者小传的撰写任务终于得以完成。

实事求是地说，这一成果还是有较高学术价值的，比如有些诗文集的作者从未有过较为完整的传记，而新撰小传则起了填补空白的作用；又如一些作者原本生卒年不详，经项目组多方查证，确认了160多人的生卒年份；再如有些同名同姓的作者，颇易混淆，经项目组考订也得以区别开来。经过如此艰辛工作，使得4000余种诗文集的作者都配以完整的小传。这些小传的撰写，既起到了对各部诗文集的导读作用，也对清代人物传记的研究和撰写有所补充和推动。因此，一些专家在评审此一项目成果时，给予了较高评价，认为"很有学术价值"，与整个《清代诗文集汇编》相配套确可谓"红花绿叶，相得益彰"。

（载《光明日报》2010年1月19日）

梁启超《李鸿章传》（语体本）序

李鸿章（1823—1901），字渐甫，号少荃，安徽合肥人。是中国近代史上的著名人物。他早年以翰林院编修身份回乡组织团练，对抗太平军。后入曾国藩幕府，受命在安徽组建淮军，并赴上海开辟东线战场。旋署江苏巡抚，攻占苏、常。太平天国失败后，他任两江总督，接替曾国藩镇压了捻军。1870年，任直隶总督、北洋通商大臣，常驻天津，主持对外交涉，成为办理"洋务"的领袖人物。

在19世纪下半期，李鸿章堪称当时政治舞台上叱咤风云、引领风骚的佼佼者。他插足事务之多，涉及面之广，在同僚中罕有其匹。在政治上，他官居一品，先后任武英殿大学士、文华殿大学士，一度任总理各国事务衙门大臣（1896—1898），提出了"外需和戎、内需变法"的治国理念，以图适应"数千年未有之大变局"；在经济方面，他热衷于创办近代企业，晚清创办的四大军工企业中，他独占其三（江南制造局、金陵机器局、天津机器局）。以后又扩展到民用工业领域，开办了轮船招商局、开平矿务局、漠河金矿、天津电报总局、上海机器织布局，并力倡修建铁路；在文教方面，他重视"储才"，建议设"洋学局"，赞赏西方的教育制度，并建立了水师学堂、武备学堂、电报学堂和医学堂；在军事方面，他是中国军事近代化的开拓者之一，曾先后创建了淮军和北洋海军两支近代化的武装力量；在外交方面，从19世纪70年代起，他代表清政府办了一系列的对外交涉，几乎"无约不予"，绝大部分中外条约差不多都由他出面签订，以至在外国人眼中，李鸿章就是清政府的化身。也正因为李鸿章是近代中国一系列丧权辱国条约的签署者，所以邓小平说，如果不在1997年收回香港，"就意味着中国政府就是晚清政府，中国领导人就是李鸿章"①。

李鸿章的一生几乎就是晚清史的一个缩影，所以，近代著名维新思想家梁启超（1873—1929）在李氏去世后不久写成的《中国四十年来大事记》（别称《李鸿章》）中，就认为李鸿章是近代"独一无二之代表人也"。

李鸿章逝世于光绪二十七年九月二十七日（1901年11月7日）。而梁启超也就在这一年完成了他的《中国四十年来大事记》，对李鸿章一生的是非功过做出评价。这部传记篇幅不长（七万余字），但梁氏却力图创新。他一改中国传统史传的写法，采取夹叙夹议的评传体。诚如作者在"序例"中所言："书全仿西

---

① 《邓小平文选》第三卷第12页，人民出版社1993年版。

人传记之体，载述李鸿章一生行事，而加以论断，使后之读者，知其为人"。梁启超认为，李鸿章是"时势所造之英雄"，是"数千年中国历史上一人物""为十九世纪世界史上一人物"。他对李鸿章的总体评价是："不学无术，不敢破格，是其所短也；不避劳苦，不畏谤言，是其所长也。"应该说，梁启超的评价相对来说是比较客观的。他没有囿于政见和成见，而发出了"吾敬李鸿章之才，吾惜李鸿章之识，吾悲李鸿章之遇"的感叹！

　　杨肇南同志就读文科，勤于阅读，对文学、历史、哲学、法律均有涉及。考虑到梁启超所著《李鸿章》保存了不少历史资料，并提出了自己的一些独特观点。又感到梁氏原著以浅近文言写成，不便于今天的青年阅读，遂决定将其改写成现代汉语文体，并增加了一些相关注释，配以部分历史图片，使该书更具可读性，这无疑是一次有意义的尝试。他希望我为这部书写一篇序言，兹聊赘数语以表祝贺之意。

（作于 2014 年 12 月）

《一代廉吏王鼎铭研究文集》前言[①]

2015年新年伊始，习近平总书记在中央党校第一期县委书记研修班学员座谈会上发表重要讲话，他强调："做县委书记就要做焦裕禄式的县委书记，始终做到心中有党，心中有民，心中有责，心中有戒。"他特别告诫县委书记们：要清清白白做人，干干净净做事，坦坦荡荡为官。

在中国古代，州县官作为"亲民之官"，是真正负责地方实际事务的基层官员，是国家政策在地方的具体执行者。有清一代，就非常重视州县官的选任。雍正皇帝说过："天下事，莫不起于州县，州县理，则天下无不理。"清朝的确出现了一批体民心、重民情、以廉率下、以德化民、劝民向善的"循吏"。道光年间，湖南新田知县王鼎铭就是其中的一位。

王鼎铭（1772—1832），字新之，号彝轩，山东峄县（今属枣庄市）人。道光九年（1829）任湖南新田知县。他勤于治事，严于自律，以"天理、国法、人情"为施政理念，倡导为官一任要达天理，合国法，通人情。王鼎铭在新田任职不足3年，却为民造福，做了大量实事。或操劳于村墟，或奔波于田间；"载米而资宦囊，破金以周众瘵"，"饬躬既廉，自奉尤薄"[②]，百姓感佩！

王鼎铭以其两袖清风、一身正气、克己奉公、替民办事为百姓怀念，受后世景仰，并得以在国家新修的《清史》中入编《循吏传》。这就充分证明，从古至今，凡是为人民大众做过好事的人，人民都不会忘记他，都会永远纪念他。

王鼎铭的故乡——山东省枣庄市，当地政府对这位家乡先贤更是努力地去挖掘、整理他的事迹、史料，宣传他的勤政、廉政实绩，弘扬他的高风亮节。十余年来，枣庄市及市中区的各级领导、民间团体、专家学者以及王鼎铭的后裔，为纪念王鼎铭、宣传王鼎铭做了大量工作，编写、出版了许多宣传材料，发表了大量有分量的论文、文章，举办了多场研讨会、宣讲会，创作了丰富多彩的文学作品和文艺节目（包括小说、戏剧、曲艺、电视剧等），开展了恢复陵墓、立碑、建亭、祭奠等纪念活动。

王鼎铭曾任职3年的湖南省新田县，为弘扬王鼎铭的廉政精神，也脚踏实地，认真做事。县委、县政府提出"远学王鼎铭，近学焦裕禄"的口号，在金陵镇建成了"王鼎铭廉政文化"长廊。永州电视台播出了《一代廉吏王鼎铭》

[①] 本文系与李治亭合作。
[②] 张荣组：《新田知县专祠文》。

的电视讲座,中共新田县委宣传部发出通知,要求县直各机关、乡镇、企业认真做好组织收看工作。宣传、学习王鼎铭的活动在枣庄、新田同时展开,南北呼应,互相促进,成为党的群众路线教育实践活动中的一道亮丽风景线。

为了更好地推进廉政文化建设,让历史为现实服务,我们觉得有必要把这些年来宣传、研究王鼎铭的有关资料、文章汇集成册。相信这对当前深入开展廉政文化建设会起到一定的借鉴作用。听民声、体民情、顺民意、解民忧,从古至今都是地方州县官应该遵循的原则,正如清代做过知县的郑板桥所言:"衙斋卧听萧萧竹,疑是民间疾苦声。些小吾曹州县吏,一枝一叶总关情。"

宣传王鼎铭的勤政、廉政事迹,在今天仍然具有一定的现实意义。

(2015年12月于北京)

编 后 记

　　自1991年起，杨老师开始指导中国近现代史研究生，在差不多20年的时间里，先后带出20余位硕士、博士研究生，直到他们顺利毕业。另外，他还指导了中国人民大学第一位图书馆学硕士研究生。同学们经历各异，入学与毕业时间跨度很大，各人年龄相差尤大，至今有的参加工作还没几年，有的则已经退休数载；大家的工作职业也多种多样，以在大学从事教育科研工作的最多，其余的则多分布在政府部门和新闻、出版、文博等单位；工作地域以北京为多，还有广州、长沙、杭州、上海、呼和浩特、太原、石家庄等地。尽管同学们有这么多的不同，但大家都有一个共同的符号——"杨门弟子"。我们这些弟子，一直以来，都保持一个传统，就是每年的教师节前，一定会轮流做东，请老师和师母相聚一次，有时也会在老师家相聚，尝尝师母的厨艺。此外，也有在其他时间聚会的，譬如新年前后、初春时节，或某外地同学来京之际。既给师兄弟姊妹们一个互通信息、交流沟通的机会，也让大家再听老师讲讲课、叙叙旧。

　　就是在近些年和老师的相聚以及老师的叙旧、回忆中，我们这些跟随老师学习历史的弟子才陆续发现了许多我们原来并不知晓的老师的历史，从而补足了我们读书时非常想探究但也可能是老师有意或无意留下的历史空白，譬如老师赫赫有名的湖南原生家族，老师父亲杨遗谟先生由革命到救亡再到教育的多彩人生，老师中学求学时对历史的酷爱，"文革"后所读第一届研究生时的创作大丰收，后来研究左宗棠的艰难曲折、梦想与光荣，以及受到彭真和王震等国家领导人的关心爱护，美国驻华大使馆的关注重视，荣获国家首批表彰的"有突出贡献的硕博士学位获得者"荣誉称号，等等。

　　在此过程中，我们就想：研究历史的老师本身就是一部大历史书，我们作为弟子有责任好好加以总结。第一步我们应该把老师的主要散编文章收集起来，编为文集，以嘉惠学林，传之将来，于是就有了这部集子的面世。黎烈军、鞠芳安、马金华和贺慧宇等为文集的出版多方献计奔走，刘进炎、杨玘等为文集的编集校核出力甚多，诸位杨门同学有发起赞襄之功，恕不一一列名。承中山大学出版社和徐劲总编辑的鼎力支持，对编辑们的辛勤付出，一并致谢！

谭绍兵

2019年11月25日